Erseka
më kujtohet...

Organizoi
Dr. Diana Gëllçi

SHTËPIA BOTUESE
mediaprint

Titulli: Erseka, më kujtohet...

Organizoi: Dr. Diana Gëllçi

Redaktore gjuhësore: Elona Qose

Botimi i parë, 2016
© Të gjitha të drejtat e botimit janë të rezervura nga autori.

Dizajni dhe kopertina: Arben Hamzallari
Shtypur në shtypshkronjën: **media**print
ISBN: 978-9928-08-267-1

Përmbajtja

Në vend të parathënies

Askush nuk i kthen dot pas ditët dhe vitet që jetuam në Ersekë. Asgjë nuk i bën dot ato më të mira, sikurse nuk i zhbën dot gabimet. Duket sikur gjithçka do të mbetet siç e jetuam në sa e sa vite që kaluam së bashku në atë skaj juglindor midis kaltërsisë e aromës së pishave apo erës së akullt e dëborës. S'na ka mbetur shumë për të bërë në lidhje me atë kohë, përveçse të hapim portat e kujtesës e të ndihemi aty sërish – për mirë apo keq - bashkë me njëri-tjetrin, familjet apo fëmijët tanë.

Gjithçka që filloi si një bashkëbisedim vullnetar nën titullin "Erseka, më kujtohet" në Facebook zgjati vetëm rreth një muaj (dhjetor 2014 - janar 2015) dhe u karakterizua nga një intensitet i lartë postimesh online prej bashkëqytetarëve tanë nga shumë vende të botës, përfshirë Shqipërinë, Amerikën, Kanadanë, Anglinë, Gjermaninë, Greqinë dhe Italinë.

Do të shtoja pa hezitim se postimet, me përjashtime krejt të rralla, u karakterizuan nga sinqeriteti e malli për jetën tonë të përbashkët në atë qytezë të vogël nga sipërfaqja, por të pamasë nga hapësirat, ku shumë prej nesh u ndjenë krenarë, pavarësisht, siç u theksua vazhdimisht, skamjes së përgjithshme dhe rregullave që sot tingëllojnë, më së paku, të çuditshme.

Duhet të shtoj, po ashtu, se gjithçka në këtë libër është ashtu siç u shkrua në Facebook: redaktimet janë vetëm të karakterit letrar. Disa grupime dhe rigrupime teksti ishin të detyrueshme për ta bërë leximin më koherent dhe të këndshëm. Autorët shfaqen me emrin e tyre të plotë vetëm një herë. Pas kësaj, ata përsëriten vetëm me emër. Nëse ka autorë me të njëjtin emër, personit që ka shkruar i dyti, për t'u dalluar, i është shtuar edhe shkronja e parë e mbiemrit.

Ndërkaq, falënderoj përzemërsisht të gjithë ata që jo vetëm iu bashkuan kësaj nisme, por ma besuan mua përfundimin e saj; nuk jam ndier kurrë më mirë dhe më e nderuar.

Nuk ndryshojmë dot asgjë nga koha që iku. Jeta në pllajën 1000 metra mbi nivelin e detit mbeti e vështirë, me dimra të gjatë e të lodhshëm, por ne mbijetuam. Jo vetëm mbijetuam, por edhe kemi çfarë të tregojmë.

Dr. Diana Gëllçi

Legjenda

LILI RUÇO: Më kujtohet si tani një ngjarje e hershme, që tronditi gjithë qytetin. Mbaj mend që isha nxënëse në shkollën tetëvjeçare, kështu që bëhet fjalë për vitet 1965-1968. U shpërnda lajmi se djali i Zijait, që punonte përgjegjës te bedunicat, kishte rënë në një shpellë të thellë dhe kishte mbetur aty. Trupin nuk ia nxirrnin dot për shkak të thellësisë së madhe. Më kujtohet se të gjithë vetëm pëshpëritnin. Qytetin e kishte pllakosur heshtja. Pas disa ditësh (në mos gaboj, sepse për ne sekondat u bënë muaj), vëmendja e të gjithëve u zhvendos te një person tjetër. Isa Veizi, që ne e njihnim thjesht si babai i Luanit dhe Bertit, mori befas përmasat e një divi nga ata për të cilët lexonim nëpër përralla. "Do të futem unë në shpellë e do ta nxjerr atë djalë", - tha Isai. "Më lidhni me litar". U fut në shpellë dhe i ktheu familjes trupin, fatkeqësisht të pajetë, të djaloshit. Pas këtij misioni fisnik, i gjithë qyteti sikur mori frymë thellë, i çliruar tashmë nga makthi i rëndë që na mbante pezull të gjithëve.

EDMOND RRUSHI: Shpella quhej "Vrima e Tringullit" dhe ndodhej midis Bejkovës dhe Gostivishtit.

NEBO KAÇORRI ALI: E mbaj mend edhe unë këtë ngjarje të dhimbshme të asaj kohe.

LAURA KOTE GJONI: I ati i atij djalit quhej Zeni. Atë vend e kanë mbushur me gurë tashmë.

VANGJEL GJERGO: Djali që nxori Isai nga shpella ishte djali i Zeniut nga fshati im. Isai punoi ca kohë me mua në Ndërmarrjen e Ujërave. Më thoshte gjithmonë: "Mund të kisha vdekur edhe unë në atë vrimë, aq e thellë ishte". Atje guri donte disa sekonda të binte poshtë dhe kur cekte në fund lëshonte tinguj të fortë. Nuk ishte një pus dhe aq. Afër kreut kishte një lloj pjerrësie që e bënte shumë të vështirë hyrjen dhe daljen. Por Isai ishte vërtet trim. Më kujtohet që ai zhdukte ujqër me mish të helmuar.

SOTIRAQ PRIFTI: Edhe unë e kujtoj këtë ngjarje. Isa Veizi që nxori djalin e Zeniut nga vrima përdori një elektrik dore amerikan të tim eti, që ishte vërtet shumë i mirë. Kishte tri bateri, edhe ato origjinale. Elektriku i dorës pësoi edhe një goditje atëherë, një si shtypje te buzët, që mbeti si një dëshmi për të mos e harruar atë ngjarje. Mbase im atë e ruan edhe sot.

AGIM AGALLIU: Më kujtohet që qarkullonin fjalë se nga fundi i shpellës dëgjoheshin akoma rënkimet e djaloshit të shkretë. Kurse Isai vërtet ka qenë një personazh i çuditshëm. Pas asaj që ndodhi, njerëzit thoshin se Isai e kishte zemrën në krah të djathtë.

MANI VOGLI: Mua më kujtohen gratë e heshtura tek rrinin dy nga dy apo tre nga tre nëpër pragjet prej guri përpara pallateve apo shtëpive gjatë atyre ditëve.

ROLAND MILO: Nuk e kam ditur këtë ngjarje deri sot. Zeniun e mbaj mend se çoja për të shitur lulet që mblidhte ime më.

SOTIRAQI: Në qytet kujtoheshin vazhdimisht bëmat e të çarturit Isa Veizi. Një ditë, për shembull, u shkul tërë Erseka para Pyjores të shihte pesë ujqër të mëdhenj, që Isai i kishte mbytur me strikninë. Mbaj mend që ne lamë edhe mësimin për t'i parë.

ROLANDI: Ujqërit i kam parë edhe unë.

TAQO GJERGO: Po, shpella quhet "Vrima e Tringullit" dhe është në malin e Llokofit mbi Gostivisht. Kjo fatkeqësi i ndodhi djalit të Zeniut. Isai u bë heroi i ditës. Kolonjarët e ndalonin në rrugë dhe e falënderonin.

GJERGJI TANE: Ndërsa mua më kujtohet Isai me një kalë me shalë në rezervatin faunistik të Rotit. Ishte një njeri pa shumë fjalë, që vetëm punonte, ditën dhe natën.

LULO VEIZI: Me pak fjalë, ky ish babai ynë. Qenka kënaqësi kur dëgjon gjëra të mira për prindërit e tu!

Më kujtohet

I vetëm ikja në një të largët udhë,
Pluhur i verdhë në çdo vend.
Të thirra ty, por rruga ish e shurdhët
Dhe hapësirat gëlltitnin emrin tënd.
Dh. Qiriazi

ERMIRA KOLA: Më kujtohet Erseka dhe kam një ndjenjë të thellë malli për të gjithë njerëzit e asaj kohe. Edhe sot, sa herë që autobusi kalon Qafën e Qarrit, zemra më rreh fort. Ashtu si dikur, te stacioni i autobusit ka njerëz që presin dikë. Ky mund të jetë një ritual i njohur në çdo vend të botës, por për mua do të mbetet i lidhur ngushtë me Ersekën dhe kujtimet për të.

Jetoja në Lagjen e Kishës. Më kujtohen shtëpitë e bukura prej guri, me porta të larta dhe me pragje anash. Aty uleshin shpesh gratë e vajzat e lagjes e bënin muhabet pasditeve, pa i ndarë punët e dorës.

Në fund të rrugës mbaj mend çezmën. Në krah të saj ishte kisha, që në dimër zbukurohej nga akujt e trashë, që i vareshin nga strehët. Për shumë kohë, kur unë jetoja aty, ishte një vend krejt i heshtur.

ELENA THEODHOSI: Kujtimet më shpien shpesh atje larg, në qytetin e vogël, por të bukur të Ersekës.

Sa shumë diell dhe dritë kishin ato vite; çdo gjë vjen e pastër, e bukur, e sinqertë dhe e artë si rrezet e diellit! Erseka e rrënjëve të mia, e shtëpisë së gjyshërve të mi, e mësuesve të mi, e shokëve dhe shoqeve të mia; Erseka ku nisën fluturimet e ëndrrave të mia.

Tani nuk kam më njerëz, miq apo shokë… Tani kam vetëm numra telefoni. Dhe shumë kujtime.

JULIANA VOGLI: Ndërsa shkruaj këtu virtualisht ndihem aty ku pashë botën për herë të parë; ku qava, qesha, u gëzova e u mërzita kaq herë. Erseka është vendi prej nga kam ikur fizikisht prej kohësh, por ku kam lënë një copëz zemër. Me vete kam marrë veç kujtimet. Kohën nuk e kthej dot pas. Nuk bëhem dot më fëmijë, përveçse në ëndërr, ku ende luaj me dëborën që shkon deri në gju.

Për mua, Erseka mbetet vendi ku gjyshi Sotir më priste te porta e shkollës se mos lija mësimin, më përkëdhelte flokët e më thoshte me ëmbëlsi "kokone e gjyshit". Ndihem ende sikur jam duke u kthyer në shtëpinë tonë. Nënë Sanda do të jetë me siguri duke bërë ndonjë punë. Nëse po çlodhet ndopak, ajo do të jetë me siguri duke më pritur te sofati, vendi që ruan ende ngrohtësinë e saj. Kur të futem brenda, nëse dritarja është hapur, era e borzilokut, që rritet në dritare, do të më mbështjellë përsëri. Nëse dreka që ka përgatitur ajo nuk është çfarë dua unë, mund të hidhem një vrap te nënë Canja. Asaj gjithmonë mund t'ia prish mendjen të më plotësojë tekat e madje edhe të më ushqejë duke më treguar histori nga lufta... Gjyshi Çomja me siguri do të më përgatisë ndonjë gjë për të ngrënë ashtu si e dua unë.

Pastaj do të dal të luaj deri sa të bëhet natë e të mund të shoh yjet në qiellin e pastër. Në Ersekë gjithmonë më është dukur se yjet janë më afër se në çdo vend tjetër të botës. Në mëngjes do të dal në dritare të shoh deri ku ka shkrirë dëbora në Gramoz. Kur dëbora shkrin fare, fare, për mua është koha të shkoj te mami dhe babi... Kjo është Erseka ime e vogël dhe e dashur, në pak fjalë.

DIANA GËLLÇI: Më kujtohet një udhëtim me autobus nga Pogradeci në Ersekë. Juliana ishte ndoshta 3 vjeçe, por ishte disi e imët, kështu që dukej edhe më e vogël. Kishte dy buzë të kuqe dhe ca flokë me baluke që i jepnin pamjen e një engjëlli. M'u duk çudia më e madhe kur në një moment pyeti: "Sa është ora?" Më ka mbetur në mendje qysh atëherë. Kur më kujtohet, them me vete: "Për çfarë mund t'i duhej ora një njeriu aq të vogël?!"

ELENI SHKOZA HAVDI: Megjithëse kam shumë vite që jam larguar nga Erseka ime e vogël, ndiej shumë mall. Shumë gjëra më vijnë ndër mend. Më kujtohet, për shembull, që shtëpinë e kisha në rrugën e Rehovës. Lagjja ishte e vogël, por me shumë fëmijë. Ditët i kalonim duke luajtur jashtë dhe në shtëpi shkonim vetëm kur na merrte uria. Zakonisht rrëmbenim një copë bukë me vaj e me sheqer, ushqimi ynë i preferuar, të cilën e hanim, vetëm ose me shoqe, përjashta. Kur kishte ndonjë koncert në podium, vinim të parat për të zënë vendin. Ndonjëherë edhe ziheshim kush e kush të ulej sa më pranë tribunës. Ndodhte që i gjithë mundi na shkonte kot pasi vinte polici dhe na largonte të gjithave.

Më kujtohet që shkonim me shoqet të luanim nga kashta, ku shpesh na humbnin sandalet e NISH Plastikës Durrës. Kur kjo ndodhte, druri në shtëpi ishte i garantuar.

VALBONA RADOMI ARVANITI: Më kujtohen dasmat e qytetit tonë. Kur ishim të vogla shkonim në çdo shtëpi që kishte dasmë thjesht për të parë nusen, e cila, sipas traditës, rrinte ulur në një qoshe të dhomës së pritjes. Nuset na dukeshin të gjitha shumë të bukura. Të shtunave shkonim te shtëpia e vajzave, të dielave te djemtë. I binim Ersekës cep më cep. Më kujtohet që kur merrnin nusen, krushqit i binin borisë së makinës pa pushim. Ne thërrisnin "nusja, nusja" e vraponim ta shihnim. Nëse ishte vajzë, njerëzia këndonte: "Udhë e mbarë, moj bijë, atje ku të vesh!". Nëse ishte djalë këndonin: "Filloi babai dasmën për të martuar... djalë i babait, o pëllumb i shkruar".

Më kujtohet që nëna e djalit ose vajzës hidhte mbi nusen oriz, karamele dhe lekë të shkoqura. Si fëmijë që ishim, ne vazhdimisht rrekeshim të merrnim ndonjë karamele ose qindarkë.

Nëpër dasma bënin shumë tepsi me bakllava. Babai im bëri dasmë shumë të madhe kur u martua im vëlla, Pako. Unë isha vetëm 7 vjeç dhe hëngra aq shumë bakllava sa nuk rrija dot zgjuar. Më zuri sheqeri. Kështu që fjeta top dhe s'vajta dot në lokal. Kur u zgjova në mëngjes u mërzita shumë. Qysh atëherë nuk e vë më në gojë bakllavanë.

ZHANI PRIFTI: Më kujtohet që kur do të martohesha, shkova e u rregullova në Korçë pasi në atë kohë Erseka nuk kishte më as Meli, as Dafinë, dy nga parukieret e njohura të qytetit. Parukeria ishte mbyllur. Më kujtohet që nuk gjeja makinë për t'u kthyer në shtëpi. Në orën 21.00 mezi kam ardhur në shtëpi me xhipin e SMT-së.

STOJANA PETROFSKI: Më kujtohet Zhani, bukuroshja e Ersekës. Mendoja se do ishe bërë ndonjë artiste filmash me trupin si selvi, flokët e bukur, sytë dhe fytyrën engjëllore. Kënaqem shumë që je bërë mësuese.

JULIANA: Më kujtohen kolovajzat. Ato kanë qenë Disneyland-i ynë. Uleshim më shumë fëmijë se ç'na nxinte dhe i jepnim me aq fuqi sa kolovajza shkonte gati 90 gradë. Ishim me fat që nuk u bëmë copë!

LILI: Më kujtohet puna prodhuese në fermën e Mollasit bashkë me nxënësit në vitin '78 apo '79, kur agronom ishte Miri Sula. Një ndër varietetet e mollëve quhej "Grand Aleksandër". Miri thoshte se pesha më e madhe e një kokrre të vetme të këtij varieteti ka arritur deri në 900 gramë.

TOMOR DURO: Më kujtohet një fotografi e hershme: nga e majta, Kujtimi duke mbajtur topin e pingpongut me kompensatë, në mes jam unë me pizhame që i vishja vetëm kur dilja fotografi ngaqë ato kisha rrobat më të mira dhe në të djathtë Astriti, djali i xhaxhait, që jetonte në Tiranë.

Kur vinte Astriti me pushime, Ferriti, im atë, na çonte te Xhoxhi berberi e na qethte tullë që të mos zinim morra.

ELSA GJOSHE: Më kujtohen një palë sandale të kuqe lustrafin, që ia kam marrë borxh Julianës për t'i veshur në një nga festivalet që bëheshin te kinemaja.

Mbaj mend gjithashtu një barakë ku shiteshin fruta-perime. Te Besia,- i thoshim. Besia ishte shitësja.

LULI KASO: Më kujtohet që kur ishim në klasën e tetë, kemi provuar për herë të parë çamçakëzët që ia kishte dërguar Manit i vëllai, i cili punonte në një ambasadë. I provuam fshehurazi çunave, kuptohet. Ishte aq pak sa as dhëmbi nuk na i nxinte. E mbajtëm tri ditë në gojë, derisa u shkri vetë.

FLUTURA BURHANI: Më kujtohet që përballë mapos viheshin afishet e kinemasë dhe fletë-rrufetë. Unë –Tipi apo Flutura, siç e kisha emrin në regjistrin e gjendjes civile - kisha ardhur për pushimet e shkollës dhe kisha veshur pantallonat kaubojs të motrës sime, Forit. Në mëngjes pashë fletë-rrufenë që më kishin vënë për këtë në mes të qytetit. E grisa menjëherë, sigurisht. Pas nja dy orësh erdhën dy policë në shtëpi dhe thanë se më kërkonte në takim sekretarja e Komitetit të Rinisë në atë kohë, Andoneta nga Luarasi. Kur e dëgjoi mami im, Shanikoja, u vesh dhe më tha: "Ti rri këtu se e zgjidh unë këtë punë". Dhe shkoi takoi Andonetën, e cila, kur pa Shanikon, nuk pipëtiu. Me kaq u mbyll ajo histori.

ENIDA BUKUROSHI: Më kujtohet shtëpia e Sotiraqit, me oborr të madh e me një kaçkë të madhe. Mbaj mend xhaxhi Miston dhe teta Polen, gruan e tij Fluturën dhe vajzën e tyre, Odeta, në mos gaboj.

AGIMI: Më kujtohet Kristaqi nga Vodica me uniformë polici, bënte ushtrinë në Tiranë. Një djalë i shkëlqyer dhe nxënës shumë i mirë. Në atë kohë seç ishte një ligj budalla që nuk të linte të ndiqje shkollën e lartë po të kishe vëllezër apo motra me arsim të lartë para teje.

DIANA: Më kujtohet që Loreta ka ditur të luajë me letra që kur ishte shumë e vogël. Babi im e përsëriste këtë fakt si mrekullinë e kohës. Meqë ra fjala, unë nuk di të luaj akoma.

ILIRJAN VANGJELI: Më kujtohet kur hanim domate me sheqer. Dhe më ka marrë malli.

NIKO GUTA: Më kujtohet Kiçoja në atë dhomën e vogël me një shumëllojshmëri librash dhe me një dëshirë të paimagjinueshme për të lexuar.

VANGJELI: Më kujtohet Engjëlli me dashurinë e tij të madhe për verën. Edhe kur kishim mish me bamje thoshte: "T'ju jap një gotë verë se vera shkon edhe me kos".

Më kujtohen dhomat e stadiumit, ku Vasiljevi mundohej me punimin e bocetit me baltë që më pas u vendos në fasadën e muzeumit. Ne e vizitonim shpesh atë vend, sepse bashkërisht dëgjonim e këndonim aty me zë të lartë këngë angleze dhe italiane, të ndaluara në atë kohë.

DIANA: Më kujtohen ca gjëra të çuditshme nga Erseka: më kujtohen flokët e gjatë e të zinj të Lili Ruços, që nuk i kishte asnjë tjetër në botë. E sodisja ndonjëherë gjysmë vjedhurazi se si lëkundej lehtas gërsheti i saj i bukur mbi përparësen e bardhë që vishte kur filloi punë si mësuese fizike në gjimnazin e qytetit dhe më dukej se nuk mund të kishte Lili pa atë gërshet.

Më kujtohen gërshetat e pakrahasueshme të Eda Notes, që më sillnin në mend kallinjtë e pjekur të grurit apo flokët ngjyrë ari të Zhani Robos dhe më vjen ndër mend se si na lejoi një herë t'ia prisnim me komision (Klara, unë, Leta... Mira) dhe se si ia sakatuam ata flokë të bukur duke dashur t'ia bënim edhe më të bukur. "Ç'më je bërë kështu si dhitë e Miçanit!" - tha teta Vito. Ne ndenjëm kokulur. Por Zhani e mirë tha: "E se një javë e kanë këto dhe rriten përsëri...".

Më kujtohen motrat Koroveshi dhe mamaja e tyre, të tria me flokë të mrekullueshëm plot onde të mëdha. Më kujtohen edhe flokët e mi që nuk u rregulluan kurrë dhe nuk rrinin mirë as të gjatë, as të shkurtër, as me karfica, as me lidhëse. Sapuni i Vlorës m'i linte si driza. Sapuni i mirë nuk arrinte t'i lante siç duhet. Shampot që dolën më bënin me pulla të kuqe. Pastaj më rekomanduan t'i laja me ujë shiu. Kështu që në një nga ato ditët me shumë shi, unë dola dhe mblodha, në një legen të vogël plastik, ujin e shiut që binte nga tubi i dëmtuar që shkarkonte ujërat e tarracës së pallatit. Me dëshpërim vura re se uji ishte i mbushur plot me copa zifti. Kjo ishte edhe tentativa ime e fundit për të bindur flokët...

VALBONA R-A: Unë nuk harroj gërshetin e Diana Memishit.

SOTIRAQI: Flokët e bukur të Lili Ruços janë identiteti i saj, ajo nuk mund të kuptohej pa to. Unë nuk e kuptoj dot as tani. Edhe pse nuk i ka më si dikur, unë Lilin nuk e përfytyroj siç ka qenë mësuese, imazhi i saj për mua ka mbetur ai i Lili gjimnazistes. Brezi juaj, Diana, ka pasur plot vajza të bukura (paçka se nuk gjetët derman me sapunët e shampot më vonë), me sa mbaj mend, e që binin në sy. Ti vetë ke qenë njëra prej tyre, madje e mbështjellë edhe me një si tis të veçantë prej intelektualeje.

STOJANA: Vërtet flokët e Lili Ruços ishin shumë të bukur, kombinuar me fytyrën e saj të bukur, gjithmonë të pëlqente ta shikoje se ishte e veçantë. Eda dhe Zhani kishin flokë të artë shumë të bukur.

DIANA: *Më kujtohet Stojana që rrinte në katin e dytë dhe na vështronte nga dritarja kur luanim jashtë. Ajo ishte një grua e gjatë dhe simpatike që vishej shumë bukur. Mamaja ime e donte shumë, sidomos dy vajzat e saj, Anilën dhe Sofikën.*

MAJLINDA DHAME: Më kujtohet Vangjel Poda, që me klarinetën e tij hynte në çdo shtëpi kolonjare.

ANILA ANNA GJANCI: Më kujtohen të dielat kur piqnim lakrorët në saç tek oborri i Vanthisë.

Më kujtohet kur lanim qilimat në lumë.

Më kujtohen njerëz mbresëlënës dhe të mrekullueshëm: teta Vito, teta Lenxo, Sofija, Leonora, Berta, Lili, Eli, Vanthite, Gjinovefa, Ruzhdija, Sanda, xhaxhi Spiro, Koli, Petro, Paskali, Pandi, Kostaqi, Nesti dhe sa e sa të tjerë.

Kujtoj treshen e bukur të kohës: Diana, Zhani dhe Klara.

GJERGJI ZOGRAFI: Më kujtohet që ndeshjet e futbollit, kampionati i basketbollit apo i shahut, e bënin qytetin tonë të vogël të dukej i madh e me shumë njerëz.

LILI: Më kujtohet godina e ish-Komitetit Ekzekutiv apo bashkisë së sotme, që në atë kohë na dukej gjigante dhe gati e mistershme, e rrethuar me atë gjelbërim të përkryer, i cili ishte kalendari i gjallë i stinëve të qytetit.

VANGJELI: Më kujtohet që kundronim me endje vargun e shtëpive të Mitre Arrëzës, orëndreqësit, arkitekturën me proporcione të mrekullueshme e në harmoni, çatitë me rrasa guri të shtëpive solide me qoshe guri të gdhendura bukur të familjeve të Simeonëve apo Koshollarëve, që i jepnin qytetit një fizionomi autoktone.

VALBONA ÇAKERI PRONJARI: Më kujtohet që kur lojërat për fëmijë u prishën, këndi i lojërave u bë vendi ku mblidheshin çdo të diel në behar mamatë që jetonin te pallatet mbi mapon. Me petësa mbi jastragac tëhollnin me radhë petët e familjeve të secilës. Në çarçafë të bardhë si dëbora, ne, vajzat e reja, ndihmonim të ndenim petët.

Ishte rituali veror i përgatitjes së zahireve të dimrit, por edhe i solidaritetit midis komshinjve.

DIANA: Brumi i petëve duhej të ishte i verdhë nga vezët dhe petët duhej të thaheshin në hije me kujdes që të mos copëtoheshin. Duhej t'i ruanim nga qentë, macet, zogjtë dhe mizat.

ZHANI: Më kujtohet një mbrëmje vallëzimi me rastin e 7 marsit. Mësuese Leta organizoi vallen e Kadrillës, një valle popullore e huazuar. Mbrëmja ishte te Shtëpia e Oficerëve (sot biblioteka e qytetit). Dikush na pa nga xhamat vjedhurazi dhe shkoi lajmëroi në Komitetin e Partisë duke thënë se mësuesit e tetëvjeçares kërcenin valle të huaja. U bë problem edhe në organizatën bazë të partisë. Në fund bëmë edhe një mbledhje të kolektivit. Jo se ndodhi ndonjë gjë, por u bë bujë në qytet.

VANGJELI: Më kujtohet Misto Prifti. Një burrë i gjatë dhe i urtë, me një punë të çuditshme. Kur ne të gjithë bënim gjumë të thellë, Mistoja, si Dhiogjeni, me një fener në dorë, dilte nga porta e shtëpisë dhe shkonte vrojtonte, maste e shënonte gjendjen atmosferike në kopshtin meteorologjik, që ndodhej tek oborri i shtëpisë së tij. Të nesërmen, kur dëgjonim në radio apo televizor kohën dhe temperaturat në Ersekë, të gjithë e dinim që Mistoja e kishte bërë punën. Fletoret e tij me shënime për temperaturën, erën apo reshjet në vite, na shërbyen mjaft neve, inxhinierëve hidroteknikë.

Mua më pëlqente veçanërisht kur dëgjoja që përmendej Erseka.

VJOLLCA GJONI MITRE: Më kujtohet centrali telefonik i qytetit. Kishte një lloj magjie që jo shumë veta e dinë. Në atë dhomë të vogël vinte e mblidhej e gjithë bota, me tërë të mirat dhe të këqijat e saj. E kujtoj me mall.

MAJLINDA KURTIQI: Më kujtohet që në central lidhnim pafundësisht njerëz. Shumë kujtime të bukura dhe të trishta kemi përjetuar në atë dhomë të vogël, edhe pse askush nuk kujtohej për prezencën tonë.

LILI: Më kujtohet bredhi në qoshe të katërkatëshit, kur ngjiteshe rrugës për në Rehovë. Në vitet 1967 – 1968 ka qenë pak më i shkurtër se dritarja e katit të parë, ku jetonte Gjyljana me Thomain. Sot është bërë aq i lartë sa nuk i duket maja.

LULI: Më kujtohet që në atë pallat në katin e parë ka jetuar Diana dhe në katin e katërt Tefta. Mësuese Gjyljana, që jetonte në cep të pallatit, na ka dhënë fizikë.

KIÇO PRIFTI: Më kujtohen shumë gjëra nga jeta në ato dhomat tip bodrumi ku jetonim. Më kujtohet Nikoja, si një njeri serioz dhe i qeshur: serioz dhe korrekt në marrëdhëniet me njerëzit dhe punën, por tejet i qeshur në shoqëri. Kjo nuk haset edhe aq shpesh.

OLI TANE BLLAKO: Më kujtohet që sa herë merrte rrogën, im atë patjetër do të blinte ndonjë libër.

MAJLINDA BENDO: Më kujtohen makinat e tipit "Saurel". Kur isha mësuese në Kamnik, kur nuk vinte urbani i nxënësve, kthehesha në shtëpi në majë të "Saurelit".

KLARITA JANKO: Më kujtohet vegla me të cilën bënim qilimat. Kështu edhe quhej: vegël.

SOTIRAQI: Më kujtohet Anesti Loçi, një figurë mjaft e njohur në Ersekë, inxhinier i zoti dhe i talentuar, anëtar i elitës intelektuale të qytetit. E ngrysi jetën në SMT (me hekura), edhe pse i kërkuar dhe i palejuar për në Tiranë.

STOJANA: Më kujtohet kur shkuam një herë te shtëpia e Dyzit për ditëlindjen e vajzës. Mamaja e Dyzit kishte bërë jufka. Ishte një ëmbëlsirë e thjeshtë dhe shumë e shijshme. E gatuaj shpesh edhe tani. Vazhdon më kujtohet nëna e Dyzit, edhe pse kanë kaluar shumë vite.

GJERGJI T.: Më kujtohen disa nga ushqimet e preferuara të asaj kohe: gjella me mish pastërma e me kumbulla të thata, gjella e Tomës me kaçka, hudhra dhe bukë, tërhanik me gjalpë e cingaridha, memelikë e mbytur me gjalpë, bacarak, çervish me arra, çomlek me lepur të egër, qumështor, lakror me kungull, tërhan i thartë ose i ëmbël, petulla të fshira, mish qengji ose keci në hell, mish me lakër apo turshi arme, gogozhare…

Më kujtohet nardeni (pije aperitive ose rehani), rakia e rrushit (perla, meresnik, kardinal) dhe verërat e ndryshme.

OLI: Më kujtohet vera që bënim nga shipkat, bukëvalja që e kam shijuar aq shumë kur isha e vogël dhe pastërmaja, që kur piqej në prush mbushte me erë të mirë gjithë shtëpinë.

MIMOZA ZOGRAFI: Mua më kujtohet buka me qiqra. Më pëlqente shumë, sidomos kur ishte e ngrohtë. Më pëlqente me pak djathë ose salcë kosi. E shijshme, por edhe shumë e mundimshme për t'u bërë.

MAJLINDA: Më kujtohet që çdo të diel bënim byrek dhe e çonim për ta pjekur te furra afër shtëpisë së Paskalit. Në fillim bukëpjekës atje ishte Taqoja, pastaj u bë Dafja.

ELSA GJOSHE: Unë mbaj mend se si mblidhnim kërmij dhe i shisnim 13 lekë kilogrami. Në Grumbullim më duket. Shkoja atje me një shoqe.

MIMOZA: Kujtoj 7-8 marset kur përgatiteshim për të shkuar te mësuesja për urim. Me sa dëshirë i mblidhnim lekët dhe bridhnim me grupin përfaqësues të nxënësve që të gjenim dhuratën!

LULI: Më kujtohet kur vinte festa e Vitit të Ri dhe zbukuronim klasën. Dritaret i mbushnim me pambuk. Pemën e bënim me pambuk dhe me zbukurime me fletët me ngjyra të punëdoreve. Pastaj bënim shirita po me punëdore që i kalonim cep më cep. Thjesht, por se pse ndjenim një kënaqësi të madhe.

TAQO: Më kujtohet deri vonë që në fshatrat e rrëzës së Gramozit nuk mund të shkoje pa leje nga Dega e Brendshme.

DIANA: Më kujtohet që kur takoje ndonjë të rritur bashkë me mamin dhe babin, ata, pasi përshëndeteshin mes tyre, ktheheshin nga ne fëmijët dhe na kapnin faqen me dy gishta, duke e tërhequr fort, sa të kërciste, pastaj thoshin: "Si je moj xhan?" Ndonjëherë ishte kaq e fortë, sa të lëshonin sytë xixa. Mua më ishte bërë zakon që i mbuloja faqet me duar sa herë takoheshim me të rritur... derisa dikush më kapi hundën në vend të faqes.

ROLANDI: Mua, kur kam qenë fëmijë, në të shumtën e rasteve më tërhiqnin për veshi, për punëra të "mbara", kuptohet.

JULIANA: Mbaj mend që mësues Vasili e bënte vlerësimin me pikë, në bazë të të cilave na vinte edhe notat.

SOTIRAQI: Më kujtohet i famshmi Koço Tito, mbetet drejtor i të gjitha kohërave për arsimin e Ersekës.

PASKAL RUÇO: Në fakt, ai vetëm në gjendjen civile e kishte emrin Koço, të gjithë e thërrisnin drejtor.

VANGJELI: Më kujtohet Romi, të cilin e kisha shok mëhalle. Më i madh nga Paskali dhe unë dhe më i miri nga ne. Kur ishte këtu, dilnim bashkë për shëtitje. I pëlqente shumë Bibla. E ngacmoja ndonjëherë: "Po Zotin

kush e krijoi?" Ai thoshte: "Vangjel, mos e mundo veten me këtë pyetje".
Nuk zemërohej kurrë.

Mbaj mend që Romi na solli kerrin e parë nga Novosela. E hëngrëm
bashkë me Paskalin e Pandin në stacionin bujqësor, te zyra e Paskalit.
Sofika e Pandit na pruri edhe nga një pjatë pilaf me lëngun e mishit.
Drekën e bëri edhe më të shijshme vera.

SOTIRAQI: *Nga mirësia dhe butësia, Romi mbetet i paarritshëm. Unë
me shaka i thosha që ishte Koshollari më i mirë që njihja. Mbaj mend që
Vangjeli, Paskali dhe Romi nuk ndaheshin kurrë.*

ARBEN PEPI: Më kujtohen sobat me dru të Pogradecit. Kur i bëmë lekët
për ta blerë, kam gdhirë tri net dimri në radhë; ditën më zëvendësonte
im atë, derisa e blemë më në fund. Çfarë gëzimi kam ndier, pasi ishte
edhe fryti i punës time!

JULIANA: Më kujtohet nënë Filja; sa hynim me Idën në derë dëgjohej
zëri i saj i hollë: "Erdhët, moj çupa?"

JORIDA QIRJAKO: Më kujtohet si vegim koha kur dilja me biçikletë me
Gerti Jasharin drejt rrugës nga Varrezat e Dëshmorëve. Gjyshërit tanë
na ndiqnin nga mbrapa avash-avash.

Nuk më kujtohet sa vjeçe isha, por di që ishte para se të shkoja në
shkollë. Unë kisha një biçikletë të vogël jeshile, që e kisha trashëguar
nga ime motër. Biçikleta kishte dy rrota të vogla stabilizatore që më
ndihmonin të mbaja ekuilibrin. Ndërsa Gerti, si çun i shkathët, i kishte
hequr rrotat e vogla para meje. Nuk harronte të ma kujtonte këtë fakt,
sa herë që dilnim.

DIANA: Mbaj mend që kur nuk e kishim blerë akoma lavatriçen, rrobat
shkonim i lanim te shtëpia e mësuese Myzejenit, që ishte shumë shoqe
me mamin tim. Ata kishin një lavatriçe rumune. Ato orë më pëlqenin
jashtëzakonisht shumë, sepse në shtëpinë e tyre kishte gjëra shumë të
bukura, që i dërgonte (ose i kishte pas dërguar) vëllai i Llambit nga
Amerika.

SOTIRAQI: Mbaj mend që ne në shtëpinë tonë kishim një mblac.
Kur erdha në Kanada dhe pashë një mblac në një dyqan grek e bleva
menjëherë nga një lloj nostalgjie për atë kohë.

ANILA: Më kujtohet që për Vitin e Ri ne fëmijëve na lejohej të pinim
verë shipke e ëmbël. Ishte shumë e mirë vërtet dhe bio, siç thuhet tani.

ZHANI: Më kujtohet sa u mërzitem kur Pirro dhe Beni ikën nga Gramozi për në Greqi. Ishte shtatori i vitit 1991 dhe nënë Fatoja (ndjesë pastë!) i thotë Bonës dhe Takes: "Shkoni tek ajo çupë se e ka djalin të vogël e kushedi ç'bën vetëm".

Më kujtohet që ne vetëm qanim se nuk e dinim se si do t'u shkonte fati Pirros dhe Benit; kishin ikur vetëm me nga një pako biskota dhjetë lekëshe në xhep. Nuk e harroj që Bona fjeti një javë në shtëpinë time. Pas tre muajsh, Pirro dhe Beni u kthyen shëndoshë e mirë dhe me para.

VALBONA R-A: E mbaj mend shumë mirë, kaluam mërzitje të madhe atëherë. Beni me Pirron ishin shokë të mirë bashkë, por ato kohët e fillimit ishin shumë të vështira edhe për ata që iknin, edhe për njerëzit e tyre që ishin mbrapa.

MANI: Më kujtohet që mami i Dianës dhe mami i Ditës qëndisnin bukur dhe sillnin në Ersekë modele shumë të bukura, një pjesë të tyre unë i merrja pastaj nga Kozeta, që kishte më shumë njohje me to.

BEN ORHANAS: Më kujtohet ushtria. Bënim karantinën në kundërajror, mbrapa stadiumit. Mora vesh se grupi i Maqos, Yllit, Mondit dhe Hysenit kishte pasur një qen me emrin Zhaku. Kur Zhaku ngordhi, ata e kishin varrosur me nekrologji dhe duke mbajtur edhe zi; e padëgjuar për kohën.

MONDI HAJRO: Kur ishim ne ushtarë, meqë ra fjala, kundërajrori merrte çdo vit flamurin e brigadës dhe të divizionit nëpër konkurse. Komandant kishim Kujtim Hitën, një zotëri burrë the oficer i zoti. Nuk gjenden më të tillë.

JULIANA: Më kujtohet që vija shpesh tek oborri i Mirës dhe nëse pema e kumbullës do të fliste, me siguri do të thoshte se sa herë kam hipur në majë të saj.

Më kujtohet një herë kur isha bashkë me Ida Simeonin; unë vesha tutat e saj, ajo veshi fundin tim. Unë kam hipur e zbritur mbi 20 herë se xhepi i tutave ishte i vogël dhe nuk fusja dot shumë kumbulla, kurse Ida e kishte me frikë të hipte. Kumbullat i hante ama. Shtroheshim dhe i hanim me kripë...

FLORINDA KOKA: Më kujtohet që bënim arançata me petale trëndafili. I linim në gazoska me ujë në diell për disa ditë dhe pastaj i pinim.

Bënim manikyr me peçikllas dhe diluent. Diluentin e gjenim me mik. Shumë rrallë gjendej në Ersekë. Vetëm Todi, që punonte me goma makine poshtë pallatit tim, mbante diluent.

Më kujtohet që në verë vinim nga Pyllëzimi. Atje gjenim shuaj të vjetër sandalesh dhe bënim sandale me rripa.

Më kujtohet mësuese Tana, na ka mësuar në grupin e valleve. Përveçse vishej dhe lyhej bukur, kishte një finesë të veçantë që unë e mbaj mend dhe e kujtoj me kënaqësi.

BOJANA HAJDINI: Tani nuk i kemi qejf akulloret, por para pak kohësh kam kujtuar me tim vëlla atë radhën tek ëmbëltoret e Ersekës. Ishte fitore nëse arrije të dilje nga turma ende me akullore në dorë.

ENIDA BUKUROSHI: Mbaj mend që deri në moshën 10-vjeçare merrnim lodra te puna e prindërve, më duket nga Bashkimet Profesionale.

JULIANA: Më kujtohet që kam ndenjur njëherë në radhë deri sa bleva një pako çamçakëz e pastaj, për ditë të tëra më dhembi barku nga të shtyrat drejt banakut. Dëgjoja edhe ca që më bërtisnin: "Ik! Ti ke çamçakëza, pse do nga këto?" Unë isha thjesht fëmijë dhe doja të bëja atë që bënin gjithë të tjerët. Çamçakëz kisha, por doja të rrija në radhë e të merrja ato që blinin të gjithë. Tuta e rroba, për shembull, kisha plot, por u futa në klasë sportive nga qejfi për të marrë një palë tuta dhe atë bluzën jeshile me jakë të verdhë. Pastaj veshur me to dola xhiro nëpër Ersekë lart e poshtë.

Më kujtohet që babi, në një nga dedikimet në një prej librave që më ka dhuruar, më shkruan diçka të tillë: "Kundërshto gjithmonë dhe kurrë mos u bind 100%, sepse bindja e verbër të çon në robëri".

VASILIKA QIPO: Më kujtohet kur ishim në tetëvjeçare dhe mësuese Vasilika Tito na jepte lexim dhe ekonomi shtëpiake. Në memorie më kanë mbetur këshillat se si të hekurosnim rrobat dhe sa herë hekuros këmishët më kujtohen fjalët e saj. Gjithashtu më kujtohet kur na çonte në familje të ndryshme për të parë rregullin në familje. Më ka lënë mbresa familja e një prokurori që nuk ia mbaj mend emrin, por sirtarët e saj më kujtohen edhe sot për rregullsinë e tyre.

FLORINDA: Kam shumë kujtime nga lagjja e trenit. Ishim lagjja më e madhe e qytetit dhe me më shumë fëmijë. Kujtoj gjyshen e Gertës, nëna Bylyren - një grua e qetë dhe e dashur - dhe durimin që tregonte ndaj zhurmës dhe britmave tona.

Më kujtohen kolovajzat në vitet e fëmijërisë. Sa shumë luanim aty e sa herë jemi vrarë! I kam gjurmët e tyre ende nëpër gjunjë.

TAQO: Mbaj mend që në shtëpi kishim një mace. Ditën që nëna u largua nga kjo botë, edhe ajo nuk erdhi më në shtëpi.

Te sheshi

DIANA: Më kujtohen mëngjeset në sheshin e vogël në qendër të Ersekës së dikurshme. Pa u gdhirë mirë, aty rreth orës 5:00, fillonte e dëgjohej zhurma e motorit të autobusit të vetëm të qytetit, që në vartësi të zgjatimit të linjës hekurudhore të vendit, në fillim kishte bërë linjën Ersekë-Librazhd, pastaj linjën Ersekë-Përrenjas e më së fundi atë Ersekë-Pogradec. Shofer Syrjai e ndizte autobusin që "t'i ngrohej motori" dhe shkonte për kafe te Klubi i Madh, që zinte njërën nga qoshet e sheshit të vogël të qytetit, i cili, në anën tjetër, kufizohej nga hotel-restorant "Borova", nga ndërtesa prej guri e Komitetit Ekzekutiv dhe pak më tutje, disi përballë saj, nga një ndërtesë e verdhë që asokohe njihej me emrin Komiteti i Partisë. Midis Komitetit të Partisë dhe Klubit shtrihej lulishtja e qytetit. Përballë saj, midis hotelit (që quhej edhe katërkatëshi, pasi ishte ngjitur me një pallat katërkatësh, i vetmi i asaj lartësie në kohën kur u ndërtua), por në një lartësi të konsiderueshme nga ndërtesat e tjera, ishte edhe muzeu i qytetit, rrotull të cilit ne fëmijët luanim gjithfarë lojërash. Pikërisht në këmbët e tij ishte një strukturë druri, që e quanim podiumi dhe që, në raste festash, mitingjesh apo koncertesh vishej me beze e flamuj të kuq e bëhej një pikë takimi për të rriturit e fëmijët e qytetit, por edhe të atyre që vinin nga fshatrat rrotull.

Më kujtohet që ndërsa Syrjai pinte kafenë me ndonjë hallexhi, që i duhej të udhëtonte, por s'kishte biletë apo me ndonjë nga policët që linin turnin, pasagjerët, me valixhet e kohës lëshuar në sheshin e asfaltuar pa shije, si dhe ata që i përcillnin, prisnin që Syrjai të hapte derën e autobusit. Edhe pse autobusi ishte gjithmonë plot, gjithmonë gjendej nga një vend për ata dy-tre vetë që nuk kishin biletë. Në momentin e fundit, pas një vëzhgimi të plotë të njerëzve dhe vendeve, Syrjai bënte pyetjen e famshme retorike: "Në rregull? Nisemi?". Pastaj zbriste dy shkallët e autobusit, mbyllte derën, ulej në vendin e tij, vinte një palë syze dielli plastike të errëta dhe kështu autobusi nisej në drejtim të Korçës. Shuarja graduale e zhurmës së motorit dhe shpërndarja e tymit të tij të zi shënonin fundin e këtij rituali të përditshëm dhe fillimin e një dite të re për qytetin e vogël.

ARBEN MEMISHI: *Ajo zhurma e motorit të autobusit të Cykes nuk harrohet. Aq më shumë po ta kishe te veshi, si puna jote.*

DIANA: Më kujtohet që, për familjen tonë, që jetonte në pallatin katërkatësh në hapësirat ngjitur me derën e hotelit, rituali i mëngjesit fillonte me zgjimin e mamasë. Nuk e pyeta dot kurrë, por sot mendoj se ndoshta nisja e autobusit shënjonte fillimin e atij rituali edhe për vetë atë. "S'qenka nisur Syrjai akoma?"- pyeste ndonjëherë e pa pritur ndonjë përgjigje, hidhte një sy nga dritarja duke hapur pak ndonjë nga kortinkat e bardha, të hekurosura me kujdes dhe të tendosura nëpër dritare me nga dy shufra hekuri shumë të holla, por tepër të forta, që i tendosnin perdet duke u shtrënguar pas katër gozhdëve te vogla: dy lart e dy poshtë, në çdo kanatë dritareje. Pastaj vinte xhevzenë e vogël të kafesë me ujë. Kur uji ngrohej pak, ajo hidhte kafenë, një majë luge sheqer dhe dy kokrra kripë. Kafenë e rrufiste pastaj qetë-qetë dhe pa u nxituar. I dyti ngrihej nga gjumi im atë. Mëngjeset e tij në mendje i kam të lidhur me takëmin e tij të rrojës. Kur isha e vogël, kisha qejf t'i mbaja atë që quhej sapun i rrojës dhe të shihja pastaj shkumën e bardhë që hapej në fytyrën e tij. Brisku i rrojës futej në një platformë të vogël që hapej e mbyllej duke rrotulluar fundin e bishtit metalik. Pjesë e veglave të rrojës ishte edhe një tas i vogël plastik me ngjyrë portokalli, ku futej furça e vogël e bërë me fije të buta ngjyrë qumështi dhe me një kokë fildishi në po atë ngjyrë. Bisedat e mëngjesit ishin të rralla: "Mos harro të blesh vezë"; "Do të bëhesh vonë për në shkollë"; "Çfarë ka për mëngjes?"; "Mos u bëj vonë"; "E ke parë gjë shaminë e pionierit?"; "Lëri gjërat në vend!"; "Mblidhi librat! I lë nëpër këmbë dhe do të rrëzohesh ndonjë ditë nëpër ta"... Përsheshi me qumësht ishte pa dyshim një nga pjesët më të këndshme të mëngjesit. Unë e doja përsheshin aq të ëmbël, sa ta ndieja sheqerin në gojë njëlloj siç ndieja bukën dhe qumështin. Dhe atëherë nuk thoshte askush që sheqeri ishte i dëmshëm...

Më kujtohet që në dhomën ku flija ishte një bibliotekë librash nga ato që mund ta quaj si pjesë të kompletit shtëpiak të shumënjohur: dy divane, një tavolinë dymijë lekëshe, bufe dymbëdhjetëmijë lekëshe, sobë tetëmijë lekëshe e ku ta di unë çfarë tjetër, pa harruar edhe një mbulesë tavoline prej pambuku, bërë me grep me ca kuadrate me luleshqerra. Bibliotekat ishin të përbëra nga tre rafte për libra. Rafti i mesit ishte më i shkurtër se dy të tjerët, duke lënë hapësirë për ndonjë zbukurim në të dy krahët. Nuk më kujtohet se çfarë mbanim aty, por shpejt vendin e zuri një foto e Ajnshtajnit, ajo klasikja me fytyrën plot rrudha dhe me flokë të bardhë. Më kujtohet që atë foto e vura në një nga ato kornizat që qëndronin vetiu në këmbë, të cilën pastaj e vendosa në syprinën e bibliotekës. Këtë punë e bëra të dielën. Kur u ktheva nga shkolla të hënën, korniza kishte rënë përmbys. E vura sërish drejt dhe u pashë sy më sy me Ajnshtajnin. Filloi të më bënte përshtypje që korniza nuk mbahej më këmbë vetëm gjatë ditës, pasi kur vija unë nga shkolla e derisa sa ikja në mëngjes, çdo gjë ishte në rregull. Një ditë, si për çudi, pashë gjyshen time, Vasilikën, që pasi i erdhi një herë rrotull dhomës, qëndroi përpara bibliotekës dhe e ktheu fotografinë e Ajnshtajnit përmbys.

-Nënë, ti e bëke këtë punë? - i thashë unë e habitur.

- E,- ma ktheu.

- Ua, po pse?

- Si pse? Çfarë e ke këtë qoftëlarg që ma mban këtu, ë? Po do t'i them tyt eti e ta shohësh...

-Po ky është Ajnshtajni moj...

Unë qesha dhe e vura fotografinë e tij drejt. Ajo e përmbysi sakaq.

- Le të jetë kush të dojë. Kjo është dhoma ime. Unë s'mbaj fotografinë e plakut tim, që ishte plak për kokën e plakut, jo më të mbaj këtë të flamosur. Hiqmu!

- Moj, po ky është një nga ata burrat e shkencës. Pastaj, unë e kam vënë nga ana ime, këtë dhomë e kemi të dyja.

- Jo, nuk dua unë të ngrihem nga gjumi e të shoh këtë surrat të shpifur këtu, dëgjove? Nuk vë një gjë të bukur, por vete e më vë një të flamosur...

Kështu u vendos që Ajnshtajni të rrinte te hapësira e bibliotekës që shihte nga krevati im dhe fotografia e tij të shihte nga unë. Në rregull. Në shenjë hakmarrjeje, unë mora një qen të verdhë e një mace llastiku të kuqe, dy lodra kineze për fëmijë që i kishim në shtëpi dhe i vura në bibliotekë nga ana e saj. Vasillua ishte një plakë shumë e mençur; pa u ankuar fare i mori lodrat dhe i zhduku në një kanistër që kisha poshtë krevatit.

- Po këta të dy nga kanë shkuar? - i thashë një ditë. - Të trembnin edhe këta, apo i trembe ti?

- As i tremba, as më tremben, - tha ajo qetësisht. - Kur të duash të luash me ta, aty i ke, në kanistër... Dhe më shpoi me atë vështrimin e mprehtë që i dilte nga sytë e vegjël sa herë që zemërohej. Qesha me të madhe dhe e përqafova si për t'u pajtuar. Vasillua vërtet të jepte një me bisht të lugës.

VJOL MISHA: Më kujtohet koha që kalonim te pllakat, në anë të pallatit të hotelit. Pllakat ishin ajo pjesa në krah të ndërtesës katërkatëshe të hotelit, kur ngjiteshe në rrugën e Rehovës. Ne mblidheshim aty për të luajtur ose për të biseduar. Pllakat ishin gri. Më kujtohen lojërat me peta, me litar, me gropa, me sy-mbylla, si dhe vrapi që bënim të fshiheshim kur kalonte aty pari drejtori i shkollës apo kryetari i komitetit, që banonin në të njëjtin pallat.

DIANA: *Më kujtohet Vjollca kur mbolli fare borziloku në një vazo të vogël që e mbanin në parvazin e dritares, që shihte nga oborri i pallatit. M'u duk shumë e bukur kur s'kaloi shumë kohë dhe vazoja u mbush me filiza, që pastaj u rritën dhe filluan të mbanin erë të mirë. Dhe më kujtohet Nakja, gjyshja e Vjollcës, që tha një ditë me krenari: "Vjollca e kishte dorën të mbarë... Shiko si iu bë borziloku!"*

ERMIRA: Mua më kujtohet një natë në shtëpinë e Dianës, aty te pallati i hotelit. Isha unë, Klara, Zhani, Lida dhe Leta. Diana ishte vetëm në shtëpi. Kishte vdekur Mao Ce Duni. Ne tregonim gjëra për të qeshur dhe pasi qeshnim shumë, dikush gjithmonë thoshte: "Shhhh se ka vdekur Mao Ce Duni!" Kjo na bënte akoma më shumë për të qeshur. Në darkë s'reshtëm së treguari e së qeshuri, por kur u ngritëm në mëngjes na doli për hundësh. Se kush u ngrit e para nga gjumi, nuk më kujtohet, por mbaj mend një britmë që na zgjoi të gjithave: kishim harruar çezmën hapur. Në darkë e mbyllnin ujin për ta lëshuar përsëri në mëngjes, nga ora 5.00 besoj. Në atë orë flinim për shtatë palë qejfe. Ndërkaq, uji kishte ardhur me furi dhe nga kuzhina, kishte marrë dhomat. Qilimat ishin bërë qull të gjithë. E morëm me shumë sportivitet. Filluam pastrimin. Kur i varem qilimat për t'u tharë përjashta, në telin që bashkonte hyrjen e pallatit me kuzhinën e hotel "Borovës", një grua e lagjes na pa e tha: "Ju lumtë, jeni bërë nikoqire të mira!". Pastaj hoqëm ujin. Dashur pa dashur i kishim dhënë një pastrim të mirë shtëpisë. "Të paktën teta Berta do kënaqet se ia bëmë shtëpinë dritë",- thamë.

DIANA: Më kujtohet familja Tito (apo Sotiri më pas, kur e ndryshuan mbiemrin) që jetonte në katin e katërt te pallatit. Koçoja kishte qenë drejtor shkolle qysh në kohën kur aty shkonte im atë dhe pastaj edhe halla ime. Më pas e kisha drejtor shkolle unë dhe im vëlla. Kur e ndeshja në shkallë, ulja kokën nga turpi e respekti. Më vonë, njëri nga djemtë e familjes jetonte në Çorovodë dhe i merrte herë pas here në telefon. Vajzat e centralit e lidhnin me ne dhe pastaj unë ose im vëlla ngjiteshim si shigjetë në katin e katërt për të bërë lajmërimin. Drejtori i zbriste shkallët me ngadalë, por e shoqja, mësuese Vasilika (e cila u bë më pas edhe drejtoresha e shkollës), nxitonte dhe arrinte më parë. Donim apo nuk donim, bëheshim edhe ne pjesëmarrës në bisedat e tyre. Mbaj mend se në përfundim të telefonatës, mamaja dilte te dera dhe i ftonte për kafe. Ata me shumë mirësjellje nuk e pranonin ftesën, por ndonjëherë edhe rrinin 10-15 minuta sa për ndonjë bisedë të rastit. Problemi ishte kur vinin për të mbushur ujë, pasi ndodhte që uji nuk shkonte deri në katin e katërt dhe ishte shumë ftohtë që të dilje e të mbushje ujë te çezma përjashta. Detyra ime në këto raste ishte të çoja lart bidonët e ujit, gjë që nuk më dha kurrë kënaqësi. Shkallët i zbrisja pastaj dy e nga dy dhe ato të fundit i kapërceja me hedhje, disa njëherazi. "Të mori vesh e gjithë shkalla!" - nuk harronte mamaja të më qortonte. "Sigurisht, ta marrin vesh të gjithë sa shumë punëtore jam... se ti nuk e thua kurrë". Më vjen mirë që nuk u ankova asnjëherë.

Golja

PAUL PRIFTI: **Mu** në qendër të qytetit ndodhet katërkatëshi dhe përballë tij muzeumi. Më kujtohet që Diana jetonte në katin e parë dhe Klara në të tretin. Prapa muzeumit ka një pallat me dy kate. Zhani jetonte aty në katin e parë.

Të tria shkonin bashkë në gjimnaz dhe ishin shoqe. Në fakt, ishin shumë shoqe. Më kujtohet që ato ishin gjatë gjithë kohës bashkë dhe madje disa herë i kisha vënë re që njoftonin njëra-tjetrën duke sinjalizuar nga dritaret e banesave të tyre se kur do të takoheshin, kur do të dilnin e kështu me radhë. Ato kishin gjetur një sistem të mirë.

Tani, jo larg prej aty, nga kolovajzat, jetonte Golja, i cili kishte rënë në dashuri me Klarën. Të bije në dashuri në atë kohë nuk ishte edhe aq e lehtë sa mund të duket tani. Vajzat e asaj kohe duhej t'i ndiqje e të përpiqeshe shumë për "t'u prishur mendjen", siç i thoshim. Seriozisht! Dhe në fakt, djemtë e asaj kohe parapëlqenin vajza që nuk para ua varnin. Sa më shumë të të pëlqente një vajzë, aq më shumë do të përpiqeshe të tregoje se sa shumë e doje atë. Me pak fjalë, kjo ishte një çështje për jetë a vdekje!

Ky ishte rasti i Goles. Çdokush do të kishte hequr dorë, por jo Golja. Ai në fillim u përpoq t'i bënte përshtypje Klarës me rroba të lezetshme që i kishte nga Amerika, sidomos me një palë pantallona me shirita, të zinj dhe të bardhë. Kjo nuk i bëri fare përshtypje Klarës. E vetmja gjë që i solli Goles ishte nofka "Gole brekësalepi". Një mënyrë për t'u treguar vajzave se sa i qëndisur ishe si mashkull ishte t'u tregoje sa i talentuar ishe nga ana muzikore. Kështu, Golja vendosi të mësonte një instrument muzikor dhe të luante për Klarën. Nga të gjitha instrumentet muzikore, Golja zgjodhi klarinetën. Dhe ishte dita e tij me fat sepse atë ditë, qendra e kulturës kishte marrë klarineta të reja. Akull fare. Ai e mori klarinetën e tij të re dhe filloi të praktikohej në fushën prapa Komitetit Ekzekutiv. Aty kishte Mocin, Tomin dhe Benin për ta ndihmuar. Ani, Kaçi dhe unë u bashkuam me ta. Ne të tre donim të mësonim se si të bënim për vete vajzat. Kjo ishte jashtëzakonisht e rëndësishme. Unë nuk merrja dot frymë nga gëzimi. U ulëm të gjithë këmbëkryq në bar. Ishte një mbrëmje e ngrohtë vere. Hëna sapo kishte dalë.

Golja mori klarinetën dhe e montoi. Kjo i mori rreth 15 minuta. Kush ka parë klarinetë nga afër, e di që ajo ka ca vrima për gishtat dhe disa pjesë të tjera për të luajtur. Pra, Golja filloi praktikën duke luajtur tri vrimat e para me të majtën. Kjo i mori nja 30 minuta. Pastaj tri vrimat e tjera me dorën e djathtë. 30 minuta të tjera. Pastaj ai filloi praktikën duke përdorur të dyja duart dhe gjithë frymën që kishte. Tingujt e klarinetës u ngritën në qell: njëherë trashë, njëherë hollë; tani një kombinim i do, re, mi; pastaj fa, so, la, si. Pastaj të gjitha së bashku. Tinguj të çuditshëm shkonin nëpër ajër dhe udhëtonin larg, shumë larg. Në këtë mënyrë ai arriti të zgjonte gjysmën e Ersekës që kishte rënë në gjumë dhe futi nën mbulesa gjysmën tjetër që ishte zgjuar.

Golja mund të kishte vazhduar njëlloj për gjithë natën, sikur të mos na kishte dëgjuar Vanthia e Milit. Ajo jetonte 50 metra larg dhe melod# të e klarinetës së Goles udhëtonin për atje pa e humbur cilësinë. Tani, askush, dua të them askush, nuk pleksej me Vanthinë. Ajo doli te sofati dhe me cigaren në dorë i tha Goles qetësisht: "Ore, i biri i Llambit, do të ta thyej atë klarinetë në kokë po i re edhe njëherë të flamosurës!"

Golja u ngrit dhe u largua. Vanthia u kthye e na hodhi një sy mua, Anit dhe Kaçit. Kjo ishte e mjaftueshme që të merrnim vrapin edhe ne. Unë as që guxova të kaloja pranë shtëpisë së saj për nja dy javë të mira. Golja e la klarinetën pas katër javësh. Edhe nuk iu desh më, pasi ndërkaq ia kishte prishur mendjen Klarës. Kam dëgjuar që ata jetojnë të lumtur edhe sot.

P.S. Kur e kam pyetur Golen se si e bindi Klarën, ai më tha: "Sekreti im, pse duhet të ta shpjegoj ty?" Dhe kujt, mua, që i dhashë mbështetje emocionale me klarinetën!

PAQO CANO: Golja mbeti personazh interesant. Më kujtohet se diku nga viti i tretë në konvikt, në orarin e studimit (nga ora 15:00 -18:00) në ish-mensën që shërbente edhe si sallë studimi, nëndrejtori emblematik i konviktit, Llambi, merrte me vete edhe të birin, Golen, të studionte me ne në sallë. Si nxënës i mirë që isha, pata qarin që, ndërsa ndihmoja në matematikë Golen, të kisha privilegjin që të rrija pranë një pori të madh, të cilin e mbushnim me tallash të ngjeshur fort, i cili digjej ngadalë duke na ngrohur jo keq në ditët e acarta të dimrit.

ANILA: Unë as u linda dhe as u rrita në Ersekë, nuk jam kolonjare, por kam lidhje të forta me atë qytet. Jetoja te pallati dykatësh që ishte përballë pallatit të hotelit dhe pas muzeumit. Më kujtohet që cepi më i dashur, i bukur dhe gati magjik ishte përpara shtëpisë. Ishte pjesa e prapme e muzeut të qytetit që edhe pse i rrethuar me bordura dhe kangjella, unë i kapërceja me ndihmën e një kolone guri të gdhendur, i vendosur në rrëzë të tij. Kjo kolonë guri kishte edhe rol dekorativ, edhe rol praktik për mua. Në këtë kolonë guri që mua më mahniste sepse më dukej me vlera të papara atëherë (sot me më shumë vlera akoma se në atë kohë dhe nuk e di fatin e saj, ku përfundoi) çdo pasdite vere mblidheshin gratë zonja e nikoqire të pallatit. Me punët e tyre të dorës, diskutonin e tregonin qyfyre. Kur bënin petulla dhe lakror, i ndanin të ngrohta me ne të gjithë. Kur nuk gjendesha aty, ma ruanin pjesën dhe ma jepnin më vonë. Mua ky cep më pëlqente më tepër në mëngjes, kur vendi ishte i zhveshur nga njerëzit dhe unë strukesha poshtë pemës, në cep të muzeut dhe shijoja rrezet e diellit që depërtonin përmes gjethesh e degësh dhe krijonin imazhe drite me reflekse ngjyrash fantastike dhe ëndërruese. Aty lexoja shpesh me endje dhe prisja me padurim të vinte Eda, shoqja ime e fëmijërisë, që e doja shumë. Luanim, qeshnim, ndanim ëndrrat, shprehnim dëshira.... Sa shumë gjëra bashkë!

NEBO: Më kujtohet pallati i familjeve të oficerëve, një ndërtesë dykatëshe përballë me ish-Komitetin e Partisë (sot nënprefektura). Gjëja më e bukur ishtc se çdo pasdite, gratë e këtij pallati dilnin dhe bënin punëdore te lulishtja nga mbrapa, ndërsa ne fëmijët luanim andej rrotull. Më kujtohet që ne vajzave na kishin vënë për detyrë të mësonin punëdore, si me kryq, ashtu edhe me grep. Ishim nja pesë vajza dhe viheshim në garë se kush do të mësonte e para dhe më mirë. Më kujtohet që Zana ishte më e shkathët, punonte shumë mirë. Pastaj vinte Lola. Edhe Dita punonte bukur. Vetëm Tipi i Shanikos nuk donte të mësonte se si të punonte. Tipi ishte si djalë çapkën.

Më kujtohet që çdo të diel shkonim te çezma e Bezatit. Me vete merrnim bukë si dhe një kuvertë, ku uleshim e prisnim derisa të vinte radha për të mbushur ujë. Ndërkaq, hanim bukën që kishim me vete. Me të njëjtin grup shkonim edhe në muzeumin e qytetit, që në atë kohë ndodhej te godina mbrapa gjimnazit sot. Aty më vonë u bë dega ushtarake.

Podiumi prej dërrase

LILI: Më kujtohet sheshi i qytetit në vitet '57-'58. Përpara muzeumit, atje ku është podiumi, kanë qenë dy çezma ku mbushnim ujë. Ujin e ftohtë e mbushnim me gjyma bakri te çezma poshtë apo, siç e quanim, çezma e Bezatit. Sa të rëndë që ishin gjymat! Në ato vite, ndoshta ngaqë isha shumë e vogël, sheshi i Ersekës më kujtohet si shumë, shumë i gjerë. Mbi dy çezmat, aty ku sot ndodhet muzeu, ka qenë një restorant. Aty ku është ndërtesa e hotelit ka qenë një mapo e vogël. Nga njëra anë ishte manifakturë (metrazhe), ku shiste Dhosi, kurse përballë tij ishte një parfumeri dhe kinkaleri. Shitësja e fundit që mbaj mend ka qenë Xeni. Në anën tjetër të rrugës ishte Klubi i Madh, ku në atë kohë bëheshin edhe mbrëmjet e vallëzimit. Më kujtohen mbrëmjet e 8 marsit. Ndodhte që ndonjëherë mamaja më merrte me vete mua ose Violetën, time motër. Orkestra ka qenë në fund të anës së majtë të sallës, sa hyje. Mbaj mend usta Vasilin që i binte gërnetës dhe Golen me lahutë. Më kujtohet që mamave u servirej vetëm një pjatë, nga e cila hanim edhe ne fëmijët.

BENI M: *Prindërit e mrekullueshëm të Lilit sikur i kam akoma para syve! I shikoja çdo mëngjes.*

SOTIRAQI: *Nëna Vangjeli vinte te ne për të marrë shark (lëvore arre) për të ngjyer leshin. Edhe ime gjyshe, edhe mamaja ngjyenin me shark.*

ELIDA MEKA VIDRICA: *Ngjyra që dilte nga lëvorja e arrës ishte shumë e bukur dhe nuk zbardhej kollaj. Më kujtohet që mamaja ime ngjyente me lëvore arre trikot dhe çorapet e leshta. (Eh, tani i kanë harruar çorapet e leshta!)*

ALMA CANE TASE: Më kujtohet podiumi i vjetër, me dërrasa, ku luanim sy-mbylla. Më kujtohet që kur ishim në fillore shkonim në atë shesh thjesht për të shtypur flluskat e ziftit. Po më qeshet tani kur kujtoj se sa seriozisht e merrnim këtë lojë (nëse mund të quhet ashtu). Kush e kush të çante apo të shtypte më shumë flluska. Rrinim ulur apo edhe shtrirë në rrugën e ngrohtë dhe askush nuk na trazonte.

LILI: Edhe mua më kujtohet që andej nga korriku, kur fillonte ai i nxehti i keq, asfalti nxehej e bënte flluska. Problemi ishte se kur kaloje mbi të mund të të mbetej këmba në asfalt dhe po të ishe me sandale plastike, kjo mund të të kushtonte sandalet, që u këputeshin rripat. Edhe e çara e flluskave më kujtohet, por e vërteta është që nuk kam luajtur ndonjëherë me to.

ANILA: *Më kujtohet Lili, një figurë femre elegante, me mirësi të pashembullt, e përkushtuar në misionin e saj, e zgjuar, gojëmbël, gjithë hir femëror, me flokët e saj të mbledhura me shumë kujdes topuz, që kisha fatin e mirë ta kisha edukatore në kopsht dhe më pas mësuese fizike në liceun artistik "Jordan Misja".*

GRAMOS RADOMI: Më kujtohet një episod i vogël, por që ndikoi shumë në jetën e tim vëllai, Kaçit. Aty nga viti i dytë i gjimnazit, ai pati ca probleme me sytë dhe doktorët i thanë të mbante syze, por ai nuk i donte. Mamaja jonë, Fatoja, u shqetësua shumë e vajti bisedoi me Lilin se ai e donte dhe e dëgjonte shumë. Lili i tha: "Çfarë kam mangët unë që mbaj syze gjithë jetën? Nëse ti nuk do t'i mbash syzet, atëherë nuk do të hysh më në mësim". Që atëherë nuk patëm më probleme me syzet e Kaçit.

LILI: Kaçit i ndrittë shpirti atje ku është! Ishte një djalë i mrekullueshëm dhe fëmijë model, që po ta njihje, nuk e harroje tërë jetën. Të bënte ta doje sinqerisht.

TAQO: Më kujtohet që në erën e ndryshimeve politike që filluan të ndiheshin aty rreth viteve '80, në Ersekë erdhi këngëtarja e madhe greke Marie Faranduri. Kishte njerëz që erdhën nga Kaduci e fshatra të tjerë të largët. U mblodhën aq shumë njerëz, sa nuk janë mbledhur asnjëherë më parë në atë shesh të vogël. Foni të tillë edhe ata që quheshin si më të gjezdisur s'kishin parë. Thonë se muzika u dëgjua deri në Lençkë e Luaras. Ajo këndoi me gjithë shpirt, por ç'e do, nuk u duartrokit asnjëherë. Kolonjarët qëndruan të heshtur gjatë gjithë koncertit. Sigurimsat dhe bashkëpunëtorët që mbanin edhe nga një shirit në krah për t'u dalluar që ishin në ruajtje të qetësisë u falënderuan që "koncerti shkoi qetë". Kushedi çfarë ka thënë këngëtarja greke për kolonjarët!

VALBONA NAZARKO: Më kujtohet që Maria Faranduri dhe Mikis Theodhorakis kanë ardhur më 31 gusht 1981.

ARBEN BALLIU: Maria Faranduri shkoi edhe në Korçë dhe u duartrokit shumë. Nuk e di pse në Ersekë jo.

ELIDA: Më kujtohet shumë mirë koncerti i Maria Farandurit. Atëherë punoja te "Familjari" dhe së bashku me nja dy të tjerë na caktuan të ishim në dispozicion të këngëtares në kohën që do të pushonte në hotel, për t'i servirur atje kafe.

DIANA SOLIS: Një mik i familjes sonë, i cili ka shoqëruar Maria Farandurin në atë kohë, na tregoi se ajo kishte mbetur e befasuar nga reagimi i kolonjarëve. Shprehja e saj ka qenë tekstualisht: "Ky popull ose është shumë i kulturuar dhe unë nuk përmbush pritshmëritë e tyre ose nuk merr vesh fare nga muzika". Mendoj se frika e kolonjarëve, plus krenaria e tepruar, e zhgënjyen këngëtaren e madhe.

Xhazbandistët

ERMIRA: Më kujtohet që në podium ose në sheshin pranë tij shpesh shihnim bandën e qytetit: një grup burrash dhe djemsh, me profesione të ndryshme apo nxënës shkolle; asnjëri nuk kishte mbaruar për arte, por i bashkonte pasioni dhe e kishin kthyer fanfarën në një grup gati profesionist. Shpesh luanin në krah të majtë të tribunës që ndodhej para muzeut, të veshur me uniforma të këndshme. Më kujtohet Dhosi, Vangjeli, Azisi e plot të tjerë.

DIANA: Edhe unë e kujtoj bandën e qytetit, që për një kohë na zgjonte të dielave qysh herët në mëngjes. Më pëlqente.

ARBEN M.: Më kujtohet që në bandën e qytetit më të rriturit ka qenë edhe Xhevoja, Klementi, Koçoja dhe ne, nja 3-4 Arbenë. Të njëjtët kemi qenë edhe në orkestrën e shkollës dhe të pallatit të kulturës. Në atë kohë sikur kishim shumë më tepër aktivitete kulturore e artistike. Shkonim edhe në turne. Kur shkonim nëpër fshatra, në shumicën e rasteve shkonim në këmbë. Instrumentet muzikore i mbanim në kurriz.

DIANA: Sipas mësuese Natashës, këta ishin edhe "xhazbandistët" e shkollës.

ARBEN M.: Më kujtohet shumë mirë që ne kur nuk kishim mësuar i dilnim para dhe justifikoheshim se kishim qenë të zënë me prova dhe me shfaqje.

ARBEN P.: Gjimnazistët e orkestrës frymore merrnin 1000 lekë të vjetër në muaj, shumë e madhe për një nxënës në atë kohë.

ARBEN B.: Më kujtohet konkurrimi i bandave në Vlorë. Kaluam shumë bukur.

ARBEN M.: Mbaj mend që jemi larë në det kur shkuam në Vlorë. Pano Janushi na u fut në det me benevrekë.

ARBEN B.: Ka qenë 12 ose 13 nëntor. Bëri pak kohë e mirë, të themi, sepse në Erseke në atë kohë fillonte dimri.

DIANA: *Më kujtohet familja e Beni Balliut, që jetonte te pallati mbi mapon, tek ajo hyrja në qoshe. Vinim ndonjëherë më shumë për muhabet sesa për detyrat. Më kujtohet gjyshja, që na dëgjonte me vëmendje dhe thoshte "Po ju nuk po bëni detyrat!". Vetullat i ngriheshin lart me qortim të heshtur. Familje fisnike. Prindërit e Benit na prisnin gjithmonë buzagaz.*

ARBEN B.: *Një gabim i vogël. Ajo plaka nuk ishte gjyshja ime, por mamaja e Sofikës, komshies që rrinte në katin e dytë. Por s'ke faj se ne ishim si një familje.*

DIANA: *Unë po flas për gjyshen që ju vinte për vizitë, nga Korça besoj, herë pas here, apo e kam gabim?*

ARBEN B.: *Jo, s'e ke gabim. Por çuditem se si të kujtohet!*

SOTIRAQI: Më kujtohet një episod komik me tim atë. Nuk e di kush e kishte nxitur dhe ai hazërxhevap na vjen një ditë në shtëpi me një trombon; nuk jam i sigurt në jam i saktë se si quhej vegla, por ishte ajo vegla që me dorën e djathtë e shtyje dhe tërhiqje ata tubat në formë U-je.

I THOTË IME MË: "Po ti ç'e ke këtë tyrymbetë që na solle?" Dhe ai përgjigjet: "Do futem në bandën e qytetit si shumë të tjerë shokë e miq". Asnjërit në familje nuk i pëlqeu kjo iniciativë e tij e çuditshme. E para ishte se babai ka qenë mjaft i ngarkuar me detyra të tjera shoqërore, punëra të përditshme për të mbajtur shtëpinë, kopshtin etj., veç punës së qeverisë dhe e dyta, ajo vegël ishte mjaft e madhe dhe na dukej e shëmtuar. Kemi pasur vazhdimisht në shtëpi një violinë pothuajse të papërdorur dhe im atë e mbante si relikte muzeumi (të blerë që në rininë e tij të hershme). Ajo violinë nuk këndoi kurrë, veç ndoshta 2-3 herë të vetme në duart e tim eti. Ai luante veç nja 3-4 këngë: njëra që kujtoj ishte "Qaj Minushe". Vaj medet thuaj! Ne fëmijët siç duket nuk na tërhoqi violina dhe asnjëri nga ne të tre as e mësoi dhe as që e provoi.

Kthehemi te banda. Përfundimisht babai u regjistrua në bandë. Provat i bënin në shtëpinë e kulturës, nën drejtimin e një plaku të thinjur që i thoshin Osman —nuk ishte kolonjar. Problem ishte kur provat bëheshin në shtëpi. Viu, viu me ca tinguj të fandaksur që të gërricnin nervat. Nuk mund të rrije brenda. Por babai s'e kish problemin me ne. Na pëlqente ose jo neve as që ishte problem. Problemi ishte mos të dëgjohej përjashta. Kështu që na çonte neve për t'u siguruar që nuk dëgjohej gjë matanë avllisë.

Vazhdoi kështu jo më shumë se një muaj. Pastaj iu ënjtën e iu frynë buzët, iu skuqën dhe iu plasaritën si mos më keq. E braktisi atë punë, duke shpëtuar veten dhe ne të tjerëve, pa arritur dot të bëhej "bandist" i bandës frymore apo fanfarës së qytetit.

AGIMI: *Bëmë baba të të ngjaj! Më kujtohet që Raqit i ndrisnin sytë si të maçokut kur shihte xhezin në mbrëmjet që bëheshin aso kohe. Se ç'është e vërteta, ka qenë qejfli i madh i mbrëmjeve, nuk e di ku i merrte vesh dhe s'linte mbrëmje pa vajtur.*

SOTIRAQI: *Kam qenë qejfli i madh vërtet, tani më pëlqen më shumë të kërcej valle popullore nga tonat.*

ARBEN P.: Ajo vegël quhet trombonsllaj. Nuk është shumë e madhe në krahasim me basin që i binte aso kohe Mondi Leka.

SOTIRAQI: Më kujtohet kënga "O k'ta ujët e Rrezës", që këndonte Nova me Gjergji Simon.

EDMOND RRUSHI:

K'ta ujët e rrezes

të rriti të bëri kaq,

mos puno me mendjen tënde

se bën qejfin e dynjasë.

Ke nja dy-tri ditë

me shoqet s'u poqe,

mjeri unë i mjeri,

zemrën ma plagose.

Si mushka këlushe xanxare

që më hedh qoshe më qoshe,

mjeri unë i mjeri, zemrën ma plagose.

Për mua kjo është kënga më e bukur e grupit kolonjar "Na bashkoi kënga popullore".

Më kujtohet që grupi e ka zanafillën në tetor 1980 dhe iniciator u bë Skënder Tare, që punonte në shtëpinë e kulturës si koreograf. Këtë iniciativë të tij e mbështeten Xhemal Dalipi. Iu bashkuan Vangjel Prifti me fizarmonikë, Edmond Rrushi me lahutë, Vilson Kosta me dajre, Roland Milo me ksister, Gjergji Simo këngëtar dhe me lahutë. Fillimisht u përzgjodh një repertor këngësh dhe filluam provat. Në dhjetor të po atij viti na ftoi Radio Televizioni Shqiptar. U bëmë pjesëmarrës në koncertin e Vitit të Ri 1981. Ky ishte dhe prezantimi i parë i grupit në rang republike. Këngët e grupit fituan një popullaritet të jashtëzakonshëm në publikun shqiptar të asaj kohe.

EDUART HALILI: *Më kujtohet orkestra me Arben Balliun dhe Xhevon me trombat me sordino te podiumi i qytetit. Më kujtohet që Lelon na e zuri korrenti.*

SOTIRAQI: Më kujtohet Lelo, njëri nga anëtarët e grupit dhe shoku im i fëmijërisë. E shoqëroja deri te Kroi i Bardhë gati çdo herë që e rastisja para portës sime. Tek ai rrëfehesha sa herë dëgjoja ndonjë këngë të re të huaj që më pëlqente. Ishte, si të thuash, tutori im për muzikën. Shpesh këndonim bashkë me dy zëra: ndonjëherë edhe me kitarën e tij. Ishte tip rebeli Lelo, me zemër të bardhë.

KIÇO: Ky grup e bëri aq të njohur Kolonjën saqë kur shkonim jashtë rrethit e thoshim që ishim nga Kolonja, fjalia e parë që na thoshin ishte: Nga Kolonja e atij grupi aq fantastik? Ai grup u bë emblema ose personifikimi i vetë Kolonjës.

FABIOLA CAKULI PANDAZI: Më kujtohet që dikur kam kënduar një këngë të kompozuar nga Leloja. Ka qenë Festivali i 16-të për Fatosa dhe Pionierë, viti 1989 dhe titulli i këngës ishte "Jeta jonë gjithmonë pranverë". Kënga mori çmimin e parë. Në mendjen time Lelo mbetet një tip ekspresiv dhe shumë i dashur.

ROLANDI: Më kujtohet momenti dhe përgatitjet për xhirimin e parë të grupit në Televizionin Shqiptar. Në xhirimet e koncertit të Vitit të Ri merrte pjesë Ansambli i Kolonjës (përfshirë edhe grupin e valles). Unë nuk mora dot pjesë në incizim atë vit, pasi u nisëm urgjentisht për incizime në Tirane me grupin popullor. Me sa di unë, Xhemal Dalipi ishte me punë në Përmet dhe rastësisht kishte dëgjuar të kënduar nga grupi i Përmetit këngën tonë të famshme "As e vogël, as e madhe". Xhemali, që e donte këngën si Xhemali, u kthye menjëherë në Ersekë dhe na nxiti të niseshim për incizim në Tiranë. "Ndryshe na iku kënga më e bukur", - tha Xhemali. "As e vogël, as e madhe" bëri shumë bujë.

Poeti

DIANA: Libri i Dhori Qiriazit "Dikur në vjeshtë" arriti si një surprizë e bukur në këtë prag Viti të Ri. Hapa me kujdes fletën e parë dhe lexova: "O dashuri e parë, o mituri e shkuar/sikur t'na ktheje fllad'n e ëmbël përsëri...". Instinktivisht ktheva kapakun dhe lexova sërish emrin e autorit: Dhori Qiriazi. Pastaj hapa një fletë tjetër: "... Kaq shumë e desha unë Kristinën, sa nuk e deshte njeri me...". Dhe përsëri "verifikova" emrin e autorit. Edhe një tjetër: "Unë jam ushtar, ç'të jem më shumë?" E perifrazuar tashmë në mendjen time si: "Unë jam një grua, ç'të jem më shumë?". Ishte një lloj deja-vu e këtyre poezive, tashmë pjesë e së përditshmes sonë, që më preku thellësisht dhe më la krejt të hutuar. I kemi përsëritur kaq shumë herë këto vargje të Dhorit me njëri-tjetrin në shtëpi a në makinë sa m'u duk gati e çuditshme që ato paskëshin një autor. Dhe desha t'u thërrisja fëmijëve siç thërrisnim dikur "Ej, kalamaj..." e t'ua lexoja edhe atyre vargjet e plota të poetit tonë të madh. Lexoj me zë poezitë e njohura, poezi me të cilat jemi rritur e dashuruar; poezi nëpërmjet të cilave u kemi përcjellë mesazhe njëri-tjetrit në çaste të bukura apo të vështira; poezi që i ndiejmë kaq shumë tonat! Çfarë do ta bënte më të lumtur se kaq një poet?

Dhe më kujtohet se rrugëtimi im në botën e të shkruarit lidhet kaq shumë me emrin e Dhori Qiriazit. Sapo kisha filluar klasën e pestë dhe sapo kishim marrë hartimin e parë të korrigjuar. Mësuese Leni më kishte vënë notën dhjetë. Megjithatë, u ndjeva e befasuar kur dëgjova mamanë t'i thoshte dikujt se Dhori e kishte ndaluar në rrugë dhe i kishte thënë se kishte lexuar një hartim timin dhe se unë isha shumë e talentuar(!). Kjo më la mbresë të thellë së pari sepse mamaja ime nuk e kishte zakon të më lavdëronte (e kundërta do të më dukej më e mundshme, bazuar në filozofinë e saj të rritjes së fëmijëve në mënyrë spartane) dhe së dyti, sepse këto fjalë ishin thënë nga Dhori Qiriazi, një nga idhujt e shumëpërmendur në familje. Që të jem shumë e sinqertë, nuk jam e sigurt sa i vërtetë ishte komenti, por përsëri, nisur nga natyra e mamasë, e mendoj si të vërtetë. Por edhe nëse nuk ka qenë, siç e mendoj së këtejshmi, është e sigurt se të vërteta apo jo, ato fjalë atëherë më bënë të ndiej se dashuria ime e madhe për letërsinë ishte reciproke! Dhe mbetet e vërtetë që ajo histori e vogël që e dëgjova krejt rastësisht më ka mbajtur ngrohtë në vite, edhe pse kurrë nuk pata fat të bisedoj kokë më kokë me poetin e madh.

SOTIRAQI: Kujtimet e para për Dhori Qiriazin *i kam* në moshën 5-vjeçare, d.m.th. rreth vitit 1962. Në atë kohë ai banonte vetë i dytë së bashku me gjyshen time, Arkonda, në fshatin Lëngës. Ai fshat, edhe sot, më ngjan si fshati më i bukur në botë. Natyra i ka falur me bujari gjithçka duhet për ta bërë të bukur: i vendosur në një gropë, me lumin që i shkon pranë dhe i mbrojtur nga erërat, i rrethuar nga të katër anët me korije, pemë e gjelbërim, me ato cicërimat e përhershme të gjithëfarësoj zogjve, ai fshat me 25 shtëpi më është dukur gjithmonë një parajsë. Fati ka mbledhur bashkë ata njerëz punëtorë, të butë e fisnikë, që i ngrysin ditët e netët në një paqe e harmoni për t'u pasur zili. Para se të hysh në fshat, të shfaqen ca lisa të mëdhenj, gati legjendarë. Kisha e vogël e Shën Mitrit, e ndërtuar midis, të bën të ndihesh se po njatjetohesh me Zotin para se të hysh në fshat.

Mbaj mend që shtëpia dykatëshe e gjyshes ndodhej në mes të fshatit. Atje, në dhomën e ndenjes, një natë dimri, ulur këmbëkryq në minder, pranë oxhakut, me një fletore e laps në dorë, mbaj mend për herë të parë Dhorin. Në anën tjetër të minderit rrinte ulur e tirrte lesh gjyshja, ndërsa unë, me një tas me bukëvalë në dorë, rrija në një fron përballë oxhakut. Mbi zjarr, gjithmonë rrinte varur në zinxhir një kusi e zezë sterrë me ujë të valuar, ndërsa përbri oxhakut mbaj mend një kandil me vaj dhe një fener nga krahu tjetër. Në korridor mbaj mend kallëpet e misrit të varura nën trarë, sepse tavan nuk kishte. Kjo ishte e famshmja studio e shkrimtarit. Dhe ai diku ka shkruar: Zjarri ndizej herë pas here/ngrihet tymi korb i zi/këndon ujët në tenxhere/unë shkruaj poezi.

Kujtoj një ditë vere kur Dhori më kishte marrë me vete në lumë për të zënë cironj. Mbaj mend që ai me pantallona të përveshura çapitej nëpër lumin që kishte pak ujë, bënte ca si prita të vogla dhe me një legen zinte cironj. Herë pas here pinte duhan "Partizani". Pasi mbushëm legenin plot, u kthyem në shtëpi. Edhe një herë tjetër, kur unë u ndodha atje në dimër, Dhori solli në shtëpi një lepur të egër të varur në tel.

Mbaj mend portën e madhe me sofate, si dhe disa trarë të mëdhenj të shtrirë, që shërbenin si vende ku uleshin burrat çdo darkë e kuvendonin e qanin hallet e tyre. Nga burrat mbaj mend baba Ropin, Postolin, Sotirin, Galen, Kice Dhonon, Nikon, Vasilin, si dhe babanë e Galës që rrojti mbi 100 vjet dhe që të gjithë i thërrisnin babi. Këto ishin dhe kujtimet e mia më të para.

AGIMI: Më kujtohet mirë poeti. Isha aq i vogël dhe më shumë se xhaxhi Dhori, më tërhiqte nëna e Dhorit, siç e thërriste gjithë pallati, një plakë e urtë, gjithë mirësi që i mbante shkallët dritë dhe ua kalonte edhe nuseve të reja kur mblidhte bedunice. Nëna e Dhorit u bë sebep që unë të njihesha me Raqin, nipin e vetëm dhe kanakar të saj. Edhe Raqi, të cilit nëna e Dhorit nuk ia prishte dot, u bë sebep që unë të zbuloja një gjë të re, të pahasur më parë, e cila më goditi fort: studion e punës së xhaxhi Dhorit. Kurrë më parë nuk kisha parë ndonjë dhomë të mbushur me aq libra, edhe sot në mendjen time ka mbetur tavolina e punës, një pendë pate e zhytur në kallamarin e bojës dhe një libër gjigant me shumë fletë. "Është larusi",- më tha Raqi duke parë hutimin tim. Ndikimi ishte aq i madh, sa mes dashurive të mia, halangopjes deri në harrim për t'u kthyer në shtëpi dhe kënaqësisë që më dhuronte shëndetlija të hynte edhe dashuria për librin. Që nga ajo ditë librat më ranë keq në kokë dhe xhaxhi Dhori, që shkruante libra, siç më tha Raqi plot kompetencë, më dukej si shenjt. Më vonë pata fatin të jem edhe nxënës i tij dhe më bëri të mahnitem jo vetëm nga lirikat, por edhe nga kultura e jashtëzakonshme. Dhori poet hahej me Cacin matematikan në fushën e këtij të fundit.

VALBONA C-P.: Akoma e kam të fiksuar në memorien time pamjen e Dhori Qiriazit në bibliotekën e qytetit pasditeve, sidomos gjatë dimrit, në një tavolinë të vogël në fund të dhomës me sportel, me ato syzet e qelqta, gjithmonë duke lexuar. Biblioteka nuk mund të kuptohej pa praninë e tij. Poeti do të mbetet një njeri shumë i dashur për mua dhe mistik deri në madhështi. Nuk do ta harroj asnjëherë një takim që u zhvillua në ndërtesën e komitetit (bashkia e sotme) me letrarët e rinj dhe shkrimtarët e poetët e qytetit rreth viteve 1981-1982. Pas diskutimesh dhe prezantimesh, kryetari i Komitetit Ekzekutiv të asaj kohe iu drejtua poetit dhe i tha: "Shoku Dhori, ne presim nga ju shkrimtarët që të shkruani jo vetëm poezi, tregime dhe novela, por edhe romane". Poeti, me atë qetësinë dhe zërin e këndshëm, iu përgjigj: "Edhe La Fonteni një libërth të vogël me fabula shkroi, por kjo e bëri të njohur në të gjithë botën". Audienca e duartrokiti dhe gjithçka kaloi këndshëm.

SOTIRAQI: Penda për të cilën flet Gimi ishte një pendë shqiponje, të cilën atij ia kishte falur një çoban. Dhe e dyta, libri gjigant, të cilin e kemi hapur dhjetëra herë, është një Webster me rreth 4000 faqe. Atë libër, një botim i para luftës, gjithmonë sipas Dhorit, e kishin vetëm ai dhe Biblioteka Kombëtare. Libri i Dhorit ka një kapak të trashë prej lëkure bojëkafe, ku shquhen viza që duken si të prera me thikë. Dhori e bëri filloren në Korçë. Aty e mbante një xhaxhai i tij. Banonin me qira në shtëpinë e një plaku korçar, që e përdorte librin për të grirë duhan me thikë. Dhori, kur e pa se tjetri nuk para e vlerësonte librin edhe aq, iu fut dhe ky më në fund ia dhuroi. Kjo është historia e librit misterioz.

AGIMI: E mbaj mend që ishte pendë e madhe dhe mua kështu më është ngulitur. Kurse nga libri, më kanë mbetur në kujtesë figurat me kafshë, që më tërhiqnin shumë.

GERTA BILALI: Xhaxhi Dhorin kam pasur rastin ta ndesh shpesh, si në Ersekë, ashtu edhe në Tiranë, pranë Bibliotekës Kombëtare. Në Ersekë, rrinte me orë të tëra te biblioteka e qytetit, te një tryezë modeste e cila ndahej nga sporteli i shërbimit me një perde doku blu. Atëherë çuditesha dhe mrekullohesha me vullnetin e tij të pashembullt për leximin. Shihja që e respektonin të gjithë. Më çudiste modestia e tij, kthimi i përgjigjeve me zë të shtruar, të qetë, por të sigurt. Poshtë syzeve kishte sy gati të përlotur, që asokohe besoja se i kishte nga leximi i tepërt. Mbaj mend mamin që çdo ditë, para se të dilte në pushimin e drekës, e pyeste nëse do të rrinte akoma. Xhaxhi Dhori i përgjigjej që mund ta mbyllte brenda pa u shqetësuar. Kur kthehej mami sërish në bibliotekë, e shqetësuar se mos i ishte dashur gjë, shikonte që kishin ndryshuar vetëm faqet e librit që studionte, por jo pozicioni i tij statik. U përgjigjej pyetjeve të mia fëmijërore e naive pa asnjë lloj bezdie, gjithë seriozitet dhe me një gjuhë të thjeshtë, të pastër e të kuptueshme.

KIÇO: Profesor Dhorin e kam njohur që kur isha në moshë të vogël. E shihja çdo ditë kur vinte në shkollë. Kishte një pamje të veçantë. Dikujt që nuk e njihte mund t'i dukej një tip autoritar, por kur filloi të na jepte mësim zbulova një njeri tjetër. Kur hynte në klasë, mësues Dhori ishte si një lloj artisti që hynte në skenë. Ashtu edhe ai hynte në rolin e tij dhe dilte nga ky rol pas 45 minutash, kur binte zilja e pushimit. Dhe kjo gjë përsëritej në çdo orë mësimi. Në vitet e para të shkollës 7-vjeçare, letërsinë na e jepte drejtor Koço. Kur na shpjegonte figurat letrare, se çfarë janë ato dhe si përdoren nga autori në veprat e ndryshme letrare, për ilustrim na thoshte: "Ja, kur profesor Dhori shkruan një poezi, ai nuk mundohet që të përdorë një epitet, një metaforë apo një figurë tjetër letrare, një krijuesi ato i vijnë lirshëm në mënyrën e të shprehurit të një mendimi, qoftë në poezi, qoftë në prozë".

Më kujtohet që në vitin 1963, kur u botua libri i tij i parë me poezi, "Balada intime", ndonëse një libër i vogël, e morëm dhe e mësuam përmendësh pa na detyruar askush. Në vitet e shkollës së mesme, kur profesor Dhori filloi të na jepte orët e letërsisë, mbaj mend se për mua kanë qenë nga orët më të këndshme. Më kanë mbetur në mend komentet dhe analizat e veprave të ndryshme letrare të letërsisë shqiptare dhe të huaj, kur ai, me atë pasionin e tij, analizonte apo recitonte fragmente nga Migjeni, Naimi, Noli apo autorët e huaj, si Pushkini, Balzaku, Tolstoi, Majakovski, Hygoi apo tregimet gazmore të Turgenievit. Pjesë të tëra në prozë, por sidomos poezi, edhe tani, pas gati 50 vjetësh, i mbaj mend si t'i kem lexuar dje. Të veçanta ishin gjithashtu orët e korrigjimit të hartimeve, të cilat shoqëroheshin jo vetëm me kënaqësi kur na lexonte fragmente të bukura nga hartimet e shokëve tanë, por shpesh edhe me humor kur lexonte ndonjë shprehje jo shumë të goditur që dikush mund ta kishte futur si pa dashur në ato hartime. Në provimin e maturës, në hartim, nga maturat para nesh, dëgjonim nxënësit e atyre viteve që uronin të mos u binte ndonjë temë nga Migjeni, pasi e quanin si shumë të vështirë për t'u analizuar, ndërsa kur i erdhi radha maturës tonë, unë në mendjen time lutesha të na binte një temë nga Migjeni, pasi e adhuroja si poet. Me këtë mendim hyra në provim dhe nuk po u besoja syve kur u hap zarfi i provimit dhe një nga temat ishte pikërisht nga Migjeni. Zgjodha këtë temë dhe me sa mbaj mend jam vlerësuar me notën maksimale.

LILI: Kujtimet e mia për profesor Dhorin i kanë rrënjët te përshtypja e madhe që më kishte lënë qysh herët emri Arkonda i nënës së tij; emër krejt i veçantë dhe i padëgjuar. Gati-gati të bënte të pyesje: Po kush ia ka vënë këtë emër? Dukej sikur një grua me një emër kaq të veçantë nuk mund të kishte një fëmijë të zakonshëm. Kështu që figura e profesorit të gjimnazit ishte e veshur me një mister të hershëm. Më pas, kur ai u bë mësuesi im i letërsisë në gjimnaz, historitë kishin marrë dhenë. Kishim marrë vesh që profesori kishte shëtitur gjithë Shqipërinë, dinte disa gjuhë të huaja, kishte zgjidhur ushtrimet e matematikës në orën e letërsisë, njihte historinë më mirë se historianët, njihte muzikën dhe kompozitorët më të mëdhenj të botës. Të gjithë pa përjashtim i jemi druajtur " ironisë" së profesorit sepse na kishin këshilluar "të parët", por asnjëherë nuk ndodhi që të fyeshim prej tij.

Mbaj mend që në provimin e maturës nuk më pyeti shumë. Më përcolli duke thënë: "E rëndësishme është që letërsinë ta kesh në gjak".

Më kujtohet që kur erdhi libri tij "Baladë intime" kemi pritur mbi tri orë te dyert e librarisë që ndodhej aty ku sot është godina e ish-Komitetit të Partisë. Akoma më kujtohet Berti, një shok i klasës, që thoshte gabimisht "intinime". Librashitëse ishte Dita, mamaja e Adelinës. Shumë më vonë, në vitet e fundit të jetës së tij, shpeshherë kam pirë çaj me profesor Dhorin te Pallati i Kulturës në Tiranë.

Më kujtohen ditët e enjte, kur kam qenë në vitin e tretë gjimnaz, dy orët e para kishim letërsi me mësues Dhorin. Kishim Shekspirin dhe, për ilustrim, vepra që komentohej ishte "Hamleti". Për koincidencë dhe për fatin tonë më të madh, në kinema kishte ardhur seria e parë dhe e dytë e filmit "Hamlet". Na rekomandoi profesori që ta shihnim filmin dhe do ta komentonim të enjten e ardhshme. Pas shfaqjes së serive një nga një, para se filmi të ndërrohej, shfaqeshin dy seritë së bashku, ne shfrytëzuam këtë rast që na kishte ardhur si me porosi.

Të enjten tjetër, në orën e letërsisë që mezi e prisnim, kishte ardhur edhe mësuesi i fizkulturës, Misheli, që do të dëgjonte komentin për filmin. Sikur asnjë orë tjetër të mos kisha bërë letërsi me profesorin tonë të nderuar, por vetëm atë të ditës së enjte, do të ishte e mjaftueshme që ta kujtoj për gjithë jetën. Kuptuam aty se si lexohej, shihej dhe shijohej një mizanskenë. Si kuptohej portreti i Hamletit i fokusuar nga regjisori kur dallgët "përplaseshin" mbi flokët bionde të tij; si kuptohej fisnikëria e tij, pa qenë aq i bukur sa Laerti, por me shpirtin më të bukur në botë; si ndihej i tradhtuar nga Ofelia, e bërë vegël nga të tjerët e si mbetet ajo në fund të shkallëve dhe sa lart "ngjitet" Hamleti nga fisnikëria e mendjes së tij....

Kur ra zilja e mësimit mbase ishte nga herët e rralla që na erdhi keq që mbaroi dyorëshi i letërsisë, por më shumë na erdhi keq që ne nuk paskëshim ditur të shikonim filmin; na "kishte parë ai neve(!)".

ENIDA: Më kujtohet që në vitet 1989-1990, xhaxhi Dhori ka qenë komshiu im. Ai banonte në katin e tretë dhe familja ime banonte në katin e katërt sipër tij. Kishim hyrje-dalje familjare, sepse edhe mamaja ime ishte shoqe me teta Letën (ishin mësuese të dyja). Xhaxhi Dhori ose shkrimtari, siç ishim mësuar t'i thoshim në shtëpi, përveçse shkruante, edhe studionte shumë. Në atë periudhë ai studionte astrologjinë, një shkencë e ngatërruar dhe gati e paarritshme në sytë e mi fëmijërorë. Së bashku me djalin e tij, Gesin, kemi lexuar e rilexuar shumë libra që xhaxhi Dhori i përdorte për këtë qëllim. Por në atë kohë, si fëmijë që ishim, dilnim te hyrja e pallatit dhe i pyesnim të gjithë fëmijët, të rriturit, se kur e kishin ditëlindjen dhe me mburrje u tregonim se çfarë ishin: Peshk, Luan, Peshore etj. Më vonë e kuptova se këto kishin qenë shenjat e horoskopit dhe shumë më vonë se çfarë ishte astrologjia.

ELSA: Më kujtohet si tani kur Gesi dhe Enida më pyesnin për shenjën e horoskopit. Po ashtu më kujtohet që televizor me ngjyra për herë të parë kam parë në shtëpinë e xhaxhi Dhorit.

JORGJI QIRIAKO: Dhori Qiriazi me nënë Arkondën banuan ca kohë në shkallën time. Më kujtohet që kur lindi Jorida, më 29 dhjetor, në orën 17:00, te kuzhina e shtëpisë nënë Arkonda i preu kërthizën. Dhori më ka udhëhequr në çdo hap, jo vetëm me shembullin dhe veprën e tij, por edhe konkretisht, si mësuesi im, drejtues i rrethit letrar të shkollës, por edhe si udhëheqësi i diplomës, i caktuar nga dekanati, kur mbarova studimet e larta.

VANGJELI: Më kujtohet që ora e letërsisë shpesh bëhej ora kur mendimet dhe pyetjet tona i kalonin caqet e letërsisë. Ishte ora kur ëndrrat tona merrnin fluturimin e parë. Për shembull, një ditë mësues Dhori na dha një temë hartimi mbi heroin pozitiv. Pothuajse të gjithë filluam të shkruanim nxituar me aq sa na lejonin penat, se me të tilla shkruanim dhe vetëm Gjergji Gjikdhima meditonte njëherë dhe pastaj fillonte shkruante. Kur erdhën hartimet e korrigjuara, ai tha: "Dëgjoni se si shkruan njëri prej jush: "Pavel Korcagini hipur në kalë luftonte me furi me shpatë në dorë e priste kokat e armiqve ashtu si fshatari pret lakrat". Çfarë krahasimi!"- tha Dhori. "Koka e armikut si lakër...". Dhe shikonte atë që kishte bërë hartimin e qeshte. Sytë e butë i shkëlqenin.

Një ditë tjetër tha: "Unë shkruaj, por e kam dashur shumë matematikën. Për shembull, çfarë është A? Është një madhësi lineare. Po A në katror? Syprina e një katrori. Po çfarë është A në kub? Volumi i një kubi. Po çfarë është A në fuqi të katërt?" Ai filloi të mendohej. "Po si shkruhet integrali për të llogaritur syprinën e skalpit të kokës?" Nxitur nga këto pyetje, bisedat tona vazhdonin pasditeve kur dilnim rrugëve të qytetit apo te sheshi me shokët. Si është formuar bota? Ç'të jetë ky Big Bangu? Po monopoli me plus e minus po të ndahet në infinit do ngelet veç plusi e veç minusi...? Dhe shijonim çdo moment të jetës në atë qytet fare të vogël të mbushur me pisha e trëndafila.

PASTAJ RECITONIM: *O Saadi, më thonë shokët /Ngrije tendën te lulishtja/ Trëndafilen që lyp unë /Nuk e ka trëndafilishtja.*

SILVANA KOSTA GOGO: "A e mban mend? Ti e mban mend patjetër!

Si mundesh ta harrosh një natë të tillë? Po, e mbaj mend…". Ishte e mërkurë, 13 prill 1988… Dhe me këto fjalë filloi mbrëmja poetike kushtuar poetit Dhori Qiriazi. Nuk e di kush e mori iniciativën për t'ia dedikuar atë mbrëmje "Mjeshtrit të poezisë së peizazhit, fshatit dhe dashurisë", por e di që u tha se ishte diçka që duhej të ishte bërë vite më parë. Ajo mbrëmje kishte emocione të veçanta dhe një ankth se si do të përfundonte. Kishim shumë pak kohë për ta përgatitur dhe provat bëheshin me orare të zgjatura. Tomi, Caci, Luli, Xhakoja, Didi, Albana me Paskal Priftin në krye duhej të arrinim të pamundurën.

Ishte momenti që të gjithë të ftuarit hynë në një sallë tek-ish Shtëpia e Oficerëve. Midis tyre ishte Dritëro Agolli dhe Teodor Laço. Filluam. Poezitë që recitonim ishin marrë nga veprat "Balada intime", "Pishat me kristale" etj., por që ishin renditur aq bukur dhe me mjeshtëri nga Paskali sa të dukej sikur i përjetoje ato vargje dhe të çonin atje larg në rrezen e "Gramozit mes mjegullash të hirta, mes pjalme erërash, barërash dhe mes stuhisë".

Të çonin mes dashurisë së Kristinës, që poeti e deshi aq shumë, mes valëve të detit dhe rërës së plazhit ku shkruhej "të dua", të çonin te nënoja që rrinte e priste e vetme me fener… E ku nuk të çonin ato vargje!

Më kujtohet mirë që krejt i qetë dhe pa bujë, ashtu si poezitë e tij, erdhi edhe mësues Dhori. Dhe shumë i mallëngjyer tha: "Ju falënderoj nga zemra!".

Aventurat e Raqit

SOTIRAQI: Ishte vera e 1970-s, në mos gaboj. Unë isha në klasë të 6-të. Asokohe kisha zënë shoqëri me Gjergji Vangjelin, një djalë shumë i mirë, i urtë dhe inteligjent. E pëlqeja veçanërisht sepse ishte shumë i mirë në matematikë. Ai ishte 2 vjet para meje. Ishte sezon provimesh për ne të klasës së 8-të. Ai mësonte për provimet dhe unë rrija me të. Tek rrinim pranë shelgut të madh te cepi i arës së xha Thomait, që ishte prapa shtëpisë sime, atje midis degëve të dendura të shelgut, ferrave dhe bimësisë së harlisur përreth, syri na kapi diçka të fshehur. Pastruam vendin me vrap dhe nxorëm prej andej një çantë ushtarake të stërmadhe dhe të mbushur plot. E hapëm çantën dhe gjetëm një pasuri të tërë: dy rrota djathë kaçkavall, 10 kuti metalike 1 litroshe konserva me mish derri dhe një arkë kompensate me marmelatë molle. Në fillim u gëzuam dhe na ndritën sytë. Por më pas u vumë në një siklet të madh, të dy ishim djem të mbarë dhe të mësuar se gjërat që gjenden dorëzohen në polici. Çfarë të bënim me thesarin tonë? Aty për aty i dhamë drejtim. Hapëm arkën e marmelatës që kishte edhe celofan dhe e... përmorëm tërë qejf. Pastaj morëm gjërat e tjera dhe me nxitim kapërcyem avllinë dhe u gjendem te bahçja ime. Aty e menduam prapë se çfarë duhej bërë. Por i dhamë karar, me një gozhdë hapëm një kuti konserve dhe e kullufitëm ashtu të ftohtë e me dhjamë siç ishte. Ndamë djathin nga një rrotë secili dhe për momentin e fshehëm te bahçja. Dhe u nisëm në polici të dorëzonim 9 kutitë e mishit. E bëmë me llaf se çfarë do të tregonim atje.

Hymë në polici ku na priti oficeri i rojës, i cili pasi na përgëzoi për gjestin, mori diçka të shkruante në një libër të madh. Ndërkohë hyri i ati i Gjergjit (dikush e kishte lajmëruar), që punonte në degë, një burrë i mirë që quhej Koço Lubonja dhe na pyeti se si ndodhi. Dhe i biri filloi të shpjegohej dhe i tha që te filan vend gjetëm çantën me 10 kuti mishi, njërën prej të cilave e hëngrëm dhe këto 9 të tjerat po i dorëzojmë. Në çast Koço u nxeh dhe i futi një dackë të birit dhe tha: "Shumë keq! Po ju, nuk duruat dot? Po sikur të kenë qenë të helmuara? Ju jepnim ne jo një, por dy kuti të hanit sa të shqepeshit". Ne rrinim kokulur dhe të skuqur. Pastaj na lëshuan. Atë djathin e mbajtëm të fshehur dhe hanim thatë nga një fetë të madhe çdo ditë (një kurë e vërtetë) derisa e mbaruam. Kaçkavalli në atë kohë ishte një luks i madh. Shumë më vonë mësova dhe zbulova se koha kur gjetëm thesarin përkonte me një lojë të madhe të ushtrisë dhe dikush nga radhët e saj e pati fshehur atë çantë për ta marrë në shtëpi, por unë dhe Gjergji Vangjeli ia dogjëm planin.

AGIMI: *Raqi, më kënaqe me kujtimet e tua jo vetëm se i tregon shumë bukur, por aty gjej edhe veten time si shok dhe bashkëmoshatar me ty. Por për një gjë bëj çudi, si ore burrë i dheut e paske mbajtur të fshehur deri sot që ke ngrënë djathë kaçkavall me muaj të tërë dhe s'na ke dhënë një copë? Unë kur vidhja qershi te teqeja, pasi haja sa më dilnin për hundësh, kujtohesha edhe për ty, mbushja xhepat e t'i sillja te shtëpia. Thuaj shyqyr që ka kaluar shumë kohë dhe malli e ka bërë inatin copë e thërrime, se nuk do të kishim folur për nja dy-tre muaj. Madje edhe kur të të kërkoja detyrat e shtëpisë, do t'i thosha ndonjërit: "I thuaj atij mikut të na japë detyrat". Raqi, Raqi! Po t'i fal këto mëkate vetëm për hir të këtyre kujtimeve që na i rrëfen kaq bukur, por nuk mund të rri pa thënë që paske qenë një thëngjill i mbuluar ti!*

SOTIRAQI: *Po ta kisha treguar këtë histori, qoftë edhe një herë të vetme më parë, ti do ishe i pari që do ta dije (ashtu siç dimë gati çdo gjë të njëri-tjetrit). E vërteta është se ka pasur një lloj betimi mes meje dhe Gjergji Vangjelit për të mos i treguar askujt, gjë që për çudi e respektuam. Sa për djathin, atë e mbaruam brenda 2-3 ditësh se atje e kishim mendjen derisa u çliruam.*

SOTIRAQI: Kujtimi i parë i arkivuar në kujtesën time vjen nga mosha 4-vjeçare. Më çuan në Tiranë për të operuar bajamet te dr. Zyma i famshëm. Një i afërmi i tim eti e kishte mik, ishte njohur me të në qeli si të internuar në Ventotene të Italisë. Doktorin e mbaj mend si nëpër mjegull, ndërsa kujtoj shumë mirë karrocën llandon me kalë të bardhë, me të cilën më çuan në klinikën e tij.

Rolin e parë (po ta quaj kështu) e kam luajtur në klasë të parë, kam qenë xha Veriu te "Lulja dhe Shega" e Vedat Kokonës. Partnere kam pasur Monda Pashkon.

Biçikletën e kam mësuar në klasë të 4-t, tek oborri i Pandi Pires me biçikletën e tij MIFA.

Notin e mësova në klasë të 4-t gjithashtu, te depoja e grykës në Rehovë mbi 3 m e thellë dhe desh u mbyta. Më shpëtoi Pirroja i Koçit. Romani i parë voluminoz që kam lexuar ka qenë "Spartaku" i Rafael Giovagnoli-t aty nga klasa e 5-të. Filmin e parë në kinema, kujtoj Raxh Kapurin e Indisë. Personi i parë dhe i fundit që i kam shpëtuar jetën është Kimçja i Bajames, të cilin e nxora nga gropa e gëlqeres kur u thye akulli ku rrëshqisnim dhe ai u zhyt brenda në ujë.

Televizor për herë të parë kam parë në Tiranë në vitin 1964: "Rai Uno". Televizori i parë në Kolonjë ka ardhur në 1968-n. E kishte Raqi Dhrosos. Fare i vogël.

Gjuhë të huaj për herë të parë kam shqiptuar, mësuar përmendësh nga im atë në italisht - një fabul e Ezopit - aty nga mosha 6-7 vjeç, që e di edhe sot. Ai mësonte vetë ca kohë italishten bashkë me shokun e tij të ngushtë, të ndjerin Rapi Gjoshe.

Dramë kam luajtur për herë të parë dhe të fundit në maturë me regjisor Kostaq Pashkon. Drama ishte "Djem të mbarë" e Fadil Gjatës dhe kisha rolin e rojës së kantierit, njeri i ndershëm, por pijanec.

Për herë të parë kam parë një çift të dashuruarish që putheshin në natyrë: ishte Ylli me Mondën.

Më kujtohet që sapo ishim kthyer nga zbori dyjavor, që e kryem te një repart që ndodhej nga ana veriore prapa pyllëzimit dhe afër Virkës së famshme. Ishte fillimi i maturës, shtator 1975. Pasi kishim lexuar, pëlqyer e diskutuar mes nesh një libër të një eksploratori francez dhe aventurave të tij (titullin s'ia mbaj mend), na lindi ideja dhe vendosëm të shkonim të zbulonim një të fshehtë. Matanë Kabashit ishte një vend që quhej Vera e Dupes. Ishim të motivuar e shumë kuriozë njëkohësisht. Qarkullonin edhe gojëdhëna për atë vend.

Nisemi për Kabash në një ditë të ngrohtë e plot diell, unë, Pëllumb Sulejmani, Agim Agolli, Gjergji Mitre dhe Petrit Çabej. Dhe ashtu të shkujdesur siç kemi qenë, kishim marrë me vete vetëm dy elektrikë dore: njëri me dinamo që duhej t'i jepje me dorë dhe tjetri nga ata katrorët që kishin një bateri pako me tri bateri të lidhura, gjithsej 4.5 volt. Ecnim shpejt dhe nuk prekëm asnjë frutë, misër, lule dielli... që hasëm rrugës. Personi që mori përsipër të na çonte te vendi ishte Pëllumbi apo Lupi, siç e thërrisnim ne.

Mbërritëm në fshat. Pyetëm edhe atje dikë te dyqani dhe vazhduam më tej. Arritëm te vendi aty nga ora 13:00. Ishte një kodër me shkurre e dëllinja. Në rrëzë të kodrës, nga ana perëndimore e saj, ndodhej vrima e famshme e tunelit në faqe të shkëmbit, që nuk është se binte shumë në sy. Ishte e vogël, në formë gjysmë rrethore, me lartësi rreth 0.5 m dhe gjerësi rreth 1 m. Dukej në fakt si fole dhelprash e gdhendur me dorë. Bëmë dritë me elektrikët tanë, por nuk dallohej gjë brenda. Para se të futeshim, unë hodha idenë se nëse duhej një roje, unë mund të rrija te hyrja (nuk isha edhe aq trim), por nuk ma pranuan. Lupi i pari, të tjerët nga pas, të shtrirë barkas filluam të futeshim duke rrëshqitur në tunel. Pasi bëmë rreth 10 m, tuneli erdhi e u zgjerua, një tufë me lakuriqë doli nga vrima me zhurmë duke fluturuar mbi kurrizet tanë e duke na trembur. Kështu, përfunduam në një si guvë, ndoshta 3x3 m dhe me lartësi 1.5 m. Aty ndenjëm ca sa morëm veten, dyshemeja ishte e lagur dhe me baltë. Aty kishte plot copa e vegje enësh qeramike. Vazhduam më tej, duke pastruar nja dy gurë që zinin vrimën në vazhdimësi. Deri aty ku ishim, vinte një farë drite e zbehtë nga jashtë, pra nuk ishte fare bunac. Vazhdimi më tej nëpër tunel u bë mjaft i vështirë, gati i pamundur. Vrima u bë tepër e ngushtë. Hiqeshim zvarrë përpara, në kolonë, balli i njërit te thembrat e tjetrit, mjekra na cekte në dysheme, në një baltë të kuqe; kurrizi në tavan dhe shpatullat na preknin në shkëmb. Ndiheshim sikur ishim brenda një kutie konserve.

Më kujtohet një picir dhe terror i vërtetë, që nuk e kisha përjetuar në jetë dhe as e kisha imagjinuar. Pesë djem 18-vjeçarë, sikur po shkonin drejt ferrit, pa e ditur se çfarë kërkonin. Të ktheheshim prapa ashtu siç ishim, ishte e pamundur. Imagjinoni të hiqeshe zvarrë së prapthi. Vazhduam me shpirt ndër dhëmbë, shyqyr Zotit pas rreth 10 m të tilla tuneli u zgjerua deri sa u bë i lartë sa një tavan shtëpie ose më i lartë dhe i gjerë 1 ose 1.5 m. Morëm frymë, thamë se shpëtuam dhe vazhduam nëpër tunel, tashmë më të sigurt. Filluan të shfaqeshin stalagmitet dhe stalaktitet. Por paskësh qenë e thënë që të vuanim. Elektriku me bateri filloi të zbehej dhe ne vendosëm të dilnim jashtë, të gjenim bateri e pastaj të vazhdonim. Shkuam në dyqan, blemë një bateri 45 lekë dhe u kthyem.

U rifutëm në shpellë duke përsëritur vuajtjet që unë përmenda. Tuneli më tutje u bë më i lartë, 4 apo 5 m. Rrugës nëpër tunel hasëm në dy puse të thellë e të rrezikshëm. Ata ishin në dyshemenë e shpellës dhe për të vazhduar na u desh t'i anashkalonim me vështirësi. Hodhëm edhe gurë brenda në pus dhe ndiqnim jehonën e zhurmës që sa vinte e mbytej. Ndihej sikur puset ishin mjaft të thellë dhe jo vertikalë.

Kishte një detaj që s'e harroj. Errësira ishte absolute në plot kuptimin e fjalës. Stalagmitet vareshin gjithandej nga tavani i shpellës deri në dysheme. Në një moment të caktuar, tuneli u nda në dy degë. Ne vazhduam e ndoqëm krahun e djathtë deri sa tuneli u mbyll. Për çudi pamë një rreze drite që vinte nga tavani deri në dysheme, fare e hollë, si një fije peri e bardhë. Gdhendëm emrat tanë me gur në faqen e shpellës, si dhe i shkruam me kopjativ në një kapak pakete "Partizani" dhe e vumë në një si sofat me një gur përsipër. Dhe e lamë të ktheheshim sa më parë të ishte e mundur për të eksploruar degëzimin e majtë të shpellës. Kur dolëm ishte ora 19:30, sapo kishte perënduar dielli. E pabesueshme, por e vërtetë, kishim kaluar plot 5 orë brenda. Kishim marrë me vete mjaft materiale, si qeramike dhe stalagmite.

Në kthim, i ramë nga sipër kodrës, poshtë së cilës kishim qenë duke supozuar e përfytyruar rrugën që kishim bërë dhe duke bërë një si lloj planimetrie. Bëmë edhe një bark të mirë me lule dielli dhe mbërritëm në shtëpi pas orës 21:00. Në shkollë iu rrëfyem mësuesit tonë të gjeografisë, i cili u pataks dhe u entuziazmua. I dhamë edhe ca nga trofetë tona dhe e lamë të shkonim prapë te shpella, me mjete, me litarë e drita. Por historia e shpellës përfundoi këtu përgjithmonë. Autoritetet e rrethit, siç duket të trembur nga kjo historia jonë, e hodhën në erë Vërën e Dupes.

AGIMI: Prandaj edhe e dua shumë Ersekën. Vëra e Dupes është një nga emocionet më të forta që kam përjetuar në jetën time, por jo i vetmi. Aventurat tona në raport me natyrën kanë qenë deri në rrezikimin e jetës, por edhe kënaqësia ka qenë në kulmin e saj.

SOTIRAQI: Gimi ka qenë, si të thuash, promotori dhe lideri ynë i padiskutueshëm në aventurat tona pa fund të eksplorimit të natyrës.

INTERMEXO 1

DIANA: Njëri prej miqve tanë më ka dërguar mesazhin e mëposhtëm:

"Të them të vërtetën, unë e kam të vështirë t'i shkruaj ato që mendoj ose kujtimet. Më kalojnë shumë gjëra në mendje, por në të njëjtën kohë edhe të parenditura bukur. Nuk do të doja t'jua prishja ëmbëlsinë e të treguarit të kujtimeve tuaja ose atë frymëzimin alla Zhyl Vern të Sotiraq Priftit apo disa personave të tjerë, që unë edhe nuk i kam njohur, prandaj po ta dërgoj ty ta postosh këtë mesazh. Vendose vetë nëse ia vlen ta bësh publik. Pas një bilanci të viteve të kaluara në Ersekë, mendoj se më së shumti kemi menduar si shoqëri se si të largoheshim nga ky qytet që po na i shteronte edhe ëndrrat.

Flas për vitet 1988-1993, vitet gjatë të cilave unë mendoj se ka ndodhur një frakturë e madhe në rrjedhën monotone të jetës në qytet dhe në mënyrën e të menduarit për jetën dhe vlerat. S'mundem dot t'i përshkruaj me ëmbëlsi shëtitjet në natyrën e bukur të Kolonjës, as t'i përshkruaj si Naimi "ato bregore bukuroshe dhe ata lumenj të kulluar", sepse ne në darkë, ulur në ato bordurat e lustruara të dyqaneve, thoshim: "Ah, çfarë fati ka filani që u largua nga ky vend dhe ky qytet!" Sa me fat na dukeshin shokët tanë të shkollës që nuk u rikthyen më në Ersekë! Mendoj se ne duam gjithmonë atë që na mungon. Sot duam kujtimet e vegjëlisë, por nuk mendoj se ne që lindëm në Ersekë e kemi dashur gjithmonë kaq shumë Ersekën. Kujtoj shokët e mi të gjimnazit, që vinin nga fshati, dhe mendoj se ata e kanë dashur më shumë se ne atë qytet. Nuk kam ndonjë gjë personale me ju, por në përgjithësi me nostalgjikët për atdheun, që zakonisht e kalojnë jetën larg tij. Edhe sot po të pyesësh ata që jetojnë e punojnë në Ersekë nuk ka mundësi që ta përshkruajnë të bukur jetën aty.

Nuk kam asnjë arsye personale që të mos e dua qytetin e lindjes dhe shkoj me mall sa herë kam mundësi, por gjithmonë pasi qëndroj një ose dy ditë mendoj se, për fat, jam larguar nga ky qytet i vogël. Ndoshta këtë ndjesi ju shkakton edhe juve Shqipëria. Ose ndoshta jo…

(Po i shkruaj këto mendime jo për t'ju kundërshtuar për qëllimin e mirë që i keni vënë grupit, por sepse edhe unë, si të gjithë, dua atë që më mungon).

Me respekt të veçantë për ju,

XXX."

DIANA: Realisht, emrin nuk e vura pasi ky ishte një mesazh personal dhe nuk e kam pyetur personin nëse dëshironte që emri t'i bëhej publik, megjithëse e di që nuk e ka problem. Më pëlqeu, sidoqoftë. Desha të shtoj se besoj se askush nga ne nuk ka për qëllim të përshkruajë jetën e Ersekës si të trëndafiltë. Arsyeja pse çdo detaj i vogël që shkruhet këtu më duket kaq me vlerë qëndron pikërisht te fakti se ne, familjet tona, kishim krijuar një jetë të tillë, lidhje të tilla brenda e jashtë normave, që të arrinim të mbijetonim. Dhe, siç e kuptoj unë, ne jo vetëm mbijetuam, por arritëm t'i jepnim kuptim jetës sonë. Madje të gjenim edhe lumturi.

LEONARDI: Unë mendoj se një qytet merr jetë nga njerëzit e vet dhe mënyra se si ata krijojnë marrëdhënie midis njëri-tjetrit. Në këtë kuptim them se kushdo mendon pozitivisht për dikë apo diçka.

MIMOZA: Kujtimet tona tani janë në të vërtetë edhe një rivlerësim i gjërave (natyrës, ngjarjeve etj.), mendoj unë, për shkak edhe të ndryshimit të këndvështrimit (jemi rritur dhe jemi larg).

KIÇO: Lexova shkrimin e mësipërm të një autori pa emër dhe më habit qëndrimi që mban ai ndaj vendit të lindjes. Nuk besoj se ka njeri në botë që të injorojë vendlindjen e tij, sado e papërshtatshme t'i duket dhe që mbase nuk plotëson dot idealet apo dëshirat e tij. Vendlindja mbetet vendlindje në çdo moment të jetës, sepse aty njeriu hedh hapat e parë, mëson fjalët e para dhe ka kujtimet e para. Sigurisht, një qytet më i madh i plotëson më mirë dëshirat e njeriut, aq më shumë të moshës së rinisë, por kur je larguar nga vendlindja dhe kthehesh përsëri pas ca kohësh, e kupton se nuk të ka marrë malli vetëm për shtëpinë ku ke lindur dhe kaluar fëmijërinë apo rininë, ajo edhe mund të jetë rrënuar! Kur kthehesh në vendlindje e kupton se nuk të mungon edhe aq shtëpia e vjetër sa të mungon fëmijëria apo rinia. Asnjërën nuk e gjen dot më. Prandaj është një mall që nuk shuhet.

Pikërisht për këtë njerëzit anë e mbanë botës i ruajnë me fanatizëm ndërtimet e vjetra si ndërtime me shumë vlerë. Ato bëhen mbartëse të kujtimeve dhe transmetojnë historinë te brezat e tjerë. Njeriu mund të jetë i prirur të shohë vende të reja e kultura të tjera dhe kjo ndihmon në pasurimin e kulturës së tij, por po kaq e rëndësishme është edhe ruajtja e historisë së një vendi, sepse atë nuk ke ku e gjen më. Nuk mund të përcaktosh dot saktë rrugën që do të përshkosh në të ardhmen pa ditur se nga ke ardhur.

DIANA: Siç e kuptoj unë, shkrimi më sipër nuk është aspak negativ. Unë mendoj, madje, që është realist. Përveç nostalgjisë, kujtimet gjithashtu sjellin realitetin.

VANGJELI: Interesant shkrimi. Njeriu e përshkruan ashtu siç e ndjen, qoftë edhe për vite të caktuara të jetës së tij, në kohën dhe hapësirën ku është ndodhur ose ku ndodhet

KIÇO: Jo, unë nuk e cilësova shkrimin si negativ, por shpreha habinë se si një njeri mund të flasë në atë mënyrë për vendlindjen. Po kështu mendoj se nuk është aspak e rregullt, të paktën nga ana etike, që mendimet e tjetrit të quhen alla Zhyl Verniane. Në qoftë se nuk të pëlqen mendimi apo nostalgjia e tjetrit, atëherë veprimi më i udhës, mendoj unë, është që mos ta lexosh ose mos shpreh fare mendim, duke pranuar në heshtje konceptin demokratik të mendimeve të kundërta. Po kështu edhe ironizimi i vargjeve të Naimit më duket i pavend. Po kështu nuk e kuptoj veprimin e shumë njerëzve në kohën e sotme, që vetëm kur shajnë në media vendin e tyre u duket se ndihen rehat, sikur janë në unison me një opinion të përgjithshëm. Sa për bukuritë natyrore të Kolonjës e më gjerë janë të shumtë ata që janë habitur dhe mrekulluar sa herë kanë pasur rast për t'i shijuar, pa e vrarë shumë mendjen se ndonjë kolonjari nuk i pëlqen apo i është mërzitur. Nuk e di se ku qëndron interesantja në atë shkrim.

MERIEL BULGARI: Mua m'u duk mesazh interesant, më vjen keq që ka preferuar anonimitetin (por mbase ka parashikuar kritika). Gjithsesi, në mesazhin e tij ka nxjerrë në pah një realitet të hidhur, që prej vitesh ekziston në qytetin e Ersekës. Dhe jo rastësisht ka shumë familje të larguara, ndër të cilat edhe e imja. Kemi kujtime të bukura e të paharruara, por s'mund të mohojmë që qyteti ynë pak nga pak u braktis. Qëllimet kanë qenë të ndryshme, por mendoj që një ndër arsyet kryesore ishte fakti që Erseka e bukur nuk mund t'u ofronte qytetarëve të saj një të ardhme të dëshiruar.

Por kjo s'ka edhe aq rëndësi, sepse gjithkush e ndërton jetën atje ku i duket më e arsyeshme. Është e drejta e gjithkujt. Rëndësi ka që ruajmë dashuri e respekt për vendlindjen. Nuk m'u duk aspak mohim, por thjesht një rrëfim i sinqertë i personit anonim.

SOTIRAQ GJOSHE: *Për të qenë i sinqertë, shkrimi i mësipërm është i imi. Kam qenë në dilemë nëse duhej të shkruaja apo jo ndonjë nga ngjarjet e përjetuara në Ersekë. Jam menduar gjatë për të gjetur gjëra interesante dhe pozitive. U përpoqa shumë e solla disa në mendje, por të gjitha më dukeshin shumë të zbehta dhe të pakrahasueshme me përjetimet e miqve të grupit. U ndjeva keq. Me dyshim mendova se mos po bëhesha xheloz për ato që shkruanin bashkëqytetarët e mi. Lexova kujtimet e një brezi të mëparshëm dhe m'u kujtua fëmijëria. Njërën nga motrat, që është më e madhja nga të tre ne fëmijët, prindërit e merrnin gjithmonë me vete në kinema, në koncerte apo në mbrëmjet ku shkonin. Ata gjithmonë thoshin: "Do t'ju vijë radha edhe juve!" Kur më erdhi radha mua, këto lloj argëtimesh nuk ekzistonin më ose, më e pakta, nuk i kishin më ngjyrat me të cilat unë i kisha përfytyruar. Lexova përshkrimet e Sotiraq Priftit dhe vërtet u ndjeva xheloz. Pa e përgjithësuar do të shtoja se unë dhe bashkëmoshatarët e mi nuk i kemi përjetuar ato aventura që, pa të keq, i kam quajtur të llojit Zhyl Vern. Jo për t'u justifikuar, por unë me Sotiraqin njihem mirë pasi kam qenë shumë shok me vëllanë e tij, Aleksandrin. Mendova për brezin që erdhi pas nesh. I kujtova ashtu të shkujdesur, të lirë dhe me atë papërgjegjshmërinë që ka adoleshenca dhe u bëra sërish xheloz. Unë dhe bashkëmoshatarët e mi nuk e patëm dot një adoleshencë të tillë. Ja, ky ishte bilanci që bëra në fund. Brezi im ndoshta do të më kuptonte më mirë për ato që shkrova. Koha kur ne jetuam ishte ndryshe. Erseka jonë ishte thjesht ndryshe.*

Poshtë, nga mëhalla e fshatit

DIANA: Rruga nga sheshi në drejtim të Pyllëzimit të nxirrte nga qyteti në anën e tij perëndimore. Në atë drejtim vijonin radhazi një sërë fshatrash. Në sheshin kryesor, rruga fillonte me një pallat të madh katërkatësh në anën e majtë, ku ndodheshin farmacia, dyqani i bukës, banka bujqësore, fotografët dhe Klubi i Pleqve në qoshe fare. Në të djathtë dhe përballë me podiumin ishte lulishtja. Pas saj vinte ndërtesa e kinemasë. Krejt në të dalë të qytetit, shtrihej një zonë pyjore që ne e quanim Pyllëzimi, ku gjatë verës bëhej edhe ajo që quhej xhiroja e gjatë, jo edhe aq e frekuentuar.

OLI: Më kujtohet vendi që atëherë quhej Pyllëzim dhe rruga që të çonte atje; një rrugë e shtruar me gurë deri në një farë vendi e që pastaj vazhdonte tërë gropa. Në atë kohë preferohej për të bërë shëtitje. Aty kishte një lokal. Pa hyrë te Pyllëzimi ishte stacioni elektrik që furnizonte qytetin me energji. Më kujtohet se edhe ushtaraken andej e bënim. Mbanim në sup një pushkë më të gjatë seç ishim vetë. Ngjiteshim në majë të malit dhe na thahej gryka për një pikë ujë, por ne si partizanët qëmoti nuk dorëzoheshim! Megjithatë, ajo buka me gjalpë, domate e djathë, na kënaqte dhe barsaletat s'kishin të sosur. Kampione ishte Moza, që mua më shkrinte.

Lagjja jonë, që quhej edhe Lagjja e Bujqve, kishte vetëm shtëpi private dhe asnjë pallat afër. Shtëpitë ishin të mëdha, me shumë oborr rreth e rrotull, madje mbanin lepuj, pula, bletë, mace, qen dhe prodhime kopshti pafund.

Tallonat

DIANA: Më kujtohet dyqani i bukës, diku më tej se farmacia. Një nga furnizimet me bukë vinte rreth orës 18:00. Kjo ishte edhe koha kur qyteti merrte një gjallëri të veçantë. Zakonisht bukën e blinin burrat, që bënin në atë kohë shëtitjen e pasdites ose ne fëmijët. Kur ishim në shkollë të mesme, blerja e bukës ishte edhe një mënyrë për të dalë nga shtëpia e për të bërë një dorë gallatë me Klarën, Zhanin, Letën, Xhevon, Nardin dhe Mondi Lekën. Sikur nuk mjaftonte e tërë dita, një orë apo dy i kalonim duke llomotitur diku afër dyqanit të bukës. Nuk ishte e jashtëzakonshme që, duke ndenjur më këmbë, të fillonim të këputnim nga pak bukë. Një herë kjo punë shkoi aq keq sa mamaja ime e indinjuar nga "këputja e shëmtuar" e bukës ("Nuk hahet buka si qentë!") ma hoqi këtë "detyrë" pa asnjë ceremoni. "Sot e tutje bukën do ta blej vetë",- tha dhe kështu bëri. Mamaja ime ishte një grua e shëndoshë, do të thosha, por tepër e zhdërvjellët. Shkonte e blinte bukën për dy minuta. E kujtoj që nuk përtonte kurrë për asgjë. Unë përsëri dilja e ne përsëri takoheshim aty rrotull dyqanit të bukës.

GERTA: Më kujtohen tallonat. Një herë mami më dërgoi të blija bukën. E gëzuar që kisha marrë goxha "përgjegjësi" shkova gjithë qejf te furra, ku kishte një rrëmujë të paparë, me njerëz që shtynin e zgjasnin tallonat te banaku i gjerë. Një xhaxhi pa tallonin tim, që ishte për katër frymë (për frymë!!!) dhe më pyeti se sa bukë do të blija. I thashë se do të blija veç një bukë (sipas tallonit na takonte një bukë e gjysmë). Ai më kërkoi gjithë mirësjellje t'ia jepja atij gjysmën që s'do merrja dhe më dha lekët në dorë. Kur i zgjata lekët Magos për një bukë e gjysmë, ajo u zgjat nga banaku e më shkuli flokët duke më bërtitur e më kërkuar llogari se kujt do t'ia jepja gjysmën e bukës, pasi mami im merrte gjithmonë vetëm një bukë. E frikësuar, gjithë dënesë, i thashë se demek kishin ardhur mysafirë në shtëpi. Ajo m'i dha gjithë inat e duke shfryrë nëpër dhëmbë. Që atëherë nuk pranova më të shkoja te furra e bukës.

SOTIRAQ GJ.: *Më kujtohet edhe mua si na ndahej buka ... për frymë.*

ELSA: *Mua më kujtohen tallonat e mishit.*

VASILI P.: Më kujtohet një moment para një viti të ri, të cilin ekzaktësisht nuk e mbaj mend se kur. Gjithë vitin, siç e dini të gjithë, ishte periudha e tallonave të mishit e bulmetit, vajit të ullirit apo bukës së grurit që hante qyteti. E mbani mend se sa e vështirë ishte të merrnin një bukë gruri punëtorët e ndërmarrjeve të ndryshme që ishin pothuajse të gjithë specialistë nga fshatrat e Rehovës, Gostivishtit, Lëngëzit, Borovës etj.? Pa le Taci, Starja, Psarri, Prodani etj., që ishin ngjitur me qytetin. Po kështu, dihej që Erseka kishte prodhime shumë të mira e që shumica e tyre shkonte në Tiranë, si mishi i të imtave apo viçat, domatet, mollët, vera e rakia, mjalti etj.

Kur shikonim në mëngjes auto-frigoriferin e madh të Muharremit që vinte nga Tirana për të marrë mishin, thoshim me njëri-tjetrin: "Erdhi ujku".

Ndërsa për Vitin e Ri na jepeshin tallona për mish qengji dhe mish derri, sipas përbërjes familjare. Në këtë ditë mishi ishte i cilësisë së parë, shumë i mirë e shumë i shijshëm. Radha te Pirroja i mishit ishte e gjatë, se do prisje sa të të dilte emri në listë. Duke pritur, hyri Vangjush Liço dhe me zë të lartë e plot gojën më tha: "E mo Vasil, a ka ndonjë mysliman këtu?"

E dëgjuan të gjithë, e shikonin njëri-tjetrin. Vangjushi, pa e prishur terezinë, thotë: "Ç'keni more që habiteni, unë nuk kam asgjë me myslimanët e i respektoj të gjithë njerëzit njësoj, por fjalën e kam për ndonjërin që nuk e do mishin e derrit dhe nuk e blen atë. Mundësisht ma jepni mua, kundrejt vlerës përkatëse. Mbaj mend që qeshi edhe Pirro e në fund i dha 2 kg mish derri.

LULI: M'u kujtua se përveç mishit me tallona ishte edhe 1 l qumësht në ditë dhe çerek buke për person, por duhej të merrje 1 bukë gruri, 10 lekë bukë misri. Unë për qumësht vdisja, por aq ishte racioni. Kur hanim bukë me vaj e sheqer sa na shijonte! O Zot, çfarë brezi kemi qenë!

DIANA: Mua më kujtohen akaciet që ishin nga Pyllëzimi dhe ajo era e mirë e tyre që fillonte andej nga qershori. Nuk e di kush më kishte thënë që lulet e tyre të bardha mund të haheshin. Kështu unë, sa herë dilnim andej, provoja edhe lulet e akacies.

ERMIRA: Më kujtohet 20 maji, kur mblidhej gjithë qyteti, vinin edhe nga fshatrat përreth, si në një piknik gjigant. Më kujtohet një vit kur ra shi. Sa shumë u mërzita! Gjithmonë vishnim rroba të reja.

OLI: Edhe unë e kujtoj me mall 20 majin si ditën e parë të vitit kur visheshim me të shkurtra (fustane ose funde). Mezi prisnim pasi kalonim gjithë dimrin me pantallona. Tani shiu edhe na e prishte ndonjëherë, por ne prapë se prapë e bënim një fotografi te lulishtja. Pas kësaj zyrtarisht nuk kishte më dimër.

VALBONA C.P.: Unë mbaj mend që zhvillohej një paradë e vogël, me ushtarakë, nxënës shkollash dhe punonjësit e ndërmarrjeve. Më vonë kjo festë u zhvendos në Vodicë.

MIMOZA: Kur festohej në Pyllëzim, 20 maji na pëlqente edhe më shumë se ishte afër. Përkonte edhe me ngrohjen e kohës. Më kujtohet që në atë kohë (me rastin e festës) blinim sandalet e reja me të cilat pastaj mundësisht të kalonim gjithë beharin.

LULI: Në Pyllëzim festohej 20 maji, krijimi i batalionit "Hakmarrje", festa që dikur na mblidhte të gjithëve në Vodicë. Që nga dalja në skenë e puçistëve, edhe festës iu ndryshua vendi.

VALENTINA K-C.: Më kujtohet se për mua personalisht, maji ishte gjëja më e bukur pasi pas një dimri të gjatë (kujtoj gjithmonë dimra të gjatë dhe të ftohtë) prisja me padurim të festoja me shoqet e mia të lagjes, Anën, Ritën, Mimozën, Silvanën, Mimozën tjetër, të gjitha e kishim lënë me fjalë se për festë do të blinim çorape të bardha, sandale të reja dhe fustane të reja, triko akrilik, të bëra nga duart e mamave tona, që shpiknin modele me gërsheta apo rombe, që sot unë i shoh në dyqane mode ose TV. Njëra bëhej më e bukur se tjetra, ashtu bashkë dilnim një shëtitje në qytet, se qyteti ynë e ka pasur një bulevard kryesor (uroj që ky projekti i ri mos ta ketë cenuar kuptimin historik), dëgjonim koncertet që organizoheshin asokohe, blinim edhe ndonjë ëmbëlsirë (sheqerpare dhe shëndetli, që sot nuk bëhen më si atëherë) dhe ktheheshim pastaj të qeshura e të gëzuara duke u mbledhur në ndonjë qoshe pallati të lagjes, duke treguar për ndonjë libër të ndaluar që lexonim, duke folur për sportin, sepse ishim shumë sportdashëse, apo duke kënduar ndonjë këngë. Tani që sot unë e bëj këtë rezyme shpesh bëj çudi me veten time që fëmijëria jonë, megjithëse krejt e ndryshme nga kjo e sotmja, ishte e mbushur me jetë, argëtim, sport dhe kulturë, me mësues mjaft profesionalë dhe korrektë, vlerat e të cilëve për mua sot mbeten asete shoqërore të mëdha.

Kalamajtë
e pallateve të klubit

ELIDA: Lagjja jonë kishte shumë fëmijë dhe të gjithë të moshave të ndryshme. Në ato vite u ndërtuan njëherësh shumë pallate të reja, që u populluan kryesisht me familje të reja, që i kishin fëmijët ende të vegjël. Ato shtriheshin nga pallati ku mbaronte Klubi i Pleqve (ku kam banuar deri në moshën 10 vjeç), vazhdonin me pallatin mbi "Familjarin", pallatin mbi Klubin e Madh ku banoja më vonë, pastaj mbi pastiçerinë, pallatin tjetër, me ushqimoren dhe bulmetoren në kat të parë, fruta-perimet, pallati ku ishte rrobaqepësia për burra dhe anash pallatit rrobaqepësia për gra. Pastaj ishte ndërtesa që ne atëherë i thoshim pallati i oficerëve se e ndërtoi ushtria me kontribut vullnetar. Të mos harrojmë edhe shtëpitë njëkatëshe të Vasilikës, Lules, Dhorkës e Galinës; kështu u thërrisnim ne fëmijët. Bëheshim shumë fëmijë dhe, siç kuptohet, shumë zhurmë e potere.

Kujtoj lojën me litar. Unë me disa të tjerë ishim më të vegjël e donim të luanim, por kishte të tjerë që ishin 4-5 vite më të mëdhenj se ne. Ata gjithmonë e vendosnin numrin e kërcimeve shumë lart, 100 për shembull, gjë që ne nuk e bënim dot. Kështu që shpesh përfundonim ne duke tundur litarin dhe ata duke u hedhur. Litari ishte një tërkuzë e gjatë që e bënim zakonisht me ujë që të rëndohej e të kërciste. Kur ngatërroheshe, thoshim "të zinte". Dhe kur të zinte ai litar, të fshikullonte mirë. Kjo lojë vazhdonte pa pushim derisa dikush "digjej". Kush digjej, kapte litarin. Ai që zëvendësohej ishte në radhë i fundit për t'u hedhur.

Më kujtohet që kur luanim topa-lufta, aq fort gjuanim a thua se ishte luftë me tërë mend e ne armiku.

Më kujtohet loja me cingla; kush e kush të zgjidhte shkopin që gjuante më mirë dhe atë shkopin e vogël që gjuanim (për momentin s'më kujtohet si e quanim) ia mprehnim anët mirë që kur të binte në tokë, të krijonte një hapësirë, kështu që kur e godisnim, të shkonte sa më larg. Sikur të rastiste që cingla të mos kishte hapësirë, kishim të drejtë të krijonim një të tillë midis cinglës dhe tokës, por me kusht që cingla të mos lëvizte. Kjo ishte një detyrë torturuese. Shpesh shtriheshim barkas dhe e punonim hapësirën me kujdesin më të madh. Shpesh me rezultat.

Më kujtohet loja me shtete. Bënim një rreth të madh dhe nëse luanim gjashtë veta e ndanim rrethin në gjashtë pjesë të barabarta dhe secili nga lojtarët shënonte në pjesën e vet emrin e shtetit që caktonte vetë. Ai që fillonte lojën hidhte një shkop lart dhe thoshte, për shembull: "E merr, e merr Italia". Derisa binte shkopi të gjithë vraponim me sa na hanin këmbët. Kur shkopi binte në tokë, ai që ishte Italia thoshte "stop" dhe të gjithë ndalonin. Atëherë ai që ishte Italia shikonte se cili nga lojtarët ishte më afër dhe me tre hapa afrohej dhe i hidhte shkopin. Shkopi duhej ta prekte lojtarin dhe të binte në tokë. Kështu, përfaqësuesi i Italisë shkonte në pjesën e vet të rrethit dhe, pa i përthyer gjunjët, duhej të vizatonte me shkop një vijë, e cila synonte të merrte sa më shumë nga toka e tjetrit. Problemi ishte se nga dëshira për të zaptuar sa më shumë tokë, mund të rrëzoheshe dhe të digjeshe. Ndonjëherë dikush na mbante gjunjët që të mos i përthyenim, por edhe që të mos binim. Loja vazhdonte për të gjithë dhe largohej i pari ai që mbetej pa tokë. Qejfi ynë më i madh ishte kur mësonim ndonjë shtet të ri në shkollë e kur luanim, ishim në garë kush e kush të thoshte ndonjë shtet që s'e dinin të tjerët. "E merr, e merr... Kinaaaaaaa! E merr Australia!"

Kujtoj ditët e verës kur na duhej të mbushnim ujë përjashta pasi nuk kishim ujë në shtëpi. Ngrihej e tërë mëhalla me ata bidonët e bardhë 3 e 5 litroshë, me çajnikë, shishe, gjyma e çfarë të kishim dhe shkonim të gjithë te çezma e kundërajrorit. Aty linim enët dhe një më të vogël në moshë që t'i mbushte. Ne të tjerët shkonim për kumbulla Stambolli (nga teqeja i thoshim atëherë, sot rezervuari). Atëherë atje ishte shkolla e partisë. Vendi ishte tërë pemë e gjelbërim. Kishte edhe një roje, i cili ishte shumë korrekt. Sa herë që shkonim për kumbulla, ai zinte e na thërriste të zbrisnim. Ne pothuajse kurrë nuk e dëgjonim, derisa na lëshonte qenin. Atëherë po, o nëne, kush të ikte i pari! Pa na qëllonte që edhe rrëzoheshim e na bëheshin gjunjët copë se rruga ishte me gurë e me pak kurriz, kurse anash ishte tërë dhe. Kur arrinim te çezma donim një orë të lanim pluhurin që kishim marrë. Pale kur shkonim në shtëpi pastaj... Dy-tri orë për të mbushur ujë! Po ç'faj kishim ne, na haheshin kumbulla!

DIANA: Më kujtohet që kur ishim të vegjël hanim shumë kumbulla dhe mollë, por kryesisht kur këto ishin ende të pabëra. Kur dilnin në dyqan s'kishim shumë interes. Ndërkaq, më kujtohet që kishim herë pas here "aksione" të tilla ku vetorganizoheshim për të ngrënë mollë, kumbulla, apo kaçka. Nuk e di të kujt ishin. Thjesht shkonim, mblidhnim dhe i hanim po aty. Ishte si një aktivitet në grup.

JORIDA: Edhe ne organizoheshim për të "vjelë" kumbulla, kryesisht nga degët që binin pak jashtë shtëpisë që ishte përballë me shtëpinë ku sot është Kisha Ungjillore.

SOTIRAQI: Shtëpia e Caci Simeonit.

ELONA KOÇO: Më kujtohet te shtëpia përballë asaj të Caci Simeonit kishte karota në kopsht dhe sa herë që shkoja, sepse vinte një shoqe nga Tirana aty për pushime, i merrnim karotat fshehurazi, madje i hanim te palara.

JORIDA: Ajo ishte shtëpia ku merrnim edhe kumbullat. Ishte shtëpia e Raqit. Me thënë të drejtën, unë kumbulla kam ngrënë, por nuk kam hipur ndonjëherë vetë për t'i marrë, kështu që nuk quhet (nuk e mbaj mend kush hipte, por hipnin ose mbi çatinë e shtëpisë së Milit ose mbi një barakë që ka pasur ai).

ELONA: Tani m'u kujtua emri i xhaxhi Mistos. Përveç karotave, hanim edhe kastravecët sa ishin akoma të vegjël, kuptohet fshehurazi gjithmonë.

Trëndafilat e Rushanit dhe magjia e qytetit

LILI: Më kujtohet mirë lulishtja te sheshi në mes të qytetit. Pozicionet e trëndafilave i kam ende të skalitur në mendje. Kur ishe përballë monumentit, që ndodhej në mes të lulishtes, mund të shihje trëndafilin vishnje. Në të majtë ishte trëndafili ngjyra-ngjyra: portokalli, portokalli në të verdhë, i verdhë, rozë apo ngjyrë brik. Gjethet jeshile të errëta shkëlqenin. Në të djathtë ishte një trëndafil i bardhë si dëbora. Në anët e lulishtes, krahas shkurreve të gjelbra, kishte trëndafila bojë rozë shumë aromatikë, por që gonxhet asnjëherë nuk i kishin të rregullta dhe gjethet asnjëherë të shkëlqyeshme si të parët. Lulishtari i pakursyer dhe i palodhur, që ne e kishim edhe pak frikë, ishte Rushani. Çdo gjë mund të të jepte Rushani, vetëm lule e trëndafila jo. Pas Rushanit, lulishtja iu besua gjyshit Cale nga Gostivishti, por shkëlqimi i lulishtes së Rushanit mbeti i paarritshëm. Gardhi prej dërrasash të kryqëzuara dhe të lyera me bojë të bardhë, që rrethonte aq bukur lulishten, u hoq dalëngadalë. Kështu që edhe lulishtja sikur filloi të shkrihej me hapësirën përreth. S'besoj të ketë ndonjë banor të qytetit të asokohe që të mos ketë qoftë edhe një foto të vetme te monumenti apo në lulishte.

Pas lulishtes ishte ndërtesa e kinemasë.

DIANA: Më kujtohet kinemaja dhe një dëshirë gati e pakuptueshme për ta pasur shtëpinë sa më pranë saj. Si të gjitha kinematë e asaj kohe, kishte një sallë të madhe me rreth 14-15 radhë të gjata me poltrona druri të lidhur me njëri-tjetrin, një ambient disi më të veçuar (llozha) me dy radhë karrigesh, që ishte i destinuar "për udhëheqjen", por që në mungesë uleshin edhe ata që futeshin pa biletë e si gjysmë fshehurazi para se të fillonte filmi. Në të dyja anët ishin dy korridore që të çonin në skenë. Nuk mungonte as ballkoni i madh që varej mbi sallën dhe që mbushej vetëm me raste, sidomos kur kishte shfaqje artistike. Kjo ishte kinemaja e kohës sonë, siç e mbaj mend unë midis viteve '70 dhe fundit të viteve '80.

Më kujtohet filmi "Ditari i Ana Frankut", seria e parë e të cilit pati rreth 20 shikues, ndërsa seria e dytë nuk u shfaq kurrë pasi nuk u bënë as rreth 7-8 veta. Ishte ftohtë, dimër, kohë krejt e papërshtatshme për të parë filma në kinemanë tonë të ftohtë. Ajo mbeti edhe një nga mbrëmjet më të errëta të jetës time në atë qytet të vogël. Më vinte të dilja në rrugë e t'u lutesha njerëzve të vinin të shihnin filmin. Isha pothuajse fëmijë dhe filmi më intrigoi shumë. Mbaj mend që qava kur filmi nuk u shfaq. Dhe ende nuk e kam parë të plotë. Por librin ama e di pothuajse përmendsh.

VALBONA C-P: Më kujtohet Sadiku që na priste biletat dhe më vonë Kiço i Kristinës. Prisnim në radhë për t'u futur në kinema. Mbaj mend fytyrat e tyre të ashpra që nuk na linin të kalonim.

ELIDA: Dhe kur vinte ndonjë estradë i luteshim Sadikut pasi futeshin ata me biletë. "Na lër edhe neve, o xhaxhi!" Ai na hidhte një sy dhe ngrinte gishtin: "Ti, ti dhe ti…hajde, futuni!" Çfarë kënaqësie që ishte! Por po të ishte me nerva Sadiku, të jepte një të shtyrë dhe fiu! Jashtë derës të gjithë.

OLI: Kur shfaqeshin filmat në kinema dhe filmi ishte për herë të parë, kishte qetësi të madhe, kurse kur filmi ishte shfaqur disa herë, kishte nga ata që e dinin pothuajse gjithë filmin përmendësh. Në raste të tilla ishte e bezdisshme të shkoje në kinema, sepse duhej ta shihje filmin nën ndikimin e atyre që vazhdimisht shpjegonin se çfarë do të ndodhte më tej, duke bërë komente nga më të ndryshmet.

Më kujtohet që kur kishte probleme me audion, ata thërrisnin fort sa dëgjohej në të gjithë kinemanë: "Kiço, ngrije zërin! Kiço, jepi zë!"

MAJLINDA: Gjithmonë kur kishte filma me puthje (sigurisht, puthja ishte e ndaluar!), më kujtohen thirrjet: "Kiço, ktheje nga Tirana!". Thirrje që shoqëroheshin me të qeshura pafund.

Më kujtohet filmi "Zonja e panjohur". Gratë dilnin nga kinemaja me shami duke qarë.

Më kujtohet seriali "Shigjeta e zezë" me Dik Shelton, Xhoanën dhe Marko Viskontin. Sipas modelit të flokëve të Xhoanës, vajzat dhe gratë filluan të prisnin flokët kapelon.

Më kujtohet "Konti i Monte Kristos" me aktorin e mirënjohur Riçard Çamberlein dhe seriali "Oktapodi" me Mikele Plaçidon si komisar Katani. Çdo të diel në orën 19:00 shikonim fshehurazi "Tarzanin" që nuk e jepte "Tirana".

VALENTINA C_K: Kinemaja më ngjall kujtime të çuditshme edhe mua. Më kujtohet që këndoja në kor apo ndonjëherë edhe si soliste nëpër festivalet e pionierëve. Paskali ishte regjisor shumë i aftë, por i prerë dhe unë e kisha shumë frikë.

Mbaj mend njëherë që Paskali vendosi ta mbante korin në këmbë dhe si dekor nga fillimi në fund të festivalit. Kjo nuk zgjati shumë sepse qysh në prova kori u lëshua i gjithi përtokë nga lodhja, nga mosushqyerja e ku di unë nga se. Qysh atëherë u vendos që kori të rrinte ulur dhe të ngrihej në këmbë veç kur të kishte radhën për të kënduar.

SOTIRAQI: Më kujtohet edhe mua kinemaja ose, më mirë, magjia e qytetit. Sa kujtime e bëma lidhen me atë vend! I shikonim të gjithë filmat që vinin, pa përjashtim dhe jo vetëm një herë, dimër e verë. Preferonim filmat me luftë, spiunazh dhe heronj. Hynim me dhe pa biletë e me çdo lloj marifeti, mjaftonte të futeshim. Të gjithë e dinin se nga hyje në kinema, përveç derës. Ishte penxherja e banjës, një penxhere tjetër në kat të dytë te ballkoni dhe një vrimë nga binca që kalonte nga garazhi i Ali Cacit të famshëm. I kemi provuar të gjitha këto dhe sigurisht, më shumë se një herë. Nuk ishte fare turp. Ishte trimëri në fakt.

Më kujtohet se një herë për të mos u kapur, Agim Agolli u hodh nga ballkoni, u dëmtua dhe madje përfundoi në spital. Një herë tjetër mua më kapën dhe më nxorën si rob lufte te salloni kur hyje, pranë kabinës së biletave. Më panë të gjithë kur dolën. U bëra keq sa s'kishte ku të të vinte. Dhe këtë ma bëri i ndjeri Peço Kosho, shok i tim eti dhe mik i familjes. Ç't'i bësh, duheshin edhe sakrifica.

JULIANA: Më kujtohet që kisha shumë qejf të këndoja një këngë solo në festival, sepse vetëm në kor këndoja (natyrisht, nuk kisha zë për solo). Ma dhanë një këngë në një nga festivalet, por kur më prezantuan thanë: Këndon Juliana Lapi. U mërzita shumë.

VANGJELI: Në kinema provonim edhe ndonjë eksperiment të vogël, si për shembull kur njëri nga ne fillonte hapte gojën sikur i flihej dhe pastaj ne të tjerët vërenim me kënaqësi kur njerëzve rrotull fillonte t'u hapej goja si me magji. Sëmundje ngjitëse.

SOTIRAQI: Kinemaja e re ka shërbyer edhe për gjyqe politike, siç ishte gjyqi i të famshmit Haki Sheme me altoparlant përjashta. Mbaj mend se ai i sfidoi të gjithë, trupin gjykues dhe dëshmitarët, me një qëndrim burrëror të paparë deri atëherë.

TAQO: Kinemaja e re, pas viteve '70, përveçse sallë filmash e shfaqjesh, e mbaj mend edhe unë, shërbeu edhe për diçka të frikshme. Aty bëheshin demaskime dhe gjyqe politike. Pikërisht aty kam parë njerëz që blasfemoheshin e dilnin nga salla të ngrirë e të zbehtë me ngjyrë meiti.

VASIL P.: Më kujtohen gjyqet e ish-kryetarëve të kooperativave, në vitet 1975-1976-1977, ku u dënuan, më së shumti kot, shumë prej tyre së bashku me shefa llogarie, kuzhinierë, magazinierë. Ne sapo kishim filluar punë e vinim nga shkolla, me detyrim na çonim në këto gjyqe, që "të mësonim" e "të mos gabonim" në të ardhmen. Nejse. Nuk thuhen dot të gjitha.

LILI: Unë mbaj mend edhe kinemanë e vjetër ku kam recituar një vjershë që fillonte me fjalët "Jam fëmi' për zili..." dhe në fund mbaronte me fjalët "...kështu si jam, më keni xhan?". Më kujtohet që në kinemanë e vjetër, operator ka qenë Vasili, kam parë filmin indian "Zotnia 420". Si rregull, filmat vinin nga Korça dhe ata që vinin që andej na sillnin edhe "haberin" se cili film vinte javën tjetër. Ndonjëherë filmat ktheheshin në Tiranë apo niseshin kushedi se ku pa ardhur fare në Ersekë. Kështu, thuhej se filmat e bukur na i "digjte" Korça, që i mbante edhe më shumë se një javë. *I vogli gjithnjë e ha.*

TAQO: Kinemaja e vjetër ishte aty ku është sot dyqani i Nikoletës. Kino-operator ishte Vasil Prifti. Shfaqeshin shumë filma sovjetikë. Më kujtohen filmat "Zekthi", "E veja e Otarit", "Erevan", ca filma për Luftën e Dytë Botërore e të tjera.

VASIL D: Kinemanë e vjetër e mbaj mend edhe unë, por meqë jam nja dy vjet më i vogël, më kujtohet që filmat shfaqeshin dy ditë me radhë. Kishte filma sovjetikë, italianë, francezë, egjiptianë, madje edhe indianë.

Më kujtohet që kinemaja e re u ndërtua rreth vitit 1960 ose 1961. Kalamajtë këndonin: "Kinemaja shkoi e vate, u bë depo për patate/ dhe Vasili me Bibinë, u transferuan në Kinë".

JORGJI: Me mbarimin e kinemasë së re të qytetit, në vitin 1960, dera nga ana e veriut, me një sallë poshtë në krahun e djathtë dhe sallën sipër, në katin e dytë, u bë shtëpia e kulturës së qytetit, ku si drejtor ishte Alo Cenko.

KIÇO: Kinemaja e vjetër fare ka qenë mbrapa ish-farmacisë ose mbrapa ish-klubit që quhej "Familjari", në sheshin që sot shërben si lulishte dhe njëkohësisht si oborr, nga ana jugore dhe jug-perëndimore e pallateve të vjetra të qendrës së Ersekës. Kjo kinema, që vetëm emrin kishte të tillë, nuk ishte gjë tjetër veçse improvizim apo më thjesht përshtatje e një ish-magazine të vjetër perimesh, një ndërtesë njëkatëshe me çati, me sa mbaj mend, me tjegulla dhe një tavan të varur nga koha, që nga momenti në moment mund të shembej. Kishte disa karrige druri, edhe ato të vjetra, si dhe një si podium të improvizuar ose, si mund të themi, një dysheme pak më e ngritur se ajo e sallës. Rruga e hyrjes për te kinemaja ka qenë një rrugicë e ngushtë, mbase një metër e gjysmë a dy e gjerë. Më pas kjo ndërtesë u kthye në magazinë. Unë e mbaj mend si magazinë.

VASIL P.: Mbaj mend që një pjesë të ish- kinemasë së vjetër e kishte garazh për makinën ish-Banka e Shtetit, që mund ta ketë edhe sot.

TAQO: Më kujtohet libraria e parë, që ishte aty ku u ngrit ndërtesa e Komitetit të Partisë; librashitës ishte Nauni i Minait e më pas Dita e Petros. Libraria u zhvendos në shumë vende, deri te kioska e Donikës. Tani ka shkuar larg shumë në ...Korçë.

Më kujtohen ca gjëra si pa lidhje. Për shembull, një herë kur erdhi autobusi nga Tirana, dëgjova të thuhej se kishte ardhur edhe "filani", i cili kishte sjellë me vete edhe një ... shalqi të madh. Ngjarje e madhe në atë kohë.

VASIL DINE: Shalqinjtë bëheshin jo pak edhe në fshatin tonë, lart, te kodra mbi përroin e Jan Prrojt, në rrugën që të çonte te Kisha e Shën Mërtirit. Kushedi sa herë shkonim aty dhe merrnim. Nuk e quanim vjedhje atë. Ishte thjesht marrje.

INTERMEXO 2

ADRIATIK BRAÇE: *Kolonjarët gjithmonë kanë pasur dëshirë për më shumë hapësira, jo në kuptimin gjeografik. Kolonja është e vogël për të kënaqur ambiciet e mëdha të kolonjarëve, prandaj ata në shekuj kanë ndjekur qytetërimet.*

GERTA: *Secili prej nesh e ka bastin me veten për të arritur aty ku do, qoftë apo jo kolonjar. Kolonjarët i kanë ndjekur qytetërimet, pasi nuk do të mund të mbijetonin në qytetin e tyre, që ofronte dhe ofron shumë pak.*

DIANA: *Erseka është... njerëzit e saj. Në këtë kuptim, ajo më është dukur gjithmonë shumë e bukur. Jo se nuk kishte ditë të trishta apo edhe shumë të trishta. Por kështu është edhe këtu ku jetoj unë tani. Ndryshimi i vetëm është se atje, po të rrëzohesha, më njihnin që isha vajza e Bertës dhe vinin më ndihmonin të ngrihesha. Këtu thjesht lajmërojnë policinë të vijë të më ndihmojë. Natyrisht, po e zmadhoj pak (apo shumë!) dhe jo pa qëllim: më mungon ajo pjesa sociale e Ersekës. Shumë.*

FLORINDA CIKOPANA CULLAJ: *Ne që jemi larg kemi më shumë nostalgji për vendlindjen sepse e dimë që kur të vemi do të shohim të paktën një njeri të njohur, ndërsa kur je në dhe' të huaj s'të bën përshtypje asnjeri dhe asgjë.*

DIANA: *Kur isha në Ersekë për herë të fundit nuk takova asnjë të njohur për be' dhe m'u duk vetja krejt në një vend të panjohur...*

MERIEL: *Këtë verë u desh të mblidheshim në Ersekë me shoqet e mia: Elsën, Frantelën, Ornelën, Ketën, pothuajse të gjitha të larguara nga Erseka. Mua m'u duk vetja emigrante në vendlindjen time.*

JULIANA: *Mendoj që për gjithsecilin nga ne Ersekën e bën koha dhe njerëzit me të cilët kemi jetuar. Sa herë shkoj, kam shumë mall e çuditshëm më duket sikur do të kthehem pas në kohë, çdo gur, çdo pemë e lulishtes më kujton diçka. Por shumë pak njerëz i njoh akoma. Gjithsesi, ngelet vendi ku kam lindur dhe u rrita, ku prehen gjyshërit e mi të dashur. Diçka e imja do të jetojë gjithmonë aty.*

GERTA: *Edhe pse secili prej nesh ka vite që është larg qytetit tonë, përkatësia kolonjare duket se na sundon. Është një lloj identiteti i miksuar me krenarinë tipike kolonjare e me origjinën tonë të nderuar.*

DIANA: *Askush nuk ka të drejtë, mendoj unë, të na gjykojë se si ndihemi. Nuk shoh asgjë "për t'u kritikuar". Të gjithë ne i kemi provuar ato ndjenja, kush më shumë e kush më pak. Ndoshta edhe prandaj nuk jemi të gjithë aty siç ishim dikur. Në fund të fundit nuk i kemi vënë detyrë vetes të bëjmë hartime. Thjesht ndajmë kujtimet tona, cilatdo qofshin ato.*

GERTA: *Konstatoj një ndryshim të madh midis brezave. Disa kanë më shumë histori për të ndarë, ndoshta sepse kanë bërë një jetë më komunitare e sociale. Brezi im, jo edhe aq. Shumë prej nesh u larguan nga Erseka në çmendurinë e '97-s, kur jeta në qytet kufizohej brenda mureve të shtëpisë së vet. Frika mbizotëronte kudo. Gjatë viteve '92-'97, Erseka nuk kishte as kinema, as aktivitete kulturore, asgjë.*

Të vetmet aktivitete që mbaj mend ishin ato që organizoheshin nga dy partitë kryesore e mitingje turmash. Një nga të mirat që unë u njoh atyre viteve është koha e tepërt që më mbetej në dispozicion për të lexuar e madje për të ëndërruar.

Nga agjencia

DIANA: Si jo rrallëherë në të folurën e qytetit tonë, më shumë se adresë shprehja "nga agjencia" mbeti si një orientim që zakonisht donte të thoshte "andej" apo "diku rrotull një vendi të caktuar", që në rastin e agjencisë së biletave donte të thoshte "andej nga priten biletat". Në fillim, agjencia ishte diku në krah të rosticerisë. Pastaj u shty akoma më tutje, në pjesën veriore të qytetit, afër Degës së Brendshme, diku te lapidari ku u bë edhe sheshi ku niseshin apo ndalonin autobusët. Prej aty rruga që vinte nga qendra e qytetit gjarpëronte pastaj për në Selenicë e Mollas dhe të nxirrte tutje në Qafën e Qarrit e deri në Korçë. Ne e quanim Rruga e Shkollës. Në fillimet e saj, në qendër, në anë të majtë ishte Komiteti i Partisë, që pasohej nga një vend që dikur quhej Reklamat dhe që më pas u zëvendësua me një grup pallatesh, agjencia dhe rosticeria me pallatin e verdhë në vazhdim, pastaj shkollat e qytetit, që mbylleshin me ndërmarrjet e grumbullimit, tregtisë dhe të SMT-së. Në anën e djathtë të rrugës, në qendër, ishte Komiteti Ekzekutiv, një pallat me dy kate, një ndërtesë e vogël që dikur kishte dy a tre dyqane, pallati i mapos, Shtëpia e Oficerëve, lulishtja te lapidari, pas së cilës ishte ndërtesa e Degës së Brendshme dhe në po atë drejtim Shtëpia e Pritjes.

Rosticeria shiste gjellë të ngrohta, që haheshin në këmbë shpejt e shpejt, zakonisht nga shoferët apo udhëtarët. Por rosticeria kishte gjithashtu petulla, kulaçka dhe cigare. Aty punonte teta Vitoja, mamaja e Zhanit. Fluksi më i madh ishte rreth orës 11:00 (pushimi i madh fillonte në orën 10:55), kur aty vinte një lukuni me nxënës të zhurmshëm, që kishin qenë me fat atë mëngjes e ishin gdhirë me ndonjë pesë lekësh në xhep. Ndonjëherë pushimi i tërë na ikte në radhë te Vitoja për një kulaçkë apo petull që e ndanim pastaj më dysh apo më tresh. Më vonë ëmbëlsira shiste edhe kinkaleria që u bë afër shkollës, por ne frekuentonim më shumë rosticerinë për forcë zakoni.

VALBONA R-A.: Mbaj mend që teta Vitoja shiste edhe ashure. Ishin aq të mira, sidomos kur ishin të ngrohta. Në kohë dimri, kur jashtë bënte shumë ftohtë, rosticeria mbushej plot me njerëz.

MAJLINDA: Më kujtohet që tavolinat aty ishin pa karrige dhe me këmbë të gjata, jo shumë të përshtatshme për ne të vegjlit që koka nuk na arrinte sipër tavolinës. Më kujtohet që në mëngjes rosticeria kishte paçe dhe pilaf.

DIANA: Tavolinat e larta kishin një syprinë prej një materiali që atëherë e quanim fibër. Por kishin edhe një sipërfaqe tjetër, pak më të ulët.

ANILA: Ato petullat 7 lekëshe që më sillte shpesh teta Vitoja ishin më të shijshmet në botë.

ZHANI: Më kujtohet se njëherë e një kohë, mamaja ime, Vitoja, më dërgonte me Xhevon ndonjë petull apo byrek që ta haja në pushim, por ato nuk arrinin kurrë tek unë. Xhevoja thërriste: "Epo brumë është i shkreti, por si mjaltë më duket... Sa i ëmbël qyli!" Unë as që kisha kuptuar gjë derisa një ditë kthehem nga shkolla dhe i them mamasë shprehjen e preferuar të kohës "Vdiqa për bukë!". Ajo m'u kthye e habitur: "Ua, po ato që të dërgova me Xhevon, nuk të ngopën?" Atëherë i kuptova të gjitha, por kush i zemërohej Xhevos.

ERMIRA: Më kujtohen pritjet dhe përcjelljet tek agjencia e qytetit. Më kujtohet se qysh kur isha e vogël, udhëtimin për në Tiranë e bënim me autobus dhe me tren. Ishte zakon që pjesëtarët e familjes ose shoqëria vinin gjithmonë për të na përcjellë. E njëjta gjë edhe kur ktheheshim; gjithmonë kishte njerëz që na prisnin me shumë mall.

Kur ishim studente, shpesh të njohurit dilnin te stacioni i autobusit dhe na jepnin pako ose porosi për studentët e tjerë. Për humor, një prindi, i cili e teFronte me pakot pa fund, kur i erdhi radha për të udhëtuar vetë, shokët e tij i dhanë një pako, e cila iu duk tepër e rëndë, por nuk kishte çfarë të bënte, kështu që e mori. Kur e dorëzoi pakon në Elbasan, e pyeti personin që doli të merrte porosinë: "Ç'të kishin dërguar aman se mezi e solla?". Kishte qenë një kungull.

PAQO: Më kujtohet mirë agjencia për radhën që zinim qysh në mesnatë për të marrë një biletë kur ktheheshim pas festave të nëntorit dhe Vitit të Ri. Aty bëhej lista për biletë kthimi, e cila shtohej ditë pas dite me emra të rinj. Më kujtohet biletashitësja, një grua e shëndoshë dhe me një nishan të madh në faqe. Në mos gaboj, quhej Vasilika.

OLI: Kur ishim studente, mamatë e kishin merak të na dërgonin ushqime; ndonjë lakror apo kek me mollë. Ne mezi i prisnim. Mezi e ngjisnim atë të përpjetën e Qytetit Studenti. Aq shumë ngarkoheshim, por shoqeve ua sillnim pakon nga Erseka, sepse kjo punë me radhë ishte.

Më kujtohet autobusi i Syrjait kur niseshim për në plazh. Na duhej të merrnim me vete gjithë gjërat e shtëpisë, që nga tenxheret, pjatat e lugët e deri te çarçafët e peshqirët, çdo gjë. Kabinat e plazhit kishin vetëm krevate, një tavolinë dhe katër karrige.

Pale pastaj për të hipur në tren që ishte një luftë më vete. Djemtë kishin "luksin" për t'u futur nga dritarja e për të zënë një copë vend.

SOTIRAQI: Për katër vjet me radhë, kur ishim studentë, vendin në tren e kemi zënë gjithmonë nga dritaret.

ELIDA: Më kujtohen sa e sa net të gdhira në atë agjenci në mes të dimrit për të prerë një biletë, sidomos në kohën e pushimeve për Vitin e Ri kur na duhej të ktheheshim në shkollë sërish.

VALBONA: Autobusët ishin të numëruar dhe në bazë të shoferit që drejtonte automjetin, thoshim se e kishte linjën Golja, e kishte linjën Syrjai, Sotiri, Mediu, Kujtimi, Lipja se Lilo mbante vetëm linjën e Leskovikut.

Kujtoj kur bënte ftohtë, tek agjencia e autobusëve isha e privilegjuar se punonte mamaja e shokut tim të klasës, teta Liska, mami i Coles, kështu që më merrte brenda afër zjarrit.

LILI: Më kujtohet që kam qenë në fillore, kur një ditë u gdhi shumë e mbarë për mua: nëna kishte vendosur të më merrte me vete në Korçë, ku do të shkonte vizitë për nja 2-3 ditë te motra e vet dhe kushërinj të tjerë. U hodha përpjetë nga gëzimi, sepse pashë edhe çantat që ishin bërë gati. Në ato vite agjencia dhe posta ishin atje ku sot është biblioteka e qytetit dhe poshtë një shelgu të moçëm gjithmonë kishte udhëtarë të ndryshëm. Dukej sikur udhëtarët durimmëdhenj ishin pjesë e pandarë e ekzistencës së atij shelgu. Ishte ora 8:00 a 9:00, jo më shumë. Autobusi apo "sata", siç i thoshte nëna ime, mbërrinte nga Korça në mesditë dhe nisej në orën 13.00.

"Nënë, hajde shpejt të ikim te shelgu i postës!"

"Po prit, se kemi kohë sa të duash!"

"Epo, hajde ikim tani".

"Është shpejt akoma. Do të dalim në një pa një çerek. Ç'të bëjmë atje për pesë orë?"

Nuk i mbushej mendja nënës sime. Kurse mua më dukej se udhëtimi nuk kishte kuptim pa ato orët e pritjes mbështetur në trungun e shelgut plak. Vetëm ashtu i kisha udhëtarët në përfytyrimin tim.

ERMIRA: Eh, kjo puna e biletave, që në atë kohë ishin aq të vështira për t'u siguruar, më kujton babin. Pas përshëndetjes së parë, mysafirët, i priste pyetja: "Kur do të shkoni, që të merrem me biletat?".

Më kujtohet që ne shpesh e ngacmonim në lidhje me këtë detaj, sepse mysafirit nuk duhet t'i thuash "kur po ikën" për edukatë, por Nasho nuk mërzitej nga humori ynë pasi vetëm ai e dinte sa e vështirë ishte puna e biletave.

DIANA: Më kujtohet një nga ato udhëtimet e tmerrshme me tren ku shtypeshim e bëheshim sardele. Isha nja 10-11 vjeçe dhe ishim nisur për në plazh. Isha vetëm unë me mamanë, sepse babi dhe im vëlla do të vinin nga Tirana dhe do të takoheshim në Durrës. Ishim të ngarkuar me një pafundësi gjërash, valixhesh e çantash. Mamaja, pa ç'pa, rrëmbeu gjërat më të rënda dhe më tha ta prisja pa lëvizur "te këmbët e trenit". Si provë të "moslëvizjes" më la nën përkujdesje edhe atë që e quanim valixhja e gjyshit (një valixhe e bukur ngjyrë mjalti e bukur). M'u duk normale. Kur u hapën dyert, e tërë lukunia që ishte përjashta u lëshua brenda dhe mamaja më humbi nga sytë. Megjithatë isha e qetë, sepse në fund të fundit ajo brenda ishte. Pas ca minutash, stacioni u boshatis, mama s'kishte gjëkundi dhe mua m'u duk sikur treni po bëhej gati të lëvizte. Atëherë mendova se duhej të ngjitesha edhe unë në tren, por puna ishte se valixhen, siç edhe e parashikoi mamaja me zgjuarsi, nuk e lëvizja dot. Iu drejtova një polici (me shumë edukatë!): "Shoku polic, më ndihmon dot ta fut pak valixhen në tren?". Ai na hodhi një sy, njëherë mua, pastaj valixhes dhe tha:

- Ku shkon ti moj shoqe?

- Në Durrës,- ia ktheva.

- Vetëm?

- Jo, jam me mamin por ajo u fut të zërë vend dhe tani kam hall se mos niset treni dhe mbetem vetëm këtu.

Polici i bëri një të ngritur valixhes dhe e hodhi brenda në tren. Pastaj u ngjita edhe unë dhe zura një qoshe pranë valixhes, te dera, në këmbë.

Më në fund treni u nis ngadalë-ngadalë. Diku nga Përrenjasi, shfaqet mamaja ime e ndjerë, e skuqur dhe plot djersë, por me një shkëndijë lumturie në sy kur më pa. Një çast më vonë, tundi kokën me inat si të thoshte: "Ta rregulloj unë kur të zbresim". Nuk e kuptova pse. Rrëmbeu valixhen dhe me ton ushtarak tha prerë: "Ec përpara!" Më në fund ndaluam në një nga ato sediljet katërshe. Përballë ishte një çift i ri që dukej shumë në humor. Djaloshi u ngrit dhe rregulloi valixhen. "E gjete?" - i thanë mamasë, që filloi të bënte fresk me një gazetë, ndërsa nga dritarja e hapur frynte erë e nxehtë. Ajo thjesht tundi kokën. "Nuk dëgjove ti faturinon e trenit që thoshte në altoparlant që ka humbur një vajzë e vogël, ka humbur një vajzë e vogël...",- tha ajo femra. E pashë me inat. Me mua do tallej ajo!? Asgjë nuk kishin thënë. "E dëgjova",- thashë dhe theksova: "Por e dija që nuk ishte për mua. Unë s'kisha humbur". Ata qeshën. Ajo femra tha: "Kolo e vërtetë". Nuk e kuptova këtë. Nejse. Kur u takuam me babin dhe ime më po ankohej se mua "nuk më rrinte b... në një vend dhe kisha ikur dhe ajo më kërkonte dhe desh i kishte rënë të fikët, por shyqyr që dikush i pati thënë se një vajzë e vogël me fund të kuq dhe valixhe të verdhë ishte te dera".

Unë u habita: "Për mua e kishin?"

Mamaja: "Hesht dhe mos fol për sot se ma ke sjellë boll në majë të hundës".

Unë: "Po kolo çfarë do të thotë?"

Ajo e lodhur vuri gishtin në buzë: "Të thashë hesht, shttt!" .

Babi: "Mirë, mirë. Jemi këtu tani, të gjithë. Çdo gjë në rregull. Diana nuk ka faj. Është fëmijë".

Pikë e zezë me mamanë time! Më mirë të kisha ndenjur në vend dhe ta lija trenin të ikte? Ka vetëm pak vjet që kam marrë vesh se kolo paska qenë shkurtimi për kolonjar/kolonjare.

ROLAND CAUSHI: Më kujtohet që isha student në vitin e tretë ose të katërt të universitetit dhe shkova në shtëpi për dy-tri ditë. Në ato pak ditë dilja vazhdimisht me shokët që ishin në qytet. Kur më rastiste të takoja prindërit e shokëve apo shoqeve që ishin në Tiranë, ata më pyesnin pa të keq se kur do të kthehesha dhe pastaj nëse mund të më jepnin ndonjë gjë "të vogël" për atje. Sigurisht që mundeshin! Të gjithë prindërit tanë ndiheshin të obliguar të na dërgonin ushqime në shkollë dhe unë isha një mundësi e mirë transportimi. Nga natyra që kisha dhe kam, unë nuk mund të thosha jo. Nuk mund ta harroj që dhjetë minuta para se të nisej autobusi, mua më ishin bërë plot 18 çanta. Treni mbërriti në Tiranë rreth një orë e gjysmë me vonesë. Tek stacioni i trenit kishte dalë vetëm shoku im i ngushtë, Arturi. U ngarkuam të dy dhe avash-avash na u desh rreth një orë për të arritur në Qytetin Studenti. Pastaj shkuam bashkë godinë më godinë për të shpërndarë porositë. Thashë që nuk do të merrja më çanta, por duke qenë se edhe mua më dërgonin prindërit gjëra me studentë të ndryshëm, vazhdova të merrja porosi. Vetëm asnjëherë si atë radhë.

Kur mësonim Morsin dhe shahun

OLI: Më kujtohet rrethi i radioamatorizmit me instruktor Miston. Na pëlqente sepse aty mësonim një alfabet tjetër komunikimi, që nuk e dinte askush tjetër. Secili kishte pseudonimin e vet, që zakonisht ishte një emër kafshe apo sendi. Për ata që nuk e dinë, ideja ishte që në rast lufte, ky ishte alfabeti që do të përdorej për ndërlidhje. Ne ishim nxënës në tetëvjeçare dhe e kishim thjesht argëtim. Klasa ishte në një ndërtesë të vjetër dykatëshe përballë mapos. Kujtoj që ishte e shtruar me një dysheme druri që kërciste në çdo hap. Në dimër, klasa ishte shumë e ngrohtë pasi instruktor Mistoja e mbante valë që mos të mërdhinim.

KLARITA: Kam qenë edhe unë në ekipin e radioamatorizmit te zyrat e tregtisë.

DIANA: Në rrethin e radioamatorizmit kam qenë edhe unë njëherë e një kohë, por Kostanca Gjoshe u bë mjeshtre e vërtetë.

VALBONA R-A: Edhe unë kam qenë. Mësonim alfabetin Mors me pikë-vijë. Në vitet shumë para nesh ka qenë edhe im vëlla, Pako. Ai shkoi edhe në konkurs. Kur ishte ushtar në Shkodër, i dhanë pozitë të veçantë meqë dinte këtë lloj komunikimi.

LILI: Më kujtohet që në një rreth të tillë kam qenë edhe unë me shokë e shoqe bashkëmoshatarë, por ne instruktor kemi pasur z. Qenamin nga Starja dhe qendrën e kishim në klasat që ndodheshin në hyrje të repartit ushtarak, djathtas.

ROLANDI: Më kujtohet që në 8-vjeçare kam qenë në klasë sportive. Por më pëlqente edhe vizatimi dhe kështu u regjistrova edhe atje. Në rrethin e pikturës rrinim më pak se dy orë e mua më duhej të shtyja orët e tjera. Atëherë kërkova të futem në rrethin e radioamatorizmit. Në vitin 1977 ky ekip i të rinjve të Ersekës doli kampion i Shqipërisë për Kategorinë II. Aty ishin disa djem të talentuar, si Sotiraq Prifti, Paqësor Kajmaku e Paqësor Pepi. Por, për fat të keq, kjo ishte edhe hera e tyre e fundit në atë grup, pasi më pas ata u larguan në drejtime të tjera.

Ndërkaq, meqë kisha disa muaj që kisha kaluar në grupin e valleve, një ditë, Aleksandri, djali i Mistos dhe një shok fëmijërie për mua vjen e më thotë: "Ore Landi, më pyeti babi nëse do të shkosh në Tiranë me ekipin, sepse nuk ka mjaft përfaqësues". Nga ekipi i vjetër kishin mbetur vetëm dy veta. Nuk mund t'u besoja veshëve! Do të shkoja në Tiranë për herë të dytë (herën e parë duhet të kem qenë kalama kopshti). Plotësuam ekipin edhe me dy shokë të moshës sime - Aurelin dhe Sotiraqin. Kishim vetëm një javë kohë që të stërviteshim. Kur u paraqitëm në Tiranë, të gjitha skuadrat na shihnin me një lloj frike sepse ne ishim kampionët. Xhironet e para ishin ato të "Marrjes". Marrje quhet kur dëgjon zërin e transmetuesit dhe në bazë të alfabetit, tingujt i përkthen në shkronja të shkruara. Kur dolën përfundimet, skuadrat e tjera nuk u besonin syve: skuadra e Gramozit doli e fundit në xhiron. Epo thanë, do të jenë të mirë në xhironin e "Dhënies". Dhënia është transmetimi nëpërmjet tastit të germave ose numrave. Në marrje janë germat më të vështira, kurse në transmetim janë numrat. Nga tri pykat e grupit që ishim ne, trajner Mistoja kishte shpresa vetëm tek unë. Për fat të keq, koha mbaroi në grupin e fundit që po jepja (grupi kishte vetëm 5 numra). Nëse unë do të kisha mbaruar brenda kohës, nuk do të kishim rënë nga kategoria. Deri në atë moment nuk e pata vrarë shumë mendjen për ekipin, sepse unë nuk kisha bërë stërvitjen e duhur gjatë vitit dhe as e mendoja se do të merrja pjesë në një kampionat si ky. Por ja që ka momente që janë kyçe dhe inati arrin deri atje, sa të vjen edhe për të qarë. Në sallë ra një qetësi e madhe sepse kuptohej, po eliminohej ekipi kampion. Mistoja e pa që unë u lëndova shumë dhe shfrytëzoi rastin që kishte rënë qetësi e madhe dhe me atë humorin e tij të jashtëzakonshëm, tha: "I hëngre makaronat e shtetit kot o Landi". Unë isha vërtet llupës i madh makaronash; haja edhe 2-3 pjata në vakt. E gjithë salla si në një kor, me mua bashkë, shpërtheu në të qeshura që vazhduan me minuta. Sidoqoftë, na nxorën nga kategoria dhe mbajtën me miqësi (për këtë jemi më se të sigurt) ekipin e Pogradecit, të cilit i dhanë 1 pikë më shumë se ne, në xhironin e teorisë.

Unë vazhdova me këtë ekip edhe për katër vjet të tjera, në Kukës, Burrel, Rrëshen dhe Fier. Nuk shkuam më shumë sesa vendi i 4-t.

Më kujtohet që dieta ditore e radioamatorizmit ishte shumë e lartë, 250 lekë në ditë. Kështu që nuk dinim ku t'i prishnim. Reli dhe Raqi nuk lanë ditë pa marrë biçikleta me qira. Atje i lanë lekët. Unë nuk merrja biçikleta, për një arsye të vetme... e kishin shalën prej druri. Hajde-hajde sa kanë vuajtur ata nga të "ndenjurat", për një javë a 10 ditë, mezi ecnin.

SOTIRAQI: Më kujtohet që kampionë të Kategorisë II për të rinj u shpallëm në Fier, në vitin 1976. Unë u shpalla kampion si individ dhe ekipi kaloi në Kategorinë I. Fill pas kësaj unë dhe Paqo, që filluam stazhin njëvjeçar në NSHN, përfituam 5-orarëshin. Pra një vit të tërë punonim nga 5 orë dhe pagueshim për 8.

ROLANDI: Kur zhvillohej kampionati në Burrel, nuk e di se pse na çuan për të fjetur në një barakë te fusha e sportit. Ishin dy dhoma dhe banja. Krevatet ishin prej druri dykatëshe. Ekipi i vajzave flinte në një dhomë përballë. Një natë, rreth orës 23:00, dëgjuam zëra që vinin nga dhoma e tyre. Ishte diçka si "miu... miu!" Pas disa minutash afrohet te dera e dhomës sonë (ne e linim hapur nga vapa, ndërsa vajzat detyrimisht e mbanin mbyllur) një nga vajzat e ekipit. Ajo thotë: "Xhaxhi Misto, më fal që po të zgjoj, por në dhomën tonë ka hyrë një mi". Ai i përgjigjet: "Po unë nuk jam mace moj çupë... Qysh ta gjej miun në mes të natës?". Nuk pushonte gazi.

VANGJELI: Mua më kujtohet loja e shahut, që ma mësoi dajë Sotiri që në moshë të vogël. Më vjen keq që e mund keqas tani që u bëra i madh. Në klasë të 10-të, me thikën e shtëpisë, gdhenda për një muaj rresht 32 gurë shahu. Më bënte përshtypje që kur mbaronte loja, mbretin dhe ushtarin e fusnim në të njëjtën kuti. Më pas mësova që loja e shahut është bukuria e logjikës. Shahu është art, shkencë e sport. Më i zgjuar ishte ai që e shpiku shahun dhe që i kërkoi mbretit si çmim një sasi gruri që e llogariti si vijon: Janë 64 katrorë në dërrasën e shahut. Në katrorin e parë të vendosej një kokërr, në të dytin dy kokrra, në të tretin katër kokrra e me radhë, duke vendosur në çdo katror numrin e kokrrave të grurit në katrorin paraardhës. Pas llogaritjeve të lodhshme, matematikanët nxorën 9,223,372,036,854,775,808 kokrra grurë; një shifër gogol.

Ekipi i shahut në Ersekë u ngrit me iniciativën e Simo Voglit kur ishte shef i seksionit të arsimit dhe të Kujtim Hitës. Si rregull, katër të parët që dilnin në kampionatin individual përfaqësonin rrethin në kampionatet ekipore të kategorisë së dytë. Morëm pjesë në tre kampionate, në Fier,

Vlorë e Sarandë. Kujtim Hitaj, me krenarinë e vet prej labi, thotë se shahun në Kolonjë e solli ai. E vërteta është se ai solli nga Vlora vetëm kutinë e shahut, pasi gurët i gjeti në mes nesh...

ROLANDI: Më kujtohet që njëherë kampionati i shahut u zhvillua në Ersekë, te Shtëpia e Kulturës. Nuk kam qenë shumë i pasionuar pas shahut, kështu që s'kam ç'të tregoj më shumë. Mbaj mend Vangjelin dhe një person të një ekipi tjetër, që konsiderohej si i fortë. Ishte i gjatë, me syze, me pak flokë përpara, pinte shumë duhan, rreth të 45-ve.

Gim Franca

LULI: *Më kujtohet që Gimi kishte lindur në Francë dhe ishte djalë i vetëm. Në mos gaboj rrinte te pallati i verdhë.*

MANI: *Sa i prapë ka qenë Gim Franca!*

AGIMI: Më kujtohet që prezantimi im i parë me Ersekën u bë nëpërmjet pallatit të verdhë, ku ne morëm shtëpi pas transferimit të babait me punë nga Korça në Ersekë. Në fëmijërinë time, ky pallat zë një vend goxha të madh, për mos të thënë shumë të rëndësishëm. Për mua, në atë kohë, Erseka, për mos të thënë bota e tërë, rrotullohej rreth këtij pallati. Ai ishte vendosur gati në të dalë të Ersekës, fare pranë rrugës automobilistike. Hyrja ime gjendej në skajin lindor të katit të katërt. Nga tri dritaret e mia kisha privilegjin që me një shikim të sundoja hapësira goxha të gjera, gjë që e bënte qytetin, pjesën më të madhe të të cilit nuk e shikoja, të papërfillshëm e gati inekzistent. Nga dritarja e perëndimit, me një vështrim, shëtisja pllajën që rrëzohej te çezma e Bezatit dhe pushtonte tërë kodrën e Gradecit. Nga dritarja e lindjes, sytë më ngecnin në malin e Gramozit, i cili me pamjen e tij të jashtëzakonshme më dukej shumë afër qiellit. Lartësia e tij më mahniste e njëkohësisht më bënte xheloz. Në atë kohë pallati ynë ishte një nga më të lartët në Ersekë (në mos më i larti!) dhe më i madhi po se po. Mbase madhështia e Gramozit më ka shtyrë që, duke u rritur (pasi pallati im dukej sikur s'më nxinte më) të pushtoja Ersekën e rrethinat e saj për t'iu qepur më vonë edhe vetë malit. Majën e Çukapeçit, megjithëse tentova me dhjetëra herë, për fat të keq nuk e kapa dot kurrë. Nga dritarja e veriut kullosja sytë mbi fushat me grurë, në mes të të cilave gjarpëronte një rrugë, që përfundonte te shkolla.

Më kujtohet si tani dalja e parë në sheshin përpara pallatit, që atëherë më dukej tepër i madh. Ishte viti 1964 dhe unë isha vetëm 7 vjeç. Dola jashtë bashkë me një shok të cilin e njihja që në Korçë, por që kishte ardhur në Ersekë një vit para meje. Një tufë e madhe kalamajsh ishin grumbulluar pranë një shtylle elektriku që ndodhej në mes të oborrit. Pothuajse të gjithë mbanin në dorë nga një copë bukë të lyer me marmelatë, që e kafshonin gjithë lezet. Kjo ide më pëlqeu. Befasia tjetër ishte se të gjithë kishin veshur opinga. Shkëlqim Jaupi, shoku im, filloi të më prezantojë një nga një gjithë kalamajtë: "Ky është Kikja, ky Tuni, Bulja i Nafijes, Kujtim Shemja, Vali i Tules, Fatmiri, Maksim Nastroja, Turi i Shupes, Bujari i Mukadezit, Ilir Çakalli, Raqi Çorba, Ben Ligori, Vaska, Meri evgjiti...". Emrat s'kishin të mbaruar. Me sa duket, të mëdhenjtë e atij pallati kishin qëlluar pjellorë, çdo familje kishte nga 4-5 kalamaj dhe gati shumica rrinin nga dy familje në një hyrje, si edhe ne. Në fund Çimi më prezantoi mua: "Agim Franca",- tha ai. Një çast heshtje. Të gjithë po më vështronin me kërshëri. "Çfarë do të thotë Francë?" - pyeti Kikja dyshues. "Francë do të thotë... Paris",- tha Çimi. "Po Paris"?- këmbënguli Kikja. "Paris do të thotë Korçë, dihet ajo",- ia kthehu gjithë siguri Çimi.

Në darkë, kur u mblodha në shtëpi, lëshova dy ultimatume, të më blinin urgjentisht marmelatë dhe... opinga! Opingat, me sa mora vesh, ishin moda e fundit që kishte lindur te fëmijët e pallatit të verdhë. Kishte përfunduar periudha e soditjes dhe unë, çuni i mamasë, djalka i vetëm dhe i përkëdhelur, do të zbrisja nga "kuvlia" dhe do të lëshohesha në harbimin e kalamajve të pallatit të verdhë.

Sheshi u bë lëmi i parë i lodrave të mia. Në fillim me kopsa, detka, pulla, ashikë, pastaj me cingla, talashka, kukafshehtas, kikthi, kaladibrançe, futboll me top dyzetepessh, lojë shpatash, lojë luftash dhe jo e gënjeshtërt, aq sa madje nuk mund të quhej lojë. Ajo ishte një luftë e vërtetë që, herë-herë, bëhej shumë e egër. "Armët" që përdoreshin ishin hunjtë dhe gurët. Rivalët në këtë luftë ishin fëmijët e mëhallës së bujqve ose ata të fshatit Pasr, që shtrihej shumë afër, në të dalë të Ersekës, nga rruga për në Korçë. Viktimat ishin gjithmonë konviktorë, të cilët rriheshin pa shkak vetëm sepse kalonin andej. Madje thyenim edhe xhamat e konviktit. Nuk e di nga buronte ajo egërsi, që më shumë vihej në përdorim nga djemtë e rritur të pallatit. Mbaj mend që me kalimin e kohës u zbeh dhe kur ne u rritëm u harrua fare. Mbase ngaqë ishin ngjizur fill pas luftës nga prindër që binin akoma era barut dhe meqë shumica ishin oficerë të dalë nga lufta?!

Më kujtohet që duke u rritur filluam dalëngadalë të zgjeronim edhe territoret e hulumtimeve. Në fillim duke bredhur pas nënave, që shkonin për të mbledhur bedunice e bimë të tjera mjekësore dhe pastaj vetë duke shkuar për t'u larë, në fillim te përroi i Psarrit dhe pastaj në Virken e famshme. Sa më shumë rriteshim, aq më të zot bëheshim në not. Shpejt, harta e vendeve për t'u larë përfshinte që nga depoja e Rehovës deri në Osum, në Gostivisht, përfshi edhe shumicën e rezervuarëve. Është e çuditshme se kishte një kalendar të pashkruar për çdo lojë, ashtu siç ishte e përcaktuar se kur do të shkohej për çaj në Gramoz apo për lajthi në Gjonç, kur u vinte radha luleshtrydheve apo kërpudhave për t'u mbledhur. I famshmi zhurmëmadh pallati i verdhë i kishte këto privilegje, siç kishte edhe personazhe të famshëm, si Dhori Qiriazin, i njohur si poeti i qytetit; Shupen, i njohur për shprehjen e famshme "Shupeee qielloree". Duke qenë aty ku fillonte qyteti dhe ku mbaronte natyra, ky pallat na bëri sa qytetarë të denjë, aq edhe dashnorë të zjarrtë të natyrës. Dalëngadalë u rritëm dhe filluam të zbulojmë edhe qytetin, në fillim thjesht për t'u ëmbëlsuar me ndonjë akullore a shëndetli e më pas nën lezetin e xhiros, ditën apo natën, në pritje të ndonjë palë syve që na drithëronin zemrën. Kështu fillova të ndihem djalë Erseke.

JORGJI: Pallati i verdhë më kujtohet edhe mua. Në vitin 1963, kur u futën familjet e para, ishte pallati më i populluar në qytet, me 60 familje dhe mbi 300 frymë, pra rreth një e dhjeta e qytetit të asaj kohe. Në çdo apartament jetonin nga dy familje. Binte në sy harmonia dhe kujdesi i veçantë që ato tregonin për njëra-tjetrën, por sidomos për ne fëmijët. Dyert e jashtme ishin pothuajse hapur, pasi çelësin e linim të gjithë nën pragun e derës. Nuk kishte vjedhje. Unë shkoja shpesh edhe te familja e Gimit, që rrinte në katin sipër nesh.

Më kujtohet që kur vinte dimri, babai i tij, Idaiu më jepte, sa herë ia kërkoja, një xhup shumë të mirë lëkure e me push nga brenda. Madje në shkurt 1967, i veshur me atë xhup, jam nisur "me mision" për në fshatin Vodicë. Në atë kohë në Kolonjë po zhvillohej një stërvitje e madhe ku ishin përfshirë të gjitha forcat ushtarake dhe civile. Shtabi imagjinar i zonës gjendej te Shën Kolli i Vodicës. Mbrëmjeve ne rinia bënim "akte sabotazhi" pasi "qytetin e kishte pushtuar" armiku. Kështu më thirrën drejtuesit "ilegalë" të qytetit dhe më dhanë një letër që duhej ta çoja në Vodicë. Megjithëse ishte shkurt dhe kishte dëborë, ajo ditë kishte diell dhe nuk dukej aq e ftohtë. Nga frika e qenve te stallat matanë Bejkovës, i rashë nga xhadeja, andej nga rruga binte më gjatë, kurse letrën e futa në këpucë. Kur mbërrita në Shën Kolli pas dy orësh kërkova Qani Dumën t'i dorëzoja letrën, që ishte bërë si mos më keq nga gjithë ajo rrugë. Më thanë faleminderit dhe u ktheva.

Më kujtohet mirë që xhupi më mbajti ngrohtë dhe më dukej sikur edhe qentë të më suleshin, nuk do të më arrinin dot në tule.

AGIMI: Më kujtohet xhupi prej lëkure i babait, aq i pëlqyer atëherë. Kaloi dorë më dorë dhe kur më erdhi radha mua për ta veshur, ishte bërë i papërdorshëm pasi i kishte dalë boja. Por nuk më vjen keq, kuptohet.

MAJLINDA: Edhe unë u linda dhe u rrita në atë lagje. Ishim komshinj me Kozmain për 18 vjet në një hyrje. Ne ishim në katin e parë, në të tretin ishte Isai. Në atë kohë, ne fëmijët kishim komandant Xhemalin e Isait. Kur ishte ngricë, më kujtohet si sot, ngrinim kanistrat dhe zinim zoçka.

Më kujtohet që Isai i merrte të gjithë djemtë e pallatit në atë kohë dhe i çonte me ekskavator në Osum. Një ditë kishin lozur kaq shumë sa vëllait tim i kishin ikur pantallonat në lumë. Ai erdhi natën sepse kishte mbetur me të mbathura dhe nuk donte ta shihnin.

Një herë tjetër u bëmë merak sepse erdhën në mesnatë. Cili i kishte mbushur të dyja galloshet me peshk. Mbaj mend që ne po prisnim të trembur kur ra dera. I trembur nga ajo që e priste në shtëpi për atë vonesë të llahtarshme, Cili thirri që jashtë: "Mama, kam sjellë peshk!" Të gjithë e dimë që vonesa të tilla pasoheshin nga një dru i mirë nga ata që vështirë të harrohen.

AGIMI: Më kujtohet gjuetia, një pasion që lindi dhe mbeti në Ersekë. Një pasion aq i fortë sa më detyronte të braktisja shokët, lojërat, madje edhe shkollën, e të arratisesha me veten e zagarët. Kolonja është një vend me një pasuri të madhe për gjueti, që gërshetuar me natyrën e bukur mund të shërbejnë si resurse për të tërhequr turistë.

Çiften e kishte pasur me kohë, po në krah për herë të parë ia pashë në Ersekë dhe nuk e hoqi për sa kohë këmbët i kishte të forta. Me kalimin e kohës, ky "mikrob" kaloi edhe tek unë. Për arsye të moshës unë e shijoja gjuetinë ndryshe. Mjetet që përdorja më krijonin mundësinë që ta gjeja kënaqësinë jo vetëm në gjirin e natyrës, por edhe në mes të qytetit. Në fillim bashkë me shokë kapnim cironka që i mbanim pastaj nëpër kavanoza. Duhej kujdes, mos t'i ngatërroje larvat e peshqve me lopatëzat (larvat e bretkosave), ndryshe do të ishe i përçmuar në sytë e të tjerëve. Në ujë peshqit e vegjël dukeshin si krimba që lëviznin shumë shpejt, por brenda vazos me ujë, e cila i zmadhonte, dukeshin peshq të vërtetë. Marifeti ishte kujt i rronin më shumë. Që të jetonin sa më shumë duhej të tregoheshe i kujdesshëm për ta ndërruar ujin sa më shpesh dhe t'i ushqeje rregullisht me thërrime buke. Ata rriteshin e gjithmonë e më shumë ngjasonin si peshq. Pas një farë kohe ngordhnin.

Në dimër ngrinim gracka për zogj. Zakonisht për këtë punë shërbente ndonjë kanistër ose shoshe, e cila mbahej në këmbë me një shkop të lidhur me gjalmë ose spango, skajin e të cilit e mbanim në dorë, të fshehur diku.

Si karrem përdornim copa buke dhe prisnim me duar të skuqura nga të ftohtit që ndonjë rabeckë të gënjehej nga thërrimet. Zogjtë që ishin mësuar me këtë hile, rrallë binin në këtë kurth, vetëm kur dynjaja mbushej me dëborë për një kohë të gjatë, edhe ata të uritur nuk duronin dot. Të rrije përjashta duke u dridhur në mes të dëborës nuk ishte e lehtë. Vendi më ideal ishin ballkonet, ku mund të përgjoje nga brenda në të ngrohtë me fijen në dorë, por unë s'e kisha një të tillë. Tasha me Valin, shokët e mi, që rrinin një kat më poshtë, kishin ballkon. Unë bashkohesha me ta për të zënë zogj dhe me këtë sebep të përlaja edhe ndonjë pjatë fasule me pastërma, që më shijonin aq shumë nga dora e mamasë së tyre. Më vonë filluam të ngremë gracka me pllaka guri, ku qëllimi ynë ishin qofkat. Vendi i mirë ishin plehrat e qytetit, që ishin jo shumë larg pallatit, në rrugën kur shkoje për në Bejkovë. Për të vrarë zogj ishin edhe llastiqet, por këto unë s'i preferoja shumë, pasi nuk isha nishanlli dhe aq i mirë dhe më shumë qejf kisha t'i kapja sesa t'i vrisja.

Ka qenë një kohë që mendjen time e kishin pushtuar pëllumbat. Tufën më të madhe e kishte shkolla, por kishte edhe plot të tjerë, që i mbanin nëpër shtëpi. Nuk kishte kënaqësi më të madhe sesa kur dëgjoja gugatjen e tyre në mëngjes apo kur shihja meshkujt që pasi ishin vërtitur gjithë elegancë e të fryrë si tullumbace rreth femrës së preferuar, ngriheshin rrëmbimthi në fluturim duke përplasur fort krahët si për të treguar fuqinë e tyre në sytë e së vluarës e përfundimisht lëshoheshin në pikiatë duke iu ulur pranë. Vazhdonin kështu të njëjtin ritual derisa ta bënin femrën për vete. Nuk ua ndaja sytë kur putheshin pa pushim duke shprehur dashurinë e tyre, apo edhe kur vajtonin duke bërë gu-gu për femrën që i kishte braktisur. Më prekte kujdesi i tyre për të vegjlit, solidariteti që tregonin për të ngrohur vezët. Tmerrohesha kur i sulmonte skifteri dhe admiroja akrobacitë e tyre në ajër. I desha shumë, por kurrë nuk arrita të mbaja vetë qoftë edhe një prej tyre për një kohë të gjatë.

Gjuetia ime ishte pak e veçantë. Në pamundësi të çiftes, të cilën mund ta përdorja vetëm kur ma linte babai dhe vetëm në prezencën e tij, unë, si të thuash, gjuaja me sy. Sytë dhe zagaret e mi të dashur mbetën edhe arma ime e vetme. Nuk kishte kënaqësi më të madhe, kur që në pikë të mëngjesit, atëherë kur bari ishte akoma plot me vesë ose i bërë argjend prej brymës, kur pishat kullonin rrezet e diellit në dritë të gjelbër dhe bora zbardhte çdo gjë dhe gjallesat linin gjurmët e tyre si hieroglife për t'u deshifruar, unë ndiqja zagarët që lëshoheshin të paduruar në kërkim të gjahut. Aromat që mbushnin ajrin mëngjesor ishin kaq ngacmuese, sidomos për hundët e zagarëve, sa ata fërgëllonin me turinjtë ngjeshur pas tokës, në kërkim të erës së dashur. Ishte e çuditshme të shihje se si u ndeheshin trupat si llastik në çastin kur binin në erën e duhur. U dridhej çdo muskul dhe sa më shumë shtohej aroma aq më shumë rritej tensioni në muskujt e tyre. Ata gulçonin prej frymëmarrjes së shpejtuar. Nga padurimi u shpëtonin lehje të shkurtra dhe gjithë dridhjet kalonin te bishti, i cili sa nuk shkulej nga vendi prej lëvizjeve majtas e djathtas.

Pastaj vinte momenti final. Lepuri, pasi kishte pritur deri në pamundësi që t'i ngatërronte, ...bërduf... shkulej nga buloku, duke vrapuar me sa i hanin këmbët. Gjithë ai tension shpërthente më në fund në ulërimat e zagarëve që i viheshin lepurit pas si të tërbuar. Në një gjueti normale lepuri do të përfundonte me këmbët përpjetë nga gjuetari. Por unë s'kisha çifte, kështu që e përjetoja deri në grimcën e fundit këtë gjendje. E shijoja këtë emocion pikë-pikë duke ndjekur me sy zagarët, të cilëve, me kalimin e kohës, lehjet entuziaste të fillimit u ktheheshin në qarje. Ishte në një lloj mënyre kënaqësi t'i shihje se si ktheheshin me bisht në shalë në pamundësi për të arritur lepurin këmbëshpejtë.

SOTIRAQI: *Më kujtohet që pasioni i pashuar i Gimit për gjuetinë shpesh më bëri edhe mua dëshmitar i të bredhurave pa fund me zagarët në kërkim të gjahut. Disa herë kemi dalë edhe me çifte të zbërthyer e të fshehur në thes. Disa herë të tjera kemi qenë të shoqëruar nga babai i Gimit.*

ILIR PASHKO: *Më kujtohet që Balin e morëm për zagar, por na doli qen... besnik në fakt.*

AGIMI: *Edhe Iliri ka qenë gjuetar. Më kujtohet që vrau një pulë poshtë shtëpisë së Marjanës. E hëngrën gjysmë të pjekur te dhoma e babait të Caqit.*

ILIRI: *Më kujtohen garat që bënim me qentë te kaçkat. Bali na nderoi disa herë.*

MAJLINDA: Edhe gjyshi im, Thanasi, që mbante nofkën Majori, ishte gjuetar i zoti. Në Rehovë ai kishte edhe çifte, edhe zagarë. Sa herë që vriste lepuj, nëna i bënte çomlek.

SOTIRAQI: Më kujtohet që Gimin e kam pasur shok qysh nga klasa e parë. Na miqësoi gjyshja ime që jetonte në të njëjtën shkallë me të. Gjendesha shpesh te pallati i verdhë duke qenë pjesë e lojërave, bredhjeve, rrahjeve e paudhësive të tjera pa fund të atyre djemve. Më kujtohet Agim Plaka, Demir Troka, Hasan Abili, Dash Isallari, Djellor Habili, Kastriot Jaupi, Bashkim Malushi, Jani - vëllai i Kikes. Pallati i verdhë kishte një ushtri të tërë me djem. Dhe kur luhej luftash valonte huri, guri, shkopinjtë, shigjetat. Edhe unë nuk e kuptoj se nga buronte gjithë ai zell për t'u përleshur e gjakosur, kryesisht me djemtë e lagjes së bujqve. Liderë te pallati i verdhë, me sa mbaj mend, kanë qenë Hasan Abili dhe Demir Troka (më të mëdhenj se ne), të cilët në memorien time kanë mbetur si më të frikshmit. Dashi, njëri nga shokët e klasës së katërt që provoi të hipte në një shtyllë të tensionit të lartë diku në arat pranë fushës së shkollës, u rrëzua dhe u vra në vend. Mbaj mend që në funeralin e tij lexova duke qarë e dridhur fjalët që m'u dhanë të shkruara.

AGIMI: Dashi, ndjesë pastë, sfidën ndaj vdekjes e kishte moto të jetës. Më kujtohet kur vinim për të vjedhur në fermë (nuk e shpjegoj dot pse kjo vjedhje quhej si diçka normale dhe nuk dënohej moralisht si vjedhjet e tjera). Një pjesë nga ne, në mënyrë demonstrative dhe plot zhurmë, kinse do të vidhte, tërhiqte vëmendjen e rojës. Kur ai turrej pastaj për të na kapur, pjesa tjetër me në krye Dashin futej serbes-serbes dhe vidhte mollë. Roja më në fund duket e kuptonte hilenë dhe kthehej për të kapur grupin "hajdut", por ata ndërkaq kishin mbaruar punë. Kështu që të gjithë bashkë ktheheshim në bazë. I vetmi që s'pyeste për rojën dhe as i bënte syri tërr ishte Dashi, i cili hante mollë në majën e pemës.

Më kujtohet se si vdekja tragjike mori edhe Diellorin e urtë. Atë e shtypi një makinë padashur duke e ngjeshur pas murit së depos së grurit.

ERMIRA: Më kujtohet kur kam qenë në fillore jam shtruar në pavijonin e pediatrisë për një kohë të gjatë. Një ditë erdhi edhe Gimi si pacient i ri. Mbaj mend se ishte shumë i gjatë dhe për këtë i vumë edhe nofkën "xhaxha Stefi", personazh i librit shumë të njohur për ne. Krevatet e pediatrisë ishin të vegjël dhe Gimit i dilnin këmbët nga krevati njësoj si personazhit të librit.

AGIMI: Kjo puna e këmbëve të gjata si xhaxha Stefi më kujtoi një aksion njëjavor në Gërmenj. Diku poshtë rrugës hapnim një kanal për një hidrocentral lokal. Natën e kalonim në disa çadra ku mua dhe Raqit na dilnin këmbët përjashta.

Më kujtohet gjithashtu që në vapën e korrikut, i vetmi muaj i nxehtë në Ersekë, shprehja më e përdorur ishte: "Shkojmë lahemi?" Kur ishim të vegjël, vendi më i afërt për të shuar vapën ishte Përroi i Psarit. Atje uji s'të vinte as te kërciri, sidomos në korrik. Thjesht gjenim ndonjë thellome, i bënim pritë me gurë dhe kështu, me pahir, e shpinim ujin deri te mbathjet. Aty pllaquriteshim duke përplasur këmbë e duar dhe duke u munduar të mësonim notin. Stili i parë që mësonim ishte noti i peshkut; lëshonim trupin në ujë me kokën brenda tij, bashkonim dy pëllëmbët dhe i vinim prapa kokës duke imituar fletën e kurrizit të peshkut dhe përplasnim me sa fuqi kishim këmbët, duke u munduar të çanim para derisa na mbaronte fryma dhe nxirrnim kokën jashtë.

Stili i dytë ishte noti i qenit. Në këtë stil lëviznim duart siç lëviz qeni këmbët kur noton. E reja ishte se arrije ta nxirje kokën mbi ujë dhe të merrje frymë. Në fillim bëje sikur notoje, por vinte një ditë që ecje ca metra pa të cikur duart në fundin e përroit. Pasi kishe përvetësuar notin e qenit, të hynte vetja në qejf dhe pellgaçet ku ishe larë gjer atëherë të dukeshin jo të denja për një notar si ty. Filloje dhe kërkoje diçka më të fisme, që shpesh përfundonte te përroi i Taçit, i cili kishte më shumë ujë. Duke bërë prita, uji aty mund të arrinte edhe deri mbi mbathje ndërsa perimetri shtohej me disa metra. Aty fillonim ta përmirësonim stilin e qenit dhe tentonim të mësonim not bretkose, not pash apo not kurrizi.

Pasi kishim marrë patentën si notarë, rriteshin pretendimet dhe pikësynimi bëhej e famshmja Virke, që mbeti edhe vendi i ëndrrave tona. Në fillim Virka ishte legjenda që vinte nga gojët e më të rriturve te pallati i verdhë, rrëfime që i përjetonim me shumë emocion. Virka kishte marrë trajtat e një vendi të frikshëm, por dhe tërheqës me sfidat që ofronte. Midis dy kodrave, asaj të Gradecit dhe Bejkovës, një pjesë e ujërave të Gramozit, pasi mblidheshin bashkë, kishin hapur një të çarë që përshkonte kodrat tejpërtej. Uji hynte me vërtik në ngushticën e krijuar dhe rrokullisej midis shpateve që ngriheshin thikë 30-40 metra të lartë. Mbi kokë shikoje vetëm një copë qiell dhe vende-vende mungesa e dritës së diellit krijonte gati errësirë. Ujëvara të vogla me lartësi 1-2 metra krijoheshin herë pas here, ashtu siç krijoheshin edhe disa pellgje, ku uji flinte ndonjë copë herë. Pikërisht këto shfrytëzoheshin për t'u larë.

Më kujtohet që mbresat e takimit të parë me Virken i tejkaluan gjithë ç'kisha dëgjuar për të. Atë ditë, ne të vegjlit ndaluam në një pellg në hyrje të Virkes, kurse të rriturit, duke u kacavjerrë nëpër shkëmbinj u zhdukën nga sytë tanë. Herë-herë dëgjonim vetëm zërat e tyre. Kaq u desh që unë të bija në dashuri me Virken dhe ky të bëhej një nga vendet më të preferuara. Më kujtohet që për një kohë ëndrrat e frikshme që shihja të gjitha lidheshin me Virken. Por joshja ishte kaq e madhe, sa mëngjesi daroviste gjithçka dhe unë përfundoja prapë atje.

Virka ishte e pakalueshme me tokë. Mundësia e vetme ishte nëpërmjet ujit. Kjo ishte shumë e rrezikshme dhe këtë e kam provuar mbi kurrizin tim me një ngjarje, që mund të kishte pasur edhe fund tragjik. Kështu, më kujtohet që kishim gjetur një grep flutur, gjë e rrallë për kohën, dhe ishim të paduruar për ta provuar. Ishte mes maji. Dëbora e Gramozit ishte në kulmin e shkrirjes dhe ujërat në Virke ishin fryrë e vraponin si të harbuara. Qëllimi ynë ishte të peshkonim, se për t'u larë as që bëhej fjalë.

Sa ishim futur në grykën e Virkes, kur mua më rrëshqiti këmba dhe u gjenda në mes të ujit të rrëmbyer. Kaq e fortë ishte rryma, sa më rrëmbeu si ashkël e filloi të më përplaste nëpër shkëmbinj. S'bëja dot asgjë, veçse ruaja kokën që mos të më përplasej pas shkëmbinjve, se për trupin nuk po pyesja më. Çuditërisht isha shumë i qetë, siç duket, çdo gjë ndodhi kaq shpejt sa s'pata kohë për panik. Nuk e përcaktoj dot për sa kohë ndodhi kjo. Por mbaj mend që kështu e përshkova Virken në tërë gjatësinë duke përfunduar në të dalë të saj, në një pellg që për shkak të formës së tij quhej .... e pelës. Aty uji qetësohej dhe unë arrita të dilja në anë me trupin plagë, por kokën e kisha ruajtur për bukuri.

Në Virke gjuanim peshk, por kapnim edhe pëllumba të egër që rrinin nëpër shkëmbinj. Më kujtohet që atë vit që bënim zborin afër Virkes arrita të kapja një çift pëllumbash, zogj. Ishin kaq të vegjël, sa më duhej t'i mëkoja duke u hapur sqepin. Ata u rritën dhe u bënë aq të butë, sa kur i ndillja më uleshin në dorë.

Më kujtohet se pas kënaqësisë që merrnim kur shkonim për t'u larë fillonte një kokëçarje e vërtetë për të fshehur "gjurmët e krimit" (ngaqë e kishim të ndaluar, natyrisht ndiheshim edhe fajtorë pas aventurash të tilla). Nuk duhej të mbetej asnjë gjurmë nga larja dhe duhej të justifikoheshin vonesat te prindërit.Puna e parë që bënim ishte të hiqnim të mbathurat dhe rrinim ashtu cullak duke u rrezitur në pritje që ato të thaheshin. E keqja ishte se sa më shumë prisnim, aq më shumë edhe vonoheshim. Llastiku i shkretë nuk thahej kurrë. Shenjë fatale e zbulimit të gënjeshtrave që thurnim. Llastiku i lagur na nxirrte zbuluar. Apo ajo gërvishtja e thjeshtë me thua në këmbë apo në duar, që linte një vizë të bardhë, që na zbulonte gjithë të palarat. Një rast si ky, shoqërohej gjithmonë me shpulla, të bërtitura dhe dënim me mbyllje në shtëpi për ca ditë. Pastaj çdo gjë fillonte nga e para, sigurisht.

SOTIRAQI: *Më kujtohet që më ka qëlluar, madje që pas larjes te lumi i Agalliut, t'i vesh pantallonat e shkurtra pa brekë, meqë këto të fundit ishin të lagura, i futnim në xhep deri në shtëpi.*

AGIMI: *Më kujtohet që depoja e Rehovës ishte privilegj i ditëve të nxehta, pasi aty uji ishte shumë i ftohtë. Përpara se të niseshim gjithmonë pyesnim Raqi Priftin si kompetent për temperaturat.*

Nofkat

AGIMI: Më kujtohet Ladi Coti - e kujtoj me këtë emër pasi ne kështu i thërrisnim - ishte komshi me mua. Mama Tulja ma pikaste gjithmonë oreksin e madh që më hipte sa herë hyja në atë shtëpi dhe më ulte në tavolinë me të tjerët. Unë haja gjithmonë pa teklif dhe si i babëzitur nga ato gjellët e saj të mira.

JORGJI: Është e vërtetë. Nofkat kanë qenë mjaft të përhapura në Ersekë. "Coti" fillimisht ma ka ngjitur im atë dhe pastaj u përhap në gjithë shoqërinë time. Në fillim nuk e dija se pse, por më vonë, kur isha goxha djalë, rreth 25 vjeç, u bëra mik me Sotir Prokon, një gdhendës i shkëlqyer i drurit dhe një njeri shpirtmadh sa Dhembeli i Përmetit, nga edhe ishte me origjinë. Atij i thoshin shkurt "Cote", për shkurtim të emrit Sotir. Dhe besoj se këtu duhej ta ketë prejardhjen edhe nofka ime "Coti". Por me emrin kam pasur disa histori të vogla. Derisa vajta në klasë të parë, kur u regjistrova me certifikatë, nuk e dija se e kisha emrin Jorgji, e dija se e kisha Vladimir apo Ladi siç më thërrisnin të gjithë miqtë, shokët, farefisi, të njohurit. Thjesht për një "pakujdesi". Kur linda, rronte edhe gjyshja nga babai në Vodice. Kur më çuan atje, më kishin regjistruar në gjendjen civile të Ersekës me emrin Jorgji. Kur gjyshja pyeti prindërit "A ia keni vënë emrin djalit?", ata, të zënë ngushtë që nuk e kishin pyetur, i thanë se jo. "Atëherë po njoftojmë kumbarin, t'i vërë emrin sa më shpejt",- u kishte thënë gjyshja. Kumbari më vuri emrin Vladimir. "Kur isha në vitin e tretë të studimeve të larta, vjen më kërkon një kushëriri ynë te shokët e mi të grupit dhe u thotë se donte Ladin. Ata i thoshin se nuk njihnin ndonjë Ladi, ai këmbëngulte se ishte në vit të tretë, nga pallati i verdhë në Ersekë. Shokët që e kishin parë adresën e letrave që më vinin nga shtëpia "Dërgon Sotir Qirjako, pallati i verdhë, Ersekë", i thanë: "Ai këtu e ka emrin Jorgji".

GJERGJI T.: *Më kujtohet që emri Gjergji ishte kaq i përhapur (edhe kisha e qytetit quhet Kisha e Shën Gjergjit) sa në një ndeshje futbolli me ekipin e Sarandës në vitet '70, te fusha e shkollës, porta e miqve, rezultati pas 1:1 në kërkim të fitores me Stefin, Valin, Gaqe Sonon etj., pas një korneri vendimtar (siç i thonë gjysmë golit), kur dikush thirri "o Gjergji", kthyem kokën njëherësh mbi 10 Gjergjë në dy metra katrorë vend, por cilët do të thoni ju: Gjergji i Palit, unë, Gj. Vangjeli, Gj. Meksi etj. etj.*

ERION LITO: *Edhe Gjergji Lito.*

TOMORI: *Edhe Gjergji Simo.*

NEBO: *Edhe Gjergji Zografi.*

TOMORI: *Edhe Gjergji i Lenxos.*

ERION LITO: *Harruat edhe Gjergjin e Lames.*

ROLANDI: *Gjergji Bito, Gjergji Kristo, Gjergji Milo (ndjesë pastë!), Gjergji Cunge....*

ARBEN M.: *Më kujtohen emrat e disa bashkëqytetarëve tanë... Pirro i Koçit, Arti i Alies, Raqi i Mistos, Miri i Avdylit (fotografit) Ceni Malo, Çomja i Pandorës, Keno Staqka (i Bektashit) Taqo Bucela, Taqo Koklopa, Ardi Koshi (Cici), Caci i Torikës, Landi bufi (Qiriazi). Nuk besoj që ndonjë nga ne djemtë e Ersekës mos ta kishte një "nofkë".*

SOTIRAQI: *Ceni i Tares, Zhani i Behares, Tiku i Bidos, Gjergji Bushi, Lupi i Hasanit, Lili Bardhua, Koço i Nikës, Gimi i Bajames, Nesti i Vanos, Gjergji Teleku, Gëzim Mastiçi, Guri i Bikos, Nesti Vera, Sandri i Vitos, Fetah Hunda, Ladi Marashi e plot nofka të tjera... Lukja i Hydajt, Lili dhe Ladi i Kies.*

ARBEN M.: *Qalo Bujku, Peçi delli, pesëkilshi, Lupi i Xhemalit.*

ROLANDI: *Berti Tatu, Lili Mitkua, Dashi i Sadikut, Atua i Lumes, Zhemali i Isajt, Turi Berti dhe Ylli i Shupes, Gjergji i Lenxos, Tori i Lelesë, Mili i Mediut, Paqo Lugati, Luli i Akiut...*

ARBEN M.: *Po Maqo "babudhi" që hante fasulet me sheqer... komshi me Radomët në kat të parë, Maqo Gaga, Raqi Cocka...*

SOTIRAQI: *Qaniu i Xhikes, Markua i Kaçorrit, Koli i Lakes, Titi i Xhakos, Qalo i Aliut, Maksi Ciu, Berti Tutua, Rrapi i Vitos, Miri Doçi, Cakja i Fejzos, Miri i Avdylit.*

ARBEN M.: *Po Pushja i Zavalanit që na mbyllte të gjithëve nëpër shtëpi...*

SOTIRAQI: *Mini i Azizit, Nardi i Peliut, Mira e Vankës, Monda e Dhosit.*

ARBEN M.: *Maksi çorba, Otja i Xhekos, Lili i Xhoxhit, Dhiogjen Gaga, Lili i Koços, Koço Tifozi… Berti i Lames...*

ROLANDI: *Gimi Raca, Cili Pelja.*

ARBEN M.: *Ke të drejtë Raqi, ne njihemi të gjithë…*

NEBO: *Ladi i Katinës, Beçua i Mybesë, Ilir Çakalli që rrinte te pallati i verdhë.*

JORGJI: Më kujtohen disa detaje nga fëmijëria e hershme. Kur linda unë ne jetonim me qira te shtëpia e Lalait dhe Memesë. Ajo kishte qenë një shtëpi me dy kate, me dy porta të veçanta, me nga dy dhoma në secilën anë. Në anën tjetër banonin Shegat, të cilët meqë ishin familje më e madhe e kishin ulur katin e dytë dhe e kishin zgjeruar shtëpinë, ndaj edhe pjesa e murit të përbashkët anësor jugor dukej e zhveshur. Shtëpia kishte një oborr të vogël, të shtruar me kalldrëm, të mbuluar nga bari dhe të rrethuar me avlli. Në anë të oborrit, atje ku ndahej me Shegat dhe përpara dritares lindore të katit të parë, Memeja kishte mbjellë mendre.

Memeja me Lalanë jetonin në një dhomë në katin e parë, që e kishte derën sapo hyje në korridor në krahun e djathtë. Në krahun e majtë, ngjitur me murin ishin një palë shkallë prej druri, me parmak që të çonin në katin e dytë, te dhoma jonë, një dhomë e vogël me tri dritare të vogla, nga Perëndimi, Veriu dhe Lindja.

Dyshemeja e dhomës, që mbështetej mbi trarë, ishte edhe si tavan për dhomën poshtë. Njëra nga dhogat kishte pasur një gdhe që ishte hequr, kështu që mund të shikoje poshtë në drejtim të minderit.

Më kujtohet që mamaja ikte në punë që në orën pesë të mëngjesit dhe kthehej në orën dhjetë të darkës, kurse babai kishte raste që nuk kthehej fare, pasi ishin vetëm dy rojtarë pyjesh në të gjithë rrethin, ai dhe Musa Dervishi. Kështu që shumicën e ditës, pasi kthehesha nga kopshti e kaloja më Memenë dhe Lalanë, me Memenë tjetër të Shegave, një grua trupvogël, shumë e dashur, që rrinte shpesh me mua në krye të shkallëve prej guri të shtëpisë së saj. Thuhej se asaj ia kishin pushkatuar burrin, pasi paskësh qenë ballist, kurse nipit të saj i kishin vënë emrin e gjyshit, Mehdi Shega, por të gjithë e thërrisnin xhaxhi, ashtu siç thërrisnin edhe të ndjerin.

Kur kthehesha për drekë dhe nuk gjeja ndonjë gjë për të qenë në shtëpi, vija syrin te vrima e dyshemesë dhe shihja që Lalai me Memenë, në krye të minderit po bëheshin gati të hanin drekë. Zbrisja shkallët me një frymë dhe futesha në dhomën e tyre, ku Lalai më vinte përmbi gjurin e tij ashtu siç ishte ulur këmbëkryq dhe kënaqesha me drekën e tyre.

Nën krevatin tonë, mamaja kishte futur dhe një kuti me biskota të thyera, që i kishte blerë me çmim të lirë në tregti, të cilat herë pas here ia hidhnim derrit. Kur më merrte ndonjëherë uria, përpiqesha të bëja seleksionimin e tyre dhe haja një apo dy. Qenkëshin të mira! Mua më pëlqenin.

Më kujtohet Bubi, miku im më i dashur, një qenush leshtor, me qime të bardha e këmbë të shkurtra, siç ishin konet e atëhershme, me të cilin kaloja mjaft kohë. Çdo ditë aty nga dreka shkoja te kasaphana në të dalë të Ersekës, në rrugën për Kodras dhe nga prapa saj, aty ku dilnin mbeturinat e therjeve mundohesha të merrja zorrët e trasha, por meqenëse kishin shumë bajga, para se të vija te çezma për t'i larë, i varja në fundin e një shkopi, që e vija mbi sup. Zorrët tundeshin gjatë ecjes dhe merreni me mend se si bëhesha me stërkala bajgash, por ama Bubi i kishte qejf. Nëse dikush vinte te porta e jashtme e oborrit dhe nuk thërriste, Bubi nuk i linte kurrë, por po të thërriste, atëherë fillonte e lehte.

Një ditë ai kishte dalë te selishta përpara avllisë, që sapo ishte lëruar. Dëgjova një krismë, dola me vrap jashtë dhe pashë Bubin të shtrirë pa frymë. Ishte polic Avdyli. Thuhej se ishte e ndaluar që qentë e shtëpisë të dilnin jashtë oborrit dhe nëse nuk kishin rreth në qafë, vriteshin. Po ai i gjori ishte një qenush që nuk bënte asnjë zarar. U sula te Bubi, fillova të qaja dhe e varrosa atje te selishta me nderet që i takonin.

Isha shumë i mërzitur për Bubin që nuk e kisha më, por u gëzova shumë kur një ditë babi na solli në shtëpi një radio ruse "Rekord". Mamaja e hapte që më pesë kur fillonte muzika popullore dhe doja, s'doja më dilte gjumi që me natë e si duket që atëherë e kam bërë zakon që në mëngjes zgjohem herët.

Kur mbusha gjashtë vjeç na u shtua gëzimi në familje, pasi lindi motra jonë e vetme, e cila ishte një foshnjë e urtë si engjëll, kështu që detyra ime për përkujdesje nuk ishte edhe aq e vështirë, pasi mund ta lija në gjumë, luaja me shokët dhe kur kthehesha, edhe sikur të ishte zgjuar ajo nuk nxirrte zë, por rrinte e qetë nën një çember të madh që ia hidhnim krevatit sipër që mos t'i vinin mizat.

Çdo të shtunë përfundonim në govatë, ku mamaja na lante me radhë e na fërkonte mirë e mirë me sapun dhe me leshkë.

Kur isha aty te Saliu, shkoja shpesh edhe nga Shegat. Një ditë, i pashë të dyja nuset, Xhexhenë dhe Bajamen që u veshën e pispillosën dhe i pyeta: "Ku vini kështu?". "Te tyrbja e teqesë",- ma pritën ato. "A të vij edhe unë?" - u kërkova. "Hajde", – më thanë ato dhe më vunë në mes duke më kapur për dore. Kur vajtëm te tyrbja unë ndoqa rritet e tyre. Ato u ulën në gjunjë dhe puthën pragun e tyrbes e ashtu bëra dhe unë. Pastaj u futëm brenda, erdhëm rrotull dhe më pas shkuam te teqeja, ku na qerasën. Teqeja kishte ca luadhe të mëdha, shumë të pjerrëta dhe me burime të vogla, që gjatë dimrit krijonin një pistë akulli të vërtetë. Aty shkarraviteshim gjatë dimrit mbi akull, por sidomos kur kishim ndonjë arkë të mirë druri, shkoje deri në fund të luginës vetëm me një shtytje të vogël nga ndonjëri nga shokët.

Te Memeja e Saliut vinte shpesh edhe Tati i Kabashit, pasi ishte kushëriri i tyre. Çdo vit në korrik, unë merrja një qeskë të vogël bezeje dhe nisesha për në Kabash. Pija një gotë dhallë te shtëpia e Tatit, pastaj hipja në majë të kumbullës së Stambollit dhe e mbushja qeskën plot. Ishin goxha të shijshme. Te Memeja vinte shpesh edhe motra e saj, Pekuleja, që banonte në Durrës. Ajo, me një pelush të mirë, dukej vërtet zonjë grua. Kishte pasur një histori të hidhur në rini, gjatë luftës, se i kishin vrarë të fejuarin. Ajo ishte vërtet një zonjë e rëndë. Nga fisi i tyre më bënte shumë përshtypje edhe Asllani, që ishte një oficer mjaft simpatik, i gjatë, me mustaqe, që ishte nga Rehova e Vithkuqit.

Aty në të dalë të verës në lagje vinte edhe Shazimani me Rabihanin, që i furnizonin me kanistra e shporta, por Rabihani u shtinte edhe fall. Një ditë i shtiu fall edhe nënës dhe tezes sime të vogël, e cila, meqë nuk kishte fëmijë, na vizitonte shpesh dhe ne kalonim ditën bashkë.

Lalai më çonte edhe te lëmi i kooperativës, që ishte përpara zyrave të saj, prapa shtëpisë së Qazo Malukës, ku rrinin familje të tjera, pasi shtëpia ishte sekuestruar.

Kur vinte periudha e shirjeve, pela, kuaj e gomarë, të ngarkuar plot me duaj gruri derdheshin te lëmi. Pasi i hapnin me sfurqe nëpër lëmë, një kalë dori, i lidhur te strumbullari vinte rrotull sa në njërin krah në tjetrin, ndërsa kapistalli mblidhej dhe zhdridhej. Ndonjëherë më linin edhe mua ta ngisja kalin, por aty më mbusheshin këmbët plot me gjemba e pastaj më shponin gjithë natën.

Më kujtohet që matanë selishtës së Lalait, në buzë të rrugës ishte shtëpia dhe dyqani i xha Shahinit. Çdo vit, më 14 mars, Ditën e Verës, zgjohesha që me natë dhe më vinte e më merrte aneja, nëna e Xhemal Dalipit, që të bëja këmbë. Futesha nga dera e oborrit, në dhomën e tyre, pastaj që nga brenda te kovaçhana që kishte një hyrje nga brenda dhe një nga jashtë, kthehesha përsëri te dhoma dhe pastaj aneja më jepte kulaç dhe vezë. Ndihesha i privilegjuar se mund të shkoja sa herë të doja te dyqani i xha Shahinit dhe t'i fryja kacekut, pasi ai nuk qaste fëmijë të vegjël në kovaçhanë se ishte me rrezik.

Mbi selishtën e Saliut, matanë mullirit të vjetër, ishte një shtëpi e madhe dykatëshe ku banonin edhe shokët e mi, Klementi, Gëzimi, Çapajevi dhe Valteri. Një ditë behari, pasi ishim me pantallona të shkurtra, matanë ngushticës së mullirit, te selishta gjetëm një gjë të çuditshme prej llamarine, si një shkrehës. Po e trazonim të mbledhur kokë më kokë atë send që e kishte në dorë Gëzimi. Ai tha se po i nxeheshin duart dhe dikush tha "flakë". Sa e flaku në ajër ajo kërciti. U trembëm shumë, por nuk pësuam gjë. Me sa duket, do të ketë qenë ndonjë lëshues bombe.

Më kujtohet një ditë gushti e vitit 1954. Isha tre vjeç e gjysmë. Shkuam në Qafëzez, ku banonte gjyshi nga nëna, pasi kishim dasmë. Gjyshi e kishte shtëpinë aty rrëzë lumit dhe pranë kishte edhe dy qipi me bar të thatë për dimërimin e bagëtive. Nuk e di se ku gjeta një shkrepëse, shkova te qipitë dhe ndeza një tufë bari të thatë. Sa mori zjarr, u tremba shumë dhe rrëmbeva nja dy gurë të mëdhenj që "ta vrisja zjarrin" që të shuhej. Po ai u hazdis më keq. Ia mbatha me të katra nga lumi dhe kusuri i babait, se atë dimër i çoi bagëtitë e gjyshit për dimërim te një miku i vet në Boshanj.

Në vitin 1958, kur mbusha shtatë vjeç ne ikëm nga shtëpia e Lalait, por e ruajtëm miqësinë e vjetër dhe vazhdojmë ta ruajmë edhe sot me pinjollët e secilit fis, por sidomos me Tikun dhe me Mondin.

"Si i ke zogjtë, o korb?"

MIMOZA: Më kujtohen ditët përpara 1 shtatorit dhe përgatitjet për fillimin e shkollës. Kujtoj aromën e librave të rinj, revistat kineze me faqet e të cilave, për shkak të cilësisë së mirë të letrës, mbështillnim librat dhe fletoret e reja. Mbaj mend në klasë të parë kishim fletore me katrore për aritmetikën dhe fletore bukurshkrimi për abetaren dhe leximin. Kjo e fundit kishte vija të drejta paralele me distancë të ndryshme nga njëra-tjetra, fillonte me distancë të gjerë, pastaj të ngushtë e kështu me radhë. Fletoret ishin të ndritshme ose jo. Të ndritshmet i kishim për detyrat e shtëpisë, hartimet etj. Të pandritshmet për detyrat e klasës dhe shënimet. Në katër vitet e fillores ne kishim një mësuese për të gjitha lëndët, mësuesen tonë të dashur Lirikën. Klasa tjetër paralele kishte mësuese Jorgjikën. Mësuese Lirika kishte shkrim shumë të bukur dhe kështu edhe ne mësuam të shkruajmë bukur. Salla ku bënim mësim në klasë të parë ishte përballë derës së hyrjes së shkollës. Mbaj mend saktësisht ku ulesha, nga ana e derës në bankën e dytë. Në bankën e parë ishin Mira me Edin, unë rrija me Skënderin. Vali rrinte në rreshtin e mesit. Atje rrinte edhe Klara.

Më kujtohet që shkrimet e Valit dhe Klarës më dukeshin më të bukur se shkrimi im.

Më kujtohet që në 8-vjeçare, Vali pëlqente të vizatonte lule. E mbaj mend në një nga ekskursionet që bëmë nga shtëpia e pritjes, ajo na vizatonte ca lule si zambakë, që më pëlqenin shumë.

Në atë kohë shkruanim me penë dhe bojë. Kishim ca kallamarka që i merrnim me vete çdo ditë. Ndonjëherë na derdheshin në çantë dhe boja i bënte edhe librat, dhe çantën për ibret.

Sa shumë gëzoheshim kur na blinin çantë të re! Më kujtohet që ne ishim tre fëmijë dhe njëri pas tjetrit në shkollë, kështu që shumë shpesh merrnim çantat e njëri-tjetrit. Po prindërit e mi, që ishin të drejtë, na e bënin me radhë që të na binte secilit nganjëherë të kishim çantë të re, kaq shumë rëndësi kishte kjo për ne.

Mbaj mend porosi të ndryshme që na jepte mësuesja, si për shembull kur kishim hartim ose mësim të hapur. Më kujtohet kur na porosiste të shkruanim me fjali të shkurtra në hartim ose na mësonte pjesët që përbëjnë hartimin.

Më kujtohet një herë kishim mësim të hapur në histori. Ne kishim ankth, sepse do të ishin të pranishëm shumë mësues. Më kujtohet që tema e mësimit atë ditë ishte rreth Batos.

DIANA: Më kujtohet se si i mprihnim lapsat me brisqe rojesh të përdorura ose me ndonjë thikë me anë të mprehta. Duhej durim dhe kujdes. Në fund, pasi lapsit i kishte dalë maja, plumbça duhej bërë e mprehtë, e mprehtë. Atëherë e mbështesnim lapsin me majuckë mbi diçka të fortë dhe fillonim e grinim imtas. Kur donim të ngjyrosnim hartat e gjeografisë, grimcat e imta të lapsave me ngjyra i fshinim me kujdes me një copë pambuk mbi fletën e trashë të vizatimit, që mos të dalloheshin shkarravitjet e lapsit. Mua këtë punë - të vetmen në fakt - ma bënte me kënaqësi mamaja, së cilës i pëlqente vizatimi (apo më mirë gjërat e bukura në përgjithësi) në vetvete.

"Ki mendjen dhe mos lër asnjë copë të trashë nga majat e lapsit, se po bëre vija nuk të fshihen më..." Dhe unë e provoja një herë në një fletë "të keqe" dhe pastaj në fletën e vizatimit. Kjo punë më merrte ndonjëherë edhe disa orë. Ndonjëherë tjetër ngjyrat më kalonin te njëra-tjetra. "Aha, lëre, e ke prishur... Je shumë e pakujdesshme!" - ankohej ajo. Unë: "Nuk rregullohet?". "Mjaft për sot. Kemi edhe punë të tjera". "Por unë e kam për nesër. Si thua ti, të marr ndonjë 9 apo 8?". "Atë që meriton",- më thoshte dhe s'kishte asnjë mundësi ta bindje për ndryshe kur thoshte jo.

JULIANA: Më kujtohet kur plotësoja hartën memece në gjeografi; përdorja gjithmonë një laps me majë të hollë dhe një negativ filmi ku germat i shkruaja te hapësirat katrore, të cilat ishin të baraslarguara. Më vjen keq që nuk kam ruajtur ndonjë, dilnin aq pastër dhe bukur.

DIANA: Më kujtohet që nuk kishim letër transparente, kështu që merrnim një fletë fletoreje, e lyenim mirë me vaj dhe e linim të thahej. Pastaj e përdornim për të kopjuar hartat. Për vete, nuk isha asnjëherë e suksesshme.

Më kujtohet kabineti i fizikës që i erdhi shkollës së mesme kur ne ishim akoma nxënës. Ky ishte një kabinet i markës polake, me sa kujtoj unë. Kemi punuar aty për t'i shkarkuar dhe vënë nëpër vende gjithë pajisjet dhe orenditë bashkë me Mirën, Zhanin, Klarën, Mondin, Xhevon. Punuam shumë. Mua më bënte përshtypje çdo pajisje, nga më e thjeshta deri tek më të ndërlikuarat. Më bënte përshtypje se si ishin paketuar, me plot kujdes dhe bukuri do të shtoja. I hapnim një e nga një dhe pastaj i merrte në duar mësuese Lili, mësues Caci ose mësues Cekoja, të cilët i seleksiononin sipas mësimit përkatës dhe i vendosnin kështu nëpër rafte. Me çfarë më kujtohet, kabineti i fizikës ishte në katin e tretë, me dritaret që shihnin nga ana e oborrit të shkollës. Me perde të gjata, të errëta, ngjyrë blu. Mbaj mend që po vdisja nga dëshira për të pasur një nga ato qeset plastike me pufka me ajër apo "me flluska", siç i quanim ne. Jo për gjë, por thjesht për t'i kërcitur. Por më vinte shumë rëndë që ta kërkoja. Derisa më në fund mësues Caci e vuri një copë prej tyre me kartonët që do të hidheshin. "A mund ta marr unë këtë?" - e pyeta jo pa ndrojtje. "E për çfarë e do?"- pyeti ai i habitur. Ngrita supet si për të thënë "kot" dhe kur më lejoi ta merrja, nuk e mbajta dot entuziazmin dhe kërcita 4-5 flluskat e para. Vetëm të shihnit si u zmadhuan sytë e tij plot habi si të më thoshte: "Për këtë e deshe?!"

SOTIRAQI: Kabinetin e parë modern të fizikës e ka bërë Petrit Muka, një tjetër fizikan i shquar jabanxhi, që u bë edhe dhëndër në Kolonjë.

DIANA: Familja e Petritit jetonte në hyrjen tonë, në katin e dytë. Aty kam parë për herë të parë filmin "Aventurat e Tom Sojerit", që më pëlqeu jashtë mase edhe pse nuk i mora vesh asnjë fjalë, ngaqë jepej në një stacion jugosllav. Kur e mora Tom Sojerin në anglisht, ishte një skandal i vërtetë për t'u lexuar, pasi Mark Tuein e ka shkruar në dialektin e jugut, krejt i pakuptueshëm për mua. Hoqa dorë qysh në mbarim të 4-5 faqeve të para.

XHEVDET MEMO: Laboratori i fizikës u bë shtëpia e dytë për mësuesit e fizikës, që kalonin aty orë të tëra. Diskutonin e ndonjëherë edhe grindeshin, në kuptimin e mirë të fjalës, bënin eksperimente që u duheshin për ditën e nesërme të mësimit dhe sytë u shkëlqenin.

LILI: Kur kam qenë nxënëse, laboratori i fizikës ishte te shkolla e vjetër, në klasën e fundit mbi palestër dhe pajisjet ishin një model nga Gjermania Lindore, "Karl Marks". Pajisjet e këtij laboratori, kur erdhi laboratori i ri, polaku, duhej të hiqeshin, por meqenëse ato pajisje ishin të forta, rezistente, pavarësisht nga saktësia e tyre, u vendos që të ruheshin aty, sepse mbetën funksionale. Në atë kohë mbi 80% e orëve të mësimit ilustroheshin me eksperimentet përkatëse.

Kujtoj gjithashtu edhe kabinetin e matematikës, tabelat apo maketet e trupave gjeometrike, laboratorin e kimisë, si edhe kabinetet e tjera.

Kjo metodë e mësimdhënies është aplikuar dhe ka rezultuar frutdhënëse edhe në shkollën e natës. Sot norma e fizikës është 20 - 22 orë mësimi në javë. Kur kam filluar punë në gjimnazin e Ersekës, paradite kisha 26 orë mësim dhe në shkollën e natës 10 orë, pa përmendur orët e konsultimeve të sistemit të korrespondencës. Të gjitha këto pa asnjë shpërblim. Pavarësisht një lloj pedantizmi që diktonte lënda, orët e mësimit, pa asnjë përjashtim, kishin seriozitet të padiskutuar.

DIANA: Më kujtohet se mësimi fillonte në orën 8:00, por ne duhej të ishim në shkollë në orën 07:30 për fizkulturën e mëngjesit. Sapo binte zilja, grumbulloheshim sipas klasave dhe ia merrnim me vrap e pastaj bënim edhe disa ushtrime. Tani mendoj se kjo mbetet mënyra më e mirë për të filluar mësimin, por atëherë na dukej kotësia më e madhe. Mbaj mend që kur binte zilja në oborrin e shkollës ne ishim akoma duke kaluar para ndërtesës së Degës së Brendshme kështu që sekondat e fundit i bënim me vrap. Disa nxënës vinin në këmbë nga fshatrat rrotull. Edhe ata duhej të ishin prezent në fizkulturën e mëngjesit se ndryshe... u shënohej emri! Unë isha tek ata që merrnin shënim emrat e "të vonuarve". S'dua ta besoj që e kam bërë edhe unë këtë budallallëk (dhe ndoshta edhe të tjera të këtij lloji) asokohe.

MIMOZA: Më kujtohet që distancat në Ersekë ishin të papërfillshme. Aty mund ta llogarisje shumë mirë kohën, por nuk e kuptoj se pse shumë herë vonoheshim për në shkollë dhe vraponim. Shpesh shkonim nga një shtëpi në tjetrën dhe thërrisnim shoqet që të shkonim bashkë në shkollë. Në fillore unë kisha shumë shoqe Klarita Hysin. Familja e saj jetonte në pallatin e hotelit. Shpesh shkoja me të në shkollë, por Klara ishte një çikë gjumashe dhe vraponim të arrinim para se të binte zilja dhe të rreshtoheshim. Me sa mbaj mend, me përjashtim të ditëve shumë të ftohta, gjithmonë rreshtoheshim para shkollës. Kush i mban mend me hollësi rregullat! Tani ngatërrohem pak se në shkollë nuk ishim të gjithë pionierë, pasi këtë titull e merrnim në klasën e tretë dhe deri atëherë ishim fatosa. Por ama kishim një komandant çete. Ai ishte komandant i pionierëve vetëm apo edhe i fatosave?

DIANA: *Komandanti i pionierëve "komandonte" vetëm pionierët.*

MIMOZA: *Por në rresht ishim të gjithë (edhe fatosat) dhe kur thoshim "gjithmonë gati" thoshin edhe fatosat, edhe pionierët?*

DIANA: *Klasa e tretë, kur bëheshim pionierë dhe klasa e katërt, e kishin mësimin pasdite. Më duket se e fillonim nga ora 13:00. Të tjerët, që ishin fatosa, bënin mësim paradite.*

MIMOZA: *Po, kështu shpjegohet.*

DIANA: Më kujtohet shalli trekëndësh i pionierit: Vajzat në përgjithësi e kishin prej mëndafshi të kuq dhe e mbanin të larë dhe të hekurosur mirë. Djemtë më së shumti e kishin prej bezeje të kuqe, të bërë zhubër brenda në çantë dhe me cepat e përparme zhele-zhele. Mjerë kush e harronte në shtëpi! Ndonjë muaj do t'i kujtohej emri në të gjitha llojet e mbledhjeve.

MIMOZA: Më kujtohen përpareset e zeza. Ishin prej doku ose pupline të zezë dhe zakonisht me jakë të bardhë. Vishnim përparëse edhe në gjimnaz, megjithëse atëherë sikur nuk na pëlqente.

DIANA: Deri nga klasa e tretë mbi përparësen e zezë mbanim edhe një tjetër të bardhë me fruda që mezi hekuroseshin. Duhet të dukeshim si kukulla, ndërsa ne donim të luanim mundësisht me çdo gjë që të na dilte përpara.

MIMOZA: E mbaj mend. Ngjante bukur ajo. Kur ia dilnim të vinim më shpejt në shkollë, loznim atje te fusha e futbollit përpara shkollës (kur qe kohë e mirë). Në dimër, nganjëherë përpiqeshim të futeshim brenda se kishim ftohtë. Më kujtohet nganjëherë, kur ia dilja të hyja brenda, shkoja tek një dhomkë e vogël që kishte teta Vangjelia dhe m'i ngrohte duart në një mangall me prush.

DIANA: Kur shkonim më shpejt në shkollë, apo ndonjëherë edhe kot, shkonim për të luajtur nga paralelet. Mbaj mend që Tanci kapej për krahësh në paralele dhe rrotullohej aty pa u lodhur. Unë nuk e bëja dot këtë - as që e provoja - por e mbaj mend që rrinim me kokë poshtë, varur në paralele nga këmbët dhe bënim muhabet për shtatë palë qejfe. Disa gjëra as që i kuptoj dot tani, por me siguri do të na kenë sjellë shumë kënaqësi, se ndryshe, pse i bënim?

EDA MEMO: Më kujtohet provimi i maturës, lënda e matematikës. Futeshim një e nga një, merrnim tezën dhe uleshim në bankë për t'u përgatitur. Kur më erdhi radha mua u ngrita në dërrasë dhe fillova të shkruaja pyetjen e parë të tezës. Nuk më kujtohet me saktësi pyetja, por kishte të bënte me trekëndëshat. Bëra trekëndëshin dhe te brinjët vura A, B, C. Pastaj bëra edhe shtjellimin dhe po prisja në këmbë para dërrasës së zezë. Prita të mbaronte personi para meje. Prita 20 minuta... 30 minuta. U lodha. Thashë me vete ta provoj t'i ndryshoj germat dhe kështu te A vura B, te B vura C dhe te C vura A. Ndërkaq duhej të fshija gjithë shtjellimin. Eh, një zot e di ç'më thoshte mendja! Kur ndiej çokun e fortë të mësues Zakes. "Pse e prish?"- tha ai. "Shpejt, bëje siç ishte". Shpejt më erdhi radha mua. Pasi shpjegova përgjigjen u ula përpara komisionit. Aty më mbajtën pak më gjatë se një orë duke më pyetur gjerë e gjatë. Protagonisti i kësaj maratone të gjatë pyetjesh ishte vetë drejtori i shkollës, që ishte edhe im atë. Unë, ca nga lodhja dhe ca inati, isha zverdhur dyllë e më vinte të qaja. Më në fund, profesor Zakia tha: "Drejtor, ti dil pi një kafe dhe ne bëjmë pak pushim". Kur ai doli, morëm frymë thellë të gjithë. Vërtet mora 9, por ama shpëtova me aq.

Akoma edhe sot nuk arrij ta kuptoj se çfarë doja të bëja duke ndryshuar emërtimin e këndeve. Kohë provimesh...

EDA NOTE: Më kujtohen një palë pantallona të ngushta kadife ngjyrë mjalti që më kishte qepur ime motër Lori, në Tiranë. Ah ta dini ju sa më pëlqenin mua ato pantallona! Po m'i nxorën prej hundësh se! Për herë sa i vishja më tërhiqnin vëmendjen dhe, të them të drejtën, nuk ishin edhe aq të ngushta sa të bëhej gjithë ajo gurgule e madhe. Më shumë më vinte inat, se edhe mund të mos i vishja, por unë prapë se prapë i vishja. Një mëngjes të bukur mësuesja e ushtarakes së bashku me shoqen time, Ketën, më thërrasin e më thonë: "Do të shkosh në drejtori! Ke shfaqje të huaja…". Dhe kush, unë pa, unë! Pu, pu, pu!

"E po mirë",- m'u dha mua. "Përpara se të shkoj në drejtori dua të masim ngushtësinë e pantallonave të mia me të Alketës, e cila kishte një palë pantallona ushtarake, të qepura vetë edhe ajo. Për fatin tim të mirë pantallonat e Alketës dolën më të ngushta se të miat. Sa më qeshet kur e kujtoj! Ato ngelën keq e nuk dinin ç'të thoshin. Panë njëra-tjetrën në sy dhe më thanë: "Mirë, ik në klasë dhe nesër mos i vish më". Prapë se prapë nuk do t'i vishja. Çfarë inati më kapi! Gjithsesi, unë pantallonat i vishja, por jo më në shkollë.

JORGJI: Më kujtohet Koço Papajani, që erdhi në Ersekë, besoj në vitin 1963, si mësues muzike në shkollën tonë. Karakteristikë dalluese ishte puna e tij e palodhur dhe këmbëngulja për të arritur atë që dëshironte, me çdo mjet që kishte. Ai krijoi rrethet e para të violinës, mandolinës, fizarmonikës, kitarës, grupet e korit, kompleksit, madje edhe disa valle, midis të cilave më kujtohet ajo e Pustecit, që ai e kishte mësuar atje, ku jetonte përpara se të vinte në Ersekë.

Një mësues tjetër që pati influencë në jetën e qytetit ishte Kostandin Peço apo mësues Misheli, siç e thërrisnim mësuesin e fizkulturës së gjimnazit. I zoti, i kulturuar dhe mjaft ambicioz, ai iu vu punës dhe hodhi themelet e atletikës në shkollën tonë. Në atë qytet të vogël, ku pasditja mund të ngjante si e vdekur, mjediset e shkollës gumëzhinin. Ky aktivizim i përgjithshëm apo "gjitharmësh", ka luajtur një rol të veçantë në jetën e gjithë qytetit, por veçanërisht të ne fëmijëve.

Më kujtohet Thomaidha Martini, udhëheqësja e pionierëve, për pasionin e saj të pareshtur. Kur ishte ftohtë, provat i bënim në një dhomë të saj të vogël, që ishte sa një furrik.

DIANA: Më kujtohet ora e muzikës me mësues Koçon në klasën e pestë. Ç'është muzika? Muzika është dridhjet e ajrit... Muzika është dridhjet e ajrit... Gjithmonë ngecja pas fjalës "ajrit": Muzika është dridhja apo dridhjet? Diçka nuk shkonte. Mësues Koçoja nuk kishte kohe të kuptonte dilemën time. Ai donte përkufizimin e muzikës dhe e donte shpejt. Klasa kishte nja 40 nxënës dhe ai i pyeti të gjithë, një për një. "Detyrë shtëpie: Do ta shkruash 100 herë përkufizimin e muzikës. Shkruaje ku të duash, në letrat që mbështillet mishi po të duash (ajo letra e trashë kafe, nëse ju kujtohet) por do ta shkruash një herë, dy, tre, 100 herë. Në rregull?" Kjo mua m'u duk marrëzia më e madhe, por natyrisht që e shkrova:

1. Muzika është dridhja (jo dridhjet!) e ajrit...

2. Muzika është dridhja e ajrit.

.

.

100. Muzika është dridhja e ajrit me vibracione të rregullta, që janë të pëlqyeshme për veshin tonë.

Mos të më thotë njeri që metoda e mësues Koços nuk funksionoi.

SOTIRAQI: *Mësuesja ime e muzikës së klasës së 5-të, Athina Prifti, ma ka mësuar kështu: "Muzika është arti i kombinimit të tingujve në mënyrë të pëlqyeshme për veshin tonë". Ky ishte përkufizimi "zyrtar".*

DIANA: *Ashtu edhe mund të jetë. Unë e di siç ma ka mësuar Koçoja. Po këngët e zogjve, a nuk janë në një lloj mënyre muzikë?*

ERMIRA: *Po pasionin e mësues Koços kur bënim kursin e violinës dhe sa herë na kthente për çdo ushtrim... Them me ty që metodat e mësues Koços funksiononin.*

PASKAL R.: *Koçoja mbeti i papërsëritshëm. Duket sikur në kohën tonë mësues të tillë ose janë të rrallë ose nuk ka fare.*

DIANA: *Për sa i përket përkufizimit të muzikës, mendoj se përkufizimi i Koço Papajanit (muzika si dridhja e ajrit me vibracione të rregullta) është më i gjerë sesa muzika si art i kombinimit të tingujve, ndoshta për* *vetë ndryshimin midis muzikës si dukuri dhe muzikës si art. Ndërsa në të parën përfshihen edhe dukuri natyrore, si për shembull kënga e zogjve apo melodia e pikave të shiut, e dyta është krijimtari njerëzore. Jo se unë nuk gaboj, por sepse s'ka mundësi që Koço Papajani të ma ketë mësuar gabim.*

LILI: *E drejtë, Koço Papajani nuk të falte. Si përgjigje të pyetjes se ç'është muzika, sidoqoftë, përkufizimi është ky që japim ne me Raqin. A mund të ekzistojë mundësia që librat tuaj, të jenë pasuruar me përkufizimin e ri për muzikën? Njësoj dënonte Koço, në mos më shumë brezin tonë, po ta thoshe gabim. Por ju jeni më të vegjël dhe me siguri keni pasur tjetër libër.*

VANGJELI: *Përkufizimi për muzikën është: "Muzika është arti i kombinimeve të tingujve në mënyrë të pëlqyeshme për veshin tonë". Unë kam qenë pjesëtar i grupit instrumental të muzikës me Koço Papajanin. Ai ishte edhe muzikant, edhe fizikan. E krahasoj tani këtë me konceptin që drita është edhe grimcë, edhe valë.*

PASKAL VOGLI: *Më kujtohet Koço Papajani për punën e tij kolosale me nxënësit jashtë mësimit. Një nga arritjet e kohës ka qenë melodrama, e cila është luajtur nga nxënësit e shkollës në kinema dhe shoqërohej po me orkestrën e shkollës, e cila ishte vendosur në një vend pak më poshtë se skena, midis kësaj të fundit dhe spektatorëve. Më duket se ka qenë pjesa "Hirushja" dhe kjo është luajtur në vitin 1963.*

LILI: *Ka qenë pjesa "Borëbardha dhe shtatë xhuxhmaxhuxhët". Më kujtohet edhe një kuriozitet: fjala "xhuxhmaxhuxhët" ishte shkruar gabimisht si xhuxhmaxhët.*

DIANA: Më kujtohet që në shkollë të mesme rrija në një bankë me Xhevon (apo Jeffry, siç ka qejf ai të quhet së fundmi) andej nga fundi i klasës. Xhevo lëshonte vazhdimisht batuta që na bënim për të qeshur. Problemi im ishte se unë qeshja me zë të lartë. Pasi më nxorën disa herë jashtë nga mësimi për këtë punë, me pikëllim të thellë (!) vendosëm të uleshim në banka të ndryshme, gjë që nuk zgjati më shumë se dy a tri ditë. U kthyem sërish në të njëjtën bankë. (Ishin ato bankat e rënda prej druri me gdhendje e mbishkrime që shkonin nga brezi në brez. Syprina ishte pak e pjerrët me një thellim për penën. Ndenjëset ishin të drejta dhe po ashtu ishte edhe mbështetësja. Thuhej që ishin bërë ashtu që ne të mbanim trupin drejt. Nuk më kujtohet të kem parë njeri që të qëndronte mbështetur më shumë se një minutë në këto lloj bankash.) Mbaj mend që kishim mësim me mësues Danielin.

-Diana dhe Xhevo, shkoni në vendet tuaja!

-Unë këtu e kam vendin mësues. Isha zemëruar pak dhe prandaj kisha ikur, - tha Xhevo.

-Të sugjeroj të ulesh aty ku ishe. E di vetë ti pse...

- Jo, po do rri urtë. S'ka kuptim...

- Xhevo, po dole jashtë këtë herë, do të përfundosh në drejtori.

-Në rregull.

- Diana?

-Po, po. Në rregull.

S'kaluan pesë minuta, kohë gjatë së cilës ne nuk folëm asnjë fjalë, kur mësues Danieli filloi të teshtinte. Një herë, dy herë, tri... Të gjithë filluan të thonë "shëndet" me mirësjellje. Xhevo e tejkaloi mirësjelljen, natyrisht. "Shëndet mësues Danieli dhe u rritsh!" Ai nuk e bëri veten. Unë thjesht nënqesha. Një minutë më vonë, ai teshtiu sërish. Këtë herë Xhevo nuk e la humorin t'i shkonte dëm. Pasi më shkeli në këmbë për të më tërhequr vëmendjen, Xhevo u ngrit në këmbë dhe tha sërish: "Shëndet! U rritsh!". Mësues Danieli e falënderoi dhe vazhdoi të fliste. Në një moment tha: "Disa njerëz mendojnë se ka rëndësi të bësh humor pavarësisht vendit apo kohës..." Askush nuk pipëtiu. Unë ngrita këmbën të shkelja Xhevon, demek dëgjoje se e ka me ty, por ky i paudhë e ndjeu lëvizjen time dhe u shmang, kështu që këmba ime qëlloi dyshemenë me zhurmë. Kaq u desh që neve mos të na mbahej e qeshura. Mësuesi na fluturoi të dyve përjashta. "Nuk pranoheni në mësim pa ardhur prindërit te drejtori",- na tha. Ajo ishte një ditë e zezë për mua. Xhevo nuk e kishte shumë problem.

Në shtëpi, thjesht i thashë babit se e kërkonte drejtor Xhevdeti të shkonte në shkollë nga ora 11:00. Pyetjes së tij se përse e donte Xhevdeti, unë iu përgjigja me ngritje supesh dhe ai nuk e zgjati më. Seç merreshin të dy me drejtorin tonë me këto punët e zborit a çetat vullnetare dhe takoheshin herë pas here.

Të parin thirrën Xhevon. Drejtori i kishte dhënë një dush të mirë në sy të xhaxhi Sulos dhe të babit tim, që vazhdonte të ishte në... zbor! Kujtonte i shkreti se kishte rastisur aty dhe kaq. Por natyrisht që e gjeti me vend t'i bënte pak moral Xhevos. Pasi mori me vete tërë rrebeshin, Xhevo guxoi dhe tha:

- Xhaxhi Sotir, është edhe Diana këtu... Ishim të dy kur na nxorën nga mësimi.

Kuptohet se si e bëri kjo babin tim.

Unë, për fat, atë orë nuk isha në klasë. Seç kishim ca prova kori dhe na kishin marrë nga mësimi. Kështu që historia ime nuk përfundoi aty.

Kur u ulëm për drekë, asnjëri s'fliste, shenjë e sigurt që babi ua kishte thënë të gjitha. Unë mbarova për dy minuta dhe u ngrita nga tavolina.

- Ti po sillesh sikur nuk ka ndodhur asgjë!- tha mamaja, fillim jo premtues për mua që prisja gjyq të rreptë.

- Pale, por e dërgon tët atë pa i thënë asgjë dhe e vë në pozitë të vështirë... Normale të duket ty kjo që bëre?

Heshta pak pa ditur çfarë të thosha në fakt.

- Epo, edhe fundi i botës nuk është, aman, se nuk u bë qameti.

-Ashtu ë? Atë Xhevon pra s'dua ta shoh më këtu. Vjen edhe si zotni i mirë "teta Berta, ke bërë bonbone?". Ta shohim tani e tutje.

- Shumë mirë. Po ia them Xhevos këto që the tani... që mos të vijë më...

Tre palë sy të habitur u ngritën nga pjatat dhe u përqendruan në fytyrën time: "Edhe këtë do ta bëje?"

U ngrita dhe e përqafova babin, i cili po ashtu më përqafoi dhe tha: "Mos bëj më gjëra të tilla sepse tani je e rritur". Sigurisht!

-Hë?- i them Xhevos në mëngjes.

-Ujë i zi! Sulo dhe mamaja jo edhe aq, por Veri (vëllai i madh i Xhevos) zuri be. Po ti?

- Mamaja tha që mos ta pyesësh më për bonbone.

-Kaq?

-Kaq.

-Kjo s'është gjë. Ajo më qeras vetë. "Xhevo, do t'i provosh këto bonbonet e reja? Hë, hë, se i ke qejf ti... Merr edhe një nga këto me ngjyrë portokalli. Hë, janë të mira?" - imitoi Xhevo mamanë time. Histori të tilla vazhduan për të katër vitet e gjimnazit. Takoheshim herë-herë edhe në fakultet dhe i kujtonim ca nga këto me mall tashmë.

ARBEN P.: Nga shkolla më kujtohen problemet me duhanin. Pirja e duhanit ishte një ves prej të cilit vuajtën shumë djem të asaj kohe, përfshirë edhe unë. Kështu, njëherë mblodhëm para me disa shokë dhe unë shkova te Klubi i Madh për të blerë një paketë cigare. Pasi e bleva, u nisa për te shokët e mi që më prisnin te strehimi përpara pallatit ku banonte Tançi. Hymë brenda dhe filluam ta thithnim nga një cigare. Pas pak dëgjojmë hapa dhe hapet porta e tunelit. Një burrë me një qiri në dorë hyri brenda dhe na u afrua nëpër errësirë. Ishte Petro Duro, një nga mësuesit e shkollës që më kishte pikasur qëkur bleva cigaret te klubi. Të nesërmen na thirrën në drejtori dhe na thyen notën në sjellje. M'u desh të luftoja shumë për të ndryshuar sado pak atë status.

SOTIRAQI: Simetriku i Petros në gjimnaz ka qenë Vangjeli. Unë për vete e ndizja, por nuk mbaja paketë, kurse disa të tjerë, si Agim Agolli, Gjergji Sejati e ndonjë tjetër mbanin paketë. Ka qenë një luftë e ftohtë konstante mes atyre që e pinin (shpesh në banjat e shkollës) dhe "armikut numër 1", siç e quanim Vangjelin. Shpesh fitonte ky i fundit.

ZHANI: Më kujtohet një orë kimie me mësues Gjergjin. Mësuesi ngriti në mësim Loretën dhe ndërkohë Xhevoja i mori asaj bukën, që e kishte nën bankë dhe i kërkoi leje mësuesit që të dilte jashtë. Pas Xhevos kërkoi leje edhe Diana. Pas ca, kthehen në klasë njëri pas tjetrit. Xhevo mbante diçka të mbështjellë në dorë dhe pa u kuptuar nga Loreta e vendosi poshtë bankës së saj. Ne ishim kuriozë se çfarë po ndodhte por kureshtja na u shua menjëherë, pasi Loreta u ul në bankë dhe... "Uaaa, më kanë ngrënë kulaçin që më kishte bërë Norja", - thirri ajo. Ne të gjithë ia plasëm gazit. Ndërkaq ra në tokë guri që Xhevo i pati vënë Loretës në vend të kulaçit.

DIANA: *Ishte një kulaç me gjalpë nga ata që nuk harrohen. Kulaçin nga poshtë bankës së Loretës e zhduku Xhevo. Unë e pashë dhe prandaj e ndoqa, por ndërkaq Xhevo ia kishte futur dhëmbët dhe më ftoi edhe mua ta provoja, që mos të tregoja, kuptohet. Kur u kuptua, Loreta thërriste me zë të lartë: "Kanceri ishallah kush e hëngri!". Xhevo, pa iu dridhur qerpiku, përsëriste: "Një kancer ishallah...! Çfarë njerëzish janë!" Unë i rashë me bërryl si t'i thosha: "Qepe!" Dhe Xhevo: "Mallkimet e mia nuk zënë. Po çfarë kulaçi, moj nëne!"*

DIANA: Më kujtohet Natasha, mësuesja e matematikës, e rreptë si të gjithë mësuesit e matematikës në botë. Mbaj mend një ditë e bëra rrugën për në shtëpi me Bertin, një nga shokët e klasës që jetonte në Barmash. Ndenjëm gjatë te pllakat derisa Bertit i erdhi ora e urbanit. "Ua, harrova të blija fletore për matematikën. Hajde merru me Tashën",- tha Berti. "S'ka gjë se shkoj blej unë një",- ia ktheva. "Por mua më duhen detyrat për nesër". "T'i bëj unë",- i thashë. Bleva fletoren dhe ia shkrova detyrat atij në fillim, pastaj bëra të miat. Të nesërmen ia dhashë fletoren Bertit, që i vuri emrin e tij, por përsëri tha: "Do ta kuptojë megjithatë... Janë njëlloj". Dhe ashtu ndodhi. Tasha erdhi njëherë rrotull dhe pastaj u kthye sërish te banka e Bertit.

- Kopje, - i tha, - kjo është kopje. Ke kopjuar detyrat nga Diana.

-Ah,- tha Berti, - e nga duket kjo?

-Ky është shkrimi i Dianës

-Pra Diana ka kopjuar Dianën?

-Pa lëri llafet! Të dy juve. Jua tregoj unë se si keni kopjuar. Të dyja fletoret do t'i çoj në degë që ta gjejnë ata atje se si ka ndodhur.

Këtu puna mori kthesë të paparashikuar. Askujt nuk i pëlqente të kalonim gjërat në atë derë.

-Do të na përjashtojnë nga shkolla, - tha Berti i mërzitur. - Ja çfarë na bëre!

Unë u ndjeva vërtet fajtore.

-Nuk e bën Tasha atë, po lëre. Ajo është shpirt njeriu.

-Ashtu të duket ty? Por, po e bëri?

-Do ta mbaj unë fajin, - thashë e vendosur. Dhe desha të përfytyroja "fatin" tim pas përjashtimit nga shkolla dhe shprehjen "gjej vend të mbytesh" nga e cila m'u krijua një ndjenjë shumë e keqe. Ndërkaq m'u kujtua një libër i vogëlisë që quhej "Si e përjashtuan Agronin nga shkolla" dhe ideja e tij ma ktheu humorin si me magji. Nuk do të më përjashtonin dhe pikë.

Nuk ndodhi asgjë në fakt, përveç frikës që na u fut deri në palcë. Nuk ishte shaka.

VALENTINA K-C.: Mësuesit e matematikës ishin vërtet të rreptë, por unë e kujtoj mësuese Myzejenin, mësuesen time të matematikës që ishte shumë e dashur dhe e kujdesshme. Ajo më mbante shumë afër. Më ka mësuar jo vetëm matematikën, por edhe shumë gjëra që t'i mëson veç një nënë.

SOTIRAQI: Mua mësuesit e matematikës nuk më janë dukur të rreptë. Skrupulozë, seriozë, koncizë e të prerë, sepse e tillë është edhe matematika si shkencë. Duke qenë ekzakte, ajo, si të thuash, nuk pranon shumë alternativa, hallakatje e llafollogji. Të paktën unë që e kam pasur pasion matematikën, kështu mendoj. Sigurisht si lëndë e vështirë (që të linte edhe në klasë), edhe mund të mos pëlqehej nga disa nxënës dhe për rrjedhojë edhe mësuesit e saj të ngjanin shpesh "gogolë". Unë për vete i kam çmuar, dashur e respektuar shumë mësuesit e mi të matematikës, si e ndjera, fisnikja Myzejen, Natasha apo dhe Caci, që ishte, si të thuash, tutori im në këtë lëndë.

MIMOZA: Më kujtohet mësues Caci Simeoni, si një nga mësuesit më pasionantë dhe të talentuar të qytetit tonë. Ishte fat ta mësoje matematikën nga ai. Ishte një metodist i shkëlqyer dhe me një rregullsi të veçantë. Shënime të shkruara me shumë kujdes, ushtrime të vendosura me një radhë logjike që unë pata rastin t'u referohem, më bëjnë përshtypje akoma edhe sot kur i kujtoj. Tani që kam edhe përvojën time në mësimdhënie e kuptoj se sa talent dhe pasion duhet që të shpjegosh matematikën. Mësues Caci i kishte të dyja këto. Këto i përjetuam në përgatitjen për Olimpiadën e 2-të dhe të 3-të Kombëtare të Matematikës. Personalisht mendoj se vendi i dytë në olimpiadë ishte në fakt në përqindjen më të madhe fitore e mësues Cacit, sepse çdo nxënës që do të kishte të njëjtën dëshirë dhe lehtësi për matematikën, me punën e tij, do të fitonte.

JULIANA: Unë kujtoj që kur shkoja te shtëpia e Idës shpesh lexonim shënimet e xhaxhi Cacit që ai kishte mbajtur për gocat që ditën që kishin lindur, detaje të mrekullueshme, por edhe momente kur gocat ishin pa qejf. Kjo ishte aq gjë e bukur, sa nuk krahasohej me asnjë libër.

SOTIRAQI: Caci ka qenë tutori im i matematikës, edhe pse asnjëherë nuk më ka dhënë mësim. Puna e tij me mua filloi që para se të vija në shkollë. Më jepte ushtrime, problema... Ai njeri ma ushqeu pasionin për matematikën.

OLI: Edhe unë e kam pasur mësues kujdestar Caci Simeonin. Matematikën na e bënte të lehtë e të dashur, pavarësisht vështirësisë. Në rrethin e matematikës shpesh na tregonte për bëmat e Mimozës. Ishte shumë serioz, autoritar, i papërtuar dhe i prerë. Kur binte zilja, e linte fjalën në mes dhe thoshte: "Vazhdojmë radhës tjetër. Nuk dua t'ju ha minutat e pushimit".

VALENTINA K-C: Mësues Caci kishte një stil të veçantë të dhënies së mësimit, plot elegancë dhe tepër profesional. Prandaj unë mezi e prisja lëndën e matematikës!

VANGJELI: Mësues Caci, kur mbarova shkollën e lartë, më tha: "Vangjel, unë dhe ti në matematikë e kemi pasur notën 10, por 10 e Mimoza Zografit ishte e veçantë". Mimoza, nën kujdesin e Cacit, doli dy herë e dyta në olimpiadat e matematikës në rang kombëtar. Profesor Caci për ne ishte tepër i veçantë dhe modest. Ai për ne ishte korrekt dhe pedant në ndërtimin e figurave gjeometrike dhe të stereometrisë, ishte inxhinier, por më e rëndësishmja, tani e them se ai e njihte Rene Dechart sepse na thoshte që për të zgjidhur një problemë të vështirë në tërësi duhet ta zgjidhesh atë pjesë-pjesë. Ai na mësoi të donim matematikën duke zgjidhur ekuacione matematike.

ERMIRA: Më kujtohet shprehja që përdorte mësuese Tasha, kur ne nuk dilnim mirë në provimet e matematikës "Si i ke zogjtë, o korb? Sa po vijnë e po më nxihen". E merrnim me mend vetë ne pastaj që e kishim ndritur provimin.

PAQO: Më kujtohet që në vit të parë matematikën ma ka dhënë i ndjeri Petraq, për të cilin gjetëm një opinion se dinte shumë, por le të themi ishte lektor jo shumë i mirë. Në vit të dytë deri në vit të tretë, lëndën na e dha Tasha. Në fillim kishim frikë prej saj, por kur u bë mësuesja jonë vura re se ajo ishte e saktë dhe kërkuese. Çupat që nuk mësonin e kishin pak të vështirë me të se nuk e kishte problem të të merrte për flokësh për të fshirë formulat e gabuara në dërrasë të zezë. Me kalimin e kohës kjo ndryshoi. Mësuese Natasha u bë më e butë dhe më e kujdesshme, por kurrsesi liberale.

Më kujtohet Ndoni, mësuesi skrupuloz i marksizmit. Kur hynte në klasë, i donte të gjithë në këmbë dhe na linte ashtu derisa mbaronte plotësimin e regjistrit me mungesat apo ndonjë shënim tjetër. Prisnim ashtu derisa thirrej edhe emri i nxënësit të parë që do të përgjigjej në dërrasë për mësimin e ditës dhe vetëm pas kësaj jepej komanda për t'u ulur.

DIANA: Ëndrra ime, derisa mbarova shkollën e mesme, ishte që të kisha një kushëri që të ishte mësues matematike. E kisha pyetur disa herë mamanë se pse nuk u bë mësuese matematike dhe ajo më shihte me habi sepse kjo pyetje i dukej pa kuptim. Unë ama e dija se pse pyesja. Do të kishte qenë shumë qejf që kur bëja detyrat e matematikës dhe kisha ndonjë pyetje mos të dilja darkave, shoqëruar nga Klara, Zhani apo Leta për të shkuar te Mondi, pastaj që aty te Mira, e cila mund të kishte pyetur edhe mësuese Tashën. Kështu na shkonte e gjithë pasditja deri vonë.

LILI: Më kujtohet që qysh kur isha nxënëse në fillore, në 8-vjeçare, në gjimnaz e më pas mësuese po aty e derisa u largova prej andej, në hyrje të shkollës ka qenë dhomëza e vogël ku rrinte Shaniko, një zonjë që i binte ziles por që kishte autoritet gati të njëjtë me drejtorin e shkollës. Në shkollën e vjetër mbaj mend një orë me lavjerrës, që ishte e varur në mur, që e shihte kushdo, kurse më pas, në shkollën e re ka qenë brenda te dhomëza e Shanikos, në dritare, një orë kineze, me një pulë, që në çdo tiktak çukiste duke ngritur e ulur kokën.

SOTIRAQI: Shkolla në Ersekë nuk mund të kuptohet pa Shanikon.

LEONARDI: Shaniko dhe Bajamja, punonjësja e pastrimit, ishin pjesë të emblemës shkollore. Të rrepta dhe korrekte.

VANGJELI: Më kujtohet që mamaja ime tregonte këtë për Shanikon: Një ditë erdhi në shkollë për kontroll një i deleguar nga Korça. Ai hapi derën dhe iku drejt pa i hedhur sytë në dhomëzën e Shanikos. Kur po ngjiste shkallët, Shaniko doli nga dhomëza dhe e pyeti se ku shkonte. Ai i qetë, qëndroi dhe tha:

-Mësuese jeni ju?

- Jo, - i tha Shaniko,- pak më poshtë.

- Pastruese?

- Jo,- i tha Shaniko,- pak më poshtë.

- Po çfarë jeni ju atëherë? - tha i habitur ai.

Dhe Shaniko me krenari i tha: "Unë i bie ziles". Ai e përqafoi dhe i kërkoi të falur.

LILI: Vangjelisë i kujtoj sjelljen fisnike, grua zonjë që zërin nuk ia kemi dëgjuar kurrë, por buzëqeshjen s'bëhet fjalë që t'ia harrojmë. Falë saj, kur kishim ndonjë orë pushimi nuk dilnim jashtë në të ftohtë apo erë, falë saj gjenim zjarrin të ndezur, kur acari kishte formuar figura të ngrira në flokët e vajzave që vinin nga fshatrat duke "çarë dëborën". Falë kujdesit të saj nxënësit e fshatit thanin pantallonat dhe palltot e lagura pranë sobave të nxehura nga zjarri i ndezur që në mëngjes herët.

SOTIRAQI: Edhe unë ashtu e mbaj mend, fjalëpakë e shumë punëtore nënën e Xheles.

DIANA: Teta Vangjelia ka qenë njeriu më fjalëpakë në botë. E mbaj mend gjithmonë me krahët e mbushur me dru kur shkonte sa në sallën e mësuesve, sa në drejtori për të ndezur zjarrin. Kur merrnim drutë për në klasë, mua më thoshte: "Merr edhe një kopaçe të mirë nga këto të thatat që të ndizet zjarri shpejt". Grua zemërflori.

JALLDYZ XHEMALAJ: Më kujtohet se një ditë, kur po shkoja në shkollë (sapo kisha ardhur në Ersekë dhe jepja mësim në shkollën tetëvjeçare) para meje ecte një grua me një thes të madh mbushur me tallash, të cilin mezi po e mbante. Nxitova për ta ndihmuar. Ajo u kënaq shumë. Te trotuari para shkollës ajo ndaloi dhe, duke më falënderuar, tha: "Deri këtu, të keqen nëna, rrofsh! Tani e çoj edhe vetë". Unë këmbëngula dhe kështu e çuam thesin te depoja e vogël në katin e parë. Ajo grua aq fisnike, aq e urtë, e mençur, e edukuar e gojëmbël, nëna e dy djemve (Taqos dhe Vangjelit) po aq të mirë sa nëna e tyre, ishte Vangjelia, e cila u bë një shoqe me vlerë për mua. E kujtoj gjithnjë me mall.

DIANA: Më kujtohet që bënim një lëndë të quajtur "Dituri makinash", nga teksti i së cilës, për fat të keq, më kanë mbetur në mend vetëm ca figura të ngatërruara plugjesh. Unë rrija në bankën e parë, nga ana e dritares, pothuajse ngjitur me katedrën e mësuesit. Një shoqja ime, që nuk po ia them emrin, rrinte në rreshtin e mesit, banka e dytë. Ishim në vitin e tretë. Mësuesi vendosi të na bënte detyrë kontrolli. Asaj kohe kjo nuk përbënte ndonjë çudi. Kontrollet e befasishme bëheshin demek për të parë se kush mësonte apo kush nuk mësonte rregullisht. Në të vërtetë, që të jem e sinqertë, sot ato detyra kontrolli rrufe i shoh si manovra të vogla (njerëzore) për të mbuluar të metat (po aq njerëzore) të ndonjë mësuesi.

"Ua, unë s'di asgjë",- tha shoqja ime.

U pamë disa herë në sy, por natyrisht që s'kishte asnjë mundësi komunikimi. Nuk e di kë kishte afër ajo në bankë që e këshilloi të shkruante çfarë të donte. "Nuk e lexon njeri...",- i tha. Shoqja ime filloi të shkruante. Përsëri u pamë sy më sy. "Asgjë",- tha ajo e pikëlluar. Erdhi momenti që të dorëzonim detyrat. Ajo shkoi te katedra (siç e quanim atëherë tavolinën e mësuesit) të dorëzonte të sajën. Aty ishin edhe 2-3 të tjera. Unë po shkruaja ende. "Lëre detyrën aty dhe ulu!" - tha mësuesi. Ndërsa ai u ngrit të mblidhte detyrat e tjera, ajo e tërhoqi fletën e saj. "Nuk po e dorëzoj fare", - tha. "S'kam bërë asgjë. Skandaloze!". Dhe shkoi u ul. Atë ditë nuk para qeshëm si ditët e tjera pikërisht për këtë arsye.

"Mësues, i korrigjove detyrat?" Unë ngrita kokën e habitur kur ia dëgjova zërin tek pyeste pas disa ditësh. Ajo më shkeli syrin. Jo, nuk i kishte korrigjuar. Dhe kjo u përsërit përditë, derisa, më në fund, mësuesit i plasi shpirti dhe na lexoi notat nga regjistri. Ajo kishte marrë... 9! Shoqja ime e mirë u skuq kokë e këmbë.

"Jo keq? Je në vete? Po ky është skandal i vërtetë, unë e kisha bërë për 10..."

-Mësues, ku është detyra ime? Pse kam marrë 9? Unë e kisha bërë shkëlqyeshëm,- e pyeti mësuesin.

- Ulu, ulu në vend! – tha ai. - Ke marrë notën që të takonte.

- Jo, dua të shoh ku e kisha gabim.

- Ulu! - i thoshte ai.

Dhe kjo histori vazhdoi gjithë vitin. Ajo vazhdimisht kërkonte atë detyrën që e kishte bërë "shkëlqyeshëm". Në maturë, gjatë një vallëzimi me mësuesin, shoqja ime e mirë, që nuk e mbante dot fajin, ia tregoi atij gjithë historinë. Ai tundi kokën me humor të prishur: "Ah, ah… Edhe nga këto paske bërë ti?" Por, në mbrëmjen e maturës këto mbeteshin shaka plot humor.

ELSA: Më kujtohet fshirja e klasave me tallash të lagur. Ndaheshim në grupe. Për shembull, tre vetat e parë të rreshtit të parë këtë javë e kështu me radhë.

Pas mbarimit të mësimit, ne rrinim pastronim klasën. Më duket se kjo fillonte që nga klasa e pestë. I hiqnim bankat me radhë dhe shpërndanim tallashin e lagur në mënyrë që mos të ngrihej pluhuri dhe njëkohësisht dyshemeja apo "çimentoja" dukej si e larë me ujë. Duhej të ishim të kujdesshëm të pastronim bankat nga brenda që të hiqnim mbeturinat. Kishte copa gazetash me të cilat mbështillnim bukën, ndonjë copë buke e tharë, fara luledielli apo mastika, siç i themi ne nga Kolonja.

Më kujtohet këmba e lepurit për të fshirë dërrasën; ishte vërtet shumë e preferuar. Por nëse nuk kishim një këmbë lepuri, mamaja apo gjyshja na bënin një si jastëk të vogël që e fshinte dërrasën për mrekulli.

JALLDYZI: Më kujtohen nxënësit e asaj kohe dhe shpesh them me vete se po të kishte teste IQ, nxënësit kolonjarë do të mbaheshin si etalon të zgjuarsisë. Më kujtohet se sa krenarë ndiheshim të gjithë ne mësuesit (po sidomos ne të shkencave të sakta) kur vinin nga fakultetet e ndryshme rezultatet e vitit të parë të studentëve. Për ju që nuk e dini se çfarë ndodhte: çdo shkurt këshilli pedagogjik mblidhej të analizonte dhe krahasonte rezultatet e studentëve të vitit të parë me rezultatet e lëndëve përkatëse të shkollës së mesme. Nxënësit tanë zinin vendet e para ose të dyta në republikë. Asnjeri nuk mbeste. Dhe nota zbriste nga 0.9 - 2 në lëndët e shkencave të sakta. Për më tepër, më ka lënë mbresa fakti që disa nga këta nxënës bënin 1-2 orë rrugë në këmbë, në të ftohtin e Ersekës dhe dilnin të shkëlqyer. Kam qenë me fat që kam qenë pjesë e edukimit të nxënësve të tillë. Kjo jo vetëm që më kujtohet, por nuk më del nga mendja kurrë!

ZHANI: Më kujtohet që në gjimnaz bënim dezhurn edhe ne nxënësit, sipas një grafiku të varur brenda dhomës kur rrinte teta Shanikoja. Dëshira për të bërë dezhurn ishte mjaft e madhe, thjesht sepse atë ditë nuk bënim mësim dhe ishim, si të thuash, të plotfuqishmit e shkollës. Një nga këto ditët e dezhurnit e bëra me Xhevon. Meqë ishim dezhurn,

Xhevo mësoi historinë "ujë". Unë i thashë se historinë nuk do ta zija me dorë, sepse sapo isha ngritur një ditë më parë. Kur vjen ora e historisë, Xhevo i lutet mësuese Valit që ta ngrinte në mësim. Ajo e ngriti dhe i vuri 10 pasi Xhevo atë orë shkëlqeu. Padashur nota u vu tek emri im, pasi isha menjëherë pas Xhevos. Kur e vuri re, mësuese Vali tha: "S'ka gjë se e rregulloj unë". Por Xhevos iu kujtua çfarë i kisha thënë unë dhe u bë copë ta bindte mësuesen që të më ngrinte edhe mua. Ajo e shkreta ndoshta mendoi se ne kishim mësuar të dy dhe më ngriti. Kuptohet, 4 me meritë... Kurse kënaqësia e Xhevos arriti kulmin.

SOTIRAQI: Epo, Xhevo po mos të bënte që i vogël kështu nuk do të ishte Xhevo që është sot.

Patronazhe dhe patrulla

VANGJELI: Më kujtohet profesor Skënder Aliu dhe çanta e tij, që si atëherë edhe tani mbart objekte arkeologjike, të cilat ai e ka kënaqësi të t'i tregojë dhe shpjegojë me detaje. I gjithë brezi ynë i mbas viteve '60 e kemi pasur Skënderin mësuesin tonë të historisë, që shpjegonte me aq pasion duke na e bërë aq të këndshme orën e mësimit. Puna e tij, sidoqoftë, nuk mbeti kurrë vetëm brenda mureve të shkollës. Ka kontribut të jashtëzakonshëm në fushën e gërmimeve dhe zbulimeve arkeologjike, në botimin e dy librave voluminoze e dhjetëra artikujve shkencorë. Shokët e mi të klasës, Rrapi dhe Agimi, kanë të regjistruar në kujtesë pothuaj një orë të plotë mësimi për betejën e Salaminës, me të cilën na kënaqin sa herë takohemi.

Më kujtohet që edhe mamaja ime thoshte se Skënderi ishte i veçantë. "Vjen në shkollë me këpucë të lustruara që i ndritnin edhe kur është baltë",- thoshte ajo. "Sikur shkel gur mbi gur. Pastërtinë e ka kudo. Edhe shtëpinë e mban si një nuse e mirë, paçka se është beqar". Mësues Skënderi ishte shembulli i zellit dhe dashurisë për punën.

MIMOZA: E kujtoj profesor Skënderin si një njeri shumë të butë, të respektueshëm dhe shumë, shumë të pasionuar.

KIÇO: Profesor Skënder Aliun, që, ne, brezi ynë i pas viteve '60, e kemi pasur mësues historie, e kujtoj për pasionin me të cilin na e bënte aq të bukur orën e historisë. Ai ka një kontribut të jashtëzakonshëm në fushën e zbulimeve arkeologjike. Vetëm në rrethinën e Kolonjës ka drejtuar gërmimet në 6 varreza tumulare, si dhe ka marrë pjesë në zbulimin e tumës më të madhe në Shqipëri.

Lili: Më kujtohet ekspedita arkeologjike në Shtike, me udhëheqës prof. S. Aliu dhe arkeolog D. Komata. Reliktet më interesante u zbuluan ditën e fundit. Aty ku punoja unë, e thënë ndryshe "varri im", zbulova një unazë në një skelet me duart të kryqëzuara.

MANI: Më kujtohet puna në tumën e Prodanit. Kam punuar aty në pushimet verore. Ishte vërtet punë artistike dhe delikate. Duhej të punonim me furça piktori që mos të dëmtonim vëthët, vazot e vogla apo kockat. Ishte kënaqësi e madhe kur profesor Skënderi na shpjegonte vazon që gjenim, materialin që ishte përdorur, cilës epokë i përkiste apo kur ishin punuar ata vëthë, në çfarë epoke ka ekzistuar punimi i atij materiali e të tjera. Kështu gjendej mosha e tumës.

STOJANA: Më kujtohet që kur shkova në Ersekë, më caktuan të jepja mësim në klasën e parë bashkë me Afërditën, një mësuese e vjetër dhe e respektuar. Në fillim shkuam në kopshtin e fëmijëve për të marrë vlerësimet e edukatoreve. Që në ditët e para, klasa e Afërditës shkëlqente. Klasa ime i kishte fëmijët shumë të bukur e të urtë, por nuk kishin idenë as se si të mbanin lapsin. Kështu koha më kalonte duke u mësuar si të shkruajnë dhe ku të shkruajnë, gjë që dukej sikur nuk kishte fund. Klasa ime e kishte shumicën e fëmijëve pa kopsht, kurse në klasën tjetër të gjithë fëmijët i kishin prindërit intelektualë dhe kishin shkuar në kopsht. Edhe vetë prindërit donin t'i çonin me Afërditën, sepse ajo ishte e vjetër në profesion. Kur Afërdita ankohej për ndonjë nxënës dhe thoshte se ishte i dobët, unë menjëherë i thosha: "Hajde e ndërrojmë me nxënësin më të mirë që kam unë". Por ajo nuk pranonte. "Eh, jo, jo, thoshte. E duan prindërit me mua".

Më kujtohet Arben Qiriazi dhe më mbushen sytë me lot. Ishte një ditë e shtunë kur dy kolegë të klasave të katërta mungonin. Drejtori më porositi të bëja mësimin me klasën time e pastaj të bashkoja dy klasat e tjera. Kështu bëra. mbarova në orën 10:00 me klasën time, ku ishte edhe Beni, i cili ishte nxënës i shkëlqyer dhe fillova me dy klasat e tjera të bashkuara. Në orën 12:30 më telefonoi drejtoresha e më tha: "Pse i ke nxjerrë nxënësit para kohe? Ka ndodhur një aksident i rëndë…". Thashë se më pushoi zemra. I kujtova se si ishte puna. Më kërkonin për të pyetur në polici. Shkova me lot ne sy.

Më kujtohet që pastaj hymë për ngushëllim te mamaja e Benit. Ngriva përballë trupit të tij të njomë. Mami i Benit më thirri aty afër dhe më tha: "Hajde këtu moj mësuesja e Benit, që ma deshe shumë Benin, që nuk e kemi më". Dhe me hidhërim të thellë më tregoi: "Erdhi te puna në orën 10:30 dhe më la çantën. Më tha se pse kishin mbaruar shpejt. I thashë të shkonte të luante përjashta me shokët". Aty ishin rrotat e mëdha me tel që bënte ndërtime NSHN-ja. Kështu ndodhi që njëra prej tyre lëvizi dhe i mori jetën djalit të gjorë. Në bankën e Benit nuk u ul asnjeri. Më kujtohet që fëmijët vendosnin nga një lule të freskët dhe e shihnin bankën e pluhurosur çdo ditë me dhimbje.

JULIANA: Ne ishim në klasën e pestë kur një shok i klasës humbi jetën në një aksident automobilistik. Quhej Juli, njësoj si unë, dhe e kishte shtëpinë mbrapa muzeut. Ishte moment shumë i vështirë. Ne ishim fëmijë. Ajo që kishte ndodhur ishte e pakuptueshme dhe gati e pabesueshme. Mbaj mend që na çuan te shtëpia e tij të gjithë si klasë. E ëma vinte më pas në klasë e më thërriste si dikur, kur ne të dy kthenim kokën...

Më kujtohen shumë histori nga ajo kohë e për çudi të gjitha më kujtojnë sa e pabindur kam qenë. Jo pak herë kam bërë edhe zarare, siç thoshte nëna gjithmonë. Më kujtohet që në klasën e pestë do të na vinte kontroll nga Ministria e Arsimit dhe të gjithë filluan përgatitjet. Më kujtohet që mësuesja e matematikës, Zoica, zgjodhi disa nxënës nga ne dhe disa ditë rresht na bëri të njëjtat ushtrime si për t'u siguruar që ne i dinim mirë. Kur e mendoj sot i jap të drejtë për merakun e madh dhe përgjegjësinë, por atëherë me mendjen e një kalamani 10 vjeç mendoja se kjo ishte e padrejtë. Besoja se ne nuk duhej të përgatiteshim më parë, ç'kuptim do të kishte kontrolli, sipas meje, gjithmonë? Nuk e kuptoja që ne nga emocionet mund të çonim dëm punën e një apo shumë viteve. Kështu që vendosa, në shenjë "proteste", që nëse pyetesha mos të jepja përgjigjen e saktë. Për fat të keq ashtu edhe bëra. (Në fakt, më shumë u ngatërrova nga emocionet, por shoqet të cilave ua kisha thënë "planin" më parë, më zbuluan). Mbaj mend që në shtëpi hëngra një dackë që më mësoi se ç'do të thotë "të të lëshojnë sytë xixa...".

LILI: Më kujtohet që kur mbarova fakultetin më caktuan në Boshanj. Ruaj kujtime shumë të mira nga ata vogëlushë, që plot kuriozitet, si gjithë fëmijët e botës, mundoheshin secili sipas mënyrës së tij, të merrnin maksimumin e dijeve. Ndërkaq neve, që vinim e ktheheshim çdo ditë në Ersekë, na duheshin së paku 4 orë në ditë vetëm për rrugën (kur isha unë e caktuar me punë atje, urbani vinte çdo ditë vetëm deri në Mollas. Për në Çlirim, ku ishte edhe rruga për në Boshanj, autobusi urban vinte vetëm të hënën dhe të shtunën. Veç fizikës, unë atje jepja gjuhë ruse. Mbaj mend që kam gatuar edhe supë në kuzhinën e mensës së fshatit, sepse jepja ekonominë shtëpiake. Ishim 6 mësues dhe vetëm unë mësuese.

MONDI: Shkolla në Boshanj ka qenë ndër shkollat më të mira në Kolonjë. Në klasën time nga 18 nxënës, 9 ishin më të gjitha 10-ta, 3-4 të tjerë ishin me nota mesatare dhe shumë pak paraqiteshin dobët. Gjëja më e mirë e atij fshati ishte zemërgjerësia. Në çdo shtëpi të prisnin me bukë e zemër. Ishte pastërti e madhe.

ANILA: Edhe unë kam qenë mësuese në Boshanj. Përveç muzikës, për të cilën kisha mbaruar edhe shkollën, unë jepja histori, gjeografi dhe edukatë. Arritja më e mirë atje ishte që munda të sillja në shkollë një vogëlush i cili nuk vinte kurrë. Isha e freskët nga shkolla dhe doja të realizoja atë çka mua personalisht më mungonte në marrëdhëniet me mësuesit si nxënës. Me korrektesë, u bëra edhe shoqja e tyre më e madhe duke krijuar një marrëdhënie admiruese, do të thosha. Fshat me njerëz të dashur dhe mirënjohës. Nuk më lanë kurrë të mërdhija dhe të kisha uri, sepse dyert e tyre ishte ngaherë të hapura. Roshnicat e trahanaja, nga më të shijshmet, të ofruara gjithë dashuri, më kanë mbajtur ngrohtë në ditët e ftohta të dimrit. Nuk mund t'i harroj ata njerëz që nga dëshira për të më kënaqur donin të ndanin me mua sado pak që të kishin.

PAQO: Më kujtohet që pasi mbarova 8-vjeçaren në Selenicë, megjithëse prisja një shkollë të mesme profesionale pasi kisha mbaruar me të gjitha 10-ta, mezi më akorduan të drejtë studimi për të mesmen bujqësore në Ersekë, por edhe këtë, me pagesë të plotë (çështje biografie, dreqi e mori!). Im gjysh, falë edhe dashamirësisë së Mistos, inspektorit të seksionit të arsimit, pas një jave, mundi të merrte bursë të plotë për mua, bazuar në të ardhurat e familjes.

Më kujtohet se prezantimi im i parë ishte në klasën e fizikës. Mësues kishim Estref Duron. Pasi shpjegoi mësimin, ai tha: "Ka ndonjë që mund të na i thotë atë që shpjeguam?"

Me droje, ngrita dorën të marr leje për të folur dhe fillova të riprodhoja rrjedhshëm mësimin e sapo shpjeguar.

- Ulu,- tha ai dhe për të më inkurajuar shtoi: 10. Merrni me mend si mund të ndihet një djalë i ndrojtur fshati në këtë rast!

Kur u rreshtuam për të ngrënë darkën (çaj, pak djathë të bardhë dhe bukë), Kujtimi, Betimi dhe Taqo, tre nxënës të vitit të dytë që kishin dëgjuar komentet e mësues Cekos për mua, erdhën më takuan e më thanë: "Të lumtë! Qenke djalë për së mbari. Ceko nuk i vë kollaj 10-at. Ishte një ditë e bukur për mua.

DIANA: Më kujtohet mësuesi i fizikës, Anastas Tane; në dimër me një pardesy teritali ngjyrë gri dhe në stinët e tjera më së shumti me një kostum teritali ngjyrë kafe të çelur. Poshtë xhaketës zakonisht vishte një jelek ngjyrë kafe të errët. Nuk e hiqte cigaren nga dora. Më kujtohen dy veçori të tij: dëshira e pamat që në rast kontrolli nga seksioni apo ministria (ah, këto kontrollet!) ne të dilnim me rezultate më të larta sesa ato që kishim marrë në provimet e klasës dhe bezdia e madhe që i sillnin vajzat - dy gjëra që e bënin orën e fizikës jo gjithmonë të këndshme (Ky sikur na e sjell bukën në krahë nga Korça! - thoshim ndonjëherë duke qeshur, por absolutisht pa të keq). Mbaj mend se më kishte rastisur disa herë të gëlltisja në heshtje dhe fshehtas lotët, e prekur në sedër nga fjalët e tij disi të ashpra. Dhe nuk e kisha menduar kurrë që lajmi i ndarjes së tij nga jeta do të më trondiste aq thellë. Më kujtohet mirë që kalova një ditë të tërë gati e mpirë dhe pa e hequr nga mendja. Mbaj mend që qava gjatë, pa i fshehur më as lotët dhe as dhimbjen e madhe që ndjeva për largimin e parakohshëm nga jeta të mësuesit tonë të mirë.

SOTIRAQI: E kujtoj Cacin si njeri shumë të zotin, i ndershëm, punëtor, serioz, por plot humor dhe batuta të holla. Iku shumë shpejt duke na hidhëruar të gjithëve.

DIANA: Me ne ishte i sertë, por shumë i drejtë. Iku vërtet shumë shpejt, për fat të keq. Dhe për hir të së vërtetës, absolutisht asnjë lloj humori nuk lejohej në orën e mësimit. Mbaj mend se si njëherë erdhi sekretarja e shkollës ta njoftonte se kishte ardhur ta takonte i ati dhe ai, pas një sekonde ngurrimi, tha thjesht: "I thuaj që jam në mësim".

ERMIRA: Më kujtohet që vetëm pak vite më parë, në leksionin e pediatrisë, një nga studentët quhej Ervin Tane. Përballë meje pashë shprehjen e syve të mësuesit tim të fizikës. E emocionuar e pyeta nga ishte. Ishte djali i madh, një student që gjatë gjithë viteve të fakultetit do ta kishte bërë krenar babanë e vet. Ervini më dha një emocion tjetër të veçantë kur u paraqit pranë një komisioni të gjerë profesorësh të mjekësisë dhe pyetjes se përse zgjodhi mjekësinë ai iu përgjigj: "Për tim atë!" M'u mbushën sytë me lot dhe më erdhi mirë për mësuesin tim, që nuk ishte më mes nesh.

ROLANDI: Më kujtohet një e fortë e Gjergji Mitres. Vrapi bëhej më afër vijës anësore (ka mundësi të ketë qenë stërvitja ushtarake se e mbaj mend të veshur ushtarak). U nis me aq vrull drejt, pastaj u kthye aq shpejt e bukur, saqë ne që ishim jashtë vijës anësore duke parë nuk mund t'u besonim syve. Ndaloi, i rrëmbeu mollën një kalamani që po hante në qejf të tij dhe ndërsa ne të gjithë menduam se do ta kafshonte vetëm një herë, ai e përlau të gjithën. Kalamani i shkretë ia plasi të qarit dhe ne të gjithëve na ngriu buzëqeshja në buzë.

NEBO: Më kujtohet që ishim në vitin e dytë gjimnaz, kishim në klasë Vaskë Qiricin nga Rehova. Ai ishte një djalë i veçantë, që dinte të këndonte këngë të huaja, sidomos ato italianet i këndonte bukur. Kur këndonte i binte bankës si xhes. Kur ne kishim një orë pushim midis orëve të mësimit, mbyllnim klasën dhe fillonte Vaska për të kënduar, por me zë të ulët dhe ne të tjerët kërcenim. Kuptohet as që kishim ndonjë dëshirë të përsërisnim mësimin e orës që vinte, por thjesht kërcenim si në mbrëmje vallëzimi.

Më kujtohet që një ditë, kujdestari i klasës Et'hem Lako na tha: "Ej, kemi dy orë pushim, bëjmë mbrëmje?" Qejf i madh! Mbaj mend që Xholi boshatisi koshin e letrave dhe e përdorte si kapele për të ndërruar vajzat. Kur papritur na vjen njëri nga mësuesit (le mos t'ia themi emrin), na sheh duke kërcyer, sheh dhe njërin nga djemtë me kosh në kokë dhe e bën problem në këshillin pedagogjik. U zotuam sinqerisht se nuk do të bënim më gjëra të tilla gjatë orëve të mësimit. Ky premtim u mbajt vetëm një javë, pastaj filluam përsëri. Dhe kështu vazhduam deri në përfundim të gjimnazit.

MITA PRIFTI: Më kujtohen vitet e gjimnazit. Kemi qenë një klasë për të cilën kam gjithmonë mall. Ishin vitet 1971-1975. Nuk di as sot e kësaj dite se kush nga shokët e mi kishte ngulur një spilë në dërrasën e zezë. Mbaruam orën e gjeografisë dhe orën tjetër kishim rusisht me tim vëlla, Bardhylin. Ishte shumë sqimatar dhe sa herë vinte në klasë e donte tavolinën të pastruar dhe tabelën e fshirë. Na kishte ardhur në majë të hundës.

Kam idenë se Xhiku dhe Xhuzi, dy djem çapkënë të klasës, duhet ta kenë organizuar vendosjen e spilës. Profesori hyri në klasë si zakonisht, pa tavolinën dhe tabelën pa fshirë dhe filloi ta fshinte vetë gjithë nervozizëm. Spila iu fut në gisht dhe filloi t'i rrjedhë gjaku. La mësimin, shkoi mjekoi gishtin dhe u kthye prapë në klasë. Sapo erdhi, ngriti në këmbë Paqësorin, që t'i tregonte kush e kishte vënë spilën. Ai ngriti supet. I dha një të bërtitur që besoj se nuk e ka harruar dhe sot. Xhiku më thoshte: "E zeza ti po tregove! Ta tregoj unë qejfin kur të shkosh nga rruga e Rehovës". Im vëlla më thoshte: "Më trego se kush e vuri". Unë edhe sot nuk e di tamam kush e vuri atë spilë, që na vuri në dilemë të dyja palët.

VASIL D.: Më kujtohet mësuese Myzejeni, që më ka dhënë matematikë në klasën e 5-të, të 6-të dhe të 7-të, si dhe Janulla, mësuesja e gjuhës ruse. Ato të bënin që ta dashuroje lëndën e tyre.

ELSA: *Më kujtohet kur bënim patrullë pas mësimit. Në këtë rast, çdo ditë, caktoheshin dy nxënës që të patrullonin gjatë orarit të caktuar, që më duket se ishte nga ora 15-18:00 dhe po të të kapnin duke luajtur, të* *shënonin emrin dhe e paraqisnin të nesërmen te mësuesja.*

"Patronazhi", ndërkaq, ishte kur mësuesja të ngarkonte si detyrë të ndihmoje ndonjë shok klase që kishte mbetur mbrapa me mësime.

Unë, për shembull, kur bëja patrullë, kam kapur një shok klase që po shkundte qilimin me mamin e vet te trasheja. M'u lutën mos t'ia shkruaja emrin dhe nuk ia shkrova.

DIANA: *Patronazhet më kujtohen mirë edhe mua; jo për gjë por më duhej të mësoja mësimin mirë dhe "rrjedhshëm" se vinte "patronazhi"... Mendoj se më ka ndihmuar shumë, që të jem e sinqertë.*

SOTIRAQI: *Diana, po patrulla të ka zënë ndonjëherë?*

DIANA: *Je në vete? Unë do të kisha vdekur nga turpi po të më zinte. Por vetë, kur bëja patrullë, kam zënë shumë. Më vjen inat sot që kam qenë kaq e zellshme me detyrat e ngarkuara. Mendoja se ashtu duhej.*

E ndalueme

DIANA: Më kujtohet që librat për fëmijë i kishim të pakët. Mamaja m'i lexonte kaq shumë, saqë unë pastaj i dija përmendesh. Hapja fletët e librit, shihja figurat dhe recitoja fjalët. As që ma kishte vënë veshin njeri akoma të më mësonte të shkruaja apo të lexoja. Ne jetuam në Leskovik për 3-4 vjet dhe mbaj mend se njëherë na erdhën për vizitë Gjergji me Mozën, kushërinjtë e mi që në atë kohë kishin mësuar të lexonin rrjedhshëm.

- Di ti të lexosh?- tha Gjergji.

-Di, - u thashë unë pa e kuptuar shumë mirë se si funksiononte "të lexuarit".

- Pa hë, lexo njëherë, - tha Gjergji me mosbesim.

Unë hapa librin tim të vogël dhe fillova... Deri në një pikë, Gjergji u kandis që dija të lexoja, por pastaj...

- Kjo s'di të lexojë, - tha ai i pikëlluar dhe tundi kokën. - E ka mësuar përmendësh. E shikon këtë fjalën këtu? Si lexohet?

Unë e mbylla librin me inat. Çfarë donte të thoshte kjo "si lexohet"? Unë e dija të gjithin.

Nejse. Kushërinjtë ikën dhe prindërit e mi, që e kuptuan se ishin "të vonuar" në edukimin tim, njoftuan se do të fillonim të mësonim Abetaren dhe sollën në shtëpi Abetaren e parë. Derisa erdhën ata nga puna, unë e kisha shfletuar librin disa herë, i kisha parë me vëmendje të gjitha figurat dhe shumicën e tyre i kisha... prerë me gërshërë. Me shumë kujdes, sigurisht.

- Merre Abetaren!- tha babi. Kur pa "masakrën" time, mblodhi buzët i dëshpëruar.

- I kam prerë gabim?- e pyeta me merak. Ai heshti një çast.

- Ky nuk është libër për t'i prerë figurat, por për t'u lexuar, -tha ai.

- Çfarë domethënë?

- Uaa, librin e ri? - ngriti zërin mamaja kur vuri re figurat në tavolinë. Nuk i pashë ndonjëherë më vonë prindërit e mi aq të pikëlluar sa atë ditë.

- Duket se s'ka asnjë dëshirë për të mësuar,- tha mamaja. Babi u përtyp, pasi nuk donte ta pranonte "të vërtetën". Nënës, me sa duket, i erdhi keq për pikëllimin e të birit më së shumti, se tha në mënyrë ngushëlluese:

- Eh, do të mësojë si gjithë bota edhe kjo... me shoqet, kur të shkojë në shkollë.

Dhe kështu i vunë kapak asaj pune. Dhe duket kështu edhe ngjau; mësova me të tjerët kur fillova klasën e parë.

Më kujtohen një mori librash të përkthyer që kam lexuar aso kohe: "Lamtumirë armë", "Tre shokët", "Saga e Forsajtëve", "Një tragjedi amerikane", "Manastiri i Parmës", "Lulet e mollës", "Ana Karenina", "Lufta dhe paqja", "Katedralja e Parisit", "Të mjerët", "Cuku dhe Gegu", "Rreshteri i milicisë", "Në rrugë kalojnë makina" (nuk e di nga më erdhën në mend këta titujt e fundit). Thjesht lexoja çdo gjë që botohej dhe më binte në dorë. Mbaj mend se një herë më erdhi në duar "Ura e psherëtimave", një libër që futej në kategorinë e librave të ndaluar. E mora në çantë dhe kur shkova në shtëpi, u futa në dhomën time dhe e nxora me shumë kërshëri. Shfletova disa faqe aty-këtu... asnjë lloj shijeje. Lexova edhe pak. Asgjë. Nuk e di se çfarë kisha pritur nga "librat e ndaluar", por thjesht u zhgënjeva. Nejse. Duhej lexuar me vëmendje... Kështu mendova. Fillimisht duhej t'i gjeja një vend të sigurt. Nëna nuk dinte të lexonte, kështu që nuk përbënte rrezik. Puna është se të gjithë e dinim se çfarë ishim duke lexuar, kështu që... Duhej të mbaja ndonjë libër koti në dorë. Si fillim, e mbështolla kapakun e librit me një faqe të revistës "Shqiptarja e re". Pastaj e futa poshtë rrobave në një nga kanistrat poshtë krevatit ku flija. Nuk e di kush më zbuloi, por nuk kaluan veç dy net dhe libri ra në duart e tim eti.

-Këtë libër, ti po e lexon?- më tha.

- Ehe...

- Po ky sikur është i ndaluar!

- Edhe pastaj?

-Nuk duhet lexuar. Ka rregulla...

- Kot... nuk është gjë.

-Çfarë do të thotë kjo, pse e lexon ti atëherë?

- Thashë ta shihja se pse e kanë ndaluar.

- Dhe e gjete?

-Ta thashë pra, nuk është gjë.

-Po pse e lexon atëherë? Ku e gjete?

- Ouuu...

Unë mora librin nga tavolina dhe ika.

- Dreq fëmije! Edhe këto na duhen! - u ankua mamaja.

- Lëre se do të shkojë ta kthejë. Lëre tani.

- Sigurisht që do të shkojë ta kthejë tani, pasi e ka mbaruar.

Shkruaj këtu për prindërit e mi dhe ndihem sikur shkruaj për shumë nga ju: prindërit tanë që na donin të mirën, të mësuar, "në rregull" me qeverinë dhe ne me çapkënllëqet, revoltat e moshës dhe dëshirën për t'u rritur...

ANILA: "Zonja Bovari", "Shkëndija e jetës", "Bankieri", "Gjeniu", "Gobseku" i Balzakut, novelat e Cvajkut e plot të tjerë... leximi si mënyrë argëtimi ishte një nga të mirat e kohës. Mund të them që ishte masiv. Lexoje, mendoje, ëndërroje në botën që të çonte libri pa frikë dhe pa i dhënë llogari njeriu. Atëherë nuk kishte shumë libra në qarkullim, por kishte shumë lexues. Sot ka kaq shumë botime dhe përkthime, por lexues të paktë.

SOTIRAQI: Libra të tjerë të bukur ishin "Spartaku", "Qeni i verdhë", "Lagjja e zezakëve", "Konti i Monte Kristos", "Bija e Montezumës" etj.

DIANA: Si ka mundësi harrova të vë në listë librat e mi të preferuar, "Gjeniu" dhe "Konti i Monte Kristos"? Apo Cvajkun? Çehovin? Por më kujtohej "Në rrugë kalojnë makinat" dhe asgjë tjetër nga libri. Titull fantastik.

LILI: Më kujtohet kur filluan të na jepnin tituj librash për lexim jashtë klase. Nga klasa e 6-të apo e 7-të lexonim "Djemtë e rrugës Pal" dhe "Zemra". Por ne e kishim filluar leximin e librave dhe qarkullimin e tyre dorë më dorë. S'do mend që libri ishte luksi ynë, leximi i tyre na bënte që të harronim se ku ndodheshim dhe fantazia jonë e përfytyronte botën sipas tyre

Më kujtohet kur uleshim dhe bisedonim me shoqet, veçanërisht nga "luadhi i Mistos". Kujtoj "Lulja e kujtimit", "Sikur të isha djalë", "Sekreti ushtarak", "Dhe i vetëm trim në luftë", "Fundi i folesë së grerëzave", "Valë të nxehta në Berlin", "Diplomati", ndër të veçantët e mi, "Njeriu që qesh", Manastiri i Parmës", "Dy kapitenët", "24 orë nga jeta e një gruaje", "Amoku", "Novelat" e famshme të Cvajgut apo poezitë e profesor Dhorit, si "Poema e ushtarit", "Balada intime", "Pishat me kristale". Kujtoj po ashtu librat e Pushkinit, Majakovskit, Lermontovit, Bërnsit dhe Shekspirit.

BOJANA: Kush nga fëmijët në Ersekë nuk e mban mend teta Sherin dhe xhaxhi Mondin!

GERTA: Ata që s'lexonin, besoj.

ELSA: Më kujtohet që teta Sheri dhe xhaxhi Mondi nuk na ndërronin librin po ta sillje brenda javës, d.m.th. para afatit. Por kishte nga ata që ishin të shpejtë në lexim dhe kërkonin libër tjetër. Po qe se ndodhte kështu, atëherë për siguri nëse e kishe lexuar librin plotësisht të pyesin për përmbajtjen me pak fjalë. Nëse përgjigjja ishte gëk-mëk, ndërrimi i librit refuzohej.

Më kujtohet që kishte raste që edhe qanim pas kësaj të fundit.

GERTA: Më kujtohet që mami edhe mua më pyeste për përmbajtjet e librave, pasi gjithmonë kam lexuar shpejt. Mendo, njëherë kemi pasur një orë jashtë klase në shkollë për një libër dhe ishim ndarë në skuadra. I jam lutur që të më tregonte pyetjet dhe nuk e bëri.

Soba me tallash e konviktit

PAQO: Më kujtohet që pas një note 8 që mora në matematikë, gjë që për mua, që kisha kërkesa të larta ndaj vetes, u kthye gati në incident, gjërat në shkollë shkuan mirë e bukur. Jeta në konvikt kishte bukurinë e saj pavarësisht orarit dhe kërkesave strikte, dhomat me nga 20-30 veta dhe ushqimit disi të kufizuar, unë kam plot çfarë të kujtoj. Kështu, në vitin e fundit, meqë isha në këshillin e konviktit kisha një dhomë për katër veta. Në këtë vit, unë, Tiku Kambo (ish-futbollist me Gramozin), Kastriot Xaka dhe Luan Hasani mund të futeshim nga sporteli në kuzhinë dhe të hanim çfarë të mundnim nga ushqimet e mëngjesit të nesërm. Aty kemi shijuar uzo me reçel qershie, koka preshi të bëra gati për gjellën e nesërme nga i paharruari Çome Perdhiku, kuzhinieri ynë i mirë dhe gjizë e djathë. Më kujtohet një e dehur e jashtëzakonshme, aq sa edhe sot, pas gati 40 vjetësh, e kam neveri erën e uzos. Megjithatë, 4 vjet në konvikt kaluan shpejt. Ne u rritëm dhe jetuam një rini plot shoqëri dhe me kujtime të bukura.

Mbaj mend se rreth konviktit vinin rrotull shumë djem të rritur të qytetit. Ne kishim për detyrë të bënim roje dhe të ruanim vajzat tona, por shumë herë ishim të pasuksesshëm. Për shembull, më kujtohet Keno Tare, një djalë i bukur, akrobat dhe që ne e shihnim me një farë zilie, u martua pa u ndier me një nga vajzat tona.

JULIANA: *Ai kuzhinieri i paharruar ishte gjyshi im i shtrenjtë. Bënte gjithmonë mrekulli. Mishin akoma nuk e gatuan kush si ai për mua.*

PAQO: *Vite më vonë e takoja shpesh Çomen. E merrte duke ecur në këmbë deri afër Selenicës çdo mëngjes. Me vullnet të jashtëzakonshëm ia arriti të ulte peshën e tepërt. Çomja jo vetëm na ka ushqyer me artin e tij ne konviktorëve, por edhe na ka dhënë botë nga mirësia e tij e pamat. Na i falte gabimet me një zemërgjerësi të pakrahasueshme.*

JULIANA: *Gjyshi Çome, sa i urtë dhe i papërtuar që ishte! Nuk mbaj mend të ketë ngritur zërin ndonjëherë. I pëlqente shumë të lexonte libra dhe mbaj mend që kur iu thye një nga xhamat e syzeve, vazhdonte të lexonte ashtu me një sy derisa i rregulloi.*

ADRIANA METKO JANI: *Më kujtohet që unë isha komshi me nënë Canen dhe gjyshi Çomen. Juli ishte një fëmijë çapkën dhe çamarroke, ia këpuste gjunjët nënë Canes duke e sjellë vërdallë. Më kujtohet që gjyshi Çome i kishte duart flori. Kur ishte në pension shkonte e mblidhte manaferra. Poshtë në bodrum, kishte mbushur dy kade me mana për t'i bërë raki. Ne, kalamajtë e pallatit, bënim ç'bënim dhe futeshim fshehurazi në bodrum dhe hanim manat nëpër kade. Njëherë gjyshi Çome na kapi mat. Dolëm me vrap nga ato vrimat e ajrit që ishin poshtë dritareve.*

LIZA LIGORI: Më kujtohet konvikti i qytetit, me nëndrejtor të asaj kohe babanë e Mirës, mësues Nashon, njeri shumë i mirë. Jeta në konvikt ishte e bukur, por edhe e vështirë. Mëngjesi me çaj e djathë me ato pjatat plastike të bardha. Dreka gjithmonë pilaf e fasule. Në konvikt nuk kishte dushe. Të shtunave, se për ditë tjetër nuk bëhej fjalë, shkonim e laheshim në banjat e qytetit që, me sa më kujtohet, ishin aty ku u bënë më pas zyrat e ndërmarrjes komunale.

Më kujtohet që ne vajzat një herë në muaj bënim dezhurn në kuzhinë, pasdite aty punonte nënë Tomja, e cila na trajtonte si vajzat e veta. Më thirri një ditë dhe më tha: "Hajde më tako kur të kesh kohë". Kur shkova, pashë që më kishte përgatitur diçka për të ngrënë. Në atë kohë nëndrejtor ishte Maqo Leshnica. Fillova të haja, kur papritur ai erdhi. "Futu këtu", - më tha nënë Tomja dhe më tregoi një magazinë të vogël ku mbaheshin produkte të ndryshme. Qëndrova për disa çaste në magazinë kur e dëgjova të thoshte: "Hajde Tome, mbylle kuzhinën për sot se vajti vonë". Tomja po vonohej me ngadalë hiqte përpareset e punës dhe vishej. Fiku dritat e kuzhinës dhe tha ngadalë: "Hajde...". Unë kokulur dola e turpëruar pasi nëndrejtori nuk lëvizi nga vendi.

VASIL P.: Më kujtohet matura e vitit 1969 dhe çapkënllëqet e asaj kohe. Nuk kam qenë nxënës i keq në mësime. Por mësuesi dhe kujdestari i konviktit Ll. me zemër dëshironte të ndihmonte disa nxënës konviktorë, që ishin dobët me mësime e pothuajse pakalues. Këta nxënës vinin nga fshatra të largët dhe të shtunave shkonin në shtëpi, ku nuk zinin libra me dorë se kishin bagëti për të kulluar, shkonin me shqerra e kecë, mblidhnin prodhimet e vjeshtës, lozin dhe pak kur kishin kohë e të hënën vinin pa përgatitur. Merrnin ndonjë notë pakaluese e vinin në konvikt duke qarë. Ll. nga njëra anë ndërhynte te mësuesit për ndonjë notë kaluese për shumicën e këtyre nxënësve, por nga ana tjetër heshti kur mori vesh planin që bëmë ne, një grup shokësh.

Me disa shokë të ngushtë (bëheshim 5-6 veta) linim dritaren e klasës së 8-A ose 8-B (në shkollën e vjetër, nga pamja e Degës Ushtarake), të pambyllur nga brenda, pas orës së fundit të mësimit. Rreth orës 23:00, në mënyrë shumë të organizuar, duke vendosur roje rreth e rrotull, disa prej nesh futeshin brenda në shkollë, shkonim te dhoma e mësuesve (që ishte përballë bustit të P. N. Luarasit), merrnim regjistrat përkatës, sipas listës së nxënësve që na thoshte Ll., dhe me stilograf me bojë "pelikan", u shtonim midis 4-ve e 5-ve të tyre nga dy nota, nga një 6-të e 7-të. Disa prej nesh ndërronin edhe ndonjë detyrë me shkrim që kishin bërë jo saktë në klasë gjatë ditës e pas 1 ore kishim mbaruar punë e shkonim në dhomat e gjumit. Kjo u bë 3-4 herë në vit. Njëherë jemi trembur shumë sepse duke dalë në korridor, papritur ra kambana e orës së shkoi mesnatë dhe ajo binte 12 herë, për ata që e mbajnë mend. Në fillim na u mbajt fryma e gati sa nuk ramë përdhe nga frika, por pas pak e kuptuam se ishte ora dhe vazhduam rrugën. Për fatin tonë nuk u kapëm asnjëherë, ndërsa disa të tjerë që vepronin si ne, pas largimit tonë nga gjimnazi, u kapën dhe u përjashtuan me nga një vit nga shkolla. Ndoshta nuk duhej të vepronim kështu, por ama dikë kemi ndihmuar.

INTERMEXO 3

DIANA: *Më kujtohet që kur më mpihej këmba, nëna ma prekte lehtë me pëllëmbën e saj dhe këndonte: "Këtu mpi, këtu çmpi; këtu lesh e kakërdhi; këtu shkojnë deshtë, këtu lajnë leshtë…". Pas dy-tri herësh të kësaj kënge sigurisht që këmba ishte çmpirë vetvetiu. Ajo ia atribuonte "këngës magjike" ama. Madje nuk harronte të thoshte: "Pa lëvize tani!".*

VALBONA: *Pastaj vazhdonte kështu: "Këtu shkon çoban me dhi"…*

SOKOLI: *Me sa mbaj mend edhe unë, kaq ishte.*

MERIELI: *E fortë kjo, edhe mua më kujtohet.*

SOTIRAQI: *Nëna ime u thoshte kështu gishtërinjve, duke filluar nga i madhi: shtypësi i morrave, budallai i shokëve, i bukuri i unazës, bytha e pulës (për gishtin e vogël që shikonte për vezën).*

ROLANDI: *I dyti është "lëpirësi i enëve".*

SOTIRAQI: *Cili ishte i dyti? Landi, thuaji të pestë.*

ROLANDI: *E korrigjova Raqi.*

VANGJELI: *I dyti ishte "lëpirësi i enëve".*

DIANA: *Ja ta fillojmë edhe njëherë: kici- mici i nënës ishte për të voglin, i bukuri i unazës për gishtin e unazës, budallai i shokëve për gishtin e mesit, lëpirësi i pjatave për gishtin tregues dhe i fundit shtypësi i morrave edhe i pleshtave… Iiii, ky i fundit ka mbetur pa punë!*

VANGJELI: *Renditja është kështu: shtypësi i morrave, lëpirësi i enëve, budallai i shokëve, i bukuri i unazës, i bythës së pulës.*

SOTIRAQI: *M'u kujtua: shtypësi i morrave, lëpirësi i poçeve, budallai i shokëve, i bukuri i unazës dhe bythë e pulës.*

DIANA: *Jo, gishti i vogël quhej kici-mici i nënës... bythë e pulës, siç i thoni ju, s'ka kuptim. Nëse është ashtu, atëherë i mungon diçka. Si do të thuhej, "gishti i bythës së pulës"?*

SOTIRAQI: *Ka kuptim që ç'ke me të, unë e kam provuar vetë kush e kishte vezën nga pulat.*

DIANA: *Nuk thashë për atë, thashë për fjalët... diçka mungon.*

ROLANDI: *Kishte edhe një tjetër: Onoma, donoma, tri i feri kukuferi, syri i zi si qershi, hazbi, kaci, këtë lëre, këtë hiqe, ndër filiqe!*

VANGJELI:*... këtë nxirre në filiqe.*

DIANA: *Onomona, donomona, tri i feri kukuferi, syri i zi, si qershi, merr një, hiq një... Këtë e thoshim kur luanim me pore-fic? Ajo loja me guriçka dhe me gishta të hapur. Kalonim gurin midis gishtave, pastaj duhej ta hidhnim pa prekur në mes dy gishtave të ngritur nga bari si në formë "porte".*

ROLANDI: *Edhe unë e kam dëgjuar për gishtin e vogël "kici mici i nënës".*

SOTIRAQI: *Onomena donomena, tri isej qiqirej, zoti kona perpelica, syri i zi si qershi, këtë kalle, këtë hiqe, këtë fute ndër filiqe.*

DIANA: *Kjo e Raqit tingëllon si më e saktë. A kanë ndonjë kuptim këto fjalët e para në ndonjë nga gjuhët e njohura?*

VALBONA: *Më kujtohet ajo loja që luhej me dy dhe më tepër persona. Njëri nga lojtarët fillonte fjalët e lojës që na tingëllojnë akoma edhe sot të çuditshme: Elelem, belelem, tre kutiçka me kalem, arma, gjyrma, tingli, fingli, esh, bresh po këndes. Gishtin ku binte fjala "këndes" duhej ta mblidhje duke e fshehur nga poshtë. Sa jam lodhur t'i përkthej disa nga fjalët që i kemi përdorur në këtë lojë.*

MIMOZA: *Këto të bëjnë shumë për të qeshur kur i lexon kështu njëra pas tjetrës. Po vërtet duhet të përkthehen në një farë mënyre. Nuk e kisha menduar më parë. Thjesht i kam dëgjuar dhe jam përpjekur t'i mbaj mend.*

Nga lapidari

DIANA: Rruga që dilte nga sheshi për në anën jugore të qytetit quhej edhe rruga e Taçit, por ne më së shumti thoshim "nga lapidari", sepse në skajin jugor qyteti përfundonte me dy varreza: varrezat e qytetit në anën e djathtë të rrugës, kur dilje nga Erseka, si dhe Varrezat e Dëshmorëve në të majtë. Në këtë anë ishte edhe një lapidar i lartë, që dallonte prej së largu. Nga sheshi deri te lapidari, në të dy anët e rrugës vijonte një varg me pallate në katet e para të të cilave ishin klube, dyqane dhe pika shërbimesh. Pastaj vinte ndërtesa ku në atë kohë ndodhej Shtëpia e Kulturës, Shtëpia e Pionierit dhe Biblioteka. Më tej dhe i spostuar nga rruga ishte spitali, që pasohej menjëherë nga reparti ushtarak, i cili ishte në një sipërfaqe të madhe i rrethuar me tela. Më tej, por përpara se të shkoje te varrezat, ishte edhe stadiumi i qytetit. Në po atë zonë ndodheshin edhe disa ndërmarrje si ajo e përpunimit të farave. Aty ishte edhe ajo që i thoshim fusha e druve.

Radha për akullore

DIANA: Më kujtohet pastiçeria ngjitur me Klubin e Madh. Në pastiçeri shiteshin kryesisht gjëra të ëmbla dhe cigare: kulaç pesë lekësh (të bardhë ose me një lloj shtrese sheqeri) gurabije, llokume, petulla, karamele. Mbaj mend Vasilikën, për të cilën këndonim edhe një këngë që përfundonte me fjalët "...Vasilika bën kafe...". Në fakt, Vasilikën nuk e pashë të bënte ndonjëherë kafe. Akullore, po.

Më kujtohet makineria e bërjes së akullores. Ishte një përzierës metalik që e bënte atë të shkretë akullore ngadalë e për merak. Më rastiste ndonjëherë të shkoja në pastiçeri për akullore pikërisht kur Vasilika sapo do të fillonte akulloren e re (shumë e mërzitshme pritja, sidomos kur të hahej akullore!) dhe rrija atje e shihja të gjithë procesin: një enë shumë e madhe ku ishte përzier qumështi dhe nuk e di çfarë tjetër, të cilën Vasilika mezi e ngrinte dhe e hidhte tek ena në formë cilindri ku bëhej akullorja. Ajo ishte thellë në banak, por mund të shihje një spirale metalike që rrotullohej e rrotullohej derisa qumështi fillonte e trashej e formohej masa e akullores. "U bë?" - pyesja unë me padurim. "Edhe pak...". Qejfi më i madh ishte kur Vasilika merrte një si lugë të madhe të sheshte dhe ndërsa helika që bënte akulloren vazhdonte rrotullohej, Vasilika e mbështeste spatulën pas kazanit të akullores dhe pas disa sekondash, kur ishte mbledhur goxha akullore, e nxirrte dhe e fuste në një prej cilindrave-kazanë që futeshin thellë në banak. Duhej të mbaronte e tërë akullorja që Vasilika të fillonte ta hidhte në kaushë: pesë lekë një akullore e vogël dhe dhjetë lekë një e madhe. Unë merrja dy akullore të vogla sepse vdisja për kaushët. Por më së shumti vetëm një. "I bëre paratë akullore", - ankohej mamaja duke më zgjatur pesë lekëshin. Nuk kishte kohë për t'u ankuar; e merrja dhe fluturoja tek akulloret. Ndonjëherë vija re se tim vëllai i jepte dhjetë lekë. "Po atij pse i dhe dhjetë lekë?"- ankohesha. "Nuk kisha të thyera",- thoshte ajo ose: "Uuuu, shikon ti, ja ku paskam një pesë lekëshe… Na. Iku. E sheh ti!" Dhe kur unë e shihja me qortim apo inat, ajo shtonte pa të keq: "Hë se ai është më i vogël".

OLI: Më kujtohen radhët e akullores. E di shumë mirë sepse kam mbajtur goxha radhë për të blerë akullore sepse kur vinin më të rriturit, edhe pse mund të kishe qenë në radhë e para, nuk dukeshe fare në mes të turmës me duar të zgjatura. Befas Vasilika thoshte që u mbarua akullorja dhe pastaj ose duhej të ikje ose duhej të prisje të bëhej akullorja tjetër. Unë preferoja të prisja. Atëherë Vasilika më thoshte: "Po ti më kërcure, nuk bleve dot? Rri këtu tani, të të shoh. Je e para këtë herë". Kur shkoja në shtëpi me vonesë, kuptohet, më duhej të dëgjoja edhe kritika.

DIANA: Më kujtohen ato ëmbëlsirat që i quanim hallvë-kocke. Një gjë katërkëndëshe pak si petashuqe. Sa shumë jemi qerasur një behar të tërë unë, Beni, Klara dhe se kush ishte tjetër!

BENI M.: I kisha harruar fare…sa të forta ishin! I mbaj mend që shiteshin të mbështjella me celofan dhe me zor kafshoheshin. Të ngjiteshin keq nëpër dhëmbë, por në fakt ishin shumë të shijshme. Nuk e kam idenë se si bëheshin.

Meqenëse ra fjala, më kujtohen kulaçet. Ne e dinim orarin kur vinte furnizimi dhe prisnim atje që t'i merrnim të ngrohtë.

Më kujtohet ashurja që vinte me bidon dhe që pastaj, Thomaidha, Vasilika apo Mybeja e hidhnin në ata tasat prej kauçuku. Unë, Diana dhe Klara ishim kliente të rregullta të pastiçerisë, pasi e kishim edhe shumë afër shtëpisë.

LIZA: Më kujtohet që përveç hallvës-kockë që e pëlqenim shumë bëheshin edhe disa ëmbëlsira në formën e bananes, me një ngjyrë midis portokallisë dhe rozës. E vërteta është që deri sa erdhën bananet në Shqipëri ne ato njihnim për banane.

Ato s'kishin asnjë lidhje as në forme, as në shije dhe as në ngjyrë.

SOKOL DUSHA: Akulloret që bënte Vasilika ishin shumë të shijshme. Le pastaj pastat dhe tortat që bënte punishtja e ëmbëlsirave. Po kështu ishte reçeli i qershisë i prodhuar nga N.G.P.

Më kujtohen arançatat e asaj kohe, që faktikisht ishin shumë herë më të mira se këto koka-kolat e sotme. Sallami që prodhonte Kita mbetet i pazëvendësueshëm.

MAJLINDA: Më kujtohet Turizmi. Punoja aty si kameriere, në katin e dytë. Shisnim kafe dhe ëmbëlsira, zakonisht për çifte. Gotat ishin prej kristali. Çdo muaj bëhej inventari i tyre dhe neve na mbaheshin lekët për gotat që "humbnin" pa u kuptuar. Një ditë shkova te një mik i familjes për kafe dhe pashë në bufe gotat e Turizmit. I pyeta se ku i kishin gjetur pasi vetëm Turizmi kishte nga ato lloj gotash. Mbeta pa fjalë kur më shpjeguan se sa herë që vinin, porositnin konjak dy herë. Kur iknin, njërën nga gotat e fusnin në xhep dhe kështu derisa u ishin bërë gjashtë gota. Dhe ne që paguanim sa herë që mungonin gotat.

VALBONA: Më kujtohet se kur punoja tek arançatat, çdo të shtunë pas pune shkonim te Turizmi për zupa dhe kasata.

MAJLINDA: Turizmi i Ersekës u ndërtua vonë. Është përballë shtëpisë së Sofikës.

SOTIRAQI: Pastiçeria ka qenë fantastike. Përveç Vasilikës, që ishte ikona e lokalit, aty punonte edhe Thomaidha, po aq e dashur me kalamajtë.

Dyqani démodé

DIANA: Kur nuk ishin ndërtuar akoma pallatet në krah të hotelit, kur shkoje në drejtim të Varrezave të Dëshmorëve, në të majtë ishin një sërë dyqanesh të vogla. Njëri prej tyre ishte përballë me pastiçerinë, ishte kinkaleria e xha Thomait, një burrë me trup të madh dhe vetulla të trasha, që kishte humbur familjen në masakrën që bënë gjermanët në Borovë. Mbaj mend që kisha dëgjuar historinë e jetës së tij të dhimbshme kur isha shumë e vogël dhe më kishte ardhur tmerrësisht keq kur kisha dëgjuar që vajzës së tij (gjithmonë sipas historive të Bertës) "ia kishte hequr vetë plumbin nga koka...". Xha Thomai e ruante atë plumb me shumë dhimbje, gjithmonë sipas mamasë sime. Mua ajo histori më kishte bërë shumë përshtypje. Mbaj mend që futesha në dyqanin e tij të vogël thjesht nga kureshtja për ta parë.

Më kujtohet dyqani me artikuj démodé. Aty bleva një herë disa lëkurë delesh të përpunuara, që më pas Nurihani, rrobaqepësja e talentuar e qytetit, i ktheu në një peliçe të bukur. Me kalimin e kohës, rrobaqepëset e qytetit në fillim i shtuan pak mëngët, pastaj i shtuan një copë stofi bojëkafe që të zgjerohej te gjoksi dhe më pas, kur unë shkova në fakultet, e sajuan që të dukej si xhaketë. Peliçja nuk prishej dhe nuk donte t'ia dinte nga vitet. Kur jetoja në Qytetin Studenti në Tiranë, dikush vuri me shaka një lajm që peliçja me pulla kishte dalë në shitje dhe shumë vajza më trokitën atë ditë në derë të merrnin vesh çmimin. Kjo më bëri të mos e vishja më pasi, pas aq shumë vitesh, më në fund e kuptova që me atë peliçe dukesha si dhia në mes të dhenve, gjë që nuk më ka pëlqyer kurrë. Kështu që për shumë kohë e hodhëm nga një krevat te tjetri në konvikt për t'u mbuluar. Ajo nuk prishej, pavarësisht se çfarë i punuam. Më në fund, Berta dikujt ia fali. E kujtoj gjithmonë jo pa buzëqeshje atë prodhim modest të grave punëtore e mendjearta të qytetit tonë të vogël.

LORETA NOTE: *Më kujtohet ai qyrk. E kam pas merak.*

SOTIRAQI: *Peliçen e Dianës e mbaj mend edhe unë.*

JULIANA V.: Kam pasur një palë këpucë të bardha e kujt nuk i thosha që i kisha blerë te dyqani démodé. Tani që i kujtoj, kanë qenë me qafa, me lidhëse dhe me majë të hapur dhe lëkura me vrima anash. Paskan qenë moderne, me pak fjalë. Në atë kohë kam qenë 3 vjeçe.

GRAMOSI: Dera e tretë nga e djathta ka qenë dyqani démodé, ku mamaja ime, Fato, ka punuar shitëse. Drejtor ka qenë Mazllemi. Më kujtohet shumë mirë ai dyqan sepse shkoja e ndihmoja mamanë çdo dite për ta mbajtur të pastër.

DIANA: Unë aty i blija këpucët gjithmonë, pasi kisha dëgjuar se ishin këpucë çeke (!). Teta Fato më thoshte: "Këto nuk janë për këmbën tënde, i ke të mëdha". Por unë përsëri i doja, sepse më dukeshin të bukura.

Më kujtohen një palë këpucë bojë qielli, që mbetën në kuti, sepse mua më shtrëngonin që kur i bleva dhe pastaj nuk i bënin askujt, derisa mamaja, më në fund, se kujt ia fali.

VALENTINA K.: E kujtoj edhe unë këtë vend sepse edhe unë kam blerë këpucë me stil të modës së viteve 1970 dhe metrazhe fantastike.

MANI: Më kujtohet që aty ku është hoteli, para ndërtimit të tij, mami i Raqit ka pasur një dyqan kinkalerie, që mbante një erë shumë të mirë. I thoshim dyqani i Polkës.

LAZI QIRJAZI: Më kujtohen dyqanet e xha Thomait e Koço Prodanit në atë anë të rrugës. Aty ishte edhe dyqani Pilo Cungës, si edhe dyqani i mishit i Petit. Në mes kanë pasur shtëpitë në katin e dytë Spiro Meksi e Çome Përdhiku. Aty kam shumë kujtime se rrija edhe unë me dy xhaxhallarët e mi, Sotirin e Paskalin. Në qoshe ishte këpucaria.

MANI: Tani m'u kujtua këpucaria në qoshe, ku punonte babi.

SOTIRAQI: Unë i kujtoj kështu, në fund fare ka qenë kinkaleria e sime meje, pastaj Dhos Kocoli që shiste manifakturë, Peti i mishit, Pilo Cunge dhe këpucaria, ku punonin Sotir Vogli, Peli Kosho, Vasili nga Rehova. Përballë ishte dyqani xha Thomait, Koços, Ferit Duros dhe në fund të rreshtit ku u bë baranga librari, ka qenë shtëpia e Mitraq Vodicës në s'gabohem.

LULI: Më kujtohet dyqani i Nafijes që shiste ushqimore me ata hambarët e vegjël me lopata të vogla e të thella prej llamarine. Xha Thomai shiste edhe bojë për të shkruar si dhe lëpirëse prej sheqeri që i sillte nga Korça.

SOTIRAQI: Më kujtohet dyqani i Shahinit me kacekun e famshëm, më duket sikur kujtoj edhe Xhemalin që punonte si çirak tek i ati.

"Pak të bollshme..."

DIANA: Më kujtohet rrobaqepësia e qytetit dhe më vjen ndër mend Nurihani, ajo grua paksa e shkurtër dhe e shëndetshme që rrinte në këmbë te banaku i rrobaqepësisë me një metër shirit të hedhur në qafe. Aty qepnim pantallonat, bluzat, fustanet dhe në përgjithësi çdo gjë që vishnim ne femrat. Më kujtohet për shembull që zakonisht në fillim të verës në mapo dilte një ose dy lloje basmash me metro. Më pas, pothuajse të gjitha copat e blera me metro shfaqeshin te xhamat e rrobaqepësisë: të mbledhura shtëllunga-shtëllunga, me nga një copë letër në mes, ku Nurihani shkruante emrin dhe përmasat dhe zakonisht bënte një skicë të vogël të modelit, që më së shumti nuk kishte rëndësi pasi modelet ishin pothuajse njëlloj (them pothuajse thjesht për të qenë në rregull teorikisht, pasi praktikisht, të gjitha modelet ishin njëlloj). Aty shkonim edhe kur na "rregullonin" rrobat e më të rriturve. Unë, kuptohet, shkoja me mamanë, që e porosiste vazhdimisht Nurihanin: "Nurihan, të jetë pak e bollshme...". Nuk e kuptoja shumë mirë pse mamaja thoshte ashtu (ndihej si një kërkesë shumë konspirative), por kisha një ndjenjë jo të mirë nga ajo porosi e mamasë.

Një herë, kur shkova të bëja provën e një fustani basme nga ato me katër copa në formë kove, me të prerë në mes, me rrip e me jakë në formë këmishe, vura re se ai më rrinte tmerrësisht i madh. Me gjysmë zëri i thashë Dhorkës apo mamasë së Berti Meksit, siç e quante mamaja ime: "Teta Dhorka, më duket se ky nuk është fustani im". Ajo vështroi emrin që ishte shkruar në një letër të kapur me paramandë te fustani dhe ngriti një vetull: "I yti është, i yti. Por mamaja jote e do pak të bollshëm që ta kesh edhe për beharin tjetër", - më tha. Ah, mama, mama! Unë kapa pjesën "e bollshme" të fustanit nga mbrapa dhe ndërsa shihesha në pasqyrë m'u duk se fustani dukej më mirë... "i pabollshëm". "A mund të ma bësh… tamam?"- i thashë pa e parë në sy. Ajo qeshi butësisht. "Tamam do të ta bëj kësaj here dhe çdo herë tjetër. Mamaja nuk ka çfarë të na thotë. Por edhe po na tha gjë, do ta marrim me të mirë". Unë u kënaqa shumë. Më shumë nga aleanca e fshehtë me teta Dhorkën sesa edhe nga vetë fustani. Edhe sot e kësaj dite kam një respekt të papërshkruar për ato gra punëtore dhe me fantazi. Nurihani më ka qepur fustane deri ditën që kam ikur nga Shqipëria dhe sado shtrenjtë mund të kem paguar për veshjet pastaj, asnjëherë gjërat e reja nuk më kanë shijuar aq shumë sa ato që bënin duart e saj.

ANILA: Më kujtohet Neta rrobaqepësja, e mbanin për më të mirën. Më ka qepur mjaft gjëra, por më i suksesshmi ishte një fustan me pala. Brenda ishin të bardha dhe jashtë ngjyrë jeshile e lehtë, një model që e kopjova nga Sabina, vajza e Gjyljanës, që e kisha shoqe.

VASIL P.: Më kujtohet sa shumë rol luanin miqësitë personale në atë kohë. Për shembull, ishte sfilitje e madhe të martoheshe në Ersekë. Duhej gjetur së pari ora e nuses, duheshin porositur unazat, këmisha najlon e bardhë, një kollare, pa le mishi, ushqimet e tjera… Ose për një fatkeqësi nuk mund të gjeje pa autorizim e mik as kafe për rastin e ngushëllimeve, pa le për të tjerat, siç ishte transporti publik. Asnjë nga këto nuk bëhej pa mik.

Ose më kujtohet që Erseka e Leskoviku ishin pa ujë të pijshëm të bollshëm, megjithëse ishin qytete në rrëzë të maleve e me burime të shumta. Më keq ishin në këtë drejtim fshatrat. Vetë sistemi sillte vështirësi të tilla. Kuptohet që sistemi nuk varej nga ne, por duheshin energji e vullnet, punë, lodhje e sakrifica nga të gjithë për t'i përballuar ato.

Ishte fakt që edhe Rehova vuante problemin e ujit të pijshëm, si shumë të tjerë. Ishte e papranueshme ama që ky fshat, që ishte në vetvete, burim furnizimi për të tjerët, të mos kishte ujë. Bëheshin mbledhje e premtime e prapë nuk bëhej gjë.

Më kujtohet një ditë kur do të shkonim së bashku me mikun tim të paharruar Ylli Kolasi në Tiranë për një mbledhje të përbashkët, me ne në makinë hipën edhe Paskal Mitre e Pirro Gjoshe. Udhëtimi me këta persona ishte shumë i kënaqshëm pasi të gjithëve na shkonte muhabeti me njëri-tjetrin. Unë nuk e dija se ku do shkonin ata dhe nuk pyeta, kuptohet për etikë. Arritëm në Elbasan e më tha i ndjeri miku im, Ylli: "Vasil, mendoj të rrimë 2 orë këtu në Elbasan, hamë edhe drekën, e vonë ikim në Tiranë". Mbledhjen e kishim të nesërmen, kështu që u ulëm në kafe te Turizmi, unë me Pirron e Paskalin, ndërsa Ylli me shofer Bilbilin dolën për të takuar një shok. Aty i pyeta pastaj se ku do të shkonin ata të dy.

- E di si është puna, - më thanë ata, - ne në mënyrë personale, me ndihmën e Yllit, kemi mundur të gjejmë ca tuba për ujësjellësin e fshatit, pa fonde, pa plan, por nuk e thoshim dot më parë se nuk e dinim nëse do të zgjidhej apo jo. Pas një ore vjen Ylli me një mikun e tij, elbasanlli, që quhej E.Ullorja. Ai i kishte zgjidhur të gjitha problemet, kishte gjetur tubat, mjetin "Saurel", punëtorët që do ta ngarkonin duke bërë kështu çdo gjë gati. Priste vetëm fjalën e Yllit që makina të nisej për në Rehovë. Përgjegjësia që mori miku i Yllit në këtë rast ishte e madhe e po të ndiqej çështja kishte shumë rreziqe. Por çdo gjë ishte bërë sikur parku i mallrave në Elbasan jepte ndihmë për Rehovën (që, në fakt, nuk kishte asnjë lidhje).

Më kujtohet që me këtë rast Pirro e Paskali nxorën pastaj "mjetet e rastit": një qengj të pjekur, raki, verë Leskoviku të zgjedhur e shumë më tepër.

Pazaropulli

SOTIRAQI: Më kujtohet një traditë e bukur që vazhdoi gjatë, por nuk e di deri kur, ishte panairi treditor që zhvillohej çdo shtator (quhej pazaropull, nuk di a jam i saktë) prapa bimëve medicinale apo te zyrat e komunales pranë luadhit të Cenos. Mbushej sheshi i kalldrëmtë me njerëz, bagëti, kafshë samari, rrangulla, rraqe, pajime e rroba gjithfarësoj. Të gjithë shisnin dhe blinin sende të njëri-tjetrit, me çmime të ulëta kuptohet. Nga soji ynë mbaj mend halla Filen që dilte gjithmonë për të shitur diçka. Ajo kishte pesë fëmijë dhe kryesisht nxirrte rroba. Njerëzit thërrisnin e bënin reklamë për mallrat e tyre. Nuk harroj batutat e evgjitëve që shisnin çikërrima: Hajde zilka, bilbilka, lugë e pirunj, thika, unaza, vathë, rruaza etj. Por ishte festë e vërtetë.

JORGJI: Pazaropullin e mbaj mend edhe unë. Ishte përballë qoshes së spitalit, matanë rrugës. Vendi ishte i shtruar me kalldrëm. Aty fshatarët shisnin prodhimet e tyre bujqësore e blegtorale, sidomos ditën e mërkurë, që ishte dita e pazarit. Në fund të pazaropullit, në krahun e djathtë, u ngritën ca mbajtëse të gjata betoni, që u mbuluan me çati me petavra, ku fshatarët shisnin prodhimet e tyre.

Ditët më të zhurmshme të pazaropullit ishin gjatë panairit që bëhej për tri ditë nga fundi i shtatorit. Në rreshtat e fillimit vendoseshin qytetarët që shisnin mallrat e tyre, kryesisht sende shtëpiake dhe veshje të përdorura. Atje kam shitur edhe unë rrobat e mia, që nuk më bënin më, pasi ato nuk mund të përdoreshin as nga motra se ishte gjashtë vjet më e vogël. Pjesa fundore e pazarit, ku skuqeshin kërnackat dhe shishqebapët, ku pihej raki, verë dhe birrë, ziente nga shosharët dhe starjellinjtë që bënin tramba me kuajt, pelat dhe gomarët. Duke u nisur që aty, fillonte drejt rrugës së Kodrasit, ku shosharët, me qylafë të bardhë mbi kokë, i ngisnin me galop jo vetëm kuajt edhe pelat, por edhe gomarët. Ishin esnafë për atë punë.

Por nga pazaropulli mbaj mend edhe një ngjarje mjaft të trishtueshme dhe të frikshme. Një ditë vjeshte, në fillim të pazaropullit, që pa gdhirë kishin sjellë një njeri të vrarë dhe e kishin shtrirë atje sa gjatë gjerë për ta parë qytetarët. Ai e kishte emrin Sabri dhe ishte nga fshatrat e Taçit. Siç thuhej, Sabriu kishte dashur të arratisej dhe në kufi e kishin vrarë ushtarët e kufirit. Viktima ishte rruar bukur, kishte veshur opinga llastiku të reja, një palë pantallona doku dhe një peliçe nga ato me beze të hollë ngjyrë blu nga sipër e të mbushur me pambuk nga brenda, të qepur vija-vija. Ijën e majtë, poshtë diafragmës, ia kishin lënë zbuluar qëllimisht: aty ishin katër goditje plumbi, paralele dhe aq të rregullta si cepat e një drejtkëndëshi. Aty qëndroi gjithë ditën, me sa duket për të trembur njerëzit.

VASILI: Më kujtohet vajtja ime në pazaropoll. Nuk isha më shumë se 5 vjeç. Shkova bashkë me gjyshin dhe me babanë. Më tërhoqën shumë gjërat që pashë aty. Ecja i habitur midis njerëzve, sendeve dhe turmës së kafshëve. Aty hëngra për herë të parë kërnacka nga Çome Perdhiku e Baçi. Era e tyre më vjen në hundë edhe sot. Mbaj mend që në krye të rrugës që hynte në pazaropull ishte ura e gurtë. Pas saj vinte menjëherë dyqani i Postol-kallanxhiut, që jetonte me Thinën, e ngjitur me të banonte mësuesi i vizatimit, i ndjeri Stavri Mullixhiu.

KIÇO: Pazaropulli fillonte çdo vit në datën 25 shtator, nuk kishte rëndësi se çfarë dite e javës ishte, dhe zgjaste tri ditë. Aty vinin fshatarë jo vetëm nga i gjithë rrethi i Kolonjës, por nga të gjitha rrethet e tjera më të afërta. Ato tri ditë ishin si festë e vërtetë për qytetin e Ersekës, pasi qyteti mbushej me njerëz, por sa e trishtueshme ishte mbasi mbaronte dhe njerëzit iknin, qyteti zhytej përsëri në zymtësinë e tij të zakonshme...

VALENTINA K.: Sheshin e kalldrëmtë ku bëhej pazar e kujtoj edhe unë dhe nuk e di pse e kujtova para ca ditësh, megjithëse kam qenë shumë e vogël.

ERMIRA: E kujtoj edhe unë, pazaropull quhej. E mbaj mend mirë dhe më vijnë para sysh edhe objektet që shiteshin. Ishte pranë ndërtesës ku shiteshin bimët mjekësore.

PAQO: Ne të gjorët në fshat mezi prisnim të na sillnin rrush nga zonat e Dangëllisë. Kapanin (pallancen) më duket se e mbante Xhako Çabej.

SOTIRAQI: Ali Caci bridhte fshat më fshat me një Karpat të bardhë për të shfaqur filma. Ka qenë një punëtor i jashtëzakonshëm, ikonë e kinemasë në Kolonjë dhe një njeri shumë i mirë.

PAQO: Mos! Shisnim vezë për të blerë një biletë 10 lekëshe për të parë filmin e radhës! Ali Caci, me atë qetësinë olimpike… Kur ndodhte që i këputej celuloidi, ne thërrisnim, por ai nuk kthente përgjigje. Qetë-qetë e rregullonte dhe veç kur riniste transmetimin.

Më kujtohet që kur vinte Zisi me karroceri të verdhë dhe të mbuluar në vitet e fillimit, ne sa nuk çmendeshim nga gëzimi. Vonë, kur edhe aparaturat erdhën, më të mira, ai mori Karpatin.

Pazaropulli mblidhte njerëz nga Dangëllija, Piskali, Leskoviku, fshatrat e Korçës… lloj lloj… Të gjithë shisnin e blinin gjithçka! Mbaj mend se aty edhe lidhej ndonjë krushqi me mbleseri. Krejt normale për kohën.

LILI: Mua fjala "pazaropull" më dukej sikur përkthehej në shqip si pazari i vorbullës, i rrëmujes por që "ll-ja" se ç'kishte një gjë të përbashkët me praninë e budallenjve.

Pazaropulli apo panairi bëhej në datat 25, 26 dhe 27 shtator. Por intensiteti binte pas drekës së datës 27. "Recitimi" vazhdonte me: krerë prej briri, urdhëroni ce u mbaruan (ce si pe Korçe).

"Ç'na bënë që na e mbyllën pazaropullin",- thoshte nëna ime. "Na qëronte qoshet e dollapëve nga vjetërsirat që të vjen keq t'i hedhësh". Edhe unë kam shitur në panair.

SOTIRAQI: Vezët që shiteshin ishin zakonisht të vjedhura te komshiu. Pastaj kishte edhe pula që e bënin vezën në furrik të botës.

LILI: Kam dëgjuar, por vetë nuk e kam parë, që Aliu kapte me gishtat e tij një përcjellës me rrymë kur ishte nën tensionin 220V dhe nuk ndjente asnjë shqetësim, pra lëkura e mollëzave shërbente si një izolues (?!).

DIANA: Kam pas menduar se fjala "pazaropull" vinte nga togfjalëshi "pazari i popullit" apo "pazar popullor". Kujtoj si nëpër mjegull që një herë kur isha shumë e vogël kisha shkuar aty me mamanë dhe babanë që donin të blinin, më duket, një shqerrë. Takuam një burrë që mbante një mushkë nga kapistra. Ndërsa ata bënin muhabet, vura re sytë e mushkës fare pranë fytyrës sime dhe u mahnita nga shprehja e tyre. "Do të hipësh?"- tha ai burri. Sigurisht që doja, por babi insistoi për jo ngaqë, siç tha ai: "Isha shumë e vogël dhe s'dija si të qëndroja mbi mushkë". Unë u mërzita dhe kur u ndamë fillova të qaja me zë. Kështu që u kthyem prapë. Më hipën mbi mushkë, që kishte mbi samar një qilim të kuq. Samari i mushkës m'u duk si pika më e lartë e Ersekës (y, sa qejf!), por kur ai burri i hoqi duart dhe mushka turfulloi, më kapi një frikë e tmerrshme, që më bëri të shtrëngohem fort pas flokëve të mushkës, e cila shfryu fort dhe lëvizi paksa me nervozizëm. Unë rrëshqita në njërën anë të saj dhe ajo në një lloj mënyre filloi të ecte ngadalë, si për t'u çliruar prej meje. Shumë njerëz u lëshuan me vrap për të më ndihmuar, me përjashtim të tim eti, që kishte ngrirë i zverdhur në mes të pazaropullit. Që atëherë mua nuk më morën më atje.

SOTIRAQI: Nuk e kisha menduar më parë etimologjinë e fjalës "pazaropull", por tani më duket se Diana ka të drejtë.

LILI: Më kujtohen gjithashtu "ilakate", ato krushqitë e pazaropullit. Ishin ato të shoshareve që unë u mbaj mend dhe çmimin, 20 000 lekë të vjetra i jepnin familjes së vajzës dhe ajo nuk kishte më të drejtë të kthehej në familjen e vet apo të takohej me ata.

ALBANA: Kurse për ne fëmijët e asaj lagjeje ky pazar ishte i mrekullueshëm, pasi kënaqeshim duke luajtur e ndonjëherë vidhnim edhe ndonjë vezë të fshatarëve të shkretë, i hapnim një vrimë në majë me një gozhdë dhe e pinim ashtu se ishte e freskët, pastaj e vinim sërish te koshi që të mos kuptohej hileja. Por qejfi më i madh ishte kur kapnim mizat e kalit e ua fusnim gomarëve poshtë bishtit. Të shkretët, fillonin të hidhnin vickla si të marrë.

Një gjysmë leku

DIANA: Më kujtohet që e vetmja gjë, që përfshinte në çmim edhe gjysmën e lekut në atë kohë, ishte pulla. Një herë, kur pullat ishin bërë dy lekë e gjysmë (të vjetra) unë shkova të blija një pullë dhe me vete kisha vetëm dy lekë (20 qindarka). Zonja që i shiste (nuk ishte Lumja) ma dha pullën edhe vetëm me 20 qindarka, por kur po e vija në zarf dhe vura re çmimin, thashë se më ra pika nga turpi. Më vinte po aq turp të shkoja në postë dhe të paguaja diferencën, kështu që një ditë e mora me të mirë mamanë që të kalonim andej të dyja dhe të blinim ca pulla të tjera, kështu që të paguaja edhe diferencën. Mamaja, si mamaja, nuk e kishte fare problem të më "nxirrte bojën". Sapo u futëm në postë, u tha atyre: "Më ktheu këtu për atë gjysmë lekun që ju ka mbetur borxh. Pale, po më tha që të blejmë edhe nja dy pulla të tjera". Unë u skuqa deri në rrëzë të flokëve dhe ato qeshën. "Kështu e bëre?" - i thashë kur dolëm. "Mos harro herë tjetër",- tha ajo pa iu dridhur qerpiku. "Nuk do të bëj estradë unë se ti nuk e ke mendjen në vend. Ishin ato se po të isha unë, nuk ta jepja hiç pullën". Ajo eci përpara dhe unë, si qen i rrahur, nga pas. Mamaja ishte kaq e drejtë dhe e dashur, saqë edhe kur "ma bënte borxh", unë nuk rrija dot e zemëruar. Kështu e kishte natyrën. Veçanërisht me mua, e kishte merak t'i vinte gjërat në vendin e duhur.

Më kujtohet koha kur bëheshin abonimet. Formalisht ato nuk ishin kurrë me detyrim, por besoj se kishte një lloj trysnie mbi njerëzit, si për shembull në format e një lloj obligimi profesional. Nuk jam e sigurt, por e di që ky ishte një shpenzim jo i vogël për buxhetin tonë, që përsëritej çdo gjashtë muaj. Ngaqë kishim në shtëpi edhe një hallë, që ishte mësuese, abonimet tona përmblidheshin në tituj të tillë, si: revista "Fatosi" dhe revista "Pionieri", që në vite u zëvendësuan me gazetën "Zëri i rinisë" (revista "Yllkat" do ketë filluar të botohej kur ne e kishim kaluar atë moshë se nuk mbaj mend ta kem parë nëpër shtëpi ndonjëherë) apo me "Shkenca dhe jeta"; gazetat "Drita", "Zëri i popullit" dhe "Mësuesi", një botim i trashë i quajtur "Shëndetësia popullore", revistat "Shqiptarja e re", "Në shërbim të popullit", si dhe një botim tjetër që quhej "Rruga e partisë". Këtë të fundit nuk e mbaj mend në detaje se nuk e kam lexuar ndonjëherë. Kuptohet tani pse mamaja ime fillonte fliste me vete kur vinte koha e abonimeve.

VALBONA: Mbaj mend teta Faton që ishte postiere dhe na i sillte në shtëpi.

OLI: Po, edhe unë e mbaj mend teta Faton kur na sillte kartolinat e Vitit të Ri me dhjetëra e ndër vite bëheshin shumë e më shumë. Ua hiqnim pullat dhe i bënim koleksion; lojë e preferuar për ne.

Mbaj mend im atë m'i qepte revistat sipas radhës, që të mos i humbnim dhe koleksioni i tyre bëhej si një libër. Pasuri e madhe për ne në atë kohë.

DIANA: Më kujtohen këpucarët. Dyqani i tyre, i cili ishte dikur në fund të vargut të dyqaneve në krah të hotelit, kur ato u prishen, përfundoi te qoshja, poshtë pallatit ku jetonte Xhevdeti, drejtori i gjimnazit. T'i bëje këpucët apo sandalet me porosi ishte gjëja më e zakonshme e asaj kohe. Kur isha e vogël fare isha kureshtare të dija se si transformoheshin në këpucë ato copa lëkurësh e gomash pa ndonjë bukuri dhe me një erë që nuk durohej. Në fillim të merrnin masën e shputës së këmbës, pastaj zgjidhnin kallëpin, pastaj llojin e lëkurës e modelin. "Ka ardhur lëkurë e mirë....". Pastaj pritej lëkura. Shihja duart e këpucarit që e shtrinin lëkurën mbi kallëp dhe mundohesha ta përfytyroja se kush do t'i vishte ato këpucë. Aty punonte njëri nga djemtë e Ruçove, që nuk fliste. Ishte shumë inteligjent dhe punëtor.

Mbaj mend që për mbrëmjen e maturës i çova një copë letre që e pata prerë nga një revistë italiane e kohës (diçka e rrallë për ne) me një model sandalesh të bardha me rrip në qafë. Duket që modeli i pëlqeu, pasi i ndritën sytë kur e pa. Ma bëri me shenjë të vija të nesërmen. Kur u ktheva të nesërmen, rripat e bardhë ishin gati. Duhej bërë lidhja. Ai m'i zgjati dhe ma bëri me shenjë që t'i lidhja. Unë ngrita krahët: Nga ta dija se si?! Pastaj u munduam të dy një copë herë derisa më në fund modeli ynë u duk si sandalet në copën e letrës. U kënaqëm të dy. Ato sandale i vesha në mbrëmjen e maturës. Pastaj i mora edhe kur fillova fakultetin në Tiranë. Kaluan vetëm pak muaj dhe të njëjtin model, por me material igeliti të zi, e prodhoi në seri fabrika e këpucëve në Gjirokastër.

LILI: Më kujtohet që në vitet '70-'80 kishte dalë një modë e të bërit të këpucëve me "mbrapshtina". Nëse kishe një palë këpucë që nuk u ishte konsumuar pjesa e prapme, i ribëje me çmimin 720 lekë te porosia.

Nëse kishe qafa çizmesh, policësh apo oficerësh, i bëje si këpucë me qafa, ose çizme të shkurtra. Po t'i porositje në Korçë (sepse në fillim atje porositeshin), duhej të thoshe: "Do porosit te "psidhjet" një palë çizme të shkurtra ose këpucë". Fjala *psidhje* kishte lidhje me ripërdorimin e materialit.

SOTIRAQI: Unë kam mbajtur disa palë të tilla. Ndonjëherë vishja edhe këpucët që m'i linte Caci apo Dhori.

ALBANA: Më kujtohet që unë, në atë kohë, banoja te pallati sipër këpucarëve. Ndryshe e quanin edhe pallati i orëndreqësve, ku punonte xhaxhi Koli Mitre, Nasi e më vonë edhe Alma. Përballë kishim spitalin e qytetit me ata plepat e mëdhenj përpara, që nga fundi i pranverës lëshonin një pambuk të butë me të cilin e shtronin krejt rrugën si një qilim. Pallati ynë, si gjithë pallatet e tjerë të qytetit, ishte gjithmonë plot fëmijë. Kur luanim ne, pallati dhe sheshi rrotull gumëzhinin si zgjua bletësh. Kam në mendje shumë kalamaj të lagjes, si Gjergji, Ardi, Sandri, Sabina e Genci, Genta e Toni, Jolka, Eva e Mandeta e vëllai që s'po më vjen emri, Albana, Eda e Arlindi, Licja, Rovena, Klevi e Monda, Suzi e Leandri, Vangji e Pirro e Gentiana Misha, Vangjushi, Vini Rushi e motra bukuroshe, Tani, Beni e Lili Male. Çfarë skuadre bënim kur luanim me ata të pallatit të mishit, që quhej kështu pasi aty ishte dyqani i mishit ku shiste Pirro.

Bana e Xhemailes

Albana: Qyteti ynë nuk m'u bë kurrë i mërzitshëm. Ky ishte qyteti ku flinim me dyert hapur, ku luanim gjithë ditën nëpër të gjithë qytetin, boll që për darkë të ishim në shtëpi; qyteti ku shkonim e vinim në shkollë vetëm, pa na shoqëruar njeri. Më kujtohet se ai qytet më dhuroi duartrokitje e dashuri që në momentet e para. Isha e vogël atëherë e shkonim në kopshtin me drekë që ndodhej në lagjen e kishës përkrah shtëpisë së Raqi rrobaqepësit. Ishim një grup shumë i mirë. Gati të gjithë këndonim në atë brez. Kujtoj shoqet e mia, Entela Karafili, Monda Dhimo, Albana Kristo e plot fëmijë të tjerë. Shpesh vinte një komision ekspertësh e na dëgjonin. Mua më pëlqyen dhe u propozuan prindërve të vazhdoja klasën e parë në Liceun e Korçës. Por meqë isha vërtet e vogël, mamaja ime, kuptohet, nuk më la. E njëjta gjë u përsërit edhe në klasën e pestë. Mamaja sërish e refuzoi duke i dhënë jetës sime muzikore një drejtim të padëshiruar për mua. Kështu më ngeli vetëm kënga e zëri; ato i komandoja veç unë.

Më kujtohet që periudhat e festivaleve ishin shumë të preferuara. Muaj përpara, çdo kompozitor zgjidhte këngëtarin e preferuar e fillonte një farë harmonie si ato cicërimat e zogjve në një pyll. Puna ishte e gjatë dhe e lodhshme pasi përkrah provave vazhdonte njëkohësisht edhe shkolla e detyrat. Unë kam bashkëpunuar me Koço Telon, njeriun e palodhshëm e zemërmirë nga Rehova, me Vangjel Priftin, gjithashtu i mrekullueshëm, me Aristotel Qirjaqin (Lelo), por më së shumti me Anesti Ruçon, një njeri me shumë durim.

Më kujtohet Ruzhdie Taka, mësuesja ime e preferuar, e cila na ndiqte edhe në provat e mëtejshme, më luante pjesën në piano ose në fizarmonikë.

Në përgjithësi mua më pëlqente të dëgjoja disa nga kompozitorët. E bëja këtë paksa në fshehtësi, sepse më vinte keq dhe rëndë, pasi e dija që kjo i lëndonte pak ata pasi mezi prisnin të fillonin bashkëpunimin. Nganjëherë mund të zgjidhje edhe dy këngë, pasi një mund ta bëje edhe duet. Ndërkohë, me këngën që zgjidhja dashurohesha qysh në momentin e parë. Madje qysh në atë moment e dija se cila prej tyre do të më jepte fitoren. Isha ambicioze e shumë energjike dhe e vija krejt veten në funksion të interpretimit të tyre. Pasi zgjidheshin këngët, fillonin edhe provat e para në Pallatin e Pionierëve, te salla e vogël. Në fillim bënim prova vetëm me kompozitorin. Ndërkohë, kori e orkestra punonin te salla e madhe te teatri i kukullave, që ishte përballë me bibliotekën. Pasi e kishim fiksuar muzikën dhe tekstin lidheshim me orkestrën e korin. Ndërkohë, regjisori Paskal Prifti punonte me konferencierët, Caci, Tomi, Vjollca, Silvana dhe vitin e fundit edhe unë, pasi ishin lodhur duke më dhënë çmime.

Kur të gjitha përgatitjet ishin gati fillonin provat në kinema. Portier ishte Sadiku, që ne me shaka, ngaqë e kishim frikë e quanim Sadik automatiku. Edhe pse ishte zemërmirë, ai na bërtiste se kishte frikë mos na ndodhte diçka pasi ndërkohë që bëheshin provat, neve ku nuk na gjeje nëpër kinema. Ai vend ishte për ne mister i madh, a thua se kushedi ç'do të zbulonim. Në ditët e fundit orkestrës i bashkoheshin edhe orkestrantë që vinin nga liceu i Korçës. Në atë kohë atje studionin edhe shumë nxënës të talentuar nga Erseka, si Rina, Arti, Harizi, Eva, Leksi etj. Në orkestrën tonë ishte Mondi, Gjergji, Koço, Kici etj. Ndërkohë, të gjithë fëmijët e tjerë që vinin nga fshatrat bashkë me të ardhurit nga liceu vendoseshin në hotelin "Borova". Emocionet më shoqëruan kudo e çdo vit, por emocionet më të mëdha fillonin në tri netët e fundit të provave gjenerale.

Më kujtohet që Paskali na fuste tmerrin të gjithëve. Ishte i rreptë, por i palodhur. Bashkë me të ishte edhe Caci Rushi, komshiu im. Ditën e fundit vinte një komision nga Komiteti i Partisë. Duhej aprovimi i tyre dhe ata kontrollonin me imtësi gjithçka, që nga tekstet e këngëve, muzika, deri te veshjet tona. Atë natë provat bëheshin me dyer të mbyllura.

Më kujtohet që ne këngëtaret rrinim në dy dhoma nga të dyja anët e skenës. Prisnim në heshtje të na thërrisnim kur të ishte radha jonë. Në mes të skenës rrinte kori i fëmijëve në një podium me disa shkallë e para tij, në nivel me sallën, vendosej orkestra. Më kujtohet se si shihnim pas perdeve derisa mbushej salla. Perdja nuk duhej të lëvizte se ndryshe Paskali bënte namin. Ato ditë ne këngëtaret rrinim të mbështjellë me shaje që të ruanim zërin. Dikë e shihje të rrufiste edhe ndonjë vezë të freskët se thoshin që bënte mirë për zërin. Mua Xhemal Shahini (iu prehtë shpirti në paqe!) më kishte mësuar të pija lëng qepe. Ishte ilaç. "Te bie pak erë goja, po zërin ta ruan si bilbil, o Albana", - thoshte ai me shaka.

Festivali zhvillohej në tri net; nata e tretë ishte për këngët më të bukura dhe çmimet. Konkurrenca ishte e fortë, unë kisha konkurrentë vërtet të mrekullueshëm e shpesh lufta ime për vendin e parë ishte me Eduart Shuaipin, Rajmonda Jotin, Doko Mailin. Por sido që të bëhej kurrë nuk dola pa një nga tre çmimet e nderit. Ditët e festivalit salla mbushej plot, aq sa shpesh njerëzit uleshin edhe te bordurat që ndodheshin anash sallës, që ishin të mbuluara nga disa perde të rënda jeshile; te ballkoni i vogël poshtë uleshin përfaqësuesit e komitetit e sipër kishte edhe një ballkon ku rrinte publiku e secili nga ne që ishim pjesëmarrës kishte ftesa që shpesh jua jepnim edhe miqve, përveç familjes. Në ato tri ditë, i gjithë qyteti ishte një sallë festivali. Ishte kënaqësi të dëgjoje se si djemtë fërshëllenin këngët. Ishte edhe më shumë kënaqësi kur ata fërshëllenin këngën tënde.

Kënaqësia më e madhe ishte kur plot me emocione dilja para publikut, që dëgjonte në heshtje absolute ndërsa unë përpiqesha të hyja në çdo zemër e të bëhesha një me frymëmarrjen e tyre. S'kishte lumturi më të madhe sesa kur kënga mbaronte dhe fillonin duartrokitjet pafund që të ftonin të rikthehesh në sallë edhe disa herë. Ky ishte e ngeli për mua publiku më i mirë e më i drejtë në botë, që kalon edhe çdo kritik arti apo muzikant.

SOTIRAQI: *Mbaj mend shumë mirë kur këndonte Albana, ka qenë vërtet lidere e fatosave e pionierëve këngëtarë.*

DIANA: *Kur ishte e vogël, Albana apo Bana e Xhemailes, siç e thërrisnim ne, ishte shumë energjike dhe çapkëne. Mund të bisedoje me të si me një të rritur sepse jo vetëm kuptonte mirë, por ishte edhe shumë dinjitoze. Një pasdite, mua më ngarkuan detyrën të shkoja ta merrja Albanën në kopsht dhe ta sillja në shtëpinë tonë, ku do të rrinte një natë, nuk e di për çfarë arsyeje. Albana, siç duket, e dinte më parë se unë skenarin dhe po më priste. Mua më bëri përshtypje se më dha dorën si e madhe dhe ndërsa morëm rrugën për në shtëpi, më futi krahun. Pastaj më pyeti: "Di gjë, ku do fle unë? Se teta Berta ka thënë që do flemë bashkë". Ngrita krahët. E po, po të kishte thënë teta Berta! Pastaj arritëm në shtëpi. Babi im u ngrit të na priste, por Albana nuk para ia vari. "Mirëmbrëma Albana!" - i tha babi im. "Mirëmbrëma!"- tha Albana dhe shkoi e përqafoi. "Harrove se si u thuhet njerëzve kur hyn në shtëpi?- tha im atë për ta ngacmuar. Albana u skuq. "Jua kanë thënë në kopsht apo jo?" Albana tundi kokën. "Në të vërtetë, unë kam filluar te kopshti i ri dhe këtu nuk na i kanë thënë akoma",- tha si e zënë në faj. "Po unë me Dianën do të fle?"- shtoi sakaq e merakosur Albana. "Jo, jo, ty ta ka bërë teta Berta gati divanin. Do të flesh si princeshë", - tha babi im. Ajo vrenjti vetullat se e mori përgjigjen e tij si ndëshkim. "Po juve nuk ju kanë thënë aty në punë që të jeni të duruar me fëmijët e vegjël dhe të mos u jepni dënime të rënda? Se gabimet për njerëzit janë",- tha Albana në mbrojtje të së drejtës të saj për të fjetur në dhomë me mua.*

"Me mjek personal"

TAQO: Unë jetoja në fshatin Gostivisht dhe Ersekën e pashë për herë të parë kur isha 6 vjeç. Ishte mars i vitit 1953 dhe ato ditë kishte vdekur Stalini. Shkova në pazar me disa shokë me të rritur. Mua më kishin dërguar të blija një poç llambe, të cilin arrita ta çoja në shtëpi pa e thyer. Më bëri përshtypje pazari, godina e komitetit dhe monumenti me shqiponjë.

Më kujtohet që pastaj, në vitin 1957, fillova shkollën në Ersekë. Në verë bënim çdo ditë 14 kilometra në këmbë. Në dimër strehoheshim, sipas fshatrave, në dhomat e një godine njëkatëshe. Më kujtohen shokët, Fesali, Komi, Taqo i Cacit. Kilja, Loni i Ndrekos. Ushqimin na e dërgonin nga shtëpia një herë në dy-tri ditë. Të gjithë kishim nga një gavetë ushtrie dhe kryesisht hanim fasule. Në vitin 1958, godina u bë konvikt. Më kujtohet dita e parë në konvikt. Pasi hëngrëm drekën na mblodhën të gjithëve. Aty, në një karrige, u ulëm njëri pas tjetrit të gjithë djemtë. Na qethte berber Koço Zheku. Disa i qethi zero. Dëgjuam se ata paskëshin pasur "miza".

Më kujtohet drejtori Gaqo Baze me nënën e tij, e cila na merrte në dhomën e vetme në katin e parë të shkollës e na ngrohte ne konviktorëve.

Më kujtohet mësuese Dhorka, që Nuri Mollën dhe mua na caktoi përgjegjës të bibliotekës së shkollës.

Më kujtohet libri i parë që lexova: një novelë, të cilën e kisha marrë pa pyetur, te rafti i dajë Sotirit, titullohej: "Letra të padërguara". Më vjen për të qeshur sa herë e kujtoj që pas 60 vjetësh e gjeta të ribotuar nën titullin "Novela të zgjedhura". Tashmë po që është për moshën time.

Në vitin 1957, kur isha 10 vjeç, më shtruan në spitalin e Ersekës. Spitali ishte aty ku është sot poliklinika. Më kujtohet që te dera shkruhej

"Spitali Rural Kolonjë". Atëherë më çuditi fjala "rural". Mjek ishte doktor Deliallisi, i cili banonte aty ku sot jeton Sandri i Spiros. Më kujtohet edhe shoferi i Nys-es, i palodhuri Gjika.

JORIDA: *Më kujtohet që kur ka qenë i vogël im vëlla vuante nga një sëmundje shumë e rrallë (që unë as sot e kësaj dite nuk ia di emrin), që i jepte dhembje të padurueshme barku. Mbaj mend që doktor Taqo u bë si mjek familjeje pasi e thërrisnim në çdo kohë për vëllain, të cilin ai vinte dhe e vizitonte në shtëpi.*

DIANA: *Dr. Taqo, me të cilin kemi rritur fëmijët dhe buzëqeshja e ëmbël e të cilit na mbante ngrohtë zemrat kur shpirti na dridhej edhe nga një kollë e rëndomtë e tyre.*

MIMOZA: *Doktor Taqon, edhe tani që fëmijët tanë po bëhen të kenë fëmijët e tyre, e pyesim akoma edhe që këtu në mërgim.*

NAIM SHTYLLA: Spitali i Ersekës në vitet kur unë kam punuar atje (1969 - 1974), por edhe më vonë, ka pasur një kolektiv të mrekullueshëm. Të përkushtuar deri në sakrifica në punën e tyre, të aftë profesionalisht dhe tepër humanë.

LEANDËR PRIFTI: Më kujtohet spitali i Ersekës, ndërtesa e të cilit ishte përballë shtëpisë time. Nuk e di në cilin vit është ndërtuar, por di që shumica punimeve ishte bërë nga mjeshtër korçarë. Spitali mbeti kampion i pastërtisë për shumë vite. Ishte një spital ku gjithçka funksiononte dhe sidomos kaldaja. Sado acar të ishte në Ersekë, spitali do të ishte gjithmonë i ngrohtë. Më kujtohet ajo aroma karakteristike kur futeshe në spital, diçka midis aromës së alkoolit dhe narkozës, përzier me aromën e gjellëve që vinte nga kuzhina e spitalit.

Më kujtohet plejada e doktorëve të asaj kohe, që unë u thërras akoma "xhaxhi". Na dukej normale që kur ishim të vegjël e sëmureshim, në vend që të shkonim në spital, ata vinin e na shihnin në shtëpi. Më kujtohen Shupja dhe Polja.

JORIDA: Më kujtohet kur hoqa bajamet dhe mishin e huaj nga hunda. Kam qenë 5 vjeçe dhe nuk më bënë mpirje. Më kujtohet që dy infermiere më mbanin duart ndërsa kirurgu kryente procedurën. Unë nuk lëvizja. Lotët më rridhnin vetvetiu nga dhembja, por nuk nxirrja asnjë zë. Pas operacionit më bëhej qejfi kur doktorët i thoshin mamit dhe babit se sa vajzë trime që kishin.

Më kujtohet që deri sa hoqa bajamet, nuk mbaj mend të kem dalë në ndonjë foto kur nuk kam qenë e sëmurë. Juliana: Unë mbaj mend që

s'e merrte njeri përsipër të m'i hiqte bajamet duke qenë fëmijë shumë i
vështirë. Shpëtova ama, i kam akoma.

VALENTINA C-K.: Operacioni i parë në Ersekë për bajamet është kryer
nga doktor Loni Dhoni dhe unë isha pacientja e parë e tij.

PAKUA: Më kujtohet që shtëpinë e kisha në një pallat ngjitur me spitalin.
Kur atje filluan gërmimet, Xhemali i Shahinit gjeti një unazë floriri.

SILVANA: Mua më kujtohet që, edhe pse babin e kisha dentist, dhëmbët
m'i kishte marrë në patronazh vetëm dr. Berti.

VASIL P: Më kujtohet se njëherë, kur isha në Barmash te prindërit e mi,
me pushime, m'u sëmur djali i vogël, që u bllokua nga laringjiti. Iu rrit
temperatura, u skuq e nuk po merrte dot frymë. Lajmërova në spitalin
e Ersekës dhe ata nisën ambulancë. Ishte një "Varshavë" me shofer
Lulakun, siç i thërrisnin me dashamirësi Raqit të autoambulancës. U
nisëm me urgjencë për në spital. Rruga ishte skandaloze. Në Borovë, djali
pothuajse humbi ndjenjat e unë e Nasta filluam të qanim se menduam se
e humbëm djalin. I thamë Raqit: "Kthehu Raqi, sepse ne këtë fat patëm!".
Raqi nuk na i vari, por vazhdoi rrugën për në spital me aq sa i mbante
gazi. Për 10 minuta arritëm te dera e spitalit, ku na priste doktor Loni.
Nën kujdesin e tij morëm më në fund frymë të lehtësuar.

Më kujtohet që për çdo problem që kishin fëmijët, e thërrisja Taqon
në çdo kohë. Dhe ai, siç kisha konstatuar, ishte i tillë me të gjithë.

VANGJELI: Më kujtohet si i quanim doktorët e kohës: Niko kirurgu,
Thomai i zemrës, Loni i bajameve, Pirro dhe Luani i grafive, Taqo e
Jorgji i fëmijëve, Fluturaku i të mëdhenjve, Pirro i Leskovikut, Leoni
zemërmiri, më besniku në betimin e Hipokratit para Apollonit.

SOKOL: Mjekët e Ersekës punonin shumë, por peshën më të madhe e
mbante kirurgu, që përballej me shumë situata. Babain tim, Ahmetin,
që vuajti rreth dyzet vjet nga ulcera, e ka operuar dr. Niko që në '86-n.
Operacioni doli më sukses, por ai kurrë nuk mbajti peris, duhanin dhe
alkoolin e vazhdoi deri në fund të jetës.

PAQO: Më 16 tetor 1972, para se të mblidheshim të gjithë për të ngrënë
darkën në konvikt, duke luajtur me M.Y., një shok klase, veç kur u
rrëzova dhe u dëgjuan një "krau"! Bërtita me të madhe: "Këmba...
këmba...". Lotët më shkuan çurk. Asokohe edhe fizikisht isha një djalë
i vogël, imcak. Menjëherë dy djem të vitit IV, Taqo Xhoga dhe Mili
Thanasi, më morën përkrahësh dhe, duke çaluar, në një këmbë e duke
u varur pas krahëve të dy më të rriturve, përfundova në spital. Dr. Naim

Shtylla më vizitoi dhe tha se kisha thyer një nga dy kockat e kërcirit. Më kujtohet që gjithë natën vetëm kam qarë, pa mbyllur sy nga dhembjet, krejt i vetëm. Më e keqja, aparati i radiografisë ishte me defekt, kështu që, nën kujdesin e një infermiereje (më duket se quhej Dallëndyshe dhe ishte nga Novosela) me ambulancë më çuan në Leskovik. Të nesërmen, një tjetër torturë kjo, por fjalët e saj qetësuese e të ëmbla ma lehtësuan dhimbjen e torturën nëpër atë rrugë gjithë brigje e gropa! Më pas, diku nga ora 18:00, pasi kishin kaluar 24 orë, Jakup Balla dhe infermieri i kirurgjisë më vunë këmbën në allçi, pasi më torturuan përsëri për të çuar kockën në pozicionin e duhur. M'u desh që të mungoja në shkollë deri pas pushimeve të janarit.

HURMA GUMAJ GÖBEL: Më kujtohet që pas spitalit vinte reparti ushtarak. Atje ishte një litar i trashë i lidhur midis dy shtyllave prej druri ku ushtarët bënin stërvitje. Ne ishim një grup fëmijësh që shkonim për t'u kolovitur. Nëse na shihte, roja e repartit vinte dhe na përzinte, por sapo ikte ai, ne futeshim prapë poshtë telave dhe vazhdonim kështu me orë të tëra.

Më kujtohet se kur banoja te pallati te kisha, bashkoheshim shumë vajza (Loreta, Shazia, Afërdita, Vera) dhe bënim festivalin e këngës. Jepnim madje edhe çmime.

Erseka është qyteti ku kam kaluar fëmijërinë; pak pasuri, por shumë njerëzillëk.

DIANA: *Mbaj mend sa shumë më pëlqente emri Hurma; disa herë jam ankuar se përse unë nuk quhesha ashtu. Gjyshi më sqaroi që ata kishin vendosur të më thërrisnin Kumbull (dhe ashtu ndodhi, në shtëpi shpesh më thërrisnin Kumbull). "Nuk lejohet më shumë se një emër se pastaj ngatërronim njerëzinë",- tha ai. Vetëm më vonë e kuptova që hurma ishte edhe frutë. Për mua mbetet një emër i bukur.*

MAJLINDA: Më kujtohet mëhalla e qumështit, aty ku shitej qumështi çdo pasdite.

DIANA: Më kujtohet që qumështin e merrnim në dy shishe prej qelqi një litërshe me tapa plastike. Në familjen time kjo ishte një histori e përditshme. Mbaj mend gjithashtu që shishet mezi laheshin me një furçë me bisht të gjatë prej teli. Kur kthenim shishet bosh, tapat plastike me ngjyrë blu, të bardhë apo të kuqe i mbanim dhe ua vinim shisheve të mbushura. Gryka e tyre ishte shpesh e ciflosur dhe nuk kuptohej nëse ciflosja ishte e re (mos ka rënë gjë në qumësht?) apo e vjetër. Për këtë arsye, qumështin e kullonim dhe pastaj e zienim deri sa ngrihej ajka.

Këtë punë e bënte në përgjithësi nëna, e cila, siç duket, nga eksperiencat e saj të mëparshme, i kuptonte edhe "hiletë" me qumështin. Ndonjëherë ankohej: "E paskan bërë ujë fare sot!" "Kush?" - pyesja unë kureshtare. Ajo se ç'murmuriste. "Lopët, lopët..." - ia mbulonte babi "gafat politike". "Nuk kanë ngrënë siç duhet". Ndonjëherë qumështi edhe pritej. Nëse kjo ndodhte vetëm te ne (ngjarje e rrallë!) nëna rrinte gjithë ditën pa folur, por nëse i ndodhte gjithë qytetin, ajo turfullonte: "Sot do të hani çaj". Dhe me inat shtonte: "Nuk i lajnë mirë kazanët". "Po çaji nuk hahet... ai pihet",- i thosha. "Sot do të pini çaj pra... Moj, ti më ruan llafnë mua?"

Pastaj, gjithmonë, dikush do të na kujtonte të ulnim zërin sepse "e kishim shtëpinë në mes të rrugës". "Kush ia gjeti këtë shtëpi mb'udhë djalit tim!"- ankohej ajo herë pas here, duke lënë të nënkuptohej se timbri i mprehtë i zërit tim përbënte problem për dinjitetin e familjes!

VANGJELI: Më kujtohet kur zinim radhën për të blerë qumësht te Beharja. Me mjete rrethanore të dukshme e të dallueshme: mbi një gjysmë tulle vinim një letër ku shkruanim emrin dhe sipër i vendosnim një copë guri që të mos e merrte era. Rrinim derisa të vinte ai tjetri, B-ja. Kur vinte B-ja i thoshte C-së që para tij ishte A-ja, unë, e në mënyrë ciklike deri tek i fundit, si te personazhet e Franc Kafkës.

Ishte kënaqësi e madhe kur merrnim shishen e fundit të arkës së fundit ose mërziteshim kur na vinte radha e Beharja thoshte: "Qumështi mbaroi". Iknim në shtëpi pa përfunduar detyrën. Radha zihej në të dyja anët e shitëses: burrat në të djathtë dhe gratë në të majtë.

Më kujtohet një ditë erdhi Azizi hidrauliku e u fut pa radhë e mori qumësht. Beharja i dha se ai e meritonte se rregullonte defektet në çdo shtëpi, por njëra nga gratë u ankua. Azizi i tha: "Unë respektova radhën moj shoqe, një i bardhë e një i zi...".

ALBANA: Më kujtohet që më çonin gjithmonë të mbaja radhën pasi isha më e vogla. Më pëlqente kur mbaja radhën e qumështit te dyqani i Fadiles dhe i Behares. E zinim radhën që shpejt duke vënë si shenjë një kanoçe, shishe apo gur. Të parat ishin gjithmonë teta Xhukua (nga e cila kam pirë qumësht gjiri kur isha e vogël pasi mami më tregon se s'kishte) e teta Sosja Sadiku (nga e cila kam pirë edhe unë, edhe ime motër), pastaj vinim ne të tjerët. Ato uleshin e bisedonin shtruar dhe "ruanin radhën", ndërsa ne të vegjlit luanim vërdallë. Kështu, një rrugë e dy punë.

DIANA: Sosja më ka mëkuar edhe mua me qumësht. Këtë e di të sigurt, sepse herë-herë më ndalonte rrugës dhe pasi më pyeste për të gjithë, më thoshte: "Diana, Fidelin ta duash se e ke vëlla, keni pirë të dy, ja, nga kjo sisa ime; atë e vija në këtë anë dhe ty në anën tjetër. Bashkë u rritet". "E di, e di", - i thosha unë, por në fakt Fideli vetë as që m'i hidhte sytë e jo më të më bënte për motër. Sosja ishte një grua e rrallë, që rriti dhe edukoi shumë fëmijë. Ka qenë dhe mbetet një nga shembujt e mëdhenj të jetës sime për zemrën e saj të florinjtë. Siç më thoshte vazhdimisht mamaja: "Kur të shikosh Sosen në rrugë, të heqësh duart nga xhepat".

ALDA ÇAPOKU: S'më kujtohet emri i asaj plakës që e kishte shtëpinë mbrapa Komitetit të Partisë. Na çonin mamatë për të na yshtur kur qanim shumë. Kur të yshtnin, të lanin me pështymë.

JOTI TOPUZI: *Bikoja.*

DIANA: *Bikoja e kishte zemrën flori.*

ALDA: *Për atë plakë e atë prag unë kam mall e respekt. Që të lante me pështymë e të nxinte me kongjill është fakt. Për 24 orë s'duhej të të prekte njeri se ndryshe nuk funksiononte. Edhe nusja që kishte brenda ishte shumë e mirë.*

LULI: *Më sollët një kujtim për Bikon, rahmet pastë! Kam pasur çunin e madh 6 muajsh dhe nuk pushonte së qari. Më çoi mami te Bikoja. Ajo e yshti dhe i treti plumb. Gjeta derman, por fshehurazi shkuam se, kuptohet, nuk lejohej.*

ELSA: *Bikoja edhe "të maste" kur këputje mish. Sidomos të vegjlit që këpusnin mish nga të qarët.*

Tomi dhe Xherri

LEONARDI: Më kujtohen disa vende ku shkonim me qejf. Një prej tyre ishte Shtëpia e Kulturës, ku shkonim pasditeve. Më kujtohet Paskal Prifti e Bajram Lapi, të dy na bënin që të ndiheshim atje si në shtëpinë tonë.

LEANDËRI: Atë ndërtesë e kujtoj me mall edhe unë. Aty ishin bashkë Shtëpia e Kulturës dhe Shtëpia e Pionierit. Aty kemi gjetur shumë sadisfaksion ndër vite. Shpesh më dukej se ne të gjithë rriteshim nga ajo ndërtesë. E fillonim që në klasë të parë, duke u futur në grupet e mandolinës dhe kitarës me të palodhurin Koço Telo, pastaj mezi prisnim të vinte klasa e katërt që t'i bashkoheshim grupit të valleve me të talentuarin Pirro Janushi. Nuk ka dyshim se çdo gjë e bukur artistike që ndodhte në Ersekë do ta kishte burimin nga ajo ndërtesë. Sa shumë shfaqje artistike janë prodhuar aty ndër vite: teatër, estrada, grupi i famshëm i Kolonjës, teatri i kukullave, përshëndetjet, tablotë e Vitit të Ri, festivalet e fëmijëve, festivalet e zërave të rinj.

SOTIR ZOGRAFI: Më kujtohet Shtëpia e Kulturës e asaj kohe, merrnim pjesë rregullisht dhe madje morëm pjesë me shfaqjet që përgatitnim edhe në konkurrim në Korçë me një komedi të Andrea Malos e titulluar "Ëndrra me nishan".

Nga Korça vinin për të na ndihmuar në Shtëpinë e Kulturës regjisori i madh Sokrat Miho, aktori i mirënjohur Thimi Filipi etj.

Më kujtohen aktivitetet sportive që i organizonte me shumë pasion, ish-mësuesi i fizkulturës, i ndjeri Pandi Balli. Më kujtohet që bashkë me Xhevdetin dhe Pandi Ballin rrinim te ish-konvikti i shkollës 7-vjeçare. Në atë kohë konvikti nuk kishte ujë dhe ne laheshim te çezma e Bezatit, që ishte afërsisht 100 metra larg shkollës. Pandi Balli shpeshherë lante me dëborë edhe trupin dhe fytyrën. Përpiqeshim edhe unë me Xhevdetin të bënim të njëjtën gjë dhe ca nga ca u mësuam.

Më kujtohet kur isha mësues në gjimnazin e Ersekës morëm iniciativë të gjallëronim aktivitetet kulturore. Organizuam disa koncerte muzikore me të gjithë mësuesit, koncerte që i jepnim shpesh në kinemanë e re "Gramozi" dhe gjithashtu përgatitem dhe shfaqëm disa pjesë teatrale, si "Mulliri i Kostë Bardhit" i Naum Priftit apo "Shqiponjat fluturojnë Lart".

AGIMI: Më kujtohet Paskal Prifti dhe ndikimi që ka pasur në jetën time. Aktrimin e kisha një pasion të fshehur, s'guxoja t'ia thosha as vetes. Këtë figurë të hajthme, veshur dimër e behar me xhaketë, këmishë e kollare, me një dosje të përhershme poshtë sqetullës, e ndeshja shpesh rrugëve të Ersekës së vogël, gjithmonë duke nxituar për diku me nofulla të shtrënguara dhe me vështrim të përhumbur në mendime të thella. Figura e tij karizmatike më bënte shumë përshtypje, aq më shumë kur mësova që kishte mbaruar Institutin e Lartë të Arteve për aktrim.

Shkak për njohjen me Paskalin u bë teatri i shkollës. As sot e kësaj dite nuk e di seç e shtyu Kostaq Pashkon, mësuesin e frëngjishtes, që kishte marrë përsipër ngritjen e këtij grupi, të më zgjidhte edhe mua. Kurrë më parë nuk kisha marrë pjesë në një aktivitet kulturor të kësaj përmase. Madje edhe kur më ngrinin për të recituar ndonjë vjershë nga ato që ishin në programin mësimor, e recitoja me qëllim për faqe të zezë, pavarësisht se në shtëpi para pasqyrës e kisha recituar krejt ndryshe. Isha kaq i ndrojtur, sa sikur mësues Kostaqi mos të më kishte vënë gishtin, bën vaki që dëshira për aktrim të kishte fjetur brenda meje përgjithmonë.

Më kujtohet që në ditët e fundit të provave, mësues Kostaqi ftoi edhe Paskalin, si profesionist në këtë fushë, për t'i bërë një vlerësim shfaqjes apo ndonjë sugjerim. Pasi pa shfaqjen, Paskali filloi të fliste gjithë entuziazëm dhe na shikonte me një admirim që neve çoç na dukej vetja. Me habi vura re se Paskali, që më dukej një figurë e paarritshme, ishte shumë tokësor. Ai erdhi gati çdo ditë deri sa dolëm në shfaqje duke na rritur besimin për atë që po bënim. Më vonë gjatë vitit të stazhit ai më ftoi të bëhesha pjesë e trupës së teatrit pranë Shtëpisë së Kulturës dhe unë munda ta njihja më mirë. Kishte një temperament të jashtëzakonshëm dhe një çiltërsi gati prej fëmije kur punonte. Mundohej të bënte një punë sa më profesionale, megjithëse ne ishim amatorë. Ai ishte për ne jo vetëm regjisor, por edhe pedagog, aq sa kur vajta në shkollë shumë elemente të mjeshtërisë së aktorit i kisha të njohura prej tij.

GERTA: Kam qenë në klasë të pestë kur xhaxhi Paskali më besoi drejtimin e festivalit të fëmijëve bashkë me 2 vajza të tjera. Më dha skenarin që e përpiva shumë shpejt. Kur bënim provat, e shihja të nxehur dhe e dëgjoja teksa më drejtohej: "Gertaaaa, skenarin e thua mirë, por ke një problem, se kur thua skenarin sytë të venë në çdo cep të sallës. Nuk duhet ta bësh më!" Meqë veprimi që bëja ishte i pandërgjegjshëm, më caktoi një pikë në sallë ku do të ngulja shikimin! Gjithë festivalin, sytë nuk m'u ndanë nga ai vend imagjinar. Nuk guxoja të hidhja sytë as tek vendi ku ishin ulur prindërit. Të paktën, xhaxhi Paskali nuk më qortoi më. Ishte shumë kërkues dhe perfeksionist. U prehtë në paqe!

MERIEL: Kujtoj Paskalin në mënyrë pak të zbehtë pasi vitet bëjnë të vetën, por diçka e veçantë ka ngelur në kujtesën time. Aftësia e tij për të mbajtur lart autoritetin personal e në të njëjtën kohë afrimitetin me të tjerët. Ishte një person me shumë *sharm*.

LILI: Në vitin shkollor 1979-80 na thirrën në drejtorinë e shkollës një grup mësuesish. Aty ishte edhe sekretari i partisë T.Th. si dhe Paskal Prifti. Na kish vajtur gjaku në fund të këmbëve, por kur pamë Paskalin sikur u shkrimë. Që të mos e zgjat, duhej të vinim në skenë pjesën teatrale "Doktori pacient" nga Ruzhdi Pulaha. As që bëhej fjalë të thoshe jo, kështu që pas shumë e shumë provash, mbaj mend që e kemi dhënë dy herë atë dramë, që u cilësua e suksesshme. Unë kisha një rol kryesor. Falë Zotit, ia dolëm mirë. Di që duhej seriozitet maksimal, di që edhe kjo lloj porosie ishte e tepërt të jepej pasi serioziteti ishte normë.

Më kujtohet që puna me Paskalin më ka shërbyer si një shkollë speciale; një eksperiencë që ia ka vlejtur.

TAQO: Më kujtohet aty nga vitet 1960, në Ersekë, u hap Klubi i Gjuetarëve. Si për ta zbukuruar, hoqën shqiponjën e obeliskut "Dëshmorët kolonjarë", vepër e skulptorit të popullit Odhise Paskali, dhe e vendosen në një qoshe aty të kafenesë. Mirë që e kuptuan dhe e rivendosen aty ku ishte pas nja 5 vjetësh.

Më kujtohet nga vitet '70 u hap pranë Klubit të Madh ajo që mori emrin "Aneksi për familjarët" ose thjesht "Familjari". Aty shkonin në atë kohë e pinin kafe "Të mëdhenjtë", që ishin personat në krye të organeve të partisë apo pushtetit në qytet. Atëherë dëgjuam edhe shprehjen:"E drejta borgjeze, pa borgjezinë".

JULI LAPI ZENJO: Më kujtohet se ne u larguam nga Erseka në vitin 1989. Megjithatë, unë dhe vëllai im u rritëm dhe kemi jetuar çdo sekondë me frymën e këngës dhe kulturës kolonjare. Ngaqë babai im punonte gjithë ditën në Shtëpinë e Kulturës, tavolinat dhe kolltukët e atjeshëm u bënë vendi ku ne përgjumeshim duke dëgjuar provat e grupit të Kolonjës.

E njëjta histori edhe në familje: Na zinte gjumi nën muzikën e shiritave të magnetofonit të babit. Edhe sot notat e muzikës të nxjerra nga duart e tij të arta na shoqërojnë gjithmonë shpirtërisht. Shpesh kur ulemi bashkë për të biseduar, më fton afër pianos duke thënë: "Vajza ime, jeta është muzikë; aty ka notat e buta e të ëmbla, por edhe të forta e të ashpra. Mundohu të luash muzikën që ndjen me notat e bukura e të qeta që jetën ta ndiesh ëmbël edhe kur vijnë notat e ashpra". Pra, nga bota e babait tim u rritëm, u zhvilluam dhe mësuam të jetojmë e të bëhemi të bukur edhe jashtë saj. Për mua, ky është artisti që iu dedikua jetës artistike të qytetit, ndërsa për mua dhe familjen time ai që na zbukuron shpirtin dhe jetën çdo ditë.

VANGJELI: Më kujtohet i palodhuri Petraq Kosho ose P.K. siç na pëlqente t'i thoshim. Ai thërriste me zë të lartë: "Vangjel, të ka ardhur një libër nga Biblioteka Kombëtare". Unë zbrisja nga shtëpia, merrja librin dhe e falënderoja. Ky ishte luksi i qyteteve të vogla si Erseka.

DIANA: Më kujtohet që Radio Televizioni Shqiptar i fillonte emisionet televizive në orën 17:30 me një figurë me kuadrate, fillonte muzikë në orën 17:45 dhe në orën 18:00 jepte lajmet e para. Pastaj kishte një emision për fëmijë që të shtunave transmetonte përralla. Pastaj vinin ca emisione për bujqësinë, arsimin a ku e di unë çfarë. Normalisht që i ndiqja të gjitha pasi në përgjithësi nuk kishte asgjë tjetër për të bërë (edukimi i brezit të ri!). Në orën 19:45 minuta (për një kohë të gjatë) jepej Tomi dhe Xherri, një nga filmat për fëmijë që ulem dhe e shoh me të njëjtën dëshirë edhe sot. Pastaj nja pesë minuta dilte ora: thjesht ora! Në orën 20:00 fillonin lajmet e mbrëmjes, që zgjasnin rreth 30 minuta. Pastaj kishte ndonjë film, teatër, apo ndonjë film serial që e ndiqte e gjithë Erseka me kuç dhe me maç. Lajmet e fundit shënonin edhe kohën e qytetit për... gjumë. Kuptohet që të shihje ndonjë kanal televiziv italian apo amerikan në Ersekë ishte absolutisht e pamundur! Ca nga ne shihnin fshehtazi ndonjë film nga stacionet jugosllave apo greke, që ishin të ndaluara. Fati i keq, siç thoshte nëna, që e kishim shtëpinë në mes të rrugës dhe zëri mbahej i ulur në atë masë, saqë u bëmë mjeshtër të leximit të lëvizjes së buzëve dhe të mimikës së fytyrës, dy veti për të cilat jam krenare edhe sot, megjithëse nuk më duket se më hyjnë më në punë.

LIRELA LAHO: Tomi dhe Xherri ishin filma me kartonë dhe më kujtohet që i shihnim te "Jugosllavi".

ROLANDI: Tomin dhe Xherrin nuk besoj ta kemi parë në Televizionin Shqiptar. Para lajmeve ishte e përditshmja "Telekinemaja jone", që shfaqte filma me kartonë. Filmat pothuajse të gjithë ishin prodhim lindor (çekë, polakë etj.) Një nga filmat që na pëlqente më shumë ishte: "Tuli, Buli dhe laraska". E keqja ishte se në të njëjtën orë 19:30 jepeshin lajmet në TV-në e Shkupit. Sa herë qanim që na e ndërronin kanalin!

DIANA: Atëherë Tomi dhe Xherri do të kenë qenë te stacioni jugosllav për 15 minuta përpara lajmeve tona. Ata pa zë ishin, kështu që thjesht më kujtohen që i ndiqja.

SOTIRAQI: Ai i uruar televizor na bëri që të fshinim merimangat e tavanit duke u zhgërryer gati çdo ditë për të ndërruar antenat, sidomos atë të jugosllavit që ishte mbi dy metra e gjatë.

ARBEN P.: Më kujtohet kur TVSH regjistroi Festivalin e Këngës dhe më vonë e transmetoi natën e tretë. Unë këndova solo dhe e pashë te Ndreko. Ndërsa për herë të parë te Pallati i Pionierëve kam kënduar një duet me Klarën që titullohej "Beni, Moza dhe reçeli".

Festivalet kanë qenë evenimente shumë të rëndësishme në jetën artistike të qytetit. Pothuajse dy muaj përgatitje dhe punë intensive në dy muaj që kurorëzohej me natën finale dhe ndarjen e çmimeve. Më pas binim në qetësi për disa javë derisa fillonim me turne në të gjithë rrethin.

ENEA HAJRO: Tomi e Xherri jepej të stacioni televiziv jugosllav MTB 1 nga ora 19:30 deri në orën 20:00 dhe quhej "Certan film". Më kujtohet se një ditë mësuesja na kërkoi të thoshim titullin e një filmi për fëmijë dhe dikush tha "Certan film". Më kujtohet që mësuesja bëri sikur nuk dëgjoi.

LULI: Televizorët në Ersekë ndaheshin me autorizim dhe nuk kishin të gjithë. Më kujtohet kur blemë televizorin, mblidheshin gjithë komshinjtë dhe në orën 18:15 shikonim emisionin e përrallave. Më pas vëllai im bëri një antenë me tel alumini të trashë, që e lidhi tek oxhaku i shtëpisë dhe e izoloi që të mos dukej. Kështu shihnim muzikë serbe dhe filma grekë. Fshehurazi. Mbaj mend që njëherë duke lëvizur antenën, rashë nga çatia, por shpëtova pa u vrarë. Kështu ishte përherë: vëllai më mbante mbi supe në errësirë që mos të na shihte njeri dhe unë lëvizja antenën.

SOTIRAQI: Sandri i Llukës, kur e pyeti mësuesja të thoshte një fjalë që fillonte me C, tha "Certani film".

DIANA: Më kujtohet televizori i parë në Ersekë. Ishte te Shtëpia e Oficerëve. Do të hapej për "qytetin" në orën 20:00 për të parë lajmet. Një turmë e shumëfishuar ishte atë ditë në xhiron e qytetit. Salla u mbush menjëherë dhe natyrisht plot fëmijë të moshës sime u kthyen në shtëpi zemërthyer. Por para kësaj, një televizor "Fanola" i erdhi spitalit nga xhaxhai amerikan i Nexhmedin Lekës, babait të Mondit dhe Gitit, që solli dy të tillë: një për familjen dhe një për spitalin. Aty shkonim të shtunave në mbrëmje e shihnim ca filma të çuditshëm seriale, si "Department S." e ca që s'më kujtohen titujt. Unë isha e vogël dhe gjysmën e kohës e kaloja në gjumë.

ARBEN P.: Duke parë programin festiv të "Top Channel" dje në mbrëmje m'u kujtuan ato vite kur në pallatin tim kishte televizor vetëm Andrea. Mblidheshin shumë njerëz për të parë ndeshje futbolli dhe Ndreko, si tifoz që ishte, i hapte dyert për të gjithë. Unë me vëllanë tim ishim dy nga mysafirët e rregullt dhe që ishim të mirëseardhur gjithmonë. Ndërsa kur më vonë, andej nga viti 1982, blemë më në fund televizorin tonë, mbaj mend që ishte Botërori i Futbollit në Spanjë. Nuk kishte gëzim më të madh. Nga ana tjetër, ndieja një si zbrazëti në shpirt; ishim vetëm ne të shtëpisë dhe sikur nuk kishte me atë lezetin e mëparshëm. Tashmë gjithë familja ime është futbolldashëse dhe nuk lëmë ndeshje pa parë. Jemi me Barcelonën.

MAJLINDA: Më kujtohet që kishim bërë një antenë me ristela gati dy metra të gjatë dhe e vinim në ballkon, nga edhe sinjali vinte i fortë. Kur vinin grupet e kontrollit, e fshinim. Pastaj e vinim prapë. E dinim që ishte e ndaluar. Vetëm vëllait të vogël, Benit, i thoshim që e mbanim antenën atje sepse e merrnim Tiranën nga Gllava. Dhe ai shpesh thoshte: "Kthejeni nga Gllava".

SOTIRAQI: Më kujtohen ecejaket nëpër shtëpitë e atyre që kishin televizorë. Pa i renditur, më rezulton të kem shkuar për të parë televizor në mbi 20 shtëpi dhe askund nuk jam refuzuar. Kemi qenë në klasë të shtatë apo të tetë. Shokët e mi më të ngushtë të klasës ishin Mani Vogli dhe Gjergji Jorgji. Ndërkaq, na vjen një vajzë në klasë nga Tirana, që quhej Diana. Ajo ishte e bukur dhe garipe. Banonte te pallati i Manit, te hyrja e Stefanit në cep të pallatit dhe kishte televizor. U ndodhëm një natë tek ajo për të parë një film. Këpucët në korridor, dhoma mbushur plot me njerëz të të gjitha moshave. Isha me Gjergji Jorgjin ulur përdhe në rresht të parë vetëm 1 m larg ekranit dhe na u këput koka përpjetë për të parë. Qetësi e madhe, askush nuk fliste. Në një moment, Gjergjit iu var koka dhe e zuri gjumi. Unë e lashë, nuk e zgjova. Papritur ai i këput një p...dhe të madhe, të gjithë ia plasën të qeshurit. Ai u zgjua, kërceu përpjetë dhe doli me vrap përjashta. Ilariteti vazhdoi derisa filmi mbaroi. Që nga ajo ditë Gjergji s'u pa më te shtëpia e Dianës.

ERMIRA: Kurse mua më kujtohet që një herë Raqi kishte ardhur të shihte televizor nga ne. Pasi ikën "teleshikuesit", nëna (mamaja e Vankës) tha: "Po ai djali i Mistos pse nuk u ul në karrige, po rrinte në këmbë?" Në fakt, Raqi ulur ishe, por dukej sikur ishte në këmbë se ishte i gjatë.

SOTIRAQI: Mua me Lelo Cukilen (Aristotelin) na ka nxjerrë jashtë Petro Duro (të dy ndjesë paçin!) në klasë të 7-të, sepse kishim hipur majë bankave dhe këndonim "Yesael". Kjo këngë ishte në hitparadë që ne atëherë pa ia ditur kuptimin e shqiptonim "ipare".

DIANA: Më kujtohet që për herë të parë grupin e ABBA-ve e kam dëgjuar nga Nebo. E dua edhe sot.

NEBO: Më kujtohet që shikonim një film serial "Në çdo kilometër". Uleshim tek ai këndi i gjatë që kishim te kuzhina dhe me fëmijët e tjerë të hyrjes tonë bëheshim gjithsej 10 veta si në kinema.

SOTIRAQI: Atë film, unë e kam parë te shoku im, Kosta Loli.

DIANA: Po, e mbaj mend "Në çdo kilometër". Sergejin e famshëm...

ROLANDI: Te "Në çdo kilometër" luante edhe një aktor, i cili quhej në film Mitko Bomba. Një nipit tim i vumë këtë nofkë që kur ishte i vogël dhe e ka edhe sot e kësaj dite. E mbaj mend sepse sapo e kishim blerë televizorin. Vetëm këta filma na e "mblidhnin" për t'u kthyer në shtëpi më përpara se ç'duhej.

SOTIRAQI: Më kujtohet Kapiteni Klos.

ROLANDI: Edhe "4 tankistët" ishte i bukur. Qeni i racës gjermane, që luante në film, quhej "Sharrik", në s'gaboj.

SOTIRAQI: Te Pirro Dhono kam parë filmin "Rrëfimet e komisarit të policisë".

DIANA: Më kujtohet kur filluam të mbjellim misër me kubikë.

SOTIRAQI: Misri me kubikë ishte një fiasko e vërtetë.

"Ne ishim gjitharmësh"

ELIDA: Më kujtohet që para disa vitesh, një shoqe më tregoi një foto nga një revistë dhe më tha: "Lida, ja ku je ti!". Ishte shumë emocionuese. Më kujtoi grupi i atletikës, një sport i dashur për shumë nga ne fëmijët dhe të rinjtë e qytetit. Iu përkushtuam aq shumë dhe dhamë aq shumë, saqë për vite me radhë një pjesë nga ne u prezantuan denjësisht në kategori të parë. Kemi përfaqësuar ekipin e Gramozit nëpër gjithë Shqipërinë me ndeshje, kampionate e spartakiada. Stërviteshim me shumë dëshirë e përkushtim. Mungesat në kompletimin me uniforma ishin aq të mëdha, saqë kur bënim gara na binte t'ia jepnim uniformën për të garuar asaj që i vinte radha. Por kjo nuk na pengoi asnjëherë që të merreshim seriozisht me këtë sport dhe madje të fitonim, shpesh edhe me rezultate të larta.

AGIMI: Më kujtohet dalja e parë për të garuar. Një shoku im, goxha i shpejtë, garonte për 60 metërsh. Pasi i parakaloi të gjithë përpara syve, i doli shiriti i finishit, i panjohur për të gjatë stërvitjes. I ndodhur përpara kësaj të papriture, ai e shtoi më shumë vrapin dhe përfundoi me kokë picingulthi e sa s'theu rruazën e qafës. Kur e pyetëm se ç'pati, ai tha se kishte kujtuar që "ajo gjëja" donte forcë për t'u këputur. Pasi u ngrit i dërrmuar, kontrollori i garës iu afrua dhe e pyeti për emrin e ekipit. Komplet i hutuar, ai i shkreti i dha emrin e babait. Por asnjë nga këto nuk na pengoi të kënaqeshim aq shumë me sportin.

SOTIRAQI: Adoleshenca jonë (vitet '70-'80) ka qenë e vrullshme. Po të përdor një term ushtarak të kohës, ne ishim gjitharmësh. Në një lloj mënyre, merreshim me çdo gjë që na dilte përpara, edhe pse nuk kemi qenë të prerë në të gjitha. Kështu, në vitin 1975, duke pasur disa nga shokët tanë që luanin futboll me ekipin e Gramozit, unë dhe Agim Agolli u federuam me ekipin e të rinjve të futbollit. Morëm pajimet - tuta, bluza dhe këpucë - dhe filluam stërvitjen në stadium me trajner Ximin e famshëm. Pas një muaji shkuam në Përmet, në një aktivitet me grumbullim me 4 ekipe: Erseka, Përmeti, Skrapari dhe Fieri.

Mbaj mend që ekipi ynë si pamje ua kalonte të gjithëve. Unë dhe Gimi si kallëp të merrnim gjak në vetull: të fuqishëm, të gjatë, të shpejtë, por jo të prerë për futboll, megjithëse kemi luajtur shumë, sidomos unë. Unë luaja mbrojtës, Gimi portier. Unë bela' kisha gjuajtjet me kokë, që asnjëherë nuk e godita topin siç duhej, edhe pse kërceja mbi të tjerët, topi gjithnjë më ikte anash. Por edhe me këmbë nuk shkëlqeja. Flinim në turizëm dhe qëlloi që të ishim bashkë për një javë me estradën e Pogradecit të instaluar aty për ca kohë. Bëmë plot qyfyre dhe cene edhe me ata. Në Përmet kemi lënë kokrrën e namit, pasi i humbëm që të tria ndeshjet. Agimi, portieri ynë, aq topa sa u gjuajtën në portë, aq gola hëngri (për duar e për shalësh). Nuk qe e thënë, u kthyem me bisht ndër shalë.

Aty nga viti 1975 u bë si zakon të luhej volejboll në një fushë të ndërtuar enkas prapa Komitetit Ekzekutiv. Luhej çdo pasdite me një qejf e rivalitet të madh por edhe me shumë spektatorë. Mbaj mend që Taqo Duro ishte një ngritës i shkëlqyer, ne të tjerët kemi qenë kryesisht shutjerë. Vazhdoi shumë bukur për ca kohë, derisa u ndërpre.

AGIMI: Përfshirja në ekipin e futbollit më kujtohet edhe mua. Luaja shpesh dhe me qejf, megjithëse këmbën e kisha të madhe e shpesh më shkonte për "lesh", siç thuhej. Me ekipin përfundova nga e keqja pasi atyre u duhej një portier i dytë. Meqë unë luaja mirë volejboll, shokët i thanë Gëzimit të më merrte dhe kjo dy javë para vajtjes në Përmet. Atëherë filluan e yneret. Mbaj mend një moment që kërkoja topin në këmbët e lojtarëve dhe nuk e shikoja gjëkundi. Çakërrisja sytë dhe top hiç. Kaq e kisha humbur, sa topi kishte përfunduar në rrjetë dhe unë s'e kisha parë fare. Nuk më harrohet edhe një gjuajtje bombë e të madhit Lame, futbollist i Kombëtares dhe Partizanit, por që në atë kohë luante me të rinjtë e Përmetit. Gjuajtja e tij ishte aq e befasishme dhe e fortë, sa unë mbeta si hu. Topi erdhi vetë tek unë, më kapi në gjoks dhe më la një dhimbje që më zgjati aq gjatë sa më kujtohet edhe sot. Lojtar i dobët Lamja në atë kohë, gjithë ajo portë bosh dhe ai vetë më gjen mua.

Kurse për volejbollin, kaq shumë e donim, sa ngriheshim që në pikë të mëngjesit, çdo ditë kur koha ishte e mirë, luanim volejboll te fusha e shkollës dhe pastaj shkonim në mësim. Më kujtohet një vit kur isha në kampin e rinisë, ekipi i volejbollit të femrave të Dinamos, ekip me famë europiane në ato vite, bënte stërvitje aty afër dhe ne shkonim i shikonim. Në një moment kaq isha përqendruar në veprimet e tyre, imagjino të kishe para syve Evën apo Mozën, sa më kishte rënë nofulla përtokë dhe goja më ishte hapur si kamare. Ilir Pashko, që ishte bashkë me mua atë vit në kamp dhe që s'i shpëtonin këto raste më tha: "Mbylle gojën se do të futet ndonjë mizë".

SOTIRAQI: Më kujtohet shtanga që bënim me Gimin çdo ditë te bahçja ime.

AGIMI: Lojtar i mirë ka qenë edhe Njazi Rama që kishte qenin e kufirit. Ishte edhe një oficer i shkurtër, por shumë i shkathët, që quhej Toli. Ai luante shumë mirë futboll, por edhe volejboll.

ILIRI: Më kujtohet grumbullimi me të rinjtë në Përmet. Trajner ka qenë Ximi i Alies. Nuk kishim portier, kështu që morëm Gimin. Ximit iu duk adapt. Pastaj i thamë edhe për Raqin. Kur dolëm në nxehje mund të na kishin zili nga e gjithë Europa; të tërë nga një e tetëdhjetë e lart, kollozë. Nga shkallët e stadiumit dëgjoheshin fishkëllima dhe zëra që ankoheshin: "Ekipin e të rriturve keni sjellë?" Hëngrëm gola paq në atë kohë. Dhe u mërzitëm goxha, sidomos Gimi.

Me konkurs

VASIL P: Më kujtohet që në vegjëli e kisha shumë dëshirë vizatimin dhe ëndërroja që dikur të bëhesha piktor. Më pëlqente të vizatoja, sidomos portrete njerëzish e më pas filloi të më pëlqente të vizatoja pamje nga natyra, zogj, lule por jo si të Koçit te teta Ollga. I kam ruajtur shumicën e këtyre vizatimeve në shtëpi. Madje i kam skanuar edhe në kompjuter. Në moshën 6-7-vjeçare, më çoi babai te Stavri, për të parë nëse ia vlente ose jo të shkoja në lice për pikturë. Mbaj mend se dhoma ku banonte Stavri ishte në kushtet më të këqija të mundshme, me dritare të vogla e xhama të thyer, rrëmujë e përgjithshme, me pluhur pa hesap që vinte nga rruga etj. Atje ishin edhe pajisjet e tij të pikturës. Më uli në një tavolinë, në një karrige shumë të vjetër, gati që të bija në çdo kohë. Më dha lapsat, një letër të madhe vizatimi, më vuri një revistë përpara e më tha të kopjoja qoftë edhe pjesërisht një lule nga ajo revistë. Vetë doli me babanë e shkuan pinë kafe e nuk e di çfarë. Pas dy orësh u kthyen dhe e pashë menjëherë që i pëlqeu puna time. Më tha që isha mirë, por që duhej të përgatitesha seriozisht për konkursin e liceut. Ndenja tri ditë në Ersekë. Çdo pasdite shkoja te Stavri, i cili më mësoi shumë gjëra, që i kujtoj edhe sot, që nga mprehja speciale e lapsit, mbajtja e tij në pozicione të pjerrëta, asnjëherë vertikal, përdorimi i lapsave të butë e ngjyrave, eliminimi i gomës, dhënia e hijeve, ballore apo anësore, kapja e momentit kryesor që pasqyron një vizatim. Më tha datën se kur do të organizohej konkursi pranë shkollës 8-vjeçare në Ersekë dhe unë atë ditë u paraqita në shkollë.

Mbaj mend se ishim rreth 15 veta. Përmend Lolin dhe Kënon. Përfundimisht unë dhe Këno do të shkonim në Tiranë për konkurrim kombëtar. Shkuam në Tiranë, me shumë vuajtje e sfilitje. Unë shkova me autobus në Korçë fillimisht e Këno u nis drejt nga Erseka. Nuk na shoqëroi askush nga familja. Nuk e di pse. Ishim dy fëmijë të moshës 12-

13 vjeç, që shkuam vetë në Tiranë pa ditur asgjë në atë qytet, asnjë rrugë e madje as Liceun Artistik. Në Tiranë, te treni, na prisnin të afërmit e na morën secilin në shtëpitë e tyre. Të nesërmen u takuam para liceut me Kënon. Ata që na çuan u larguan në punët e tyre, duke na lënë përsëri vetëm të dy. Hymë brenda. Konkursi ishte shumë i madh. 5-6 klasa me nga 30-35 veta, ishin plot me konkurrentë. Si detyrë ishte një gjethe në alto-relief, prej allçie, e varur në dërrasën e zezë e që na duhej ta vizatonim me korrektësi, me hije të drejtpërdrejta e anësore, që të dilnin sa më mirë gjethet, bishti apo petalet. Nuk ishte nevoja të ndihmonim njëri- tjetrin, vetëm për konsultim ishte e lejuar në këtë rast. Mbaj mend që pas tri orësh (kur konkursi ishte katër orë), më erdhi dikush që ishte anëtar i jurisë së konkursit e më tha: "E ke bërë mirë, mjafton edhe me kaq, nuk ka nevojë ta përfundosh gjithë lulen. Prit rezultatin jashtë, por nesër në orën 8:00 do vish për pjesën e dytë të konkursit, pra për konkursin final". Dola i gëzuar. Edhe Këno u kualifikua.

Mbaj mend që ikëm nga liceu në drejtim të qendrës. Ishte shumë vapë dhe ne nuk dinim si t'i shmangeshim diellit të fortë, me të cilin nuk ishim mësuar në Ersekë. Morëm nga një akullore 5-lekëshe, me iniciativën e Kënos, se ai ishte më i "gjezdisur" se unë. I numëronim lekët disa herë në ditë, si të kishim frikë se mos na mbaroheshin e duheshin edhe 25 lekë të reja (dyqind e pesëdhjetë lekë të vjetra) për t'u kthyer.

Më kujtohet që vajtëm te busti i Skënderbeut. U ulëm atje te bordura e biseduam gjatë. Morëm edhe nga një akullore tjetër e etja nuk shuhej. Të nesërmen shkuam përsëri në lice. Këtë herë kishte vetëm 3 klasa me konkurrues. Aty për vizatim ishte një pjesë e syrit nga skulptura e Michelangelo-s, "Davidi". Ishte akoma më e vështirë se lulja e djeshme, por me qejf e vazhduam konkurrimin dhe dolëm me besimin që kishim fituar. Dhe ashtu ishte, pas dy javësh që ishim kthyer, erdhi edhe telegrami nga liceu që ishim fitues. Mbaj mend se shef arsimi ishte A.Note, që ishte shok me babanë tim, me të cilin lidhëm edhe kontratën që e ruaj edhe sot, pas kaq vjetësh, në origjinal. Por kishte vetëm "një problem i vogël": duhej të shkoja në lice pa bursë, por me pagesë, pasi në të ardhurat e familjes përfshihej edhe pensioni shtetëror gjyshit, i cili ishte i konsiderueshëm për kohën. Nuk shkova dot në Tiranë. Vazhdova gjimnazin në Ersekë. Këtu më ndihmoi pensioni i gjyshit, i cili më jepte 500 lekë të vjetra në muaj. Shoqëria me Kënon vazhdoi gjithë jetën.

KIÇO: *Stavri Mullixhiu ishte nga Korça. Ai ishte piktor shumë i mirë, një njeri i heshtur, por shumë i mprehtë, trupshkurtër, dhe me ca gishta mjaft të gjatë. Po të bëje zhurmë ose ndonjë gabim tjetër, të kapte te favoritet ose* godiste me çok (me gishtin e mesit). Këtë e kishte aq të fortë sa të dukej sikur të kishte goditur me ndonjë çekan të mprehtë. Vizatonte mjaft bukur me laps plumbi, duke bërë grafika të ndryshme me vija shumë të holla dhe shumë të bukura. Ishte mjeshtër i dritëhijeve.

INTERMEXO 4

BOJANA: *Sa kujtime të bukura për një brez të caktuar! Unë kam jetuar 18 vjet aty, por nuk kam shumë kujtime.*

SOTIRAQI: *Pa shiko se mos e ke gabim Bojana.*

DIANA: *Po pak kujtime ke? Edhe një mjafton.*

BOJANA: *Kam plot, por më duken modeste me këto tuajat. Më duken vërtet shumë të bukura përshkrimet tuaja.*

JULIANA: *Unë kam jetuar në Ersekë deri sa mbarova klasën e gjashtë, kujtimet më të bukura të fëmijërisë i kam në Ersekë dhe një copëz e imja aty më ka ngelur.*

BOJANA: *Juliana, më vjen keq që nuk kam kaq kujtime të detajuara, por edhe ëndrrat sot i shoh me vendet aty. Ose kujtimet në vetvete bëhen edhe më të bukura nga përshkrimet dhe ndjesitë tuaja. Më vjen pak keq që nuk kam shumë aftësi të mira përshkruese dhe që nuk kam marrë nga im atë në këtë drejtim. Diana dhe Sotiraq, besoj e mbani mend babanë tim, Gramozin.*

SOTIRAQI: *Ç'thua, Gozin nuk njohim ne?*

DIANA: *Nuk e di a na mban mend Gramozi neve, se ne, siç e sheh, nuk lëmë gjë mangët.*

JULIANA: *Sa e vogël është bota dhe sa shumë jemi në kolonjarët!*

BOJANA: *Kudo të shkosh gjen kolonjarë.*

JULIANA: *Ne jemi krenarë për origjinën dhe e themi me krenari kudo që shkojmë.*

BOJANA: *Unë gjithmonë e shes si vlerë të shtuar.*

LIRELA: *Më kujtohet kur familja ime u transferua nga rruga e çerdhes, ku jetonte në një dhomë, në pallatin afër gjimnazit. Aty jetonim, siç thuhej në atë kohë, "me komshinj brenda". Në fillim kishin komshi Mediun dhe Letën. Më vonë erdhën Gramoz dhe Tasha Hajdini, që u bënë edhe familja ime e dytë. E quaj kështu pasi ne u bëmë si një familje e madhe. Më kujtohet që dyert nuk mbylleshin kurrë dhe mjaft gjëra, si lugët, pirunjtë apo pjatat i konsideronim si të përbashkëta. Në këtë familje ishte edhe Bojana e vogël, me flokët bionde, kurioze dhe e zgjuar. Për mua dhe Gentën, ajo u bë një motër e vogël.*

BOJANA: *Po, sigurisht, që kam kujtime nga fëmijëria ime në Ersekë, por më vjen keq që nuk kam kujtime si këto që lexoj këtu, ku edhe zboret përshkruhen si të bukura. Më kujtohet si sot, megjithëse kam qenë 4 vjeçe, kur Ela më merrte xhiro me shoqërinë e saj. Mbaj mend Gentën, që e kishte shkollën pasdite dhe paraditeve kujdesej për mua kur sëmuresha e më duhej të rrija në shtëpi. Më kujtohet se si qeshnin të gjithë me mua që kërkoja të rrija gjithmonë pas babit të tyre, pa u lënë vend vajzave të tij. Më kujtohet që edhe më vonë, kur nuk jetonim më bashkë, kur prindërit iknin një apo dy ditë, mua më linin të flija nga Ela dhe jo nga të afërmit. Madje edhe ditën e fundit që kam ikur përfundimisht nga Erseka e kaluam së bashku.*

JORIDA: *Edhe unë 18 vjet kam jetuar në Ersekë, por shumë pak histori specifike më kujtohen (për të mos thënë fare). E di që luanim para pallatit, por lojërat nuk i mbaj mend. Di që ishte e vështirë të bëheshim bashkë të katërta për të dalë (ti, unë, Klodi dhe Ornela) se gjithmonë ndonjëra s'kishte mbaruar së mësuari ose, në rastin e Ornelës, s'kishte mbaruar punët.*

ORNELA: *Punët, me thënë të drejtën, s'para më kujtohen, ndoshta ngaqë nuk i kisha me qejf. Veç kujtoj që mbeteshim te njëra-tjetra.*

JORIDA: *Pa i hyrë në hak ndonjërës, them që nga ne të katërta, Ornela ishte më punëtorja.*

ORNELA: *Ende e mbaj mend portretin e Bojanës te shtëpia e saj dhe Xhokondën te Klodi. Mbaj mend që shtëpia e Jorit ishte më moderne, pavarësisht përpjekjeve të Eneas për të mos i lënë dy gjëra bashkë në një vend. Mbaj mend dhe CD-në e Celine Dion.*

BOJANA: *Meqë ra fjala, unë ende nuk di të gatuaj asgjë.*

Lart, nga rruga e Rehovës

DIANA: Më kujtohet që thoshim "Lart, nga rruga e Rehovës" dhe "Poshtë, nga mëhalla e fshatit". Ndoshta këto shprehje e tregojnë qartë pozicionin e pjerrët të pllajës ku shtrihet Erseka, e cila, po ta mendosh, është disi e mënjanuar gjeografikisht. Më kujtohet që jo pa trishtim, në atë kohë që kam jetuar atje për ditë të tëra qielli ishte i kthjellët dhe krejt, krejt i zbrazur. Kur rastiste të shihja gjurmën e bardhë të ndonjë avioni ("Posta greke", - thoshte mamaja, që për shkak të kureshtjes së lindur pyeste pothuajse për çdo gjë dhe unë e mendoja që duhej të ishte diçka e tillë. Ose të paktën e dija që avioni s'kishte asnjë lidhje me ne.), e ndiqja me sy deri sa zhdukej përfundimisht nga qielli. Shpesh e kam kapur veten duke psherëtirë pas kësaj. Kur je i ri, është e vështire ta mendosh veten përjetësisht të izoluar.

ANILA: Më kujtohet rruga për në Rehovë. Ashtu e ngushtë, e pashtruar, e ndarë nga arat rrotull prej plepave apo pemë të tjera dhe e mbuluar nga kurorat e tyre të blerta. Dukej si e përqafuar nga fushat përreth. Ishte kaq e bukur dhe më pëlqente kaq shumë! Një herë kur i ngjitesha, ngacmova një mushkë të ngarkuar, që më shqelmoi paq. Akoma më dhemb.

Më kujtohet që me dëshirë të papërmbajtur i kërkoja Zhanit dhe Mirës (shpesh u lutesha) që të shkonim nga mollët. Aty realizohej në shpirtin tim një ceremoni natyrore e pavetëdijshme. Sapo kisha lexuar edhe librin "Lulet e mollës" të Xhon Gollsuorth dhe nën strehët e tyre të bukura krijoja historitë e mia. Mollët më dukeshin të pafundme dhe kurora e tyre e gjelbër më përngjante me një det të tërë!

Më kujtohet që pikërisht aty ku fillonte rruga për në Rehovë, qyteti mbyllej me një kadencë të bukur. Si mburoja, në të dy krahët e rrugës qëndronin me madhështi dy shtëpi guri nga më të bukurat që kam parë. Të fisme e të rënda, ashtu si edhe të zotët e tyre. Në të djathtë, siç ngjiteshe, ishte shtëpia e xhaxhi Mistos. Ishte e mbushur me lule nga më të ndryshmet, që shpërthenin me ngjyra nga më të larmishmet. I doja shumë lulet. Sa herë më binte rruga, fshehurazi, këpusja ndonjë. Shpesh xhaxhi Misto bënte sikur nuk më shikonte. Ndonjëherë tjetër bënte sikur më bërtiste. Atëherë unë i tregoja gishtin tregues dhe i thosha: "Njeckë xhaxhi Misto…". Ai shkrihej së qeshuri dhe më shkulte faqet. Në të majtë ishte shtëpia e nëna Files. Grua zonjë, e urtë, e mençur, me fisnikëri të lindur dhe me fizionominë e një gjysheje përrallash. Ajo shtëpi dhe ajo zonjë më jepnin gjithmonë ndjesinë në verë si shtëpia në livadh dhe në dimër si shtëpia e plakut të Vitit të Ri!

MIMOZA: Më kujtohet që ndoshta isha 4 vjeç, ndoshta edhe pak më e vogël. Ne jetonim në një shtëpi private me një kat e gjysmë, që gjyshi im (babai i tim eti), Rafaili, i cili ishte murator, e kishte ndërtuar vetë. Gjyshin nuk e mbaj mend ose shumë pak, si nëpër mjegull, sepse iku shumë i ri dhe, siç më thoshte nëna, ndoshta ngaqë e lodhi shumë ky ndërtimi i shtëpisë. Shtëpia jonë kishte një oborr me avlli.

Kujtoj që kur ishim të vegjël ne kishim lepuj në oborr, ca lepurushka të bardha dhe gri, më duket, në një si punë koteci, që nga përpara ishte me tela të thurura ose me llamarinë dhe vrima, nuk e mbaj mend mirë.

Mbaj mend që i shikoja nga ato vrimat dhe më pëlqenin shumë. Kishim edhe pula. Pulat nuk më pëlqenin edhe aq, por më pëlqenin zoçkat. E mbaj mend procesin e bërjes së zoçkave dhe nënën time që kujdesej gjatë gjithë procesit. E shikoja klloçkën në njërën nga bincat se si i ngrohte vezët me durim dhe mbaj mend që gëzohesha shumë kur shikoja zoçkat me push të verdhë që kishin dalë nga ato vezë. Më dukej shumë e çuditshme se si ishte e mundur që ecnin të gjitha pas klloçkës. Ne fëmijët u hidhnim thërrime buke. Ishin shumë të bukura.

Më kujtohet që dy kushërinjtë e mi, Vangjeli dhe Taqo, që atëherë më dukeshin shumë të mëdhenj, i thoshin nënës time "gjyshe" dhe unë përpiqesha të kuptoja ndryshimin midis fjalëve "nënë" dhe "gjyshe".

Vangjelin e mbaj mend që e kishte gjithë qejfin të shkonte te biblioteka e prindërve të mi dhe e kujtoj gjithnjë me nga një libër në dorë. Taqoja atëherë duhej të ishte në universitet, por mbaj mend që kishte shumë humor, më bënte shpesh për të qeshur.

Më pas më kujtohet që shkonim në kopsht. Ne, meqë kishim nënën në shtëpi, shkonim në kopshtin pa drekë. Ndërtesa e kopshtit ishte dykatëshe, afër shkollës tetëvjeçare. Mbaj mend ato karriget e vogla ku uleshim sa hynim. Më duket se ishin ngjyrë jeshile. Kishim edukatore teta Fillaretën dhe teta Thomaidhën. Vishnim përparëse të bardha me rripa që i lidhnim mbrapa. Përparëset i linim në kopsht më duket kur iknim, në disa si varëse. Kur kishim punëdore, uleshim në ca tavolina të vogla. Punonim me plastelinë më kujtohet (e mbaj mend akoma erën e plastelinës dhe si na bëheshin duart nga ajo) ose me fletore punëdore. Bënim qilima me fletë punëdoreje, edhe abazhurë për llambat. Më duket se bënim edhe aeroplanë dhe varka. Në kopsht mësonim vjersha ose pjesë të vogla në prozë, që do të na duhej t'i thoshim shpesh përmendësh për ndonjë rast, për festën e Vitit të Ri, për shembull. Për festën e Vitit të Ri e zbukuronim kopshtin dhe merrnim më duket edhe nga një dhuratë të vogël. Në fund të vitit shkollor, në qershor, edukatoret u jepnin prindërve nga një si dosje me punët që kishim bërë gjatë vitit. Në kopsht më kujtohet që kisha shoqe Mirën dhe Vjollcën.

Nuk e di pse më është fiksuar një moment kur Vjollca na tregonte për dikë në familjen e saj, që i kishte mbetur një halë peshku në fyt. Na mësoi pastaj se si ta provonim tulin e peshkut me dorë duke e rrotulluar që të kuptonim nëse kishte hala apo jo.

VALBONA: Edhe unë mbaj mend shumë gjëra nga oborri i Mozës. Unë nuk kisha gjyshër dhe i thosha "nëne" nënës së Zografëve.

Mbaj mend se sa shumë luanim mbrapa shtëpisë.

VANGJELI: Kam shumë kujtime nga shtëpia e Zografëve, së cilës tani i ka mbetur vetëm trualli. Atë shtëpi e ndërtoi xhako Ropi me duart e tij plot kallo. Por ndihmë dha e tërë familja. Një shtëpi private në një qytet të bukur, por të ndërthurur me elemente të fshatit. Kishte edhe një bincë, shumë të freskët për behar, ku gjyshja ime mbante bulmetin dhe dhallin e ftohtë. Kishte edhe një bincë tjetër më të ulët, ku vinte vegla pune. Po ashtu edhe ballkoni i mbyllur ku pihej kafeja e bëhej muhabet. Por ajo që më bënte përshtypje më të madhe ishte se te çezma anash shkallëve gjyshi bëri govatën prej betoni. Aty, e dajës lante rrobat. Mbaj mend çarçafët që zbardhnin si dëbora e Gramozit.

Më kujtohen detaje kuptimplotë. Kur ngjitja baltë në çati, gjyshi më thoshte "asllan i gjyshit", kurse e dajës më kishte caktuar një mollë të tërë që më pas u quajt "Molla e Vangjelit". Këto ma bënin qejfin shumë. Por edhe unë ua shpërbleja me tingujt e mandolinës, si melodia "Qan Minushi". Ky Minushi ishte i pirë dhe e theri gruan bam e pastaj qante. Gjyshja qeshte me një buzëqeshje që, siç thotë im vëlla, vetëm gjyshja mund ta kishte.

Moza i donte lepujt shumë se ishte e vogël e kënaqej shumë me veshët e mëdhenj të tyre dhe kërcimet e frikësuara. E vërteta është se edhe mua, që isha më i madh, më pëlqente shumë t'i kundroja lepujt. Më pëlqenin edhe më shumë kur "maxhordomja" e shtëpisë, gjyshja jonë, i bënte çomlek.

Më kujtohet pastaj dajë Sotiri, që për ta bërë më të shijshme drekën merrte shkallët e gjata, i vinte me kujdes te muri përjashta dhe mblidhte rrush të ëmbël në një shportë, të cilën e vinte pastaj mbi tavolinë duke thënë: "Provoni edhe këtë se është i bërë..."

DIANA: Më kujtohen dy shtëpitë e llojit elbasanlli të Zografëve dhe Tanëve: shtëpi me një kat, por goxha të ngritura nga toka, me nga një verandë të bukur dhe me oborre të rrethuara me kangjella. Të dyja me nga një çezmë në oborr dhe me goxha pemë. Ne fëmijët luanim shumë në hapësirat rreth tyre. Nuk e di për çfarë arsyeje, por shtëpia e Zografëve u prish dhe aty u ndërtuan ngushtë-ngushtë ca pallate me 3 a 4 kate. Atëherë doli fjala se mileti ishte i pakënaqur nga kjo ngushticë midis banesave. Madje dikush tha: "Kur të vdesim, do të na i nxjerrin arkivolet më këmbë". Derisa e mbaj mend unë, shtëpia e Tanëve ishte akoma aty, por pa atë bukurinë e parë, pasi edhe ajo e kishte humbur hapësirën.

ARBEN M.: *Eh, sa kujtime për ato dy shtëpi, vetëm se te Zografët çoku e "vidhnim" ndonjë frutë, po te Tanët! Ehe, asnjë kokërr...*

DIANA: *Jam e sigurt që atje nuk të linte* Gjergji.

BENI: *Po Caci? (Rahmet pastë!) Ia kishim frikën shumë.*

DIANA: *Me siguri...*

ALMA: Më kujtohet lagjja ime e vjetër në rrugën e Rehovës, me shtëpitë njëkatëshe varg. Jetonim pranë me familjen e Rrapi dentistit, komshinj me xhaxhi Todin e xhaxhi Gjiken. Pak më tej ishte teta Thomaidha. Aty ka jetuar edhe një nënë që rrinte e veshur me çitjane. Sa keq më vjen që nuk ia kujtoj emrin!

Më kujtohet luadhi i Ceno Malukes e kopshti i gjysh Xhoxhit.

ORNELA: Fëmijëria ime ishte e ndarë mes Ersekës dhe Rehovës, një fshat aq i pastër dhe i veçantë në rrëzë të Gramozit. Kur isha në fillore, familja ime u vendos në Ersekë. Morëm pasaportizimin, një fjalë që sot më bën të qesh. Për koincidencë, shtëpinë e kishim në rrugën e Rehovës. Me shoqet e mia, kalonim aty pjesën më të madhe të ditës. Më kujtohet se si një herë vendosëm të nisnim vrapin çdo mëngjes (nuk e di kush e dha mendimin e para). Ishte një nismë që përfundoi shpejt pasi i ftohti i mëngjesit në Ersekë ishte i tmerrshëm. Duart dhe fytyra na ngrinin sakaq.

Mbaj mend po ashtu dëshirën e madhe për t'u larguar nga Erseka. Synimi ynë ishte shkolla e lartë. S'i harroj ethet e konkursit, por as kënaqësinë kur kthehesha në Ersekë me një shkollë të fituar. Kjo ishte arritja më e madhe për ne, që të ardhmen e kërkonim përtej qytetit tonë të vogël, shumë të ftohtë, që gëlonte nga thashethemet e vogla, të cilat hera-herës bëheshin edhe të mëdha.

GERTA: *Të shkretat thashetheme janë të pranishme kudo! Në çdo qytet, komunitet, pallat të kësaj bote të vogël të mbushur me njerëz të ngeshëm. Në Ersekë na dukej më keq sepse me aq pak banorë, ishte shumë e lehtë që çdo fjalë të vinte tek i zoti ose tek e zonja.*

ORNELA: *Ne si popull jemi kaq të lidhur me ato.*

GERTA: *Të gjithë popujt. Për sa kohë njerëzit flasin e komunikojnë, do të flasin pashmangshmërisht edhe për të tjerët. Thashethemet shmangen vetëm po të jesh shurdhmemec, më duket mua.*

BOJANA: *Këtë nismën tonë për vrapin nuk e mbajtkam mend fare. Por vitet e fundit vrapi bën pjesë në dëshirat e mia më të mëdha. Tani e kuptova nga e paska nismën.*

ORNELA: *Fillimisht nisëm të katërta, pastaj çdo ditë mungonte njëra: ose i flihej ose kishte ftohtë, sepse dilnim që në orën 6:00. Duhej të arrinim te Kroi i Bardhë dhe të ktheheshim.*

BOJANA: *Nuk e kujtoj fare as vrapin, as Kroin e Bardhë.*

ELSA: *Kroi i Bardhë është çezma në të majtë, aty para se të fillonte malorja për në Rehovë. E mban mend kur uleshin për çlodhje?*

SARANDI PINA: Më kujtohet lagjja e fëmijërisë, që në atë kohë quhej Lagjja e Zhavorrit. Në atë kohë bëheshin ndërtime të reja dhe lagjja jonë ishte gjithandej plot me zhavorr.

Kujtoj bahçen e xha Thomait dhe një ndërtesë druri të madhe që përdorej si depo bari. Pranë ishte një kanal i madh, ku binin arrat e Mistos. Ne fëmijët shkonim aty dhe i mblidhnim. Më vonë kanali u mbyll dhe ngeli ara e xha Thomait, që mbillej me patate. Mistoja kishte edhe një ftua. Para se të vinim në shkollë, shikonim njëherë te gardhi i Janaq Danos mos kishte rënë ndonjë ftua.

Gramozi

ERMIRA: Shtëpia ime ishte në periferi të qytetit. Pas saj nuk kishte më shtëpi të tjera; fushë e paanë dhe mali i Gramozit që shfaqej direkt nga dritarja. Më kujtohet edhe një ujëvarë që dukej në mes të tij. Ishte bukur.

STOJANA: Edhe nga dritarja ime në pallatin e Bertës, Gramozi dukej madhështor. Ai me kësulën e bardhë na kënaqte, por kur frynte, i ftohti na tmerronte. Në një ditë të ftohtë me erë, kur dola për të shkuar në shkollë, restoranti afër shtëpisë së Dianës ishte bosh. Tavolinat kishin dalë jashtë dritareve, perdet ishin të shpërndara nëpër pemë. Brenda nuk kishte asgjë. Kishin mbetur vetëm kasat e dritareve. Rrugët ishin të zëna nga dëbora e nuk dije ku të kaloje. Atë ditë e disa ditë të tjera nuk u bë fare mësim.

DIANA: Gramozi ka qenë nga gjërat e Ersekës (nëse mund ta quaj të tillë), që më ka mahnitur gjithmonë. E kam soditur dhjetëra herë gjatë verës, pranverës, dimrit apo vjeshtës. I lartë, me një hije të rëndë, gati mistik, herë-herë ndriçohej butë nga një hënë e verdhë dhe herë të tjera vezullonte nga dëbora e bardhë dhe një qiell krejt i kaltër. Në kohën që jetoja në Ersekë, si shumë nga bashkëmoshatarët, kam lexuar disa nga kryeveprat e letërsisë botërore. Mbaj mend që pamja e malit bëhej një sfond i gjallë i ngjarjeve që lexoja. Ma ka ndihmuar imagjinatën shumë shpesh. Për shembull, mbaj mend që kur po lexoja "Një tragjedi amerikane", në Ersekë ishte dimër. Kur arrita në një nga skenat e librit që përshkruan një grup të rinjsh që po shëtisnin në dëborë, e lashë librin hapur dhe dola jashtë, nga pas pallatit, dhe vështrova Gramozin. U binda që kështu kishte qenë edhe atje, në Amerikën e largët, të cilën, sidoqoftë, nuk e përfytyroja dot.

Por më së shumti Gramozi më joshte me idenë e asaj që ndodhte matanë malit. Nuk e di pse Erseka më dukej shumë e vogël (apo kështu ishte?) dhe sikur nuk më nxinte. E dija që matanë malit nuk mund të shkohej. E dija edhe se sa e ndaluar ishte në atë kohë të mendoje për atë anë të malit, që quhej Greqi, por mua, megjithatë, më tërhiqte ideja e hapësirës në vetvete.

Mbaj mend kur uleshim te pllakat në anë të pallatit me shoqet e asaj kohe, Klarën, Vjollcën, Meritën, Mozën, Zhanin dhe flisnim për ato që lexonim dhe mësonim në shkollë. Nga gjërat më të bukura mbetet ideja se po të niseshim atë çast që aty, nga pllakat e pallatit, dhe të ecnim drejt, (unë e përfytyroja përmes Gramozit), një ditë do të mbërrinim sërish aty ku ishim. E vërteta është se pa ato ëndrra të bukura nuk do të ishim aspak këta që jemi sot.

AGIMI: Më kujtohet që kam punuar në Gramoz. Mbaj mend që deri te kisha rrëzë Gramozit na sillte makina dhe pastaj ngjiteshim përpjetë ndonjë orë. Herë pas here takonim çobanë me bagëti ose me kuaj shtatvegjël, por tepër muskulozë. Në udhën e tyre përpjetë Gramozit, çobanët kapeshin pas bishtit të kuajve. Kënaqësia ime më e madhe ishte kur ngjiteshim atje lart dhe çlodheshim një copë herë para se të fillonim punën. Gjithë Kolonja ishte nën këmbët tona. Kur ajri ishte i pastër, sidomos pas ndonjë vese shi, shikimi arrinte deri në pafundësi, përtej maleve që e rrethonin pllajën e Kolonjës si një kurorë. Tutje, si një vegim, dukej Mali i Tomorrit që ngrihej mbi të tjerët.

Më kujtohet një ditë që retë ishin aq poshtë sa ne u futëm mes shtëllungave të tyre dhe kur u ngjitëm më lart, pllaja e Kolonjës kishte humbur nën një shkumë gjigante, që kish mbuluar gjithçka. I mahnitur, për herë të parë po i shihja retë jo më nga poshtë por nga lart. Ajo pamje më vjen ndër mend edhe sot e kësaj dite, sa herë udhëtoj me aeroplan.

Më kujtohet që merrja një gjysmë pllake bukë me ç'të më ndodhej dhe nuk e haja por e kullufisja. Pastaj i fusja një ujë të ftohtë brisk dhe pas një gjysmë ore më gërryente stomaku sikur nuk kisha ngrënë gjë. Pasi mbaronim punën, mbaj mend që lëshoheshim tatëpjetë si ata qentë e shpëtuar nga zinxhiri. Për 10-15 minuta ishim te depoja e ujit në Rehovë. Atje prisnim nja pesë minuta të na thaheshin djersët, se më shumë s'duronim dot, dhe kridheshim në ujin akull të depos. Ky ishte kulmi i kënaqësisë pas asaj zjarrmie që na kish kapur pas zbritjes me vrap.

Më kujtohet që isha i vetmi që i bija depos së Rehovës me not zhyt, nga fillimi në fund dhe kthim, rekord që, siç dëgjoj, nuk është thyer akoma.

VANGJELI: Më kujtohet që punë interesante, por edhe shumë të vështirë kemi bërë në malin e Gramozit kur hapnim kanalin e ujit të pijshëm. Rrezja e diellit nuk na kapte në shtëpi, sepse niseshim që në orën 5:00. Puna me kazmë ishte rraskapitëse. Llogarisnim të ulurat e të ngriturat e kazmës e na dilte një shifër e madhe për ne të vegjlit. Aty na lindi imagjinata për numrat e mëdhenj sepse thoshim se po të punonim gjithë jetën, për gjatë 35 vjet dilte një vlerë e madhe rreth 50 000 000. Kjo na nxiste edhe zellin për të mësuar më shumë. Llogaritjet i kam vazhduar edhe në punën time, kur fillova të bëja llogaritje të tjera për njerëzit punëtorë që ndërtonin me zanatet e tyre dhe u shërbyen të tjerëve. I thosha shokut tim topograf, Kostës, nga fshati Gostivisht: "Shiko sa kilometra rrugë ke bërë gjate 35 viteve punë, vetëm duke ardhur e shkuar në Ersekë: 7.5 km x 2x 35 vjet x 250 ditë çdo vit dhe dilte baras me 131. 250 km. Dilte që Kosta i kishte rënë tokës tri herë vërdallë.

Më kujtohet se atëherë fillova të studioja numrat *pygmies* dhe *giants,* si dyshi në fuqi të 64-t të legjendës së shahut ose që rrahjet e zemrës që pompon gjak për një moshë mesatare janë rreth 3.5 miliardë herë. Ndoshta prandaj edhe na pëlqen kur na thonë "zemër".

Më kujtohet që kur zbrisnim nga Gramozi, ndalesën e parë e bënim te qershitë e Rehovës. Rrinim aty rreth një gjysmë ore e hanim qershi pa fund. Kështu çdo ditë derisa një herë, njëri prej nesh zbriti nga pema duke thirrur: "Krimba, krimba! Janë plot me krimba! Mos hani!" Më kujtohet se si i nxorëm me shpejtësi të gjitha çfarë kishim në gojë. Vetëm atëherë kuptuam sa shumë mbante goja. Por kur bëmë zborin në Barc mësuam nga doktori se jo të gjithë krimbat ishin të dëmshëm. Për shembull, krimbat e marmelatës nuk ishin të dëmshëm. Ndoshta as ata të qershive. Por të nesërmen e ditës së marmelatës me krimba, sidoqoftë, racionin e marmelatës na e kthyen në djathë.

ROLAND C.: Më kujtohet që gjatë pushimeve të verës kishim dëshirë të punonim me qëllim që kur të iknim prapë në shkollë të kishim ndonjë lekë më tepër. I thashë babait një herë të më merrte edhe mua në minierën e Bezhanit. Megjithëse ishte pak e vështirë për të punuar si punëtor sezonal, ai më rregulloi dhe unë fillova punë. Brigadier ishte Mondi Hajro. Duke qenë se unë isha student i Fakultetit të Gjeologjisë e Minierave, Mondi më caktoi të punoja si numërues për vagonët me qymyr që dilnin nga nëntoka. Nuk ishte ndonjë punë e lodhshme dhe unë po kënaqesha. Mbas disa ditësh i thashë babait që doja të punoja edhe turni i tretë. "Dëgjo, more djalë, unë i them përsëri Mondit dhe ti të punosh, por po më dëgjove mua rri turni i parë se turni i tretë është shumë i lodhshëm",- tha ai. Po unë doja turni i tretë. Dhe fillova një ditë të hënë.

Ditën e diel e bëra pushim, po ashtu ditën e hënë fjeta disa orë pasdite dhe në orën 21:00 u nisa me autobusin e punëtorëve për në minierë. Koha ishte shumë e mirë, si mund të jetë një natë korriku dhe e kalova shumë mirë me llafe e muhabet me punëtorët, kështu që nuk e ndjeva kohën. Vjen babai në mëngjes dhe më thotë: "Si kalove sot, more bir?" I thashë se turni i tretë ishte shumë i mirë, kështu që do të vazhdoja. "Mirë, por do të flasim nesër",- më tha. Ika në shtëpi dhe isha si i trullosur. U shtriva për të fjetur, por gjumi më zinte dhe më dilte, nuk bëja rehat. Pasdite dola me shokët dhe përsëri kur vajti ora 21:00 hipa në autobus dhe shkova në minierë. Pas nja dy orësh nuk po duroja më. Më dukej sikur nuk do të gdhihej, nata m'u duk sa një muaj. Shikoja orën dhe ajo nuk kalonte. Mezi prisja të gdhihej dhe t'i thosha babait që të bisedonte me brigadierin e të më kthenin në turnin që isha. Nuk punoja dot natën.

Lagjja e Kishës

VALENTINA K-C: Më kujtohet që jetoja te pallati i kishës. Lagjja jonë quhej lagjja e Kishës pikërisht sepse përballë pallatit tonë ishte ndërtesa e një kishe të madhe dykatëshe, që kishte shumë afreske, piktura, nuska të bukura me fije ari, që edhe sot e kësaj dite i kam në kujtesë. Unë isha shumë e vogël, gati 4-5 vjeçe dhe mbaj mend që dritarja e shtëpisë vinte gati përballë me dritaren e katit të dytë të kishës. Unë edhe bashkëmoshataret e mia të lagjes (ishin vërtet shumë fëmijë) nuk e kuptonim se çfarë ndodhi që gjithë ato gjëra të bukura u hodhën një ditë në një gropë të madhe mbi repartin ushtarak.

Mbaj mend që ne shkonim atje shpesh për të gjetur "gëjera".

TAQO: Kisha e Shën Gjergjit. Sot, kur printova një foto të vjetër të saj, bashkë me profesor Çapajevin u befasuam me elegancën, kolonat, dritaret e larta me hark, shumë harmonike e të bukura, dy brezat me gurë të skalitur si kornizë, dritarja lart, si një rozetë e katedraleve europiane, kambanorja proporcionale me masën, të gjitha këto e bëjnë atë jo vetëm vepër kulti, por edhe një vepër arti nga ato që fisnikërojnë projektuesit, ndërtuesit, mjeshtrit e gurit, si dhe besimtarët.

VANGJELI: Më kujtohet që kisha e qytetit ka qenë një vepër arti e mrekullueshme. Sa më shumë ta shohësh, aq më shumë të pëlqen. Por këtu tek ne ka ndodhur që gjërat e bukura janë prishur të parat.

TAQO: E mbaj mend kishën, kam hyrë një herë atje me shokun tim të klasës, Nesti Koshon. Fisi i tij kujdesej për kishën. Qysh atëherë, më ka mbetur në kujtesë dritarja e bukur, lart, rrethore dhe muri me gurë të skalitur.

PAKUA: Kjo kishë ka qenë dhe do të mbetet në kujtesën time sepse sa herë që shoku im i klasës, Josifi, sëmurej nga sëmundja e tokës, ne shkonim aty dhe i ndiznim nga një qiri Shën Gjergjit që ta ndihmonte. Kisha ishte, në fakt, krenaria e qytetit, pavarësisht besimeve të ndryshme fetare. Kur u prish, mbaj mend që njerëzit mbetën të shtangur nga veprat e rralla të artit që dolën prej aty. Ikonat e kishës ruheshin në magazinën e komunales deri vonë. Bukuria e tyre ishte e rrallë. Nuk e di çfarë u bë më vonë me to.

SOTIRAQI: Unë e kujtoj mjaft mirë edhe kishën, edhe priftin. Më merrte me vete gjyshe Olimbia. Dhe, sigurisht, po të vije atje do të haje edhe plot gjëra të mira.

Më kujtohet prifti. E kishte shtëpinë te pallati i Bidos. Mbaj mend edhe xhako Xhoxhin që shërbente në kishë. I thoshim Xhoxhi i Miteres.

LILI: Më kujtohet që në fillim prift ishte babai i Julisë, gjyshi i Ladit dhe Nestit. Pastaj ka qenë papa Vasili nga Shalsi. Psalltës ka qenë xha Mitrja dhe më vonë edhe Thanas Koroveshi, kurse temjanicën, qirinjtë dhe shërbesat e tjera i kryente xhako Xhoxhi.

JORGJI: Më kujtohet që në krahun jugor të kishës, në krye, afër murit të bahçes së Xhoxhit të Miteres, ishin dy varre me mermer të gdhendur, rrethuar me kangjella hekuri: Cile dhe Gale Prodani. Në fasadën e kokës së varrit të secilit prej tyre ishin gdhendur në reliev fytyra klasike engjëjsh.

Më kujtohet që dera jugore, e veshur me llamarinë, kishte disa shenja plumbash.

PASKALI: Aty është vrarë Leka, xhaxhai i Raqit. U vra menjëherë pas luftës, brenda në kishë. Një ushtarak qëlloi nga ballkoni i xhako Xhoxhit një figurinë, që ishte në derën anësore të kishës që shihte nga ana e fushës. Plumbi shpoi derën dhe aksidentalisht mori edhe Lekën. Këtë e kam ditur prej gjyshit.

SOTIRAQI: Leka është vrarë në janar 1945, tek po vinte një pankartë brenda në kishë, ku do të zhvillohej një mbledhje rinie. I ati i ishte vrarë në dhjetor 1943. Pas kësaj, për ata që mbetën, jeta u bë shumë e vështirë.

VANGJELI: Më kujtohet që kur u prishën kishat, gjyshja ime thoshte një histori: "Priftërinjtë rruan mjekrat. Prifti i fshatit tonë shihej në pasqyrë, vinte duart në fytyrë e thoshte: "Ua, papa Loni jam unë? Jo, nuk jam papa Loni".

LILI: Më kujtohen vitet kur u prishën kishat dhe tyrbet dhe u kthyen në magazina apo depo. Në ato vite, heshturazi nënat tona mundoheshin t'i kremtonin shenjtët, të uronin emrat, të ndiznin kandilat apo qirinjtë dhe të kujtonin të kremtet, pashkët e mëdha dhe të voglat e kështu me radhë, por me frikë se nuk i dihej.

Një ditë, flas për vitet '66-'67, nëna ime kishte vajtur për një kafe te shtëpia e Sofisë së Papagjinit. Teta Sofia kishte blerë nja 5 qirinj dhe i kishte mbështjellë me një copë letër, për t'i përdorur "atje ku duhej" dhe kishte porositur fëmijët, veçanërisht Xhuzin, të mos i zinin në gojë për asnjë arsye, se pastaj "të piu e zeza....gjelbro". Një porosi kjo apostafat për të voglin, se të mëdhenjtë "kishin mend".

Kur nëna ime ishte duke pirë kafenë, Mondin e vogël, që kërkonte një pesë lekëshe, nuk e nxinte vendi. Që ta bënte të ndërgjegjshme të ëmën, që po bënte sikur e kishte harruar atë punën e parave, ai, si pa dashur, filloi të shqiptonte fjalë të shkëputura si "në letër...". Pas një copë here "qirinj...". Duke e detyruar më në fund teta Sofinë t'ia jepte pesëlekëshin që ai të dilte nga shtëpia dhe të mos e zinte në gojë punën e qirinjve, që ishin të ndaluar në atë kohë.

FLORINDA: Më kujtohet që edhe nëna ime kishte një dollap të mbushur me ikona dhe çdo ditë ndizte kandilin e më thoshte: "Korbë se mos i thuash njeriu se na merr lumi!".

JULIANA: Më kujtohet nënë Sanda, ndihe Zot - siç thoshte ajo - sa herë lodhej apo dëgjonte diçka të hidhur apo edhe shumë të gëzuar, bënte kryqin. Unë s'e kuptoja dhe e pyesja se çfarë bënte ashtu. Ajo i dredhonte përgjigjes, duke thënë me shaka: "Hë shejtankë, do t'i dish të gjitha!"

Sa u gëzua kur u hapën kishat! "Tani do të vdes e qetë se do të më përcillni me prift",- tha.

SOTIRAQI: Ime gjyshe rregullisht fshehurazi bënte vezë të kuqe për pashkë, si dhe ruante në sëndukun e saj dy konizma: një të Krishtit e një të Shën Mërisë.

ENEA: Unë kujtoj nënë Norën. Ajo na bënte bukë me qiqra, që na pëlqente shumë. Por ne e kërkonim sa herë na tekej, kështu që ajo thoshte se buka me qiqra hahej vetëm një herë në vit. Nuk e mbaj mend për çfarë dite, por besoj për Krishtlindje ose për Pashkë.

LILI: Më kujtohet që në foshnjore, siç i thoshim kopshtit, pa mbushur akoma 6 vjeç, na erdhi një inspektor nga seksioni i arsimit. Në atë kohë kishim edukatore Vankën, e cila, duke iu përgjigjur zellit tim për të recituar, më ngriti të parën. Dhe unë fillova menjëherë:

"Ati ynë që je në qiell,
u shenjtëroftë emri yt ..."

E pataksur nga ajo që i dëgjuan veshët, edukatore Vanka vjen ngadalë e si me lezet më kap njërin prej gërshetave, si të thoshte "Mbylle". Unë o e çoja deri në fund recitimin o i bija këmbës. Tërhoqa kokën, që të liroja gërshetin dhe vazhdoja "djavasjen time". Ky duel vazhdoi deri në vargun e fundit. Pushova vetëm pasi thashë edhe "Amin". E skuqur vesh më vesh, edukatorja pyeti sinqerisht: "Kush ta ka mësuar këtë?" ndoshta duke kërkuar një lloj justifikimi.

"Tetë Tomja", - iu përgjigja unë, duke e parë në bebe të syrit dhe duke vlerësuar tezen time të vogël.

"Mirë, por mos e thuaj më në shkollë",- më tha edukatorja.

Pasdite, në shtëpinë tonë erdhi për vizitë edukatore Vanka dhe mua më panë të gjithë si "delja e zezë".

Vetëm nëna ime e mirë apo teto Cokja, siç i thoshte Vanka, tha: "Fundja paterimonin tha dhe mbarë do t'i vejë puna, mos u bëni shumë merak".

BENI: Më kujtohet një nga ndodhitë që nuk do ta harroj dot. Besoj se do ketë qenë korrik 1982. Një familje në Milec martonte djalin. Dhëndrit nuk ia mbaj mend emrin, por e di qe ishte shitës atje dhe kishte vëlla Kilen, banakiere te Klubi i Oficerëve. Orkestra që këta kishin prenotuar nuk do të vinte (arsyen nuk e di). Mirëpo dasma nuk mund të shtyhej. Llaqi i Pano Janushit (fizarmonika), erdhi dhe më tha mua ("ustait të saksofonit") dhe Paqo "Lugatit" (ustai i "madh" i klarinetës): "Na doli fati, do ikim në dasmë në Milec. Pazari është 3000 lekë (të vjetra)". Shkurt, nuk e bëmë llafin dy. Hamë e pimë, - thamë ne, - ndonjë lek do na hedhin dasmorët, kështu që çdo gjë u duk në vijë. I hipëm urbanit dhe ia mbajtëm për në Milec.

Mbaj mend që dasmorët u kënaqën kur na panë.

- Hej, erdhi "orkestra"! Tavolina jonë ishte bërë gati me të gjitha të mirat. Pritej që të hapej dasma nga ne, pas fjalës falënderuese të të zotit të shtëpisë. Dhe erdhi momenti. Duhej të fillonte Paqo me kabanë tradicionale. Heshtje. Gjithë vëmendja u përqendrua te ne. Fillo, - i tha Llaqi. Paqo, si usta i madh, u ngref dhe filloi. Kur i doli një piiiiiiuu e zgjatur. "Nuk bën kallami",- tha, pasi e provoi disa herë. Siklet i jashtëzakonshëm, se lëre që s'po bënim asgjë, por nuk na mbahej as e qeshura. Sa fillonim muzikën, na plaste gazi. E kuptuam që ishim kot, por s'kishim ç'të bënim as ne dhe as dasmorët. Nuk arritëm të luanim dot asnjë pjesë për të qenë. U turpëruam, por e shtymë si e shtymë. Të nesërmen kemi ikur me xhepat bosh. Sigurisht që nuk na dhanë asnjë lek.

Në gjyq me... shtetin?

DIANA: Më kujtohet një zhurmë e bezdisur dhe monotone që dëgjohej vazhdimisht në dhomën time të gjumit. Apartamenti ynë ishte ngjitur nga njëra anë me dyert e hotelit dhe në anën tjetër me restorantin.

- Nuk ka asnjë zhurmë,- thoshte babi.

- Si, nuk e dëgjon ti?!

- Jo, unë nuk dëgjoj asgjë.

E pashë me habi.

- Kjo është zhurmë e llahtarshme, si nuk e dëgjon? Pyet pak ata të hotelit a të restorantit. Kështu nuk jetohet.

Pas ca ditësh ua thashë përsëri: "Zhurmë e tmerrshme".

Mamaja tha: "Është frigoriferi i restorantit".

-Vërtet?

-Po.

-Po do ta rregullojnë, apo jo?

-Nuk kanë çfarë t'i rregullojnë. Kështu punon.

-Po unë që fle këtu dhe më prish gjumin?

Mamaja mblodhi supet sikur të thoshte: "Do të durosh...".

- Hiç nuk duroj. Dhe po nuk e rregulluan do... t'i hedh në gjyq! - thashë unë me zemërim.

Sikur të kisha thënë "do t'u hedh bombën" apo edhe sikur t'ua kisha hedhur vërtet, nuk besoj se prindërit e mi do të pataksëshin më shumë se aq. Panë njëri-tjetrin me sy të zmadhuar. Në të vërtetë babi, pasi mamaja nuk para trembej nga broçkullat që lëshoja unë herë pas here.

- Kë do të hedhësh në gjyq?

- Komunalen!

-Ti do të hedhesh në gjyq... shtetin?

Vërtet, kë do të hidhja në gjyq? Sigurisht që nuk e kisha menduar deri në atë çast. Thjesht e dija që kjo që po ndodhte poshtë dyshemesë ku ishte krevati im nuk ishte as normale dhe as e drejtë.

- Po, shtetin, - thashë qetësisht dhe kot.

Babi pa mamanë që ndërkaq e kishte mbledhur veten plotësisht. Me sensin e saj praktik ajo e kuptoi që revolta ime do të mbetej në kufijtë e shtëpisë.

- Atëherë ti ke vendosur t'i mbyllësh derën vetes dhe ne të gjithëve. Kështu vazhdo dhe e sheh se si do të të dalë. Do që të hedhë në gjyq shtetin! Edhe këtë nuk e kisha dëgjuar kurrë!

Ai tundi kokën i mërzitur. A thua nuk e kisha kuptuar edhe unë se ne, në atë kohë, nuk mateshim dot me shtetin! Megjithatë, për herë të parë mendova me vete se pse të mos ishte ndryshe? Ajo zhurmë e frigoriferit të restorantit ma nxiu jetën dhe mbeti po ashtu derisa ika fare nga Erseka. Kisha menduar se e kisha harruar... Por në fakt nuk e paskam harruar dot.

ROLANDI: Hoteli ishte një godinë e bukur dhe origjinale në Ersekë. Unë kam kaluar një pjesë të fëmijërisë aty, sepse punonte nëna ime. Gjatë ditës si përgjegjëse e hotelit punonte e ëma e Sokolit, Donika, e cila ka qenë si një nënë e dytë për mua pasi herë pas here në dimër më merrte në prehër dhe më afronte afër zjarrit. Kur vija e hyja në hotel për të takuar nënën time, për t'i marrë ndonjë pesëlekëshe, më së shumti, herë pas here më ndiqnin pas edhe shokët. Kur shikonte që bëheshim shumë fëmijë, ajo dilte menjëherë nga kabina me xhama dhe thoshte: "Ti, djali i Dhorkës, tako mamanë dhe dil shpejt se na flet drejtori. Ju të tjerët dilni e priteni përjashta".

Kur dilje në ballkonet e hotelit shikoje gjithë sheshin, objektet që e rrethonin dhe njerëzit që bënin shëtitje. Spikaste në tarracën e hotelit reklama "Hotel", në ngjyrën blu. Ndërsa në mënyrë vertikale ishin të vendosura një për një germat e fjalës "Borova".

Qyteti kishte edhe reklama të tjera, që, për fat të keq, ndizeshin vetëm në raste festash.

Mapoja e Ersekës kishte si reklamë sipër tarracinës së vet, germat MA-PO (kam një mëdyshje sikur ishte dhe "Industriale" pas saj). Në fillore nuk e dija kuptimin e atyre germave dhe as më shkonte në mendje të pyesja. Kur filluam gjuhën e huaj në 8-vjeçare (unë isha te frëngjishtja), në një nga dizenjot e librit të gjuhës frënge ishte tekstualisht MA-PO. Çfarë ishte shkruar më poshtë: Magazine-Populaire. Nuk ishte më e nevojshme të pyesja prejardhjen e atyre 4 germave.

Mapoja e Ersekës ishte një nga lokalet më të mëdhenj të shërbimit në qytet. Kishte gjashtë dyer. Në s'gaboj, në periudhën e dimrit hapeshin vetëm dy prej tyre, ndërsa në verë hapnin edhe një të mesit. Në mes të lokalit ishte arka, një si kuti prej kompensate, ku shkonim paguanim ato që blinim, shitëset të jepnin vetëm një biletë. Gjëja më e goditur dhe më e bukur e mapos ishin vitrinat e xhamit që, sidomos për Vit të Ri, zbukuroheshin në mënyrë të veçantë.

SOTIRAQI: Më kujtohen batutat e famshme të Mersinit të Gjonçit: "Moj Lavdie, mos prish nder, a ke llamba për fener?". Lavdia ishte shitësja e metrazheve. Një tjetër te rosticeria: "O moj Vito lule, nëmna një fasule!"

LILI RUÇO: Më kujtohen copat turke, që u shiten në mapo. Ngjyrat dhe dizenjot e tyre dallonin thellësisht nga ato ç'ishin tregtuar më parë. Që atëherë doli shprehja: "Turku s'na pushtoi dot me ushtarë, por me basma".

KIÇO: Mua më kujtohen radhët e gjata për bluzat akrilik, pjatat e holla porcelani apo gotat e verës e të rakisë. Për çdo gjë duhej të zije radhë. Por kishte edhe mallra që ose nuk ua dinin vlerën ose nuk i blinin dot se ishin të shtrenjta. Kështu p.sh., mbaj mend që në fillim frigoriferët kanë ndenjur me muaj të tërë në mapo dhe nuk i blinte njeri, ndërsa kur ua mësuan vlerën shiteshin me autorizim. Sado për të qeshur që duket sot, unë me autorizim kam marrë edhe një hekur hekurosje.

OLI: Më kujtohet kur vinte furnizimi në mapon e madhe dhe duhej radhë për të blerë ndonjë fustan, ndonjë bluzë, copë për pantallona apo këpucë. Pale sobat, divanet apo kolltukët që merreshin vetëm me sakrifica javore.

DIANA: Televizorët, lavatriçet dhe frigoriferët jepeshin me autorizim nga qendra e punës. Një frigorifer kushtonte 45 000 mijë lekë të vjetra. Një rrogë e zakonshme ishte rreth 6 mijë e 500 lekë, pra 7-8 muaj punë për ta blerë.

ZHANI: Më kujtohet se aty nga viti 1972 morëm me autorizim një televizor "Iliria". Një ditë, vëllai im Taqo, bëri një skelet prej teli, me formën dhe përmasat e ekranit të televizorit. Pastaj mori një letër celofani ngjyrë bojë qielli, e tendosi me kujdes dhe kështu ajo mori formën e një ekrani të dytë. I vendosi edhe dy këmbëza prej teli në njërën prej gjatësive. Ky ekran i improvizuar qëndronte paralelisht me televizorin. E kështu, televizori, nga bardhë e zi, u kthye me ngjyra ku dominonte vetëm ngjyra e letrës. Kjo ishte teknologjia e kohës.

Mbreti i ashikëve

MIMOZA: Gjërat e para që kujtoj nga fëmijëria janë lodrat dhe lojërat. Në fakt, lodra nuk kishim shumë, por gëzoheshim edhe me ato pak që kishim. Pjesën më të madhe të tyre e merrnim për Vitin e Ri nga vendet e punës së prindërve. Ato ishin me short dhe çfarë të të binte. Ne në familje ishim edhe vajza, edhe djem, kështu që të paktën njëra palë do të mbetej e kënaqur. Po kishte edhe lodra asnjanëse që na pëlqenin të dyja palëve. Më kujtohen ca lodra si punë tullash me të cilat "ndërtonim" shtëpi ose kështjella. Ato ishin të preferuarat e vëllait tim të madh, Gjergjit, por na linte nganjëherë edhe ne vajzave të luanim. Kishim disa lodra plastike. Mbaj mend një mackë të bardhë. Ajo i pëlqente shumë motrës sime të vogël, Adrianës, e cila edhe flinte me të. Madje më është fiksuar edhe një portret i Adrianës së vogël me këtë mackë në sup, që ia kishte bërë babi. Ajo kishte qejf edhe kotelet e vërteta, që kishim ne në shtëpi. Mbaj mend që i kisha inat se më çirrnin. Nuk kishim lekë të blinim kukulla, por edhe nuk kishte në dyqan. Ato i bënim prej lecke vetë. Nuk ishin shumë të bukura, por ne kënaqeshim duke luajtur me to.

Mbaj mend që Diana kishte kukulla të bukura, të cilat i bënte vetë. Kishte një gusto të veçantë. Ajo bënte edhe doktoreshën, i vizitonte kukullat, u vinte termometrin, u jepte ilaçe. Po edhe u gatuante. Grinte ca qepka të vogla dhe copëtonte ndonjë llokume si ëmbëlsirë. Unë me Adrin kënaqeshim shumë kur luanim me të në shtëpinë e saj, në dhomën e teze Ciles ose te ne. Lojërat që luanim ishin të panumërta.

Një lojë tjetër që më kujtohet është ajo me shitëse. Bënim një peshore me një tullë dhe me një dërrasë. Përdornim guriçka si gurë peshoreje dhe krijonim vetë kartëmonedha. Shisnim perime të ndryshme dhe fruta të improvizuara. Perimet ishin në fakt gjethet e ndryshme të pemëve.

Frutat ishin disa kokrra të pabëra nga pemët që kishim në oborr ne ose Pandora. Nëna na i tërhiqte veshët kur na shikonte që kishim këputur fruta të pabëra, por ne e bënim këtë gabim sa herë mundeshim.

Luanim edhe me shkolla. Një ose dy nga ne bëheshin mësuese (zakonisht më të mëdhatë në moshë) dhe të tjerat nxënëse. Zakonisht luanim mbrapa shtëpisë tonë, që ishte në fakt përpara shtëpisë së Pandorës. Këto dy lojëra nuk ishin shumë energjike. Po lojërat e tjera, si ajo me këmbëçalë, me topa-gropa, lojë luftash, kërcimi në litar (nga më të mirat, siç e vlerësoj tani), lojë me cingla, me gec, lojë me rreth (djemtë e zotëronin më mirë) kërkonin edhe më shumë energji, gjë që, natyrisht, nuk na pengonte.

Kur ishim në kopsht, këto lojëra i luanim pasditeve, kurse në verë luanim tërë ditën, me përjashtim të drekës kur na thërrisnin të vinim në shtëpi. Dhe na mbanin aty nja dy orë të gjata kur ne bënim sikur gjoja flinim.

VALBONA R-A: Më kujtohet sa shumë luanim me litar. Më kujtohet kur mblidheshim te porta e shtëpisë së Mozës (unë atë shtëpi e mbaj mend shumë mirë, edhe pse e vogël). Uleshim në pragjet e gurta dhe mësonim punëdore, kurse nëna e Mozës na sillte kajsi nga kopshti.

JOSVANA: Më kujtohet gjithashtu loja me gec. Mbaj mend se unë kisha gecin më të veçantë, sepse gjyshi im, Sotiri, i kishte kushtuar një kohë të mirë dhe seriozitet të paparë krijimit të tij, ashtu siç vetëm ai dinte të krijonte me duart e tij të arta. Luanim gjithmonë pasditeve te vendi i pagëzuar si Bari. Bari ndodhej pas shtëpisë së Gjikës dhe në krah të shtëpisë së xhaxhi Thanasit e nëna Zicës. Nga kjo lojë dilnim me shenja bari te gjunjët, shenja të cilat s'hiqeshin për qamet.

VALBONA R-A: Më kujtohet që luanim tërë ditën dhe mblidheshim në shtëpi vetëm kur errësohej. Ishim shumë shoqe dhe shkonim shumë mirë.

BENI: Më kujtohet edhe mua ajo kajsia te shtëpia e Zografëve, që dilte paksa jashtë murit të bahçes. Megjithëse kishim pak frikë nga mësuesi ynë i respektuar, Sotiri, nuk rezistonim dot pa vjedhur aty-këtu ndonjë kokërr, qoftë edhe të pabërë.

ALBANA: Më kujtohet një kukull plastike kineze që ishte një nga lodrat e zakonshme që shpërndahej me lodrat e Vitit të Ri. Ia bënim bythët copë me age kur luanim me doktor e infermiere.

SOTIRAQI: Më kujtohet që deri në klasë të 8-të luanim me kopsa, me pulla, me ashikë (shumë e preferuar), me detka, karroca me kushineta, karroca me tel me rrota, me porefiç, këmbëçalë, 80% e djemve kishin llastiqe për të vrarë zogj, luanim symbyllka, hajdutçe, kikidhi, kaladibrançe, me shigjeta, futboll, not, me cingla, me kapaçka etj. Pas klasës së 8-të luanim më së shumti futboll, volejboll, basketboll, paralele, hekur, shtangë, letra, shah, domino, tavëll etj. Jam i sigurt që kishte edhe më shumë.

DIANA: Më kujtohet që ne ishim një grup me vajza që në kohën e verës "luanim" me shkolla dhe ato që ishin më të rrritura na mësonin ne më të voglave frëngjisht! Madje merrnim edhe nota. Kaq shumë funksionoi kjo lojë, sa kur shkova në klasën e pestë dhe mora vesh se do të bëja rusisht, mendova se erdhi fundi i botës.

GJERGJI T.: Më kujtohet loja me pulla: një numër pullash viheshin sipër njëra-tjetrës dhe njëra nga ato caktohej si fituese. Në atë grumbull, pulla do të ishte ose në radhën e numrave tek ose në radhën e numrave çift. Nëse thoshe tek dhe pulla ishte në atë radhë, atëherë ishe fitues dhe merrje të gjitha pullat. Nëse jo, pullat i merrte tjetri dhe kështu loja vazhdonte. Për të thënë tek apo çift ishte e thjeshtë, por ne megjithatë përdornim një metodë që tani më duket e çuditshme. Shtypnim me dy gishta kurrizin e dorës së vockël e të njomë, e cila, në mot të ftohtë, ishte në mos mavi, e kuqe po se po, dhe kontrollonim shenjat e gishtave të lëna mbi dorë; nëse ato veniteshin njëkohësisht do të thoshte që pulla ishte në radhën çift, në të kundërt ishte në radhën tek.

SOTIRAQI: Kemi luajtur edhe strice, lojë mos u nxeh. Ndërsa bilardoja për ne ishte një magji, por "mollë e ndaluar". Mbaj mend bilardon te Shtëpia e Kulturës dhe më pas te Shtëpia e Oficerëve. Por atje luanin më të mëdhenjtë, neve s'na erdhi radha kurrë. Fat i madh ishte edhe të shihje kur luanin të tjerët.

PAQO: Më kujtohet edhe një lojë ku secili ruante gropën e tij me një shkop dhe ai që ishte jashtë e hidhte një copë druri të fortë (doce) për të rënë në njërën nga gropat. Ne i thoshim "doce kup". Mjerë ai që ishte jashtë pasi i dilte shpirti duke vrapuar, pasi shumë rrallë ndodhte që docja të ngelte në gropë.

Ishte edhe loja me rreth, ku secili zinte një copë rreth dhe e quante me emrin e një shteti. Sa herë që cingla binte brenda një territori, fituesi me këmbë jo të përthyera ia "hante territorin" kujt të donte duke bërë një vizë në dhe me shkopin e cinglës. Bëhej luftë e madhe për çdo centimetër sepse vija duhej bërë pa ndërprerje.

Më kujtohet edhe një tjetër lojë me 5 guriçka të së njëjtës madhësi dhe

një tjetër më i madh. E hidhnim gurin e madh përpjetë dhe i bënim ata
që mbeteshin dy nga dy, pastaj një dhe tre gurë bashkë. Herës tjetër
duhej t'i merrnim dhe pastaj i fusnim një nga një midis gishtave duke
hedhur të madhin gjithnjë në ajër e ndërkohë duhej t'i fusnim pa rënë
në tokë guri i madh, ndryshe digjeshe e fillonte tjetri. Më duket se quhej
çokërr.

LEONARDI: Më kujtohet loja me rrathët e kadeve, që i shtynim përpara
me një tel të fortë me majë të kthyer dhe duke vrapuar. Kur kërcente
rrethi, të vriste gjurin apo mjekrën. Por kënaqësia e asaj loje nuk njihte
kufij.

ALBANA: Më kujtohet se loja që më pëlqente më shumë ka qenë preka
shtyllash. Ndaheshim në dy skuadra. Më saktë, dy më të mëdhenjtë e
grupit zgjidhnin pjesëtarët e skuadrës së vet dhe aty fillonte e gjithë
beteja pasi të ishe me skuadrën më të mirë do të thoshte fitore. Për
ne kjo ishte vërtet diçka e madhe, edhe pse s'ftonim asgjë materialisht.
Zgjidhej skuadra që do të mbronte e para shtyllën. E bënin me short, tek
a çift, dy komandantët e kështu skuadra që do të ishte në shtyllë zgjidhte
mbrojtësin e shtyllës që lihej aty veç për të mbrojtur dhe të tjerët viheshin
në ndjekje të skuadrës tjetër, që sapo jepej fjala "zjarr" ia mbathte nga
sytë këmbët e hajt t'i ndiqje. Nganjëherë arrinim deri te SMT-ja, matanë
pallatit të verdhë. Por edhe aq ishte Erseka. Po të të kapnin ata të grupit
të shtyllës ishe i burgosur, kështu e quanim. Kur kishte të burgosur,
skuadra që të kapte rob duhej të të ruante. "Të burgosurit" kapeshin për
dore e prisnin të afrohej ndonjë i skuadrës e të na shpëtonte. Mjaftonte
një e prekur te dora. S'mund të afrohej shumë se ndryshe kapej. E gjithë
puna ishte që skuadra që kishte detyrë të ruante shtyllën duhej t'i kapte
të gjithë ata të skuadrës tjetër, që përpiqeshin të shpëtonin shokët dhe të
preknin shtyllën. Më e bukura ishte kur ktheheshe në "bazë" e të gjithë
të tjerët ishin të kapur e luteshin: "Mua, mua, shpëtomë mua! Vrapo,
vrapo, preke shtyllën!" Tensioni rritej së tepërmi e nuk e ndieje lodhjen
e gjithë atij vrapi që kishe bërë. Kur prekej shtylla e loja mbaronte, ne
mezi tërhiqnim këmbët si ushtarë të kthyer nga lufta. Ato pak hapa rrugë
për të hyrë në shtëpi na dukeshin si rruga për në Gramoz. Gjithmonë
nxitonim pasi fillonin të thërrisnin mamatë nga ballkoni sikur ta kishin
lënë me fjalë. Sa dilte njëra, dilnin të tëra e pastaj ia fusnin edhe një
muhabet nga ballkonet duke na pritur e duke u ankuar për ne.

Më kujtohet që keq fare e kishim kur nga vrapi i shumtë dhe gurët e
rrugës, atleteve që na jepte shkolla për fizkulturë u hapej ndonjë vrimë.
Më duhej që shpejt me të hyrë në shtëpi t'i fshihja që të mos i shihte

mami. Të nesërmen duhej t'i çoja te këpucari që t'u ngjiste një copë pulle prej gome. Për t'u maskuar, sapo hyja në shtëpi, filloja muhabetin e para: "Mami, pashë teta Vanthinë, po nderte rrobat… Teta Berta ishte te sofati me gratë e lagjes po bënte grep… Teta Tixhja bashkë me Nilën po shkonin nga teta Vanka më duket…". Ca ishin të vërteta dhe ca i sajoja unë me atë rast. "Mirë, mirë e mora vesh, paske shëtitur gjithë Ersekën… Të të çosh për ndonjë punë marzallah se shkon. Për të luajtur je kail të shkosh edhe në Starje po të thirrën Pirro e Landi (pasi këta ishin shokët e preferuar të lojës për mua)". E unë që i kthehesha gjithë seriozitet sikur të mos kisha kuptuar gjë (tanimë e dija se e kisha kaluar lumin): "Pse ke ndonjë mendje ti o ma? Jo për gjë, por akoma s'ka ardhur koha e darkës e s'më vjen keq ta bëj një xhiro. Kemi bukë? Po djathë? Po deshe shkoj t'i blej se një vrap e kam, si thua?" e i shkelja syrin. "Moj, mos të ha gjë kurrizi për ndonjë pec ty se gati e kam",- ma kthente Xhemailja. "Ç'të bëj se më duhet për lakror e s'kam tjetër se ta tregoja unë ty". "Ua, po ç'pate o ma? Unë për të mirën tënde e pata! S'guxon i shkreti njeri të bëjë një gjë të mirë, apo se jam e vogël ndaj më trajton kështu?"

Tërhiqesha unë "pa u lagur". Tashmë e ndieja se e kisha fituar kalanë si Kali i Trojës. E dija që mami më kishte pikë të dobët e nuk do vazhdonte të më fliste me. Aq më shumë që i kisha folur për shoqet e saj. Dhe pastaj: "… Ja, më thua se s'bëj punë. Hë e sheh? Unë t'u luta e ti s'deshe". "Hajt, lëri llafet",- thoshte ajo. Tashmë i kishte kaluar krejt inati. "Hajde, laj çorapet se i ke bërë sterrë te qymyri dhe shpejt shtrihu të flesh se nesër s'ngrihesh dot për shkollë". E kështu muhabeti shpesh përfundonte në paqe. Shpesh, sepse kishte edhe raste kur valonte ndonjë shpullë nga ato që nuk harrohen.

ZHANI: Më kujtohet një lojë tjetër, që e luanim te lulishtja mbrapa Komitetit Ekzekutiv. Kush bën poza më të bukura. Në lulishte kishte edhe pemë të vogla të prera. Luanin edhe djemtë me ne, bëheshim shumë: Xhevoja, Kici, Lili Martini, Beni, Golja, Alma, Nikja. Në fakt, kush mundej. Kur njëri prej nesh thërriste me sy mbyllur "kush bën poza më të bukura, një, dy, tre…" të gjithë merrnim pozicione të ndryshme dhe ngrinim si statuja. Pastaj ndanim çmimet. Ndonjëherë pozat ishin kaq qesharake, saqë na kapte gazi dhe kështu përjashtoheshim nga loja.

Kujtoj edhe disa lojëra të tjera që luanim në lagje. Një nga lojërat më të pëlqyera për ne vajzat ishte "këmbëçalja", luanim gjithmonë te pllakat (besoj se për të gjithë kolonjarët është i njohur ky vend). Vizatonim me shkumës një kuadrat që përmbante katër kuadrate dhe një gjysmë rrethi që shërbente për çlodhje. Fillonim me pacot. Merrnim poren (një rrasë guri sa dora) dhe e vinim në kuadratin e parë. Që aty, duhej ta shtynim në kuadratet e tjera duke qëndruar me një këmbë. Nëse porja nuk kalonte në kuadratin tjetër, digjeshim dhe vazhdonte kush kishte radhën. Nëse jo, vazhdonim me radhë në kuadratin e dytë, të tretë e të katërt. Ishte një lojë që vazhdonte gjatë pasi nuk kishte mundësi të vazhdoje shumë gjatë më një këmbë.

Më kujtohet loja me rrasa. Vendosnim disa tjegulla gati të një madhësie mbi njëra-tjetrën dhe i rregullonim duke i çukitur me gurë. Nuk më kujtohet se sa rrasa vinim njëra mbi tjetrën, por mendoj që ishin nja shtatë. Pastaj, në një distancë të caktuar hiqnim një vizë. Pastaj shpasnim (hidhnim short). Kush fitonte, gjuante e para ose i pari me top nga viza drejt në rrasa. Po qe se nuk gjuante në shenjë, digjej. E kundërta, kur rrasat binin, kishte të drejtë t'i shpërndante pak larg nga vendi ku ishin vënë në mënyrë që çdo lojtar të arrinte të merrte një rrasë dhe ta vendoste pirg siç kishte qenë. Kjo duhej bërë duke u ruajtur nga lojtari që mbante topin dhe gjuante mbi atë që përpiqej të vinte rrasat në pirg. Po të zinte topi, digjeshe. Loja mbaronte kur vendoseshin të gjitha rrasat ose kur digjeshin të gjithë lojtarët.

Më kujtohet loja me rrjeta peshku. Rrjeta fillonte me një lojtar që vraponte "të kapte peshq" duke ndjekur të tjerët. Kur "peshku" kapej, i bashkohej lojtarit të parë apo "rrjetës". Kështu rrjeta zgjatej kaq shumë, saqë lëvizja e saj sa vinte e vështirësohej. Kur donim të kapnim "peshkun" e fundit, ndodhte që rrjeta ikte sa andej-këtej, e pamanovrueshme. Herë-herë këputej fare e mezi lidheshim. Herë tjetër merrnim përpara kalimtarë, sepse nuk mund të shkëputeshim; nëse ndodhte kështu, loja prishej.

Një lojë që e kujtoj mirë quhej telefoni i prishur. Në lagjen tonë këtë lojë e luanim në bordurat e pllakave me fytyrë nga shtëpia ime. Vargu bëhej shumë i gjatë, aq sa të fundit i takonte të rrinte ulur në bisht pasi bordura s'kishte më vend. Aty luanim unë, Diana, Klara, Frida, Zhani, Leta, Bujari, Lili, Nikja, Liza… Vërtet shumë fëmijë. Dhe mjerë kush ishte i fundit se jo vetëm që fjala apo fjalia nuk i vinte kurrë e saktë, por duhej ta thoshte e përsëriste atë fjalë të pakuptimtë duke shkaktuar gaz pafund. Pastaj fillonim mbrapsht e pyesnim njëri-tjetrin që të gjenim fjalën e thënë në fillim. Transformimet ishin skandaloze.

Më kujtohet loja me gec. Geci përbëhej nga një dru në formë cilindri dhe në njërën anë të tij mbërthehej një perone, por pa kokë, madje e lëmuar si gjilpërë. Mua gecin ma bënte gjithmonë babi. Mblidheshim 4 ose 5 shoqe, uleshim në bar në formë rrethi dhe provonim me gec barin se mos na zinte në ndonjë guriçkë. Pasi e pastronim, fillonim me radhë të hidhnim gecin, i cili duhej të ngulej pingul në bar, në të kundërt digjeshe. Dhe kështu vazhdonim me marifete të ndryshme: dyshet ishin duke vënë gecin mbi pjesën e sipërme të dorës, treshet - e kapnim gecin prej majës dhe e trokisnim në tokë dhe e rrotullonim që të ngulej pingulthi në tokë, katërshet - vinim gecin mbi grusht dhe e hidhnim rrufeshëm në tokë.

Këto ishin lojëra që nuk planifikoheshin qysh më parë. Vendimi merrej në sheshin e lojës, duke u nisur nga numri i kalamajve që ishin në shesh në atë moment dhe nga koha në dispozicion. Herë-herë mërziteshim ose edhe ziheshim, kështu që e prishnim një lojë dhe fillonim një tjetër.

DIANA: Më kujtohet që në orën 21:00 nisnin të dëgjoheshin zërat e mamave tona, që pasi kishin mbaruar punët, të larat e të shpëlarat, kujtoheshin që ne nuk ishim mbledhur akoma në shtëpi (mezi mblidhesh!) e dilnin nëpër dritare, pragje dyersh apo ballkone e thërrisnin nëpër natë emrat tanë. Herë-herë dëgjoheshin zërat tanë nga rruga: "Erdha"; "Prit pak!", "Jam këtu"; "Pak më vonë"… Shpesh loja ishte ndoshta në kulmin e vet, kështu që ishte pothuajse e pamundur të thoshe: "Ika se po më thërret mami". Por vinte një moment që loja duhej prishur, sidoqoftë. Shpesh ishim të lodhur e të pluhurosur për vdekje. Mamaja ime, si gardiane burgu, na këqyrte qysh në hyrje të apartamentit: "Pa, pa, pa… drejt e në banjë… Bobobo, era dhe'. Shpejt në banjë të lahesh". Dhe uji akull i çezmës lante dherat e ditës dhe na nxirrte vulat e zeza nëpër këmbë dhe krahë. Ndonjëherë ishim bërë për "qepë dhe kripë". Por ishim të lumtur, të lumtur nga lojërat e pafundme dhe gati për një ditë, lojë apo "betejë" të re.

ELIDA: Me të vërtetë në atë orë ne ishim në kulm të lojës. Mbaj mend që kam qenë 12 vjeçe dhe luanim te shtylla te lulishtja: një shtyllë ishte te Klubi i Pleqve dhe tjetra ka qenë në cep të rrugës ku ishte ndërtesa dykatëshe, në katin e parë të së cilës ishte parukeria, berberana etj. Na thërrisnin për të vajtur në shtëpi e ne hiç. Një ditë, ngaqë u vonova shumë, po vrapoja aq shpejt, saqë u rrëzova para kinemasë dhe u gërvishta në bark, por aq shumë sa edhe shenjat e ziftit të asfaltit m'u ngjeshën në lëkurë. Më thirri mamaja sërish se ishte shumë vonë. Shkova me vrap nga frika. Kur më pa, ajo u tmerrua. "Drejt e në spital",- tha. Thashë se shpëtova në fakt. Por prapë se prapë s'i shpëtova dënimit të babit: "Në korridor, atje të rrish!" E kush nga ne s'ka marrë dënime të tilla?!

ERMIRA: Më kujtohet kampi veror tek ish-teqeja. Kishte argëtime pa fund. Ne vajzat merrnim me vete edhe punëdore e uleshim e qëndisnim nën hijen e mollëve. Tregonim histori e barcaleta. Më kujtohet me sa shumë oreks hanim në ato tavolinat e gjata të drurit.

DIANA: Më kujtohet se sa vuanim me një nga "mjeshtëritë" e asaj kohe: bërjen e bilbilave nga bërthamat e pjeshkave apo kajsive. Ulur mbi ndonjë gur apo në bar, e fërkonim atë të shkretë bërthamë mbi ndonjë plloçe guri nga të dyja anët derisa bëhej petashuqe dhe pastaj hollohej e hollohej sa i dilte fara, të cilën e nxirrnim jashtë me mjete rrethanore duke e lënë bërthamën bosh por të pathyer. Nuk mbaj mend çfarë bënim më pas me këta lloj "bilbilash", por e di mirë që harxhonim goxha kohë në prodhimin e tyre artizanal. Ishim mjeshtër të vërtetë. Pale që se kush na tha që bërthamat lëmoheshin më shpejt nëse i hidhnim gurit pak pështymë (!).

SOTIRAQI: Ne djemtë bënim bilbila me degë shelgu, pizga me kërcell gruri apo thekre. U bënim 3-4 vrima dhe u binim.

LILI: Po kështu më kujtohen bilbilat me bishtat e qepëve të njoma. Këpusnim një copë sa më uniforme me gjatësi 3-4 cm. Kur i frynim, ajo lëshonte një tingull të zgjatur.

MIMOZA: Bënim bilbila me farat e kajsisë dhe thoshim që do t'i përdornim për të ndaluar trenin, kur niseshim për në plazh.

SOTIRAQI: Më kujtohen dy fjalë të çuditshme që përdoreshin kur luanim me ashikë: picikuci dhe istadhia.

LILI: Unë fjalët i di të tilla: picikuci dhe istodhia. Di që thuheshin kur luhej me ashikë ose më saktë kur hidhej një onoma, që ishte i njëjtë, por pak më i madh se ashikët, këto dy fjalë shqiptoheshin si një lloj lutjeje që onomani të binte në formë vertikale, kështu që lojtari të gjuante i pari për të fituar ashikët e shokëve. Më kujtohet që njëherë, kur mbaruan pushimet, Paskali, im vëlla, i mbylli ashikët në një kuti cilindrike konserve dhe i izoloi me zift, që t'i hapte verën e ardhshme dhe i "fshehu" në tavanin e portës së jashtme. Në atë kohë oborri ynë ishte më i madh.

ELIDA: Ashikë, me çfarë më kujtohet, ishin ato kyçet e këmbëve të deles apo kecit. Picikuci më duket se ishte kur ashikët binin mbi njëri-tjetrin.

SOTIRAQI: Nuk kam parë kurrë çupa të luanin me ashikë.

ARBEN M.: Picikuci më duket se ishte kur duhej të gjuaje atë që ishte në radhë, ndërsa istadhia thuhej kur gjuajtësi deklaronte se do të gjuante kë të kapte onomani. Duhej të gjuaje atë që paracaktoje ose digjeshe.

SOTIRAQI: Unë kam blerë ashikë - 2 copë për 1 lek, kaq shiteshin.

ELIDA: Vajzat nuk luanin me ashikë. Ne shihnim ata që luanin.

VANGJELI: Kjo lojë e bukur, që e ka luajtur brezi ynë, nuk luhet më. Në lojën me ashikë, vendoseshin ashikët afër njëri-tjetrit në një rresht; aq ashikë sa ishte numri i lojtarëve. Kjo vendosje e tyre në këtë radhë quhej paje. Rreth tre metra para tyre hiqej një vijë, që e quanim vijë e kuqe. Lojtarët, pasi largoheshin disa metra nga vija, sipas radhës hidhnin ashikët në drejtim të vijës. Kush i afrohej më afër vijës thoshte "picikuci", domethënë "e kapa unë", me të drejtën për të qëlluar pajën i pari. Lojtari që kapte picikucin duhej të thërriste me zë të lartë "istadhia", që donte të thoshte "do t'i qëlloj të tërë ashikët, kë të mundem". Në qoftë se nuk e thoshte këtë fjalë, të tjerët menjëherë i thoshin: "Cilin ashik?" kështu që lojtari duhej të përcaktonte se cilin ashik do të qëllonte. Ashiku që fitonte të drejtën për të qëlluar quhej "onoma". Po të binte "sete", kur rrëzohej qoftë edhe një ashik, lindte e drejta për ta marrë sikur ishin rrëzuar të gjithë. Këtu loja mbaronte dhe fillonte lojë e re. Në të kundërt, po të binte "çurki" s'merrte asnjë. "çurki" ishte e kundërta e "sete" dhe binte shumë rrallë. Nëse thoshe "istadhia" i njoftoje të gjithë që mund të gjuaje edhe pa radhë. Ortaku i Njazi Ramës, Guri i Bikos, tregon se çdo ashik kishte edhe lekë sipër, kush gjysmë leku, kush një lek etj. Por për ne të vegjlit kjo ishte edhe një lloj loje e "ndaluar".

SOTIRAQI: Hileja ishte kur onomanit i futej kallaj në vrimë që të rëndonte e të binte "sete" dhe ti fitoje. Krahu i kundërt i "setes" ishte "çurdhi".

GJERGJI T.: Më duket se i thoshin "setre" dhe "çurdhi".

PAKUA: Mbaj mend që Njazi Rama kishte bërë një ashik të mbushur me kallaj dhe e kishte ngrënë në atë mënyrë që nuk i binte "curdhi" asnjëherë. Ishte e fortë kur u mblidhje ashikët Gurit, Stefanit, Fetaut, Zeqos e shumë të tjerëve. Sa here fitonte, Njaziu thoshte: "Hajde Zeqkë, ik pirdhu tani dhe kujdesu për pëllumbat!" Pëllumbat e Zeqos ishin ca gala që mblidheshin nën çatinë e Zeqos e nuk u bëhej dermani. Thamë se ku do të vinin tërë ato gala kur do të prishej ndërtesa, por e gjetën vendin te plepat e ushtrisë.

Më kujtohet loja me kopsa. Nuk guxonin gratë e Ersekës të ndernin rroba përjashta se u zhdukeshin kopsat si me magji.

SOTIRAQI: Njazi Rama ka qenë me të vërtetë mbreti i ashikëve.

VANGJELI: Më kujtohen disa gjëra që më kanë lënë të habitur për një arsye apo një tjetër.

Më ka ngelur në mend Njazi Rama, i cili, kur luanim me ashikë na mundte të gjithëve në sheshin para shtëpisë së Vasil Dines; Rrapi, shoku im i klasës, më i gjati ndër ne, që na thyente duart (në lojën e krahut) në të njëjtën kohë me të dy duart dy vetave së bashku, si çobani që ia thyente dorën Skënderbeut; Skënderi, që në luftën me shpata druri ishte Dardanjani i filmit "Tre musketierët"...

Më kujtohen dy çokë të fortë, njëri nga mësuesi i vizatimit, Stavri, dhe tjetri nga mësuesi i historisë. Më kujtohet që atëherë kam bërë pyetjen më të çuditshme që mund të bëjë një fëmijë, me vete kuptohet: "Si ka mundësi që ky mësues, që ka bërë katër klasikët e marksizëm-leninizmit, të godasë nxënës të vegjël si unë?" Mësuesi i historisë, pas çokut, më shkuli fort edhe flokët. Gati sa nuk qava. Aty kuptova se sa të fortë janë flokët që nuk i mbeten në dorë mësuesit dhe sa rrënjë të forta mund të kenë ato 150 apo 200 mijë që janë.

Habi të ngjashme kam përjetuar edhe me traktorin e parë që lëronte tokën duke ecur mbi zinxhirë e me zhurmë të çuditshme. "Këtë bën revolucioni industrial", - më thoshte babai im. "Zëvendësoi parmendën prej druri tërhequr nga Kazili dhe Kuqoja, ku njëri ia bënte me hile tjetrit dhe për t'i vënë në një radhë duhej të përdorje hostenin. Ky e çan tokën me yrysh. Puna nuk është si ta cytësh, por si ta qëndrosh".

Më kujtohet gjyshi im, Ropi, kur tregonte për jetën e tij në Argjentinë. "Sa e madhe është Argjentina, o gjysh?" - e pyesnim ne. "Po ja, niset traktori për të lëruar në mëngjes herët kur del dielli e kur kthehet në mbrëmje vonë ka lëruar vetëm dy lehe",- thoshte ai. Mua kjo më dukej vërtet hapësirë e madhe shumë. Dhe habitesha.

TOMORI: Këta i quanim ashikë. Kur binte "setre" fitonim. Kur binte nga ana e kundërt "çurdhi" humbnim. Kocka më e mirë bëhej për onoman; i vinim një copë metal ose plumb nga vrima dhe pastaj e mbyllnim me plastelinë se kështu mund të binte "setre" gjithnjë. Ama po ta kapnin këtë hile, përjashtoheshe nga loja.

Kur na kapte ndonjëherë Petro Duro (rahmet pastë!) na thoshte kuç-kuç dhe i mblidhte të gjithë ashikët e na përzinte për të mësuar. Më kujtohet që fjala "kuç" kishte kuptimin e hedhjes së ashikëve në tokë dhe mbledhjen e tyre.

Në çdo stinë

DIANA: Më kujtohen fëshfëshet. Për mua, emërtimi i tyre mbetet një fjalë e pakrahasueshme që imiton zhurmën e mushamasë. Shumë e bukur!

MAJLINDA: Mami im kishte një fëshfëshe blu.

LILI: U thoshin edhe fëshka, si me përkëdheli ose shkurt.

AGIMI: Fëshfëshja, trendi i asaj kohe, më kujtoi një histori që bëri goxha bujë. Më kujtohet I. C.-ja një djalë garip, thyes rregullash e zaptues zemrash që e kishte në gjak aventurën. Ai bëri një shpikje dhe u bë tmerri i fëshkave. Me anë të një shiringe spërkaste fëshkat me një lloj acidi. Kështu ato griheshin komplet e bëheshin të papërdorshme.

PAKUA: Fëshkat ishin në modë atëherë, por në fillim ishin të rralla. Më kujtohet fare mirë se sapo ishte martuar vëllaçkoja im, Beqiri, me Florën dhe kishte një fëshke që i ndërronte ngjyrat si kameleoni. Ia mora një ditë dhe e vesha pa i thënë gjë fare. Mirë, po ja që sapo dola nga dera rashë ballë për ballë me rahmetmadhin babanë tim. Ngriva në vend... Çfarë m'u desh thuaj! Pasojat kuptohen nëse ju them që s'më ra më kurrë në mend të bëja gjëra të tilla...

LILI: Historia e I.C.-së më kujtohet mirë sepse bashkë me të ishte edhe një shok i klasës sime, B. Xh.

DIANA: Paskan shkuar goxha larg sidomos po të mendosh faktin që njerëzit e shkretë i paguanin këto fëshfëshe sa frëngu pulën.

DIANA: Më kujtohet pranvera. Qyteti sikur qeshte nën dritën e diellit. Dëbora e trashë fillonte e shkrinte dalëngadalë. Dikur në prill, komunalja organizonte krasitjen e pemëve që rriteshin në rrugët kryesore të qytetit. Degët e tyre sapo kishin filluar të çelnin ato sythat e tyre të parë, lëkura bojëkafe që sapo kishte filluar të ripërtërihej, tendosej edhe më nga krasitja. Gjithë qyteti merrte një aromë të veçantë. Ishte e zakonshme të shihje djem të rinj dhe plot fëmijë që të kalonin orë të tëra duke zbukuruar shkopinjtë e njomë, por të pajetë. Shumë nga ne, me një brisk në dorë, ata që kishin më shumë fat edhe me ndonjë biçak, fillonin e krijonin gjithfarë figurash gjeometrike. Mjeshtëria ime në këtë fushë ishte pak më pak se e një diletanteje që e provonte. Thjesht e kaloja briskun mbi ndonjë degë të njomë duke formuar ca të çara në formë spiraleje. Më pas e pastroja lëkurën bojëkafe duke krijuar ca motive të bardha dhe bojëkafe. Për disa ditë, këta shkopinj apo thupra, qarkullonin nëpër qytet e pastaj zhdukeshin. Nuk besoj se bërja e tyre kishte ndonjë motiv më shumë sesa kënaqësia e së bukurës.

ROLANDI: Më kujtohet periudha e muajve qershor, korrik dhe gusht. Shkolla kishte mbaruar. Fillonin pushimet. Dikush largohej nga Erseka te të afërmit e vet, në qytete apo fshatra të ndryshme të Shqipërisë. Për jashtë shtetit natyrisht që s'bëhej fjalë, atëherë, kuptohet. Muaji i parë, nëse nuk gaboj, fillonte me kampin veror që zhvillohej te teqeja. Vendi ishte i përshtatshëm për argëtim, sport e çlodhje. Aty kishte shumë pemë frutore, disa i kishin bërë edhe frutat (qershitë), të tjerat i hanim edhe të pabëra (mollë, gorrica, mana). Rezervuari i sotëm nuk ishte akoma. Për plazh dhe mësim noti, mësues Petro Duro, në bashkëpunim me punonjësit e SMT-së, krijonte çdo vit te lumi i Taçit një ose e shumta dy "hauze". Nuk ishin të thellë, por argëtimi ynë ishte i plotësuar. Tavolinat e ngrënies te teqeja ishin prej druri, nën hijen e pemëve, dhe kur hanim drekën ishte shumë këndshëm.

Për muajin korrik ishin më të kërkuara ftesat për në kampin e pionierëve në Durrës ose te kampi i rinisë në Golem. Por nuk mund të harroj kurrë muajin gusht, kur çdo ditë ikja nga shtëpia bëhej në orën 7-8:00 të mëngjesit dhe kthimi nuk i dihej. Në shtëpi nuk ktheheshim kurrë para orës 21:00, vetëm kur kishte ndonjë film serial në TV ktheheshim më përpara. Nuk linim fshat pa vajtur, për të ngrënë dhe mbledhur frutat që bëheshin në këtë muaj. Sa herë kemi kaluar nëpër arrat e mbjella me grurë për t'i rënë sa më shkurt dhe shkelnim grurin (atëherë mund edhe të dënoheshe për sabotim të pronës së përbashkët, por dënimet ishin gjithmonë fletërrufe ose "gjyq" përpara prindërve. Dy-tri herë na ka zënë edhe roja. Më i tmerrshmi ishte Avniu i Lagjes së Bujqve, që na mbante si peng ndonjë bluzë apo kanotiere. Për një gjë më vjen keq tani, që prindërit e mi (në veçanti mamaja) më luteshin për t'i ndihmuar për të mbledhur lule që i shisnin dhe unë nuk u vajta asnjëherë në ndihmë. Me thënë të drejtën edhe nuk e kisha shumë qejf atë punë, sepse "ofendohesha" po të më shikonin shokët. Ardhka një kohë dhe pendohesh. Por nuk mund të pendohem kurrë për çfarë kam kaluar në atë periudhë të fëmijërisë dhe pak vite të adoleshencës, pasi më pas kur filloi hapja e tokave të reja, ajo prodhimtari e natyrës sonë të bukur u zhduk si me magji. Gjithë ato larmi pemësh: kumbulla të egra apo Stambolli, jeshile, të kuqe, të verdha, të bëra e të pabëra; qershi,vishnje, thana, kullumbri, manaferra, gorrica, mollë korriku, mollë çinge, mana, lajthi, kaçka (prej tyre nuk na ikte ngjyra kafe nga duart deri në fund të vitit). Pastaj afronte dita e nisjes së shkollës. Dhe kjo e fundit nuk ishte edhe ndonjë qejf i madh.

SOTIRAQI: Ishte qershori i '74-s. Pas mbarimit të vitit të dytë, po zhvillonim një nga brinjët e "trekëndëshit revolucionar". Mua më caktuan ta bëja punën prodhuese te përpunim druri përballë Pyjores. Ishim 3-4 veta që nuk më kujtohen. Kalonim mirë atje, na jepnin punë të lehta për të bërë, si stivim, lyerje me llak, ndonjë prerje të thjeshtë. Unë punoja pranë usta Sero Birbos nga Rehova, që ishte marangoz i zoti. Patjetër që mendonim edhe për veten tonë duke bërë raketa pingpongu, kuti shahu, okllai për të tëhollur brumin, korniza fotografish etj., që i çonim në shtëpi. Isha në humor, sepse te halla File sapo kishin marrë televizorin dhe për mua do të mbaronin përgjithmonë ecejaket e mundimshme nëpër shtëpitë e "botës". Prisnim me padurim Kampionatin Botëror të Futbollit që niste ato ditë. Por si një rrufe në qiell të pastër Kolonjën e pushtoi dhimbja e madhe. Më 12 qershor të atij viti u rrëzua me avionin e tij Mig-19 Dhimitraq Robo. I bukuri, i thjeshti, i dashuri, i sinqerti, ylli i djalërisë kolonjare nuk ishte më. Dhe ishte vetëm 25 vjeç. E adhuroja pa masë. Na vinte në shtëpi duke qeshur, tim eti i thërriste dajë, njëlloj si shoku i tij i ngushtë Romi. Të nesërmen, më datë 13, u zhvillua një funeral madhështor. Më kujtohet që e gjithë Kolonja erdhi aty. Të vëllanë, Petrin, ia kishin veshur në mënyrë simbolike ushtar. Zi e madhe. Edhe sot jam i përlotur.

JORIDA: Më kujtohet që mezi prisja të vinte vera. Mezi prisja dozën e munguar të diellit, por edhe pushimet nga shkolla, që do të thoshte për 3 muajt në vazhdim jeta ishte vetëm lojë dhe pak plazh. Babi kishte një xhaxha në Durrës dhe një në Vlorë dhe më kujtohet që një vit shkonim te njëri dhe një vit te tjetri. Ditët e para të pushimeve ishin pak të trishtueshme teksa shihja gjithë shoqet që largoheshin për të kaluar verën te gjyshet në fshat. Unë vdisja të shkoja në fshat, por për fatin tim të keq (ose të mirë, në të gjitha rastet e tjera) të dyja gjyshet e mia jetonin në Ersekë. Shumë shpejt lagjja mbushej me fëmijë të ardhur te gjyshet në Ersekë dhe loja fillonte në mëngjes dhe mbaronte kur errej. Në shtëpi shkonim sa për të marrë një fetë bukë në dorë dhe vraponim prapë jashtë. Më kujtohet që pranë pallatit të verdhë, ku unë jetova deri në moshën 10-vjeçare, kishte një depo gruri (godina që sot është tregu). Sapo shikonim makinat me grurë që vinin të shkarkoheshin vraponim për të "ndihmuar". Sapo futeshim në magazinë fillonim të hidheshim nëpër grurë ose në pjesët që magazina ishte mbushur deri në majë, hipnim sipër pirgut me grurë dhe rrëshqisnim deri në fund.

Pjesa tjetër e preferuar ishte të bërit e çamçakëzit. Fusnim një grusht të vogël me kokrra gruri në gojë dhe i përtypnim derisa gluteni i farës bashkohej me pështymën dhe krijonte një lloj brumi ngjitës. Më kujtohet që një drekë erdhi për t'u shkarkuar një makinë nga Bejkova. Duhet të kem qenë jo më shumë se 6 vjeçe. Njëri nga punëtorët ishte një çun që e njihja prej xhaxhait tim, i cili më merrte shpesh me vete kur dilte. Iu luta të më merrte edhe mua "një xhiro" pasi makina, pasi shkarkohej, kthehej në fshat të rimbushej dhe vinte për t'u shkarkuar përsëri. Mbas disa debatesh me shoferin, hipa në karroceri dhe mbasi u tunda e u shkunda arrita e zverdhur në Bejkovë. Ai më çoi në shtëpinë e tij dhe më la atje me të ëmën, e cila më tregoi pulat, më gostiti me qershi, më dha ushqim e më prezantoi me disa vajza të vogla që të luaja derisa erdhi ora që makina e mbushur me grurë të nisej për në Ersekë. Kur arritëm, duhet të ketë qenë ora 17:00. Sapo zbrita nga makina, vura re mamin që vrapoi drejt meje. Gjithë familja kishte nja dy orë të mira që po më kërkonte në të gjithë Ersekën, por më tepër nga Virka, ku "kushedi çfarë mund të më kishte ndodhur (!)". (S'më kujtohet çfarë na shtynte të shkonim nga Virka, edhe pse prindërit vazhdonin të na thoshin mos ta bënim një gjë të tillë). Mbas këtij incidenti më lejohej të luaja vetëm para pallatit. Mirëpo çudia më e madhe 3 ditë zgjat, kështu që shumë shpejt fillova të shkoja me shoqet gjithandej, përsëri.

BOJANA: Më kujtohet radha tek akulloret. Ishte fitore nëse arrije të dilje nga turma me akullore në dorë.

ELSA: Më kujtohet se si shoqet e motrës më kishin ngjitur nofkën "Gaz i Degës", sepse doja të dija gjithçka çfarë flisnin.

Më kujtohet që Enida kishte një kuti me lodra për mjekësi... stetoskop, gjilpëra, termometër.

VANGJELI: Më kujtohen ca grimca nga puna që bënim në kohën e sezonit të "pushimeve të shkollës". Këto unë i quaj tani një ndihmë modeste për familjen dhe "kontribut i vockël për ndërtimet në qytet". Më kujtohet kur hapnim themelet me kazmë e lopatë te hoteli. Gërmimet i përfundonte Rrapi se ai ishte më i gjati dhe më i forti. Themelet ishin shumë të thella sa të gjendej tokë e fortë.

Më kujtohet ndërtimi i spitalit të qytetit. Kur ndërtohej kati i dytë, ne transportonim beton me tezgë druri duke ngjitur e zbritur skelën e pjerrët. Unë e mbaja para e pas vinte Flora, shoqja e klasës. Unë isha i shkurtër dhe ajo e gjatë; mua më dukej vetja çupë e asaj djalë. Duart tona tezareshin aq fort, sa na dukej sikur do të këputeshin. Por realisht nuk ndodhi gjë. Dhe kjo vazhdonte njëlloj përditë.

Puna më e vështirë ishte në qeramithane ku nxirrnim tullat argjile të pjekura. Aty provova ç'është nxehtësia. Më dukej vetja sikur piqesha edhe unë bashkë me tullat. Nuk rezistova veç dy ditë. Miku ka ekzistuar qysh në lashtësi, kështu që edhe unë gjeta punë të lehtë me mik. Më vunë të bëja stiva me dru te sheshi i komunales, të prisja dru të hollë me sharrë etj. Orët më dukeshin shekuj. Në orën 12:00 më jepnin një pjatë plot me qershi si shpërblim, sepse drutë që prisja unë i përdornin për të bërë zjarr për marmelatën.

Më kujtohet që pastronim kanalet anësore duke filluar nga Erseka deri në Borovë dhe anasjelltas. Më kujtohet babai i mësues Sotir Tases se punonim të dy: ai si div dhe unë si xhuxh i vogël. Ishte pedant, punëtor dhe i ndërgjegjshëm. Prej tij mësova atë që njerëzimi e quan disiplinë pune. Punën e linim gjithmonë në orën 12:00 fiks. Ishte kënaqësi kur ai nxirrte nga xhepi i vogël një orë të vogël dhe më thoshte: "Boll tani, fillojmë pas një ore. Tani ulemi dhe hamë çfarë kemi në torbë".

Më kujtohet që kishim mësuar se në Kinë, kur lindin fëmijët, i quanin me emrat e pjesëve të trupit, si p.sh. Zhao Syri ose Zhao Juan, Sun Supi ose Suan Jian ose Wang Mëlçia etj. Në qytetin tonë të Ersekës njerëzit i emërtuan për punën e tyre të nderuar që u ngeli përjetë plot respekt si Cale këpucari, Mitre orëndreqësi, Vangjel gërneta, Kol kallajxhiu, Sotiri e Mika i bukës, Azis hidrauliku, Usta Xhemali, Mina gurgdhendësi, Lelo kitaristi etj. Po ndodhte edhe që institucionit i vinin emrin e personit. Për shembull, i thoshim komiteti i Nasho Dines, gjë që mua më ka bërë gjithmonë përshtypje.

DIANA: Më kujtohet që kishte një "behar të blushareve".

MAJLINDA: Shtator - tetor koha ishte e ngrohtë dhe blusharet bënin zahirenë e dimrit.

DIANA: Më kujtohet se si shkundnim qilimat dhe rrugicat e shtëpisë të shtunave pasdite ose të dielën në mëngjes. Duheshin shkundur mirë dhe me kujdes në çdo anë. Shkundeshin më mirë në dëborë. Kur i shtronim, duheshin sheshuar mirë, që mos të mbanin rrudha. Teta Vito, mamaja e Zhanit, ishte aq meraklie saqë e tendoste qilimin duke e kapur në ca thumba të vegjël të futur në parketin e dyshemesë që e fërkonte me merak derisa bëhej "dyllë i verdhë". Kur i mbanim të palosura, rrobave të leshta u duhej hedhur pak bar mole, ca si kokrra të bardha me një erë të pakëndshme, që mos t'i hante krimbi i molës.

MAJLINDA: Çdo behar bënim punët e mëdha hapnim dyshekët me pambuk dhe i linim në diell pastaj i qepnim me kujdes, një gjë ka mbetur që atëherë dhe e vërtetoj sa herë që vete kur vjen koha e zahireve të dimrit, petka, roshnica dhe trahana, mblidhen të gjitha gratë dhe ndihmojnë njëra-tjetrën. Sa mall dhe nostalgji!

OLI: Te ne që kishim shtëpi private burrat e shtëpisë kishin me se të merreshin. Avllia duhej rregulluar, mbrapa oborri rrethohej me gardh e duhej ribërë. Çdo pranverë gjyshi Kiço rrethonte bukur parcelat me karota, rrepa, majdanoz, spinaq e ku di unë. Im atë krasiste rrushin, qershinë, mollën e kumbullat. Unë i mbaj mend vetëm me punë ata të dy. Kur vinin drutë, duheshin vënë në stivë me kujdes, se druri i shtrembër prish gjithë stivën. Sa kujtime!

JORIDA: Kur jetonim me gjyshen te pallati i verdhë, më kujtohet që hipnim te muri i SMT-së dhe shkundnim, javë për javë, përpara se të fillonim të fshinim oborrin. Mirë që s'kemi rënë nga muri

ZHANI: Është e vërtetë që në shtëpinë tonë qilimat i kapnim me alka të vogla. Qilimat i shkundnim tek trasheja që ishte tek oborri i mamasë.

DIANA: Më kujtohet kur lanim xhamat e dritareve: në një legen plastik bojë qielli hidhnim ujë dhe shumë pak uthull. Pastaj lagnim një copë pambuku që i thoshim garzë dhe e pastronim xhamin jashtë e brenda sa mos të mbetej asnjë pikë pluhur. Menjëherë e thithnim ujin me uthull me copat e zhubrosura të "Zërit të Popullit" derisa mos të mbetej asnjë vijë dhe xhami të shkëlqente si pasqyrë. Pasi mbaronim me një dritare (tonat kishin nga tre kanate) pastronim me kujdes edhe skeletin prej druri. Ndërkaq, kortinkat e hekurosura prisnin të hapura mbi tavolinë. Pasi vinim ato, në fund e kishin radhën perdet e rënda. Në kuzhinë kishim një perde prej tyli të thjeshtë, kurse në dhomën e gjumit të prindërve kishim një palë perde prej atllasi blu me trëndafila ngjyrë argjendi dhe një perde prej pambuku që e kishte bërë me grep mamaja. Në dhomën tjetër, kishim dy perde të gjata prej pëlhure që mamaja i kishte qëndisur me një model që quhej "motivi bullgar".

"Burrat nën hije lozin kuvendojnë..." recitoja unë me shpoti. Nëna ime që vinte rrotull me veshët ngrehur, tundte kokën: "Prandaj jemi tri gra ne këtu! Kjo s'është punë burrash që...".

"Pse jo? A janë më të zgjuar dhe më të fortë se gratë? Se çfarë na mbetet sikur, për shembull, të më merren mendtë mua e të bie nga dritarja? Një burrë është ndryshe. Nuk e humb mendjen kurrë...".

"Kështu bëj kur të martohesh: vëre burrin të të lajë xhamat. Plaça unë po të duroi burri ty, kërcure!" - ankohej ajo e pakënaqur.

Apo nuk e kishim edhe në mes të rrugës ne shtëpinë dhe na bëheshin xhamat zhul i zi nga pluhuri.

VALBONA: Më kujtohet një herë që Zh.T.-ja bashkë me çupën e dajës së vet nga Durrësi te pragu i shtëpisë së Mozës i mësonte grepin. Unë, vetëm 6-7 vjeçe, shikoja të mësoja. Asaj nuk i pëlqente që unë rrija vërdallë. Punë fëmijësh. Ditën tjetër shkova pranë tyre me grep në dorë dhe një rrotkë qepjeje. Kushërira e Zh.-së nuk më la që t'i shihja, kështu që shkova në shtëpi dhe shumë e mërzitur ia shpjegova mamasë atë që ndodhi. "Ua, po të mësoj unë", - më tha ajo. "Jo, dua të mësoj atë që bën ajo nga inati", - i thashë. Dhe në ditët në vazhdim rrija pranë tyre pa asgjë në dorë. I shihja, i shihja dhe pastaj shkoja me vrap në shtëpi, merrja grepin në dorë dhe bëja ç'kisha parë. Kështu mësova grepin që nuk e heq më nga dora kurrë.

DIANA: Zhani dhe Sandri ishin mjeshtër në bërjen e papuçeve. Zhanit i kishte lezet kur i bënte aq shpejt dhe aq bukur. Kurse Sandrin nuk e harroj kur mësoi dhe na i kalonte edhe neve, se si të bënte ata jastëkët me të nxjerrë fijen.

ZHANI: Kur motra ime Tasha mësoi të qëndiste me age, Sandri ishte aty dhe e mësoi edhe ai. Madje nga qejfi bëri një jastëk me dy macka që luanin me një lëmsh. Gati të gjitha vajzat e asaj kohe kishin nga një jastëk të tillë në pajë.

DIANA: Sandrit, si edhe xhaxhi Spiros, i zinin duart çdo lloj gjëje.

JORIDA: Më kujtohen fustanet e verës që i bënim me pëlhurë. Me kujdes hiqja fijet horizontale derisa krijohej një rrip, në gjerësinë e gishtit të vogël, vetëm me fije vertikale. Pastaj me gjilpërë lidhja fijet me kujdes për të krijuar një motiv me vrima në formë rombi. Mami gjithashtu më kishte mësuar si të qepja "tegel".

Mbaj mend që kur isha rreth 13-14 vjeç, halla na dërgonte shumë rroba nga Greqia (të cilat si për inat të motrës më rrinin mua sikur të m'i kishin prerë në masë). E vetmja gjë që më ngelej të bëja ishte të ktheja fundet në minifunde.

Unë mendoja se kisha aftësi në punën me gjilpërë derisa pashë se çfarë mund të bënte gjyshja e Bojanës me të. Dantellat më fine që më kishin zënë sytë. Gjyshja nga mami dhe tezet punonin shumë bukur me grep, por çentrot/dantellat me gjilpërë ishin të një lige tjetër (domethënë hanin bukë veç, për të përdorur një shprehje me të cilën më lidhin të tjera kujtime).

ORNELA: Më kujtohet kur uleshim bashkë me Joridën dhe bënim grep. Ajo bënte një çentro ndërsa unë kisha vendosur t'i bëja jastëkut tim një dantellë. Mami im e ruan edhe sot e kësaj dite atë këllëf jastëku. Mami ruan ende sende dhe veshje nga fëmijëria jonë. Ajo mban në sirtar rrobat e mira që kam veshur për herë të parë kur isha bebe, bllokun me poezi të adoleshencës sime dhe shumë gjëra të tjera.

BOJANA: Vërtet që gjyshja ime e qante punën e dorës, sidomos ato punimet me gjilpërë. Mbaj mend që çdo çarçaf, këllëf, mbulesë, bluzë, shami i kishte anët të punuara me gjilpërë. Edhe tyl me grep ka pas bërë. Gjynah që nuk mësova kurrë se si bëheshin, as grepin, as gjilpërën.

Fshati socialist

DIANA: Më kujtohet iniciativa e famshme e të rinjve kolonjarë për të jetuar e punuar përgjithmonë në fshat, që ishte një përgjigje "flakë për flakë" e thënies së udhëheqësit komunist të asaj kohe: "Sikur të isha edhe njëherë 20 vjeç do të shkoja me plot dëshirë të jetoja e të punoja në fshatin e ri socialist". Duhet të kemi qenë në klasën e shtatë? Nuk më kujtohet saktë. Por e di që kishim në klasë një djalë nga Saranda që quhej Vangjel. Një djalë i urtë, me lëkurë shumë të bardhë e më quka të çelëta, me flokë të verdhë dhe me dy sy të kaltër, të mëdhenj. Për të qenë e sinqertë, nuk mendoj se i kam vënë re në atë kohë; ato thjesht kanë mbetur të fotografuara në kujtesën time dhe sot më dalin para sysh, gati si në një fotografi. Vangjeli mësonte shumë, sidomos në matematikë.

Mbaj mend se çdo klasë duhej ta përkrahte iniciativën njëqind për qind. Vangjeli ishte i vetmi që nuk e ngrinte dorën. Më kujtohet që kjo më bëri shumë përshtypje (sigurisht!) dhe një ditë qëndrova pas mësimit të flisja me Vangjelin: Klasa jonë duhej të ishte patjetër e para në përkrahjen e asaj iniciative! Vangjeli tundi kokën me një trishtim të sinqertë, por i vendosur. "Jo, nuk do ta marr atë iniciativë. Nuk dua të shkoj sërish në fshat. Unë prandaj edhe kam ardhur këtu në Ersekë",- më tha. Mbeta pa folur. Për herë të parë e kuptova domethënien e vërtetë të asaj "iniciative" dhe pyeta veten nëse do të mundja vërtet ta këmbeja ëndrrën time për të shkuar në universitet me jetën në "fshatin e ri socialist"! Akoma i kam në mend sytë e mëdhenj të Vangjelit me një tis të lëngët, fëmijëror, xhaketën e tij prej stofi me kuadrate dhe ecjen e ngadaltë. Shpresoj mos t'i kem shkaktuar brengë me këmbënguljen time revolucionare (!).

GRAMOSI: Më kujtohet që këtë iniciativë e përkrahu edhe Pako, djali i xhaxhait tim, që në atë kohë punonte në tregti.

DIANA: Kam shkuar një herë edhe në fshatin e tyre, Radovë. Kishte ca fruta me ngjyra shumë të bukura nga të cilat bëhej raki. Emrin ua kam harruar. Fshati dukej i këndshëm, por i braktisur. Nuk e di si vazhdoi jeta e Pakos pastaj.

GRAMOSI: Pako shkoi në Radovë për disa vjet me gjithë familjen, pas një "lufte" të ashpër me të gjithë ne, që duke menduar për vështirësitë e jetës atje ishim kundër. Pakon e ekspozuan në të gjitha mediat e kohës, bëri dhe një diskutim të zjarrtë në Kongresin e Bashkimeve Profesionale në Elbasan, ku u falënderua nga vetë M. Shehu. Bëri bujë të madhe në atë kohë, por e vuajti më vonë për disa vjet sepse mezi u kthye në Ersekë. Vuajti derisa filloi punë. Nga Radova, sidoqoftë, mori si kujtim të përhershëm dy djem të mrekullueshëm, njëri me emrin Radovin e tjetri Aldo. Përparimi jeton në Greqi tani, ku ka edhe një kompani ndërtimi që i ecën shumë mirë. Ka punësuar shumë bashkëqytetarë, ndërsa djemtë janë zhvendosur në Gjermani dhe kanë themeluar atje një kompani të madhe me shtrirje në të gjithë Bashkimin Europian.

VJOLLCA: Motra ime bashkë me shoqet e saj në atë kohë punonin në punishten e ëmbëlsirave. Më kujtohet mirë që, pasi e diskutuam në familje, i ndjeri babai ynë, në atë kohë oficer në Degën e Punëve të Brendshme, u vu në siklet të madh dhe si përfundim u vendos që motra mos të shkonte.

Mbaj mend në qendër të qytetit ishte këndi i fletërrufeve. Ne, që e kishim shtëpinë m'u në qendër, shihnim nga ballkoni çdo gjë që ndodhte në shesh. Nuk mbaj mend saktësisht se sa të tilla u vunë kundër atyre të rinjve që përkrahën atë iniciativë dhe, për një arsye apo një tjetër, nuk e mbajtën fjalën, por mbaj mend që në familjen time s'kishte natë që mos të diskutohej për to. Por si të gjitha çudi edhe kjo nuk zgjati shumë. U harrua shpejt. Ishte koha e tillë.

PAKUA: Iniciativa për të punuar e jetuar përgjithmonë në fshat më sjell kujtime të bukura, por edhe të dhimbshme. Iniciativa e atyre viteve ishte plot besim në vetvete, pavarësisht të papriturave që ofronte vetë sistemi. Me thënë të drejtën historia e rinisë së asaj kohe ishte më tepër një sabotazh dhe luftë bërrylash që nga instancat më të larta deri në bazë. Pati shumë prapaskena. Do të kisha dashur shumë të shkruaja për atë iniciativë të vitit 1976. Pa dashur të kaloj në detaje, nuk ma ka bërë syri tërr kurrë si në atë kohë, edhe në këtë kohë.

VALBONA R-A: Pako, im vëlla, ishte i pari që mori iniciativë për të shkuar në fshat. Iniciativa ishte "Ta bëjmë fshatin si qytetin". "Ta çojmë asfaltin në fshatin më të largët"...

Bashkë me Pakon mori iniciativë edhe Tatjana, ime motër, të cilën nuk e la babi të shkonte sepse mendoi që dy fëmijë nga një shtëpi ishin shumë. Pako me të shoqen, Letën, shkuan, punuan shumë, lindën Radovinin, të cilit i vunë edhe emrin e fshatit. Radova është një fshat i thellë në zonën e Leskovikut. Nuk e di tani, por atëherë ishte një fshat i braktisur ku jetonin tri plaka të vetmuara: Dadaja, Florenca dhe një tjetër, emri i së cilës nuk më kujtohet. Pako me familjen jetoi atje rreth 10 vjet.

MAJLINDA: Më kujtohet që në përkrahje të kësaj nisme, në atë fshat shkoi edhe tezja ime bashkë me familjen.

SOKOLI: Realisht nuk është e lehtë të shkosh e të jetosh në fshat. Shumë të rrallë janë ata trima ose trimëresha që përballen me blegtorinë dhe bujqësinë sepse nuk është kollaj.

LILI: Mbaj mend që bashkë me Pakon në Radovë ka qenë edhe kunati im, Aleksandri. Edhe ai iniciator, por me dëshirën për të punuar si shitës atje apo për të qenë kryetar i frontit, i rinisë, i këshillit e ca poste të tjera.

Qebapi

VANGJELI: Më kujtohet që shpesh shkonim e pinim kafenë te Berta. Kur ktheheshim në shtëpi, babi ynë thoshte: "Kafenë që na bën Berta nuk na e bën njeri". Ajo jo vetëm që e bënte të mirë, por kishte një mikpritje të veçantë, me fjalë të ëmbla me hijeshi.

DIANA: Më kujtohet qebapi ku piqnim kafenë; një si kuti konserve me një bisht të gjatë dhe një majë. Mbaj mend që kur pjekjen e kafes e bëja unë, ulesha në një stol të vogël, e mbështesja majuckën e qebapit në një anë të furnelës (apo gazierje, i thoshim edhe kështu?) dhe e rrotulloja bishtin e gjatë me një dorë dhe e mbaja me tjetrën. Qebapi kishte edhe një si derë shumë të vogël, që mbyllej pasi hidhnim brenda kokrrat e kafes. Ky detaj i qebapit më pëlqente shumë e ma bënte qebapin të më dukej si shtëpi kukullash.

-Kij mendjen se mos e djegësh... dëgjon? – thoshte mamaja si meraklie e kafesë.

-Mirë. Ehe...

Pastaj vinte më kontrollonte.

-Nuk e dëgjon erën?

-Jo.

-Si nuk e dëgjon? Ajo mbyti shtëpinë... Ishalla e ke djegur!

-Sigurisht që nuk e dëgjova për arsyen e vetme se era nuk dëgjohet.

-Mirë, mirë. Lëri llafet. S'je për asgjë. Ik se e bëj vetë.

Dhe e kontrollonte.

-Është djegur?

-Jo, por po të isha vonuar edhe një minutë, iku. Kam hundë të fortë.

- Ose veshë të fortë. Ti sapo the që "e dëgjove".

- E mirë ti, mirë. Je si gjahtar fjalësh...

Pastaj kafja duhej ftohur. "Pastro qebapin se me këtë punë merrem vetë",- më thoshte. Unë preferoja bluarjen në mulli, një cilindër i verdhë metalik i përbërë nga dy pjesë që futeshin te njëra-tjetra: njëra anë ku futeshin kokrrat dhe që mbyllej pastaj me një mbulesë konvekse, nga e cila dilte një bosht metalik në formë prizmi. Në të futej doreza që rrotullonte mekanizmin e bluarjes nga e cila dilte kafja e bluar që binte në pjesën e fundme të mullirit. Kur kafja mbaronte së bluari e zbraznim menjëherë në kutinë e kafesë që duhej puthitur mirë që mos t'i dilte era. Që kafeja të ishte speciale, duhej të dilte e kuqërremtë.

Pastrimi i mullirit ishte një detyrë e gjatë dhe e vështirë, që unë e bëja me një shtizë të thyer dhe pastaj me një furçë të vogël, me të cilën nuk lahej asgjë tjetër "se prish erën e kafes". Mua më joshte shumë mendimi se kush e kishte shpikur mullirin në mënyrë kaq të mençur dhe komode, por këtë nuk e gjeta dot ndonjëherë.

Pasi pinte kafen, mamaja, kur ishte me shoqet, kthente filxhanin apo hidhte fall, siç thoshte babi. Në Ersekë kjo ishte shfaqje e huaj sepse e kuptoja që mamaja mundohej ta shmangte babin gjatë këtij "aktiviteti". Por s'më duket se ishte ndonjë problem në Tiranë, te shtëpia e gjyshërve të mi, ku pirja e kafes dhe falli ishin argëtim i përditshëm.

Më kujtohet një ditë, në shtëpinë e Goles, Kozetës dhe Lelës, kur mamaja kërkoi një copë letër për të përmbysur filxhanin, Golja i afroi shpejt fletoren ku po bënte detyrat. Ajo e shkreta mbështeti filxhanin "e kulluar" që la atje sakaq një rreth bojë kaf në fletore...

-Mos, mos! - bërtita unë. - Janë detyrat e matematikës.

-Oh,- u shqetësua ajo dhe filloi ta fshinte me pecetë.

-Ligoraq, - thirri teta Myzejeni, që ishte edhe mësuesja e matematikës së Goles dhe e imja dhe që do të na kontrollonte detyrat të nesërmen. - Çfarë të kam thënë?

-E bëra pa dashur. Atë kisha në dorë.

-Mbaro detyrat! - i tha ajo e nxehur. Golja bëri sikur.

-Ia hodha, - më tha me zë të ulët.- Tani nuk ma nxjerr dot fletoren para klasës se i dalin të palarat...

Teta Myzejeni u ngrit dhe e grisi fletën nga fletorja (madje edhe kjo ishte e ndaluar!). Pastaj, me ton autoritar, i tha Goles:

-Këtu! Ulu dhe vazhdo detyrat... Nga fillimi!

Ato detyrat e shkreta, siç më kujtohet, nuk na jepnim ndonjë kënaqësi të veçantë.

PAQO: Gjyshja ime kafenë e donte me ngjyrë kafe, jo të zezë, por duke e rrotulluar ngacmoheshim me time motër dhe veç kur shpërthente tymi pasi i hapnim atë dritarkën prej llamarine anash.

-Upupu, ç'më bëre more djalë, ma dogje e përvëlove të shuarën, mezi e gjetëm një pako! - ankohej gjyshja.

LILI: Por duhej gjetur edhe një mënyrë se si të perfeksionohej shija e kafes, kur nuk ishte e cilësisë së parë, në fund pas pjekjes i hidhnim disa thërrime gjalpi ose disa pika rakie dhe e mbulonim me një pecetë të hekurosur "që të djersinte".

ELIDA: Ne e kemi akoma qebapin e kafesë në shtëpi, në Ersekë. E mbajmë si kujtim. Më kujtohet kur piqte kafen gjyshja ime e mirë dhe nuk rrinte dot deri në fund sa të piqej kafja se ishte e sëmurë e më linte mua të rrotulloja qebapin. Mua, ngaqë s'isha mësuar, njëherë më shkonte qebapi majtas dhe njëherë djathtas, pastaj i thosha "u poq nënë". Ajo vinte e shikonte e thoshte "Jo, jo. Do edhe pak, edhe pak".

Puna më e vështirë ishte ta bluaje kafen, se mullirin e kishte shtrënguar aq shumë sa mezi rrotullohej doreza. Unë ngaqë doja të luaja, thosha se nuk e bluaja dot. Madje u kujtoja që ta çonin ta bluante Afizeja, një grua e urtë dhe shumë e mirë që shtypte kafe për Klubin e Madh.

Më kujtohet që sa herë që dëgjohej bam-bum nga poshtë shkallëve, thoshim: "Po shtyp kafe Afizeja". Njëherë, nga kurioziteti, u futa avash-avash brenda në klub (pjesa e prapme ku binte oborri ynë) për të parë se si bluhej kafeja. Dhe tani e kujtoj se sa e rëndë ishte ajo pjesa e gurtë me të cilën punonte ajo gruaja e mirë. Më vinte keq se sa shumë lodhej.

Kujtoj xha Seron, teta Viton, Zoicën që punonin në kuzhinën e klubit dhe mamin e Agimit në banak. Ajo na jepte arançata në verë e na thoshte t'i vinim shishet në arka pasi mbaronim që mos t'i thyenim.

Më kujtohet edhe Qaniu nga Starja që çante drutë te Klubi i Madh.

SOTIRAQI: Eh, qebapi i famshëm! Ne si shtëpi e madhe, plot zgëqe, qilarë, oxhaqe, saç, kishim një mori takëmesh e rraqesh pa fund. Veç qebapit, që ne e vinim në oxhak me dru, kishim edhe një si rrotë druri të gdhendur si vulë të madhe që quhej MBLAC e që shërbente për të shënjuar meshat që bënte gjyshja për në kishë. Kishim po ashtu një gur të madh të gdhendur nga njeriu, ku shtypnim kafenë dhe kripën. Këtë gur tek oborri im e përdorte e gjithë lagjja, ngaqë e bënte kafenë si miell. Ishte më i mirë se bluarësi prej bronzi.

Mbaj mend se shtëpia jonë, derisa u shit në vitin 1995, ka shërbyer si një magazinë e madhe natyrore tranziti, ku e tërë Rehova, ditë për ditë, sillte, linte dhe merrte çdo gjë, vegla, mjete pune, materiale ndërtimi etj.

VJOLLCA: Kujtoj oborrin e pallatit të hotelit. Afër dritares së kuzhinës së restorantit ishin edhe dy gurë të vendosur njëri pranë tjetrit: një ku vendosej maja e qebapit dhe një për t'u ulur. Këtë vend e përdornin të gjitha gratë e pallatit kur piqnin kafe. Më e duruara ishte Nakja, gjyshja ime e mirë. Teta Berta i sillte Nakos dy pako kafe; një e piqte për të dhe një i thoshte ta mbante për vete. Nakja e bënte atë punë me shumë qejf.

Më kujtohet ora e qëndisjes te shkallët e pallatit. Vajzat e pallatit të hotelit qëndisnin shumë bukur.

PAQO: Më kujtohet që në shtëpinë tonë, menjëherë, sapo mbaronin së pjekuri kafen, hapnin me shpejtësi dritaren prej llamarine dhe i derdhnin kokrrat e kafes së pjekur në një pecetë pambuku të pastër, të cilën e mblidhnim shpejt e shpejt rreth kokrrave të pjekura të kafes që të "djersinin". Në fëmijërinë time deri nga '74-a, kafja bluhej në gur. Guri i sime gjysheje ishte i fortë, nuk krijonte kristale guri nga rrahja me hekur dhe në shtëpinë tonë vinin për të bluar kafen edhe fqinjët. Nëna e fuste mes gjunjëve gurin e kafesë, ulej në një fron druri dhe fillonte rrahjen me hekur. E nxirrte pastaj dhe e shkonte në sitë të "dendur". Copëzat që nuk shkonin poshtë sitës, i rrihte në gur përsëri. Kjo procedurë i hante sime gjysheje goxha kohë.

Mbaj mend që kafenë e mbante në një kuti drejtkëndëshe me kapak sipër, me stampa të bukura ngjyre kafe me variacione jashtë dhe krejt e bardhë nga brenda. Kutinë ia kish dhuruar e motra, gruaja e një pasaniku që në kohën e Zogut jetonte në Korçë. Kutia ishte gjithnjë në sënduk, nën kujdestarinë e plotë të gjyshes.

Me kujtohet që sënduku i saj ishte një mister më vete. Aty mbahej "gardëroba" e saj dhe e të shoqit. Në njërin krah ai kishte një të ndarë si dollap ku mbante ato sendet personale dhe në një cep patjetër kutia e kafes. E shkreta gjyshe, ndërroi jetë në vitin 1974 pa pasur kurrë aq kafe sa do të donte.

SOKOLI: Ç'na kujtuat gurin e kafesë! E kam edhe unë një gur kafeje mbi 150-vjeçar. Sipas gjyshes sime, duhet të jetë edhe më i vjetër se aq. Me këtë gur bluante kafenë i gjithë fshati. E përdorte edhe gjyshja e Lidës, që e kishte shtëpinë në lagjen tjetër. Madje ata e mbanin me ditë dhe javë. Mbase ky ishte edhe shkaku që kemi bërë dhe nja dy krushqi me atë familje. Sot atë gur e kemi marrë në Tiranë, por do ta çojmë prapë në fshat se nuk na hyn shumë në punë. E përdor nënë Leleja, e ëma e Dajlanit dhe Zanës.

Bonbonet

ALBANA: Erseka, që na dukej shumë e madhe në fëmijëri, është në fakt veç një pëllëmbë vend. Kur mbaronin punët e shtëpisë, gratë shkonin për vizitë te njëra-tjetra. Një pasdite te Berta, tjetrën te Tixhja pastaj te Vanka a te Myzejeni. Më kujtohet që mamaja merrte nga një punëdore në çantë pasditeve e dilte. Sapo e shihja, unë filloja grindesha që të më merrte edhe mua.

-Po merre shejtanin, - i thoshte babi, - se kush e duron.

-Po çfarë do të bëjë kjo atje,- ia kthente mamaja,- ne do të bëjmë punëdore e pimë ndonjë kafe, ti e di apo jo (e këtu ishte fjala për kthimin e filxhanit se ishte pak i fshehtë në ato kohë)?

-Merre se nuk flet ajo jo. Lëre të luajë me fëmijët përjashta.

Mamaja më merrte me vete. Sapo arrinim te teta Berta, e dija që do të më jepte bonbone. Sa të mira që i bënte ato të shkreta! I qante fare sepse i bënte me gjalpë e të shkriheshin në gojë. I bënte me ngjyra e në formë ylli. Gjithmonë më jepte dy; një që ta haja atje dhe një për më vonë. Pastaj mua më qeraste me çaj se kafen s'e pija, ngaqë isha e vogël. Te pjata më vinte edhe një pecetë të qëndisur bukur e të hekurosur që e mbështillte si kapele. Përsipër kishte dy biskota amareta, që i bënte vetë edhe këto. Më pëlqenin edhe ëmbëlsirat, por edhe mënyra se si më sajdiste. Po çfarë s'bënte të mirë teta Berta me ato duar të arta! Më kujtohet që kur isha e vogël nuk para kisha shumë oreks dhe që të haja, për çdo gjë që më jepte, mami më thoshte: "Bana, provoje se këtë e ka bërë teta Berta". Kjo ishte një strategji e thjeshtë që më bënte ta fshija tërë pjatën. Ndërkohë që pija çajin me biskota përfitoja të bëja pak muhabet me Dianën, që e doja shumë. Ajo më trajtonte si të isha e rritur e shpesh më ndihmonte me hartimet, kurse Pirron e kisha për detyrat e anglishtes. Kështu bëja shpesh një rrugë e disa punë.

Në mbarim, mami më jepte leje (demek!) të dilja të luaja me kalamajtë e lagjes. Ndërkaq, ato pinin kafenë e donin të kthenin filxhanin, që ishte edhe shkaku i vërtetë i lirisë sime. Kishte raste që hipja te stoli që ishte poshtë dritares së kuzhinës që ishte ngjitur me kuzhinën e restorantit dhe atëherë dëgjoja fallin. Teta Berta, e qante filxhanin. Edhe mami prej saj e ka mësuar. Sot e kësaj dite e kujtojmë shpesh teta Bertën kur jemi me mamin e kujtojmë se si e shtypte llumin e kafes me gishtin e madh e thoshte: "Ke një rrugë të gjatë Xhemaile (unë zgjasja kokën për të parë, por s'dalloja gjë veç llum kafeje), në mes të shtëpisë ke një lajm të mirë. Prit haber brenda tri ditësh". Nganjëherë kur gjërat ndodhnin, mami thoshte: "E dija unë se ma tha Berta në filxhan. Pa, pa, pa, si e gjen!" Realisht, nuk e di sa i vërtetë është filxhani, por mua teta Berta më thoshte: "Ti Albana do të martohesh larg. Por unë do të vij kudo që të jetë e do të kërcej Malenaken për ty".

E kush e mendonte atëherë se koha do të ndryshonte kaq shumë e unë do të martohesha në Itali!

Atë ditë që do të martohesha e dija që teta Bertën nuk do ta kisha në dasmë. E para, sepse ajo tashmë jetonte në Amerikë dhe, e dyta, sepse ishte e paralizuar. Por ndërsa hyja në makinë, një flutur e bardhë erdhi e m'u ul në fustanin e nusërisë. Mamaja, me sytë me lot, m'u afrua e lehtas më pëshpëriti: "Të erdhi teta Berta… e mbajti fjalën". Dhe ndoqi me sy fluturën e bardhë. E mira dhe e dashura teta Bertë, që nuk ecte dot më, erdhi si një engjëll. U preka shumë atë ditë dhe kujtimi i saj, me ato flokët e bardha argjend e kaçurrelat si kurorë rreth fytyrës së dashur, do të më ngelet gjithmonë në kujtesë.

SILVANA: E kujtoj Ersekën si një qytezë të vogël, me rrugët që mateshin me pëllëmbë dhe shtëpitë ku hynim e dilnim si në shtëpitë tona.

Më shndrisnin sytë sa herë gjeja fletushka të shkruara nga dora mëngjarashe e mamit tim "Jam te Berta". Ishte dy hapa nga shtëpia ime dhe mua më pëlqente të vija atje sepse të gjithë në atë shtëpi kishin një buzëqeshje dhe mikpritje të veçantë. Hyja pa trokitur, pasi dera ishte e hapur. Zërat dhe të qeshurat dëgjoheshin deri jashtë. Gjeja teta Bertën me një dhisk në dorë duke qerasur mamin tim, teta Xhemailen, teta Eratullën apo mësuese Marjetën. Vinin shumë njerëz, thjesht për muhabet apo për të marrë ndonjë model. Rrija në qoshe të divanit derisa të vinte radha ime për të ngrënë të famshmet bonbone që bënte teta Berta. Ato ishin me qumësht. Njëherë ishin rozë, njëherë jeshile. Kishin formë piramide, sepse teta Berta i bënte me shtrydhësen e limonit. Bënte edhe një ëmbëlsirë me biskota që e quante "suxhuk". Çfarë nuk bënin duart e saj të arta! Sa herë më thoshte: "Silvanë, derisa linde na plase shpirtin!" "Pse?" - e pyesja unë dhe prisja të më tregonte historinë e lindjes sime për të dhjetën herë.

Pastaj më kujtohet xhaxhi Sotiri, që sa herë më shikonte, qeshte e thoshte: "Këtu qenke ti? E babi s'la vend pa të kërkuar".

Më kujtohet fotografia e Ajnshtajnit me ato flokët e shpupurltura. Për herë të parë e kam parë në dhomën e Dianës. Gjithmonë më ka bërë përshtypje ajo fotografi.

Më kujtohet Pirro që më thërriste "tullumbace". Që mos të lëvizja lart e poshtë nëpër shtëpi, më jepte një kub me kuadratet ngjyra-ngjyra, që i rrotulloja e i rrotulloja derisa ikja...

NEBO: Kur u martova, Berta më dhuroi një komplet çarçafësh të qëndisur me duart e saj, që i kishte të arta.

ZHANI: Teta Berta i kishte duart flori apo, siç thotë edhe populli, "çfarë i shihte syri, i bënte dora". Nuk e harroj asnjëherë pozicionin e saj në shtëpi: gjithmonë qëndiste apo bënte grep ulur në divanin pranë dritares. Kortinkën e mbante gjysmë të ngritur që t'i vinte dritë.

Më kujtohet që kur dolën në modë jeleket pa mëngë me jakë në formë "U"-je, ne i punuam në repartin e trikove ku punonte teta Balja (mamaja e Mirit). Diana e bëri ngjyrë gri, unë bezhë. Teta Berta na i qëndisi të dyjave me ca vija vertikale me gjatësi të ndryshme dhe me nga një shportë me lule bërë me punimin rokoko. Ndenji gjithë natën derisa i mbaroi. Më pas modeli mori dhenë, por jo si origjinali, kuptohet.

Më kujtohet një fund prej kadife që ma preu dhe qepi Diana. Kur shkova në shkollë të lartë, shoqeve atje u pëlqente shumë sa ma merrnin edhe për xhiro.

VJOLA: Më kujtohet një herë kur Diana i mori të gjitha karamelet që kishin në shtëpi dhe ua shpërndau kalamajve të pallatit. I hëngrëm dhe nuk treguam...

DIANA: Më kujtohen "luftërat" e mia me mamanë dhe nënën mbi "çështjen e karameleve dhe llokumeve". Si shumë fëmijë të tjerë, karamelet dhe llokumet mbeteshin diçka e dëshiruar dhe njëkohësisht "e ndaluar" pasi "ishin për mysafirët". "Po t'i hash ti të gjitha, çfarë t'u japim mysafirëve?"- thoshin. "Asgjë... nëse s'kemi. Pse si, t'u japim mysafirëve dhe vetë të rrimë me barkun bosh?"- thosha unë.

Kjo vërtet s'kishte asnjë kuptim për mua. Nejse. Karamelet mbylleshin në një dollap me çelës dhe çelësi "vlohej" kaq shumë saqë kur vinin njerëz për vizitë, përsëri më thërrisnin mua "eksperten" për të gjetur çelësin, pasi mamaja e kishte ndryshuar vendin e "vlimit" kaq herë, sa ishte normale ta harronte.

Më kujtohet që në dollapin e rrobave rrinin edhe disa kuti me këpucët "e mira". Nuk e di për çfarë arsye, por pasi haja karamelet "pa leje", letrat e tyre nuk i hidhja, por i…"fshihja" në njërën nga kutitë e këpucëve të mamasë. Një ditë, kur mamasë iu desh të vishte të ashtuquajturat "këpucët të mira", letrat e karameleve të ngrëna ranë mbi qilim. Pa përtuar hiç, mamaja i mblodhi dhe i futi të gjitha në një qese plastike. Pastaj mori në telefon mësuesen time dhe e ftoi për vizitë (brenda mundësive, tha mamaja në telefon!). Vizita e mësueses ishte padyshim aspak dinjitoze (!) për mua, kështu që unë vendosa të futesha në dollapin e rrobave dhe ndenja aty pa pipëtirë kushedi sa… Siç duket kisha bërë edhe ndonjë dorë gjumë sepse nga darka dëgjova ata të shtëpisë që flisnin me zë të lartë e të shqetësuar sepse "kisha humbur pa lënë gjurmë". Natyrisht mund të kisha ndenjur akoma, si për inat, por po më hahej, kështu që dola nga dollapi me vetulla të vrenjtura.

-Ja ku qenka! Ku ishe? - unë s'fola.

-Ku ishe?- bërtiti kot mamaja, pasi u mor vesh se ku kisha qenë.

-Asgjëkundi.

- Babi tundi kokën.

-Çfarë ka ndodhur?

Mamaja:

-Si çfarë ka ndodhur? I ka ngrënë karamelet pa leje. Ja, kjo ka ndodhur.

-Ou, pse u dashka marrë leje kur na merr uria?- thashë unë.

Babi, me tone të zbutura:

-Mund të thuash përpara se t'i hash. Dhe nuk duhet të hash shumë se nuk të bëjnë mirë.

- Kaq? Domethënë, nëse ju them, ju do të më jepni karamele?

-Sigurisht, pse për kë i kemi ne karamelet?- tha babi.

Mamaja na pa të dyve me inat, por nuk foli, siç duket e kishin kritikuar që solli mësuesen në shtëpi. Kështu hëngra edhe karamelen e parë "me leje". Për siguri, mamaja vazhdonte t'i mbante karamelet me çelës dhe linte përjashta aq pak saqë mua përsëri më duhej t'u futesha hulumtimeve për gjetjen e çelësit. Dhe, sigurisht, nuk kishte problem nëse do t'i haja vetëm apo me shoqet. Isha betuar mos t'i lija karamele në faqe të dheut...

INTERMEXO 5

GERTA: *Gjëja e parë që më vjen ndërmend është dëshira e madhe që kam pasur për t'u larguar sa më shpejt nga ai qytet. Më trishtonte vogëlsia e tij, rrugët që mateshin me hapa, pleviti i dimrit, vera e shkurtër, i ftohti që të hynte në palcë. Akoma nuk e harroj se si më përvëlonin duart e ngrira nga i ftohti, kur i zgjatja për t'u ngrohur mbi sobën me dru.*

Më kujtohet kur frynte Goreni i Gjonçit; bëheshim 3-4 veta që ecnim përkrahu që mos të na merrte era.

Kujtimet e mia të para në Ersekë fillojnë me të qeshurat me zë të lartë në shtëpinë e gjyshërve të mi. Në vitet që unë mbaj mend, ajo shtëpi ka qenë e mbushur me të rinj, prindërit e mi, dy hallat, xhaxhai, kushërinj që vinin e iknin, shoqe të mamit e shoqe të hallave të mia. Mbaj mend që më lexonin libra me radhë derisa i zinte gjumi edhe vetë. Halla Roza më merrte herë pas here me vete në punë. Ka punuar në Pyjore atëherë dhe unë shikoja sorkadhet e bukura që ishin atje. Merrja me vete edhe një lugë të vogël, që e zhysja në kadet plot mjaltë të Pyjores. Halla Vova më merrte me vete kur dilte me shoqet në xhirot e pasdites.

Mbaj mend që kur isha me xhaxhanë, në shtëpi shkoja hipur mbi qenin e kufirit, që ishte i frikshëm me atë gojëzën prej lëkure.

Ndërsa mami më merrte me vete në bibliotekë. Dëshira ime më e madhe kur shkoja atje ishte të ndieja erën e librave të vjetër, e përzier me aromën e lagështisë e të mykut, të shfletoja librat e zbërdhulët nga koha apo të ngjitesha sipër nëpër rafte. Në raftet e sipërme kishte gjithë lidhjet vjetore të revistave për fëmijë, si "Yllka", "Fatosi", "Pionieri'. Nuk e di se ç'kërkoja, por dhomat e fundit të bibliotekës më dukeshin si një oaz i errët, i shkëputur nga bota dhe i fshehtë.

BOJANA: *Pavarësisht kujtimeve të bukura të fëmijërisë dhe krenarisë që na jep origjina, fatkeqësisht është e vërtetë se të gjithë kemi pasur atë dëshirën për të ikur sa më parë prej aty.*

EDMOND RR.: *Edhe për mua që punova në bibliotekë për 20 vjet, dhoma e fundit mbeti misterioze.*

GERTA: *Mua më kujtohet xhaxhi Mondi kur shkruante me kujdes skedat e librave të rinj me atë kaligrafinë e qëndisur. Më kujtohen batutat e bukura.*

Kujtoj edhe atë aromën e bukës së thekur në sobën me dru të bibliotekës.

Kur mendoj ndonjëherë për rezultatet shumë të mira të nxënësve kolonjarë arsyetoj se këto rezultate nuk vinin vetëm nga inteligjenca apo zgjuarsia, por edhe nga dëshira e madhe që të iknin prej aty. Shkolla gjithmonë është parë si një "vizë" për të ikur.

BOJANA: *Gjithmonë e kam pasur këtë pikëpyetjen nëse ishim më të zgjuar apo mësonim shumë më tepër se të tjerët për këtë që, me të drejtë, mund të quhet "vizë". Tani mendoj që janë të dyja, por kjo e dyta prevalon pak.*

LIRELA: *Mua më çlirohet frymëmarrja sapo dal në majë të Qarrit, rrugës për në Ersekë.*

Kujtime dhe... kujtime

LEONARDI: Më kujtohen të shtunat e qytetit. Mamatë tona nxitonin të vinin nga puna në shtëpi. Punohej gjashtë ditë të javës atëherë. Zakonisht ora sapo kishte kaluar 16.00. Me vrap ndiznin zjarrin në soba apo furnela vajguri ku viheshin pastaj kazanët e ujit. Hanin shpejt një kafshore bukë e më pas vinin futën.

-Hajde, kush do lahet i pari?- kjo pyetje e mamasë, që i ngjante më së shumti bilbilit të arbitrit në ndeshjet e futbollit, ishte thjesht një njoftim se ishte koha për t'u larë.

Ne djemtë e kishim problem përdorimin e shparsës pasi gjunjët i kishim plagë nga lojërat me top apo rrathët e kadeve. Kur mamaja na i fërkonte me shparsë, ulërimat tona i dëgjonte edhe komshiu.

E kështu vazhdonte riti i larjes gjatë gjithë mbrëmjes së të shtunës deri vonë. Kur ne koteshim të përgjumur, mamaja vinte govatën e famshme prej llamarine, ku lante rrobat tona deri në mesnatë. Mbaj mend që hidhte pak finjë hiri që rrobat të laheshin më mirë. Mbaj mend edhe sapunin e Rrogozhinës që e thanim poshtë sobës, që të mos harxhohej shpejt.

Më kujtohet mirë që nuk e dëgjova kurrë mamanë të ankohej.

Pastaj vinte e diela, e vetmja ditë pushimi. Burrat, tashmë të larë e të ndërruar, dilnin nga shtëpia aty nga ora 10:00 dhe fillonin shëtitjen nëpër qytet. Disa përfundonin te Klubi i Madh, ku mes tymit dhe zhurmës pinin kafenë e së dielës me shokë.

Mamaja, si gjithmonë, nuk pushonte së punuari. Pasi nderte rrobat e lara, fillonte gatimin e drekës së të dielës. Ne fëmijët e prisnim me padurim orën e drekës pasi e diela ishte edhe dita e lakrorit. Mamaja bënte gjithmonë dy të tillë, pasi ne ishim shumë. Sa na shijonin ata lakrorë!

Pas buke vraponim te fusha e sportit ku mblidhej i gjithë qyteti në përkrahje të ekipit të futbollit "Gramozi".

Pasditja ishte orari i "lojës" së të mëdhenjve. Tani guxoj ta quaj lojë atë shëtitje dyorëshe nëpër bulevardin e qytetit, ku të gjithë, të veshur mirë e disi të ngeshëm, përshëndeteshin me të gjithë. Ne, fëmijët, herë me prindërit e herë me shokët, dilnim edhe në xhiron e së dielës më së shumti me qëllimin për të gjetur nusen e ardhshme…

Dua të shtoj se baballarët e asaj kohe i kujtoj si trenistë; mamatë tona hidhnin qymyrin e duhur që lokomotiva të ecte vazhdimisht.

VALBONA C- P: Më kujtohen sakrificat e mamasë sime, por edhe të shumë prindërve të tjerë në Ersekë, që krahas punës shkonin për të mbledhur bimë mjekësore. Me të ardhurat prej tyre ne u shkolluam, u veshëm dhe ndoshta na dhanë mundësinë për një jetë disi më të mirë në ato kohëra jo pak të vështira për të gjithë. Mbaj mend që ndonjëherë edhe mërzitesha kur shkonim për lule. Isha e vogël dhe doja të luaja më shumë me shoqet. Megjithatë kjo ndodhte vetëm derisa niseshim, se pastaj ndihesha krejt ndryshe. Fakti që mamaja bisedonte me mua sikur të ishim shoqe dhe që i dilja në krah dhe e ndihmoja më bënte të ndihesha e "rëndësishme" në sytë e saj.

Gjithë ato rrugë për të mbledhur bimë mjekësore i kujtoj me mall, por edhe me një lloj dhimbjeje. Ndihem me fat që kam pasur mundësinë të shoh dhe ndiej nga afër atë çfarë do ta përshkruaja si bukuri e pamat e Kolonjës. Sot "luksi" më i madh i shijimit të natyrës këtu në kryeqytet është dalja nga liqeni artificial i Tiranës për vrap apo kafe, kurse malin e Dajtit e shijojmë më së shumti nga ballkoni. Kur shkojmë në Dajt i hipim makinës ose teleferikut. Por unë e kam shkelur më këmbë tërë pllajën e Kolonjës, pëllëmbë më pëllëmbë. I kam parë gurët me forma të çuditshme. Kam parë pemët në të gjitha stinët. U kam marrë erë luleve. Më ka marrë malli të shkoj nga pyllëzimi, të ngjitem në Gramoz (në verë dhe në dimër), të shkoj në Selenicë, Mollas, Rehovë, Taç, Borovë, Lëngëz, Gostivisht… në të gjitha viset e Kolonjës.

ALBANA: Më kujtohet çaji i Gramozit me atë erën e mirë. Edhe sot, pas 16 vjetësh, më duket sikur ia kam shijen e mirë në gojë dhe erën e këndshme në hundë. Kënaqesha kur haja përshesh me çaj e sheqer e me pak djathë të bardhë që e blinim te dyqani i Fadiles.

DIANA: Më kujtohet kutia ku mbanim sheqerin në shtëpi: një kuti metalike e verdhë me disa kuadrate ngjyrë rozë dhe blu. Dikur duhej të kishte qenë kuti ëmbëlsirash. Merrte rreth 250 gramë sheqer dhe, siç thoshte nëna ime, "e mbante sheqerin mirë, se nuk e linte të ngurtësohej". Nuk mbaj mend ta kem parë ndonjëherë plot me sheqer atë kuti; shenjë e sigurt që nëna kishte vendosur një masë ditore për konsumin e sheqerit, jo se kishte ndonjë ide për dëmet që i njihen sot sheqerit, por sepse, siç e mendoj unë sot, ajo kështu "mbante ekonominë e shtëpisë së djalit", veçanërisht nga fëmijë si puna ime që, siç thoshte: "Përveçse do për vete, do edhe për gjithë mëhallën. Pse, prandaj punon djali im, të ushqejmë edhe botën?" Tensioni zbriste në zero kur unë arrija të shtija në dorë kutinë dhe ajo thoshte: "Mbaroje të gjithë tani, po nesër?"

Më kujtohet që kishim një mori me tenxhere: një tenxhere njëlitroshe prej alumini(?), një tenxhere dylitroshe prej të njëjtit material, një tenxhere inoksi me fund bakri, e cila "e bënte gjellën shumë të mirë" dhe tenxheren me presion. Këtë të fundit nuk mësova kurrë ta përdorja siç duhet. Një herë nxirrte avull më shumë se ç'duhet, një herë nuk nxirrte fare dhe më së shumti, pas ca minutash mbi zjarr, fillonte e lëshonte një fishkëllimë shpuese që dëgjohej deri në katin e katërt. Se ç'tirreshin edhe ca histori për tenxhere me presion që pëlcisnin e të tjera e të tjera... Mbaj mend që kur i doli ai rripi prej gome që qarkonte kapakun, fluturova prej gëzimit se tani e tutje nuk do të kishim më tenxhere me presion! Po ku të linte Berta. E preu rrethin e gomës me gërshërë, e zvogëloi sa duhej dhe pastaj e qepi me gjilpërë dhe e bëri "si të ri". Mamaja ime me duar të arta, si shumë e shumë gra të tjera të Kolonjës!

ALBANA: Më kujtohet tenxherja me presion. Një herë mamaja më tha: "Alba, shko shtro tavolinën për drekë e hidhu një sy fasuleve që po ziejnë mbi furnelën e vajgurit". Atë ditë kishim pilaf me fasule. Futa pirunin te tapa e kapakut të tenxheres me presion dhe e lashë pak që të nxirrte ajrin. Nga padurimi dhe duke menduar që kishte mbetur vetëm pak ajër, e hapa tapën. O Zot nuk ju tregoj dot çfarë zhurme e tmerrshme! Më kujtohet që mamaja erdhi me vrap dhe e frikësuar bërtiti: "Çfarë ndodhi Albana?" Unë ngrita supet: "Nuk e di, o ma! Unë s'bëra gjë". Pasi u sigurua që unë isha mirë, pyeti e habitur: "Po fasulet?" Diçka filloi të pikonte nga tavani. Të dyja ngritëm kokën në të njëjtën kohë. Fasulet ishin ngjitur pas tavanit dhe pikonin. Na erdhi për të qeshur e për të qarë se jo vetëm që hëngrëm pilafin pa fasule, por të nesërmen na u desh të lyenim edhe aneksin.

Pantallonat e ngrira

GERTA: Më kujtohet që në Ersekë bënte shumë ftohtë. E vërteta është se edhe tani në Ersekë vazhdon të plevitosesh. Ndërtimet janë ato që kanë qenë, pa asnjë standard, pa asnjë hidroizolim. Mund të vishesh sa të duash, por shtëpitë me tulla të kuqe a me gurë nuk të mbrojnë nga i ftohti. Sobat me dru ngrohin vetëm ambientin ku ndodhen, se po shkove te dhoma tjetër duhet të veshësh xhupin. S'para jam nostalgjike. Kujtimet e mia të bukura i kam të lidhura me njerëzit që më duan dhe i dua, jo me vendet.

DIANA: Më kujtohet se netët e dimrit në Ersekë dukej sikur nuk do të mbaronin kurrë. Kishe kohë të lexoje, të shihje televizor, të laje dhëmbët, të lexoje përsëri, të merrje një sy gjumë dhe akoma të mos ishte mesnatë. Më kujtohet që kur ishim të mitur unë dhe im vëlla flinim në kuzhinë, ku kishim dy divane, që në darkë bëheshin shtretër. Kur të gjithë flinin, kishte raste që më dilte gjumi dhe ngrihesha gjysmë ndenjur në dritare, hapja pak kortinkën dhe shihja përjashta. Askush dhe asgjë veç dëborës që dukej sikur nuk do të pushonte kurrë (ishte aq qetësi saqë i dëgjohej edhe zhurma që bënte kur binte) dhe një polic që ruante muzeumin. Kështu bëheshim tre. Po të shihje te dritat e rrugës, mund të dalloje mizat e dëborës që shkonin nga u donte qejfi. M'u përballë dritares ishte një bredh (atëherë i vogël, tashmë krejt i lartë) që në dimër varte krahët nga dëbora dhe në pranverë bëhej dyngjyrësh nga rritja. Akoma më kujtohen zgjatimet rishtazi të degëve, halat e reja dhe trishtimi që ndieja kur vija re se rritja e atij viti kishte marrë fund. Pastaj era e ftohtë e vjeshtës që shtynte bohçet dhe halat bojëkafe të pishave. Jam e sigurt që të gjitha këto nuk ishin të bukura thjesht sepse ishin të bukura; ato bëheshin të bukura sepse ishin aty. Kështu ishte jeta jonë; ne e përjetonim thellë natyrën.

EDA N.: Më kujtohet koha kur kishim vetëm nga një palë pantallona (të miat ishin prej kadifeje me vijë të gjerë), të cilat i lanim të shtunën në darkë, që të thaheshin për të hënën. Shpesh i varnim në ballkon për t'u tharë. Të dielën në mëngjes rastiste që i gjenim të ngrira. I shkrinim me zor pranë sobës, pa le më për t'i tharë.

Më kujtohet që kur binte dëborë të gjithë vishnim këmbët me qese plastmase, para se të vishnim këpucët.

Kur fillonte furtuna, në ato netët e gjata e të ftohta pa dritë, shpesh rrinim me qiri pranë zjarrit e piqnim gështenja.

LILI: Më kujtohet një ditë e largët dimri, kur babi solli një ditë në shtëpi një kokë viçi, që e kishte blerë te dyqani i mishit. Meqë isha e vogël, ajo kokë më dukej e stërmadhe, gati-gati e frikshme. E mori mamaja dhe e vuri në tenxheren më të madhe që kishim dhe e la në ujë të rrjedhshëm. Mënyra e pastrimit të kokës, veçanërisht pjesës së hundës, ishte art më vete. Para se të shkonim për të fjetur, tenxherja ishte vënë mbi sobë të ziente. Atëherë më kujtohet që babi i tha mamasë t'i vinin zjarrit ndonjë nga ato trungjet e dushkut, që koka të ziente gjatë gjithë natës dhe në mëngjes do të ishte gati. "Po pse natën?"- pyeta unë e çuditur pasi ne gjithmonë gatuanim ditën. "Këto lloj mishrash ziejnë më mirë natën",- tha ai. "I ke parë lopët se si ripërtypen? Zakonisht natën lopët, qetë e viçat, rrinë të qetë, të "shkrehur", jo të kontraktuar dhe ripërtypin ushqimin që kanë marrë gjatë ditës. E bëjnë këtë gjë natën, sepse ditën janë vazhdimisht duke ecur apo duke punuar. Natën ato janë më të qeta, prandaj edhe zierja më e mirë e mishit të tyre bëhet natën. Kështu mishi "zbërthehet" më mirë nga kockat".

Të nesërmen soba jonë, siç e quanim kuzhinën, kundërmonte nga era e mirë e mishit të zier. Kjo, bashkë me ngrohtësinë që krijonte djegia e druve, të kënaqnin shpirtin në ato mëngjese të ftohta dimri.

Më kujtohen dimrat e kaluar të Ersekës midis viteve '60 - '80. Shumë të egër, të ftohtë, dëbora "hidhte metal", era e papërballueshme nuk të linte të ecje dhe rrobat që kishe veshur, deri te palltot e mëdha, i depërtonte sikur të ishin lecka. Një Vit të Ri, nuk më kujtohet saktësisht se kur, por diku nga '70-ta, e kemi kaluar në errësirë të plotë. Kur dëbora shtronte mirë e mirë, rrugët ziheshin, çezmat ngrinin kallkan, ne gëzoheshim, sepse qëllonte që mbyllej edhe shkolla, sikur edhe një javë. Pavarësisht të gjithave, ne përsëri dilnim për të luajtur, sepse dëbora vërtet i mbyllte dyert, por avllia kalohej shumë kollaj dhe për ne ishte një argëtim ndryshe.

DIANA: Më kujtohet Goreni i Gjonçit apo Hasi i Shtikes. Brrrr, çfarë i ftohti! Era që ulërinte si e marrë dhe ne që koteshim brenda, rreth zjarrit. Në rrugë kishte vetëm njerëz të paktë që nxitonin të mbaronin ndonjë punë të rëndësishme. Të mardhur e të mbledhur poshtë rrobave, lëshonin ndonjë përshëndetje të thatë veç kur dallonin fytyrën e tjetrit poshtë dritave që ndriçonin zbehtë rrugën e ngrirë. Mendoj se dimri na e vështirësonte jetën edhe më shumë. Më kujtohet mirë që në dimër më bënte përshtypje se pse njerëzit ishin vazhdimisht me fytyra të vrenjtura. Mbaj mend që mamaja, kur vinte nga puna, sapo hapte derën përsëriste të njëjtat fjalë: "Mos kërkoni as bukë, as ujë, por vetëm zjarr". Ne i kërkonim të gjitha, sigurisht...

ELIDA: Më kujtohet shumë mirë ai i ftohtë i hidhur që ngrinte kallkanët poshtë strehëve të çative. Më kujtohet që iknim gjithë frikë se mos na binte ndonjë kokës. Kujtoj çezmën që kishim në oborr të mëhallës e që ngrinte akull tërë dimrin dhe ne që dilnim me radhë me çajnikët me ujë të nxehtë për të shkrirë tubat e kallkanosur se na duhej uji. E kur ndonjëri s'arrinte dot deri te çezma se rrëshqiste e rrëzohej, ne qeshnim me të madhe, por në mënyrë të pafajshme.

Kur kishim rroba për të nderë, vinim që me natë se pastaj na ziheshin telat e përbashkët. Më kujtohet që në dimër, sapo i hapnim rrobat, ato ngrinin e bëheshin kallkan nga të ftohtit. Neve na skuqeshin duart e na plasaritej lëkura. Akoma e kujtoj atë dhembjen e padurueshme kur i fusnim në ujë të ftohtë.

Më kujtohet kur shkonim në Gramoz për ski. Fat i madh kur na vinte radha të na jepnin ndonjë palë, kuptohet nga ato më të vjetrat. S'pyesnim se ishte ftohtë. Koha fluturonte. Më kujtohet që, edhe pse të lagur, të shkalafitur e të dërmuar nga të rrëzuarat me ski, vazhdonim të luanim me dëborë si të marrë.

LILI: Më kujtohet një mëngjes kur nga era e tmerrshme që kishte fryrë gjatë natës, tjegullat e pallatit përballë shtëpisë sonë e kishin mbushur rrugën plot. "Mos ecni nën strehë",- na porositnin gjithmonë. "Kini kujdes nga pllakat e çatisë". Çatia jonë ishte me pllaka guri dhe s'bëhej shaka si me tjegullat. E njëjta çati, gjatë kohës që aty jetonte Mariolla apo familja e xhaxhi Simos mori flakë nga shkarkesat e shumta elektrike që ndodhën një pranverë diku midis viteve '67-'69. Flakët u shuan shpejt pasi u mblodhën shumë njerëz për t'i shuar. Për fat, askush nuk u dëmtua.

DIANA: Më kujtohet gjëegjëza: Hidhet e përdridhet, përmbi qeramidhet. Çfarë është? Paskësh qenë breshëri.

JORIDA: Më kujtohet që kur isha e vogël, dimri ishte shumë i ashpër. Nuk kishte vit që të mos binte borë. Shumë borë. Nuk gjej dot fjalë për ta përshkruar sa bukur dukej rruga e shkollës. Pisha të mbuluara me borë në të dyja anët dhe petku i bardhë në mes.

Dimri në Ersekë kishte edhe disa aspekte jo të bukura.

Si fillim ishte ftohtë. Shumë ftohtë. Gjyshja çdo vit më bënte me shtiza çorape dhe "fanellë mishi" (kështu i quanim ne kanotierat e leshit), por megjithatë unë çdo ditë kthehesha në shtëpi me buzë blu nga të ftohtët.

Gjatë pushimit të drekës hapnim sytë katër se mos hanim ndonjë top bore (Gjekë Veizi, ti më je fiksuar që më ke gjuajtur. Kur të kem rast do të ta marr hakun...). Sa shumë që dhembnin!

Nuk kishte këpucë që e mbante borën jashtë, sidomos kur bëhej ulluvriq (term kolonjar ky besoj se sa herë që flas me njerëz nga krahina të tjera nuk e kuptojnë se ç'do të thotë). Shyqyr që kishte qese plastike! I fusnim këmbët në qese dhe pastaj i lidhnim qeset me spango dhe vishnim këpucët. Gjeniale!

Të paktën një herë ose dy, gjatë dimrit frynte ajo era e fortë që e quanim Goreni i Gjonçit. Gjithmonë frynte njëkohësisht me borën që binte dhe shndërrohej kështu në tufan. Kjo do të thoshte 1 ose 2 ditë pushim nga shkolla. Sa qejf që ishte! Mbledhur pranë zjarrit me gocat e pallatit duke pjekur pastërma e gështenja, duke bërë muhabete gocash e duke dëgjuar erën që frynte jashtë. Më mirë, prishej.

BOJANA: Më kujtohet që soba me dru kthente (kështu thuhej më duket kur lëshonte tym) dhe pushimi nuk ishte aq i ngrohtë. Por më kujtohen edhe ato topat e borës me gur brenda që nuk i kuptoje nga të vinin e që bënin të të lëshonin sytë xixa.

LEONARDI: Më kujtohen thasët e druve të zjarrit që ngjitnim në kurriz.

ELIDA: Pa le kur na griseshin dhe s'kishim me se t'i ngjitnim. Kërkonim thasë hua nëpër komshi.

DIANA: Kur na vinin drutë e zjarrit, meqë ra fjala, kishim një aksion të vogël në familje. Ne që jetonim në katet e para nuk e kishim edhe aq problem, por kush jetonte në katin e katërt... ehe... nuk ishte shumë me fat në këtë pikë. Por ne rreshtoheshim një varg me fëmijë dhe me dru të ngarkuar hipnim e zbrisnim shkallët si për qejf. Kur mbaronim, një karamele na e hiqte gjithë lodhjen. Më shumë problem ishte kur drutë vinin në ditë shiu apo dëbore. Jo vetëm bëheshim qull, por edhe pis. Gjyshi i stivonte në depon e druve avash-avash. Dy-tri ditë mbante erë i gjithë korridori nga drutë e lagur që nuk ndizeshin e nuk ndizeshin. Pale kur drutë vinin të hollë "si kleçka". "Ku bëjnë zjarr këto? Më vjen të gjej një gomar e të vetë për dru. Shiko, s'ka asnjë kopaçe për be. Nuk i nakatosin drutë, por ca të nënës e ca të njerkës", - thoshte nëna.

VJOLLCA: Më kujtohet edhe mua kjo puna e druve. Si në të gjitha pallatet, edhe te shtëpia ime kishim një depo për drutë, por që asnjëherë nuk u përdor si e tillë. Nuk e di se kush nga komshinjtë tanë të katit të tretë, por më duket se xhaxhi Hyseni, pikasi një boshllëk të madh në murin anësor të banjës dhe kështu u zgjidh problemi ynë me drutë. Banja u bë me funksion të dyfishtë, por ajo kthina e ngushtë e druve bëri punë për familjen tonë të madhe.

LEONARDI: Ajo depo e sajuar te banja ishte zgjidhje funksionale. Pas kësaj, depoja e korridorit u përdor si ambient ku mbaheshin ushqimet e dimrit.

VALBONA R-A: Më kujtohet Nazmiu, shoferi i druve. Keq e kishte kur kishte dëborë dhe ngricë...

ELIDA: Më kujtohet xha Pando, që punonte në fushën e druve. Shpesh i luteshim të na i dërgonte drutë pa radhë. Ne i harxhonim drutë për dy javë, kështu që nuk prisnim dot. Kur më shihte, xha Pando qeshte me mua: "Gjene ti? Unë sapo t'i dërgova. Tani kur të të vijë radha". E prapë na i dërgonte. Nuk e harroj.

VALBONA R-A: Mbaj mend që kur nuk kishte kohë t'i prisnin, na i dërgonte drutë të gjatë, kështu që pastaj i sharronim në kaluç - kështu i thoshim asaj gjësë me dru që dukej si në formë iksi.

MAJLINDA: Çuditërisht, ne i përjetonim gjërat si familje: gëzoheshim të gjithë kur drutë ishin të trashë e prej dushku dhe mërziteshim kur ishin të hollë e të lagur. Akoma më dhemb kurrizi ama nga drutë që kam ngjitur deri në katin e pestë.

AGIMI: Më kujtohet që kishte raste që drutë vinin të trashë dhe kishin nevojë të çaheshin. Ndonjëherë, kur nuk ia dilnim dot vetë, merrnim Marko ezmerin, një djalë i ri, tepër i fuqishëm me një trup si Stiverivesi, një aktor shumë i pëlqyer për ato kohëra. Ishte zakon që, përveç lekëve, atyre që na ndihmonin, amvisat u afronin edhe për të ngrënë. Më kujtohet që ime më një ditë kishte bërë mish me lakër, që unë s'e fusja në gojë. Por duke parë Markon e fuqishëm si e hante gjithë lezet atë gjellë, mua m'u bë kaq për zili, saqë kur ai iku, e hëngra gjithë tenxheren me gjellë. Qysh atëherë, gjella me lakër mbetet një nga më të preferuarat për mua.

DIANA: Sharrimi apo çarja e druve ishte ritual më vete. Mua nuk më kujtohen emrat e atyre që merreshin me këtë punë, por më është fiksuar që kur druri ishte prej ahu, ishte më e vështirë për t'u çarë. Ndonjëherë ata i fusnin edhe një copë metalike me majë (si quhej?) që i binin me anën e sheshtë të sëpatës derisa i futeshin drurit thellë. Kur isha e vogël fare, ulesha në bisht dhe i shikoja me shumë vëmendje. Më bënte përshtypje pastrimi i sharrës me vaj, për shembull. Po ashtu më bënte përshtypje një "ah" që më dukej sikur shoqëronte çdo goditje të sëpatës. Shpesh, ai që priste drutë më thoshte: "Çupë, ik më tej se fluturon ndonjë ashkël dhe të vjen drejt e në sy..."

ELSA: Më kujtohet që në shtëpinë time fanellën e leshit e quanim "fanellë mishi".

ORNELA: Dëbora, sa e bukur, aq edhe e dhimbshme bëhej në periudhën e dimrit në Ersekë. Nuk do t'i harroj topat e dëborës me gur brenda, që vërshonin në kohën e pushimit të madh apo kur dilnim nga shkolla. Eh, çfarë forme të ngacmuari, sot më vjen për të qeshur! Sa për Gorenin e Gjonçit, kur frynte, dukej sikur do ta shkulte shtëpinë.

MERIEL: Dëbora në dimër bëhej vërtet personazhi kryesor i qytetit. E bardhë, e brishtë, por edhe e egër, në një farë mënyre.

Mua më kujtohen këpucët e lagura, një tmerr i vërtetë. Ato me gomë peshku (goma e bardhë), përveçse rrëshqisnin shumë, u ndahej goma në mes dhe i gjithë uji hynte brenda. Ndërsa ato me gomë të zezë mezi thaheshin kur lageshin. Shpesh i fusnim në sobë për t'i tharë, sepse të nesërmen duhej t'i vishnim (nuk kishim shumë palë si tani). Por më kujtohet që një herë i harruam brenda gjithë natën, në mëngjes i gjeta të ngurta e të shtrembëruara, u deshën ditë të vinin në formën e duhur.

Për të mos folur për lidhëset e këpucëve, që kalbeshin e këputeshin.

ELSA: Mbaj mend që një natë dimri në lagjen tonë më kafshoi "Lordi", qeni i Deles.

ANILA: Më kujtohet i ftohti i Boshajnit dhe Mollasit ku dhashë mësim një vit shkollor. Duke gërryer thesin e kujtimeve më kaluan mornica. Çfarë thëllimi! Pa u gdhirë mirë merrnin rrugën gjithë mësuesit dhe punonjësit e fshatrave, ku qëllonte të ishin në pjesën më të madhe të rinj të sapodalë nga universiteti. Stacioni i autobusit, që në momentin që mblidheshin të gjithë (sigurisht, grupe, grupe) merrte tjetër rëndësi nga prania femërore; edhe pse aq herët, ato përpiqeshin të bënin një makijazh të lehtë dhe të tërhiqnin vëmendjen me mënyra të ndryshme.

Bënte shumë ftohtë dhe mërdhija shumë nga veshët. Në Tiranë kishin dalë në modë kapuçët e thurur dhe unë kisha një të kuq të bukur, me deve italiane, që e kishte dërguar halla e mamit nga Italia. Kur ishte koha më e butë, lidhja me stil një shami mëndafshi (kisha dy shami italiane, gjë e madhe për kohën). Në atë kohë televizioni kishte shfaqur filmin turk "Shamikuqja", që pati shumë sukses. Sa herë shkoja në shkollë me shami të lidhur në kokë, nxënësit thërrisnin: "Erdhi Shamikuqja". Nuk më pëlqente aspak krahasimi. Ajo ishte shumë e bukur, por çdo gjë tjetër më dukej shumë anadollake. Unë nuk e lidhja shaminë si ajo, por si motra e pedagoges së pianos, Margarita Kristidhi; të dyja motrat ishin simbol mode dhe stili për kohën. Për sa kohë punoja aty përreth nuk lashë dyqan fshati pa rrëmuar dhe gjeja gjëra dhe metrazhe kaq të bukura, saqë kur u ktheva në Tiranë pas një viti, m'i kërkonin të gjithë hua ose t'ua falja. Vite të vështira të ngjiteshe më këmbë në Boshajn me dëborë, por kisha fatin e mirë ta bëja rrugën me një nga njerëzit më fantastikë dhe të ëmbël që kam njohur në jetën time, mësues Nestin. E kujtoj gjithmonë dhe e vlerësoj pa masë mirësinë e tij. Vite të vështira, por me bukuri dhe vlera njerëzish të papërsëritshme.

LILI: Më kujtohen shokët e klasës, që nga fillorja dhe deri në gjimnaz, në ditët e ftohta, sidomos kur binte shi e dëborë, kur vinin në shkollë të lagur e të plevitosur. Kur ishim në fillore, mbaj mend që nxënësit e Psarrit vinin pasi kalonin një lumë, që në atë stinë dihej që kishte prurje të konsiderueshme. Deri te gjuri ishin të lagur. Edhe sot e kësaj dite nuk mund ta heq atë pamje nga mendja, çuditem se si i përballonin katër apo pesë orë (dy herë në javë në klasë IV kishim 5 orë)! Shpesh mësuesit i linin të largoheshin pak më herët. Kurse në 8-vjeçare e gjimnaz, nxënësit vinin edhe nga më larg.

Më kujtohen kaçurrelat e Fidelës nga Lëngëza, që i visheshin me akull në ditët me dëborë.

ERMIRA: Më kujtohen ditët e acarta kur frynte Goreni apo era e Gjonçit. Mbyllej shkolla për dy-tri ditë. Mbaj mend që derën e shtëpisë na e mbulonte dëbora.

Më kujtohet zhurma e erës që frynte me furi, akoma e kam atë ndjesi. Rrugës ecnim, duke i kthyer shpinën erës...

MANI: Çuditë e dimrit në Ersekë nuk kishin të mbaruar. Një natë ra pa pushim një borë e shtruar dhe ra kaq shumë sa telat u mbushën me borë. U tha që nga pesha e saj, telat u bashkuan dhe filloi sirena e alarmit. Gjithë qyteti u ngrit në këmbë; ushtarakë, policë, burra dhe gra vajtën në pikat e caktuara ku duhej të ishin në rast alarmi.

MONDI: Kur bëhej bashkë Goreni i Gjonçit me Hasin e Shtikës bënte shumë ftohtë dhe asgjë nuk arrinte të të ngrohte, as në shtëpi e as kur dilje.

AGIMI: Më kujtohet ama se me gjithë të ftohtin e madh nuk kishte kënaqësi më të madhe sesa kur, i futur në krevat, dëgjoje fishkëllimën e erës dhe sobën që në varësi të tekave, bënte "bububu".

DIANA: Dimri i Ersekës! Akoma nuk e kuptoj se si ia dilnim të flinim në dhoma pa zjarr.

AGIMI: Unë mbaj mend që në ditë të ftohta, flija bashkë me prindërit në kuzhinë. Herë pas here ata ngriheshin dhe ushqenin sobën me dru. Mbaj mend një herë, nuk më kujtohet për ç'arsye, por edhe pse ishte një i ftohtë aq i madh, saqë ngriu uji në çezmë, unë fjeta në dhomën pa zjarr. Nuk lashë jorgan e batanije pa hedhur nga stiva e rrobave e megjithatë nuk u ngroha.

Nuk e harroj të mardhurin e duarve dhe dhembjet deri në lot kur i ngrohnim.

MIMOZA: Më kujtohet që dëbora ishte edhe një nga gjërat më të bukura të qytetit. Më duket sikur në kohën që ne ishim fëmijë, binte më shumë dhe më shpesh. Ata akujt e trashë që krijoheshin në çatitë e shtëpive, sikur nuk i shihja më kur u rritëm. Ajo që më pëlqente më shumë ishte fillimi i dëborës, sidomos kur niste të binte në mbrëmje. Mbrëmje të tilla më kujtohen shpesh, qysh kur jam larguar nga ai qytet. Kujtoj një mbrëmje të tillë kur kthehesha nga rrethi i fizikës, që bënim asokohe me mësuese Liljanën. Dëbora kishte filluar që kur u nisa për të shkuar në shkollë dhe meqë toka qe e thatë, kur dolëm, gjithçka qe zbardhur. Dëbora vazhdonte të binte. Ecja në trotuar dhe shikoja lart; flokët e dëborës dukeshin si flutura nën dritat e rrugës. Të jepte një ndjesi të veçantë që nuk e harroj dot.

ERMIRA: Ai qytet nuk mund të kuptohet pa dëborën. Zbukurime e pafundme që bëhen sot në ditë festash se pse më shtojnë edhe më shumë nostalgjinë për topthat e pambukut me të cilat zbukuronim xhamat apo fletët e punëdoreve që përdornim për të zbukuruar bredhat, që nuk ishin kurrë artificialë. Në ditët e fundit të vitit prisnim me padurim edhe Festivalin e Këngës, një eveniment që për çudi na interesonte të gjithëve, të mëdhenj e të vegjël.

MONDI: Më kujtohet edhe mua se sa shumë dëborë binte në atë kohë. Më kujtohen shkarazimat te trotuari përpara restorant "Borovës" së asaj kohe, te rruga e Rehovës përpara shtëpisë së Mistos apo përkrah Shtëpisë së Oficerëve, te dera e pallatit të Xhevahirit dhe te agjencia e autobusëve. Sa herë kalonim aty duhet të ruheshim dhe ta llogarisnim mirë kur të kalonim, se të rrëmbenin përpara ata që shkaraziteshin!

OLI: Më kujtohet një ditë dimri kur isha në klasë të parë. Bënte shumë ftohtë dhe mezi e mbaja çantën e shkollës. Rruga ishte e mbuluar me borë dhe kishte ngrirë. Këpucët e mia vazhdimisht shkisnin. Për të më ndihmuar, atë kohë më shoqëronte gjithmonë një nga ata të shtëpisë, që më mbante kështu edhe çantën e shkollës. Një ditë, kur u afrova para shkollës (atëherë hyrja e shkollës ishte nga mbrapa), më doli përpara mësues Petro: "Po ti, s'ke turp që nuk e mban vetë çantën? Sot do të të futim në bincën e shkollës që mos ta përsërisësh më",- tha ai. Sa e frikshme! Qysh atëherë edhe kur e shikoja në korridor, ndërroja rrugë nga frika.

Më kujtohet kur bënim dezhurn te dera e plevitoseshim së ftohti. Na sillnin nga një mangall me prush për t'u ngrohur sado pak. Por nuk e ndjenim fare të ftohtin, boll që të mos shkonim në mësim. Pale që shpëtonim nga ndonjë provim atë ditë. Eh, sa kujtime!

ALBANA: Në dimër luanim te hoteli. Shkarazima fillonte te dritaret e Dianës e mbaronte në rrugë. S'kishim frikë kur përfundonim atje, sepse atëherë s'kishte makina. Dy ishin gjithsej në gjithë qytetin. Me fat ishte kush kishte galloshet e plastikës së Durrësit, se rrëshqiste mirë. Por edhe ne që s'i kishim, fusnim qeset plastike në këmbë e kështu edhe rrëshqisnim më shpejt, edhe na mbronin që mos të lageshim. Kjo e fundit ishte vetëm teorikisht pasi në fakt përfundonim gjithmonë qull.

Më kujtohet se rrëzimi ishte pjesë e rrëshqitjes. Ndodhte edhe që vriteshim (shumë), por prapë çoheshim pa u ndierë dhe zinim radhë për të rrëshqitur përsëri. Çfarë kalamajsh!

BRUNILDA ÇEPANI: Më kujtohet mirë shkarazima te trotuari poshtë hyrjes së pallatit të mapos. Çdo mëngjes, mamaja kujdesej të derdhte atje gjithë hirin e sobës, që, siç thoshte "të mos thyenim qafën". Ta dinin ata që rrëshqisnin aty se kush ua prishte shkarazimën!

JOSTVANA: Dëshira më e madhe për ne fëmijët ishte të luanim me dëborë, që, për fatin tonë, nuk mungonte kurrë. Meqë isha në klasë sportive, më kujtohet që merrja çdo vit tuta dhe atlete. Ah, këto të fundit e dinin ç'hiqnin te shkarazima përballë hotelit. Sapo përhapej lajmi se kishte filluar, gëzimi ishte i pamasë. Më kujtohet gjithmonë gjyshja ime e mirë, Vangjo, që thoshte: "Është turp të rrëshqasësh atje se nuk je djalë". "E o nëna edhe ti",- ia ktheja unë, rrëmbeja atletet dhe veç kur kthehesha qull vonë në darkë. Të ftohtët s'e ndieja edhe aq, por kam fiksuar përcëllimin dhe djegien e duarve kur i ngrohja mbi sobë. Ama e mbaj mend mirë që mezi prisja të filloja sërish ditën tjetër.

LILI: Më kujtohet një ditë dimri, janar i vitit 1978 ose 1979, punoja në gjimnaz në atë kohë, kur erdhi profesor Caci Simeoni në sallën e mësuesve dhe tha: "Mbrëmë natën termometri ka shënuar -20 gradë Celsius". Këto temperatura ekstreme asnjëherë nuk publikoheshin. Nuk e di pse.

Ja na erdhi Viti i Ri!

LILI: Më kujtohet Vit i Ri 1974, kur do të kthehesha nga Tirana për pushimet e fakultetit. Për herë të parë, tregu i Tiranës ishte mbushur me banane dhe limona të mëdhenj. Bananet ishin jeshile në të verdhë, me 80 lekë kg, kurse limonët të mbështjellë me letër të hollë si facoletat e sotme me një dizenjo të lehtë ngjyrë jargavani dhe 70 lekë kg. Zura radhë te një dyqan fruta-perimesh, te Rruga e Dibrës, diku afër me mapon e madhe që ishte mbrapa Pallatit të Kulturës. Radha ishte e gjatë dhe m'u desh të prisja jo pak. Më në fund bleva 2.5 kg banane, që kushtonin 200 lekë dhe 1.5 kg limona, afërsisht 100 lekë. Kur i pa gjyshi, i cili asokohe e kishte lënë punën dhe ditën e kalonte më së shumti duke lexuar tha: "Ti Lili do të mbahesh mend si njeriu i parë që ke sjellë bananet në Ersekë". "E gjyshi, po ku do ta shkruajmë këtë?" - i thashë dhe qesha. Gjyshi u mundua të krahasonte shijen e tyre me ato që ai kishte provuar më parë në Amerikë. Pastaj Paskali, im vëlla, që në atë kohë punonte si mësues në Ersekë, mori një banane dhe ua ndau kolegëve në feta, si kur presim kastravecin. Thjesht për ta shijuar si një frutë të rrallë.

BRUNILDA: Viti i Ri i atyre kohëve më vjen gjithmonë në mendje me aromë mandarine (mua kujtimet më vijnë me pamje, zë e aromë...). Mbase se vetëm atëherë në atë periudhë ishin në shitje mandarinat. Që në tetor filloja numëroja se sa ditë mbeteshin deri për Vitin e Ri. Tani edhe qesh pak me këtë padurim, por kur kujtoj që në Vitin e Ri kishim mandarinat, shumë filma në televizor, pushimet, me shumë gjasa borën e bukur, bakllavanë, lodrat (kur mami punonte në Komitet i zgjidhnim edhe pak me hatër), çdo gjë bëhet normale. Ishte si zakon që çdo Vit të Ri në shtëpinë tonë mblidheshin shumë gra për të tëhollur bakllavanë. Duhej me 80 petë të holla. Tek ne vinin teta Nurihani, komshia dhe rrobaqepësja e mrekullueshme, teta Kija, teta Bardha burri i së cilës, xhaxhi Koço, ishte mjeshtër për ta pjekur, dhe teta Shqipja që, o Zot, hapte tri petë njëherësh. Ajo më ngacmonte duke thënë: "Mëso se do t'i tëhollësh byrek burrit". Unë, sado e turpshme që kam qenë, i përgjigjesha: "Eh... atëherë petët do të vijnë gati". Largpamëse unë!

EDA M.: Mbaj mend se në prag të Vitit të Ri, puna më e vështirë ishte të përgatisje shtëpinë për festë. Mbaj mend që në mes të atij dimri duhej të lanim dyshemenë me tel, që të ishte sa më e verdhë, t'u jepnim lustër mobilieve dhe dyerve, t'i fërkonim me vaj dhe do t'i lustronim aq shumë sa të thahej vaji e të shkëlqenin. Dhe qilimave, pasi i kishim shkundur në dëborë, po në dëborë të pastër ama, ku nuk ishte shkelur akoma, duhej t'u binim në shtëpi edhe me furçë me uthull që të ndizeshin ngjyrat.

EDA N.: Akoma s'më është hequr nga mendja ajo kruajtje e tmerrshme e dyshemesë dhe ato krahasimet se kush e kishte më të bardhë e kush më të zezë. Obobo!

ALBANA: Më kujtohen kartolinat që dërgonim për Vitin e Ri. Sa lodheshim për t'i zgjedhur ose me zambak ose me qytete, me zogj a ku e di unë çfarë. Na thahej pështyma duke lëpirë pullat për t'i ngjitur se atëherë s'kishte celularë për të dërguar sms. Po më e bukura ishte ajo çka shkruhej brenda, tani po më kujtohet një: ***"Frynte era nga përjashta/ tundi perdet e mëndafshta/ mos kujto se të harrova/ kartolinën ta dërgova"***.

I bukur Viti i Ri, i bukur, por për të arritur gjer atje kishim një muaj aksion në shtëpi. Dhe çfarë aksioni! Puna fillonte me pastrimin rrënjësor të shtëpisë nga themelet (a thua se nuk pastronim çdo javë!). Unë, si më e vogla, protestoja pa fund, por e kotë sepse në fund gjërat ishin gjithmonë njëlloj: të gjithë pastronim. Të them të drejtën, edhe më pëlqente pasi merrte pjesë e gjithë familja. Laheshin xhamat me një kovë me ujë e sapun. Ujin e ngrohnim me një tenxhere mbi sobën me dru ose mbi furnelën me vajguri që ndodhej në kuzhinë afër lavamanit, në një vrimë që babai kishte bërë në mur dhe e kishte lyer me bojë vaji. Kështu ishte moda atëherë. Pak më vonë u "modernizuam" se i vumë edhe një derë prej xhami që rrëshqiste mbi dy steka në formë shine. E ndërsa unë i laja e duart më digjnin nga kontrasti që bënte uji i ngrohur me ajrin e ftohtë, ime motër, Eda, i fshinte me gazetë. Në fund kalonte mamaja që i kontrollonte. S'di pse për dreq gjithmonë na bënte të ktheheshim dy herë t'i lanim pasi demek nuk i kishim pastruar mirë te qoshet. Në fund viheshin perdet e bëra me grep nga modelet e bukura të teta Bertës. Një prej këtyre e mbaj me vete si një kujtim të shtrenjtë prej saj. Pastaj merreshin pluhurat mbi bufe, nën bufe, mbrapa bufesë... Hiqeshin qelqurinat një më një e pastaj riviheshin. E kujtoj gjithnjë këtë pasi aty ishin edhe dy kukullat e mia të dashura që mezi prisja të vinte Viti i Ri pasi ishte e ndaluar t'i prekja; ishin vetëm për bukuri! Njëra hapte e mbyllte sytë, në fakt vetëm njërin pasi tjetrin ia kisha prishur unë. Tjetra kishte flokë të artë. Kjo më kishte rënë dikur në pako bashkë me ca lajthi, bajame e dy mandarina.

Më kujtohet një nga mbrëmjet e Vitit të Ri te puna e babit. Në pako më kishte rënë një automatik, i cili më bëri të më shkojnë lotët çurg: pse ta doja? Ndërsa çunit të mësuese Dianës i kishte rënë një kukull. "Pse qan Albana?"- pyeti ajo. Nuk guxoja të thosha gjë nga frika e babit. "Se unë dua kukullën tënde",- thashë unë më në fund. Babit i iku fytyra krejt e lehtas m'u hakërrua "mistrece"! "Çfarë problemi ka?"- guxova unë. "Do t'i jap automatikun dhe do të marr kukullën. Ai është djalë, unë vajzë". Mësuese Diana më zgjati kukullën. Isha më e lumtura atë ditë, dhe pse kjo lumturi zgjati veç një javë pasi kukulla m'u sekuestrua nga mami që e vuri në bufe së bashku me disa kanoçe Coca-Cola e birre që kishim gjetur te lumi kur shkonim të bënim mbrëmje për kufitarët në Leskovik.

Më kujtohet që të gjithë apartamentet kishin pothuajse një format: në kuzhinë, një sobë e bardhë me furrë ku piqnim byrekun e së shtunës dhe gatuhej në dimër, që e pastronim çdo ditë me hallokartë sipër sa të shkëlqente ajo, po duart e mia nxiheshin për një javë; një bufe që e bënim me porosi te Berti Rupi zdrukthëtari me duart e arta nga Rehova. Modeli ndryshonte pak nga shtëpia në shtëpi: dikush i vinte xhama të lyer me bojë të zezë, dikush pasqyra, por bufeja ishte po ajo. Pastaj kishim një tavolinë, katër karrige, dy divane 9 mijë lekësh. Këta të fundit, natyrisht, po të ishe me fat e të njihje drejtorin e tregtisë, pasi ishin paksa luks. Përveç gomës, këta të blerët kishin edhe susta. Madje kishin edhe një shtresë kashte që të vinin paksa rrumbullak. Nuk ishin fare të rehatshëm, por megjithatë kush flinte aty! Ata në përgjithësi ishin për miqtë dhe këta të shkretë e pësonin pasi edhe mund të rrokulliseshin nga krevati. Unë isha pak si mistrece, kështu që e zbërtheva njërin që të shikoja si ishte bërë. Me këtë rast, tim eti i kërceu një sustë, që më kushtoi jo pak...

Pastaj ishte dhoma ku flinim ne fëmijët. Këtu s'kishte shumë punë, vetëm të laje dyshemenë me ujë e furçë. Për të shpejtuar, unë e vija furçën poshtë këmbës dhe laja dyshemenë duke bërë balet. Në dhomë kishte dy krevate: te njëri flija unë dhe motra dhe te tjetri flinte im vëlla, Arlindi. Krevatet i kishte bërë babi vetë. Të gjithë kështu bënin. Ishin katër dërrasa të mbërthyera me gozhda e sipër goma makine që i merrnim me mik te reparti ushtarak nga Tanci. Babi i merrte këto dhe i priste në rripa 4 gishta dhe i vinte të kryqëzuara. Sipër ishte një dyshek i mbushur me pambuk (vetëm ai i mamit dhe i babit ishte i mbushur me lesh). Një mbrëmje, kur mami dhe babi kontrollonin detyrat e Lindit, unë doja të luaja dhe fillova të kërceja mbi krevat prapa tyre. Befas, krevati kërciti dhe goma na mblodhi të gjithëve brenda. Pasi kaloi paniku i parë (çfarë ndodhi kështu?!), të gjithë qeshëm me të madhe. E para herë që fajin nuk e kisha unë.

Në fund nxirreshin nga dollapi qilimat e leshit, që mami i kishte bërë vetë. Në përgjithësi gratë i sillnin në pajë. Të gjithë plot ngjyra, motive e trëndafila. Rrugicat, pragjet, perdet e mëndafshit ngjyrë jeshile e ari, tyli i bardhë në mes… Para se t'i shtronim qilimat, i nxirrnim jashtë në dëborë dhe i shtronim, kështu thoshin se ngjyrat përtëriheshin. Lum kush e zinte borën i pari! Këtu shpërthente gara e fundit dhe gjithë pallati ishte në lëvizje dhe vajzat shpejtonin kush e kush t'i mbaronte më parë punët e Vitit të Ri, edhe pse na pëlqente pak të bënim muhabet ndërsa prisnim radhën për të shkundur.

-Po hë moj Albana,- bërtiste ime më, - akoma s'ke ardhur? Suzana, Monda e Sabina i mbaruan punët.

- Aman o mami, ç'ke që mërzitesh? Viti i Ri do edhe një ditë…

Më në fund, pak me fjalë e pak me të nxehur, të tëra viheshin në vend dhe shtëpia merrte pamje feste.

SOFIA QIRJAZI-FANE: Më kujtohet se me çfarë gëzimi prisnim festën e Vitit të Ri. Mund të them se asnjëherë nuk më është dukur dhe nuk më duket kjo festë aq e bukur sa në vitet e fëmijërisë. Më kujtohet padurimi për lodrën e Vitit të Ri që do të na binte në punën e mamit dhe të babit, përgatitjet në shtëpi për darkën që të ishte gati para se të fillonte koncerti i Vitit të Ri. Gjithmonë më kujtohet babi që na sillte një bredh të vogël që ne e zbukuronim me shirita shumëngjyrëshe të bëra me ato fletoret (që s'po më kujtohet se si u thoshim), me pambuk dhe ca globe qelqi të bukur që thyheshin shumë shpejt. Ditë të tilla në mendjen time janë gjithmonë me shumë dëborë. Më kanë ngelur në mend datat 1 dhe 2 janar, kur rrugët e qytetit mbusheshin plot me çifte që shkonin për vizitë te njëri-tjetri. Ne fëmijët më së shumti rrinim në shtëpi dhe kishim detyrë që në një fletore të shënonim emrat e personave që na vinin vizitë për t'ua thënë prindërve.

MONDI: Më kujtohet se pas Vitit të Ri më përpara bëheshin vizita në të gjithë miqësinë dhe shoqërinë që kishim dhe që në datën 1 pasdite dhe gjithë datën 2 i gjithë qyteti ishte në lëvizje: shkonim shtëpi më shtëpi dhe për të qerasur linim fëmijët; më të shumtët takoheshim në rrugë ose duke shkuar ata në shtëpitë tona apo neve tek ata. Na dilte shpirti për t'i mbaruar të gjitha vizitat dhe kur ktheheshim në shtëpi ishim bërë tapë të gjithë dhe na mbusheshin xhepat me karamele "Zana" se me ato qerasej më shumë.

DIANA: Më kujtohet edhe mua që koha e Vitit të Ri ishte koha kur i gjithë qyteti shkonte vizitë tek i gjithë qyteti. Duhet të qerasnim me pije, raki dhe llokume apo çokollata (ca më vonë u shtuan edhe amaretat). Pastaj vinte bakllavaja. Ne kishim ca pjata prej xhami ngjyrë mjalti që janë mbajtur shumë mirë deri më sot dhe ca pirunë shumë të vegjël. Unë që i kam ngrënë shumë ëmbëlsirat gjithë jetën time, kisha rast të haja bakllava sa të më hahej pasi kisha rolin e zonjës së shtëpisë në mungesë të prindërve. Mamaja natyrisht që nuk mund mos ta kuptonte shfarosjen e bakllavasë në mënyrë progresive, por nuk kishte ç'bënte. Thjesht thoshte: "Të ketë një herë për të gjithë mysafirët se çfarë të mbetet ty do të ta jap të gjithën". Teoria ime ishte ndryshe: "Secili ka ngrënë në shtëpi të vet. Kjo (nxjerrja e bakllavasë) është kot. Ti e sheh që nuk e ha njeri...". Kështu që më lër të ha sa më hahet.

ANILA: Më kujtohet se një nga gëzimet e këtyre ditëve për mua ishte pjesa e vizitave. Më pëlqente kaq shumë kur shkoja me mamin për vizitë te Sofika, sepse xhaxhi Paskali dhe në mënyrë të veçantë teta Eli më kushtonin kaq kujdes dhe tregonin shumë dashuri! Teta Eli me dialektin e saj që më kujtonte nënën time më kënaqte shumë. Mbaj mend qilimin e bukur në dhomën e pritjes dhe ambientin me aromë feste! Kënaqesha që ta takoja dhe flisnim, ndërsa teta Eli bëhej copë të na kënaqte dhe kur mami im i thoshte mos të nxirrte bakllava apo kur nuk e hanim, ajo na e vinte me vete. Këtë dashuri njerëzish e ndeshje kudo. Ishte një mikpritje e vërtetë nga njerëz nikoqirë dhe zotërinj që bënin gjëra të mira nga asgjëja.

OLI: Me fletoret e punëdores bënim shirita me metra kur zbukuronim klasën dhe i ngjitnim me zamkë. Mbaj mend që ajo furça e vogël e zamkës (ngjitës kush s'e kupton, kështu quhej) shpesh këputej pa filluar punë. Më kujtohet që hipnim mbi banka dhe e mbushnim gjithë klasën me zbukurime.

GRAMOSI: Më kujtohet si tani kur vinim me pushime e s'gjenim bileta autobusi, hipnim në tatrat e qymyrit të Bezhanit. Edhe tani më dridhet mishi kur e kujtoj atë rrugë në dimër e sidomos kur Qafa e Qarrit mbushej me dëborë dhe bëhej e pakalueshme. Kur arrinim në shtëpi, mezi na sillte në vete trahanaja... Fatoja ime bënte edhe trahana të ëmbël, edhe të thartë.

LEONARDI: Më kujtohet që në prag të Vitit të Ri zinim radhë për të blerë ato ushqimet me listë. Më kujtohet se një herë kur u futa te dyqani ushqimor i Nafijes e Dhorkës, Paskali kishte zënë pusinë dhe kur gjente të dorës sonë afrohej e pyeste: T'ju jap vodkën, më jepni 2 shishet e verës mua? Më ka ngelur gjatë në mendje kjo pyetje dhe mendoj se kishte të drejtë. Ne myslimanët shijonim më shumë vodkën se verën...

AGIMI: Një nga kënaqësitë më të mëdha që për mua ishte e njëjtë me notin, një tjetër hobi nga më të preferuarat, ishte rrëshqitja me ski. Mezi e prisja dëborën e parë për të filluar ritualin e përvitshëm. Skitë, që nuk ekzistonin fare në treg, sajoheshin me mjete rrethanore duke filluar që nga nallanet, dërrasat e kadeve, dhoga të ndryshme gjetur ose vjedhur nga armaturat e ndërtimeve. Mbaj mend se për të krijuar harkun në majë i ngrohnim në zjarr për t'u përkulur më lehtë dhe pastaj i lidhnim me tel ose spango për të ruajtur harkun. Për të futur këmbën përdornim një llastik të trashë. Natyrisht në fillimet tona, kur ishim fëmijë, shërbenin këpucët, më të mira ishin ato me shollë, sidomos kur bëhej akull, por edhe nallanet.

Stërvitjet e para ishin shkarazimat që bënim afër shtëpive. Për mua që kam jetuar te pallati i verdhë kur isha fëmijë, vendet më të pëlqyera kanë qenë, një rrëpirë e vogël që niste prapa murit të depos së grurit, ndodhur në krah të pallatit të verdhë, si dhe rruga midis Shtëpisë së Oficerëve dhe pallateve ku rrinte Granit Leka, në mos gaboj. Më kujtohet që më zinte nata duke rrëshqitur dhe kur shkoja në shtëpi isha komplet ujë deri në të mbathurat. Më vonë, duke u rritur, u bëmë ustallarë në përdorimin e skive dhe filluam ta zgjerojmë territorin duke gjetur vende të rrëpira, ku rreziku në të rrëshqitur ishte më i madh por ia vlente për kënaqësinë që provoje.

Tre ishin vendet më të pëlqyera për mua: pas shkollës së mesme, lugina mes kodrës së Gradecit dhe Pyllëzimit dhe mbi Rehovë, në Gramoz. Nga vitet '70, me sa mbaj mend, gjimnazi u pajis me disa palë ski të ardhura nga Kina, të cilat, krahasuar me sajesat tona, dukeshin të shkëlqyera. Unë për vete pata fatin të trashëgoja një palë ski origjinale të ardhura nga jashtë, pronë e një komshiut tim oficer që kur u transferua m'i la mua.

VALBONA R-A: Më kujtohet që na pëlqente shumë të shkaraziteshim. Në tetëvjeçare isha në klasë sportive më vonë në gjimnaz vazhdoja basketbollin. Më kujtohet që shkonim në stërvitje në stadium grup ne vajzat, të veshura me tuta vishnje me vija në anë, me çantën sportive në sup dhe topin në dorë. Vishja atlete të bardha. Sa më pëlqente! Kur arrita një herë te posta, u ngjita në trotuar duke u shkarazitur kur nga vrulli i madh ia këputa kutisë së postës me kokë (ato kutitë e kuqe si shtëpi në të cilat hidhnim letrat ose kartolinat). Akoma më lëshojnë sytë xixa kur e kujtoj.

MERIEL: Kujtoj shkarazimën në qendër të qytetit. Kujtoj pasditet kur të gjithë çunat e qytetit, njëri pas tjetrit, rrëshqisnin e gjallëronin qendrën e Ersekës.

ELSA: Jo vetëm çunat. Kam qenë shumë e zonja në shkarazimë unë. Korrobishten e bëja mirë shumë.

MERIEL: Fjalën "korrobishte" kisha një shekull që s'e dëgjoja. Gjithsesi, do të kesh rrëshqitur para se të bëheshe shoqe me mua, përndryshe do të rrëshqisnim bashkë korrobishte.

BRUNILDA: Shtëpia e Oficerëve dhe balloja e Vitit të Ri... Nuk e di pse quhej ballo. Më saktë, pak më vonë se në atë kohë, kur lexoja për ballot, kam menduar se pse ne e quanim ballo të Vitit të Ri atë aktivitetin për fëmijë në prag të Vitit të Ri. Por kanë qenë shumë të bukura. Një muaj përgatitje, kishte leje edhe nga shkolla për provat. Mua gjithmonë më angazhonin në pjesën me recitime teatrale, le të themi, sepse për muzikë e valle kishte të tjerë të talentuar. Provat i bënim në tavolinë si "aktorë", pastaj ishte ajo prova "gjenerale" dhe më pas shfaqja ku vinin prindër e "të mëdhenjtë" nga Komiteti.

Pjesa që më pëlqente shumë ishte ndarja e lodrave për nxënësit më të mirë. E kam pritur tetë vjet me radhë të merrja lodër në ballon e Vitit të Ri. Nuk mora. As në klasë të tetë, kur më erdhi radha më në fund, ma mori Elda Sula. Mësuesja kujdestare kështu nën zë tha se nuk duhej ta merrte një fëmijë që i kishte prindërit "kuadro". I kishe çfarë i kishe prindërit, puna ishte se nuk kishte lodra në dyqan. Por në fakt brezi im ka pasur aq nxënës të mirë saqë vërtet nuk të vinte radha në 8 vjet.

DIANA: As unë s'mora dot kurrë ndonjë lodër nga balloja, me sa duket për të njëjtat arsye. Unë realisht kam qarë nga dëshpërimi (çfarë tipi!) kur e kuptova që asaj historie i erdhi fundi. Babi donte të më shpjegonte me qetësi se unë "e kisha mundësinë e lodrave" dhe kjo bëhej që të gëzonin të gjithë. Por nuk mendoj se qava për lodrën. Thjesht sedra e lënduar.

ALBANA: Kurse unë, sa për lodër, e dija që s'e merrja. Por unë e dija që kush fitonte vendin e parë në recitim ose kërcim apo aktivitete të shumta ku merrnim pjesë - e unë bëja pjesë gjithmonë në njërën apo tjetrën - një libër e kisha të sigurt. Kjo ishte aq e sigurt, saqë kur dilnin veprat e reja në librari, i thosha babit të priste se do t'ia sillja unë.

ADA THOMA: *Më kujtohen, më kujtohen... të gjitha më kujtohen, më kujtohet edhe që u thoshin "tabllo" këtyre ballove që tregon Bruna.*

BRUNILDA: *Hmm.. e dija që kish një gjë që nuk shkonte.*

INES TOPOLLAJ: *Edhe unë ballo u them.*

JULIANA: *Më duket se i thoshin tablloja e Vitit të Ri, nëse nuk gaboj.*

Karabina vetëmbushëse

VALBONA NAZARKO: Kujtoj stërvitjen ushtarake në kohën e shkollës, sepse më pëlqente kur mësonim pjesët e armës, përdorimin, çmontim-montimin në kohën e duhur. Më pëlqenin ditët kur visheshim me uniformë ushtarake. Më kujtohet qaforja, ai shiriti i bardhë prej bezeje që qepej në jakë të xhaketës. Më kujtohet kur vinim në pikën e hapjes në Virg dhe pajiseshim me armatim.

Më vjen ndërmend ajo ara e mbjellë me grurë, ku bënim qitjen. Më kujtohet gjelbërimi i saj i pafund; Mjaftonin vetëm 30 sekonda për të çlodhur sytë deri në shënjestrën tjetër.

Më kujtohen 10 km kros në vitin e parë të shkollës së mesme me itinerarin Ersekë-Selenicë-Ersekë. Na shoqëronte një makinë policie dhe një ambulance. Zot! Në fillim ishte mirë, por më vonë filloi një sëmbim nën brinjë dhe mbeta prapa. Toli Duro, Mani Sulejmani dhe Dane Jaho na shoqëronin me biçikleta. Me sa duket, meqë ishin maturantë, ishin të zgjedhur nga drejtoria e shkollës, pasi në një farë mënyre kontrollonin ecurinë dhe gjendjen e turmës sonë me gjimnazistë.

Mbaj mend përgatitjet për manifestimet festive. Vajzat visheshin me funde e bluza të bardha. Po kështu edhe djemtë visheshin me bluza e pantallona të bardha.

VALBONA: *Nuk më kujtohet mirë se si quhej arma që bënim stërvitje. I thoshim karabinë, por shoqërohej edhe nga një numër…*

DIANA: *Karabina vetëmbushëse Simonov 7.62?*

SOTIRAQI: *Karabina Simonov model 56. Kalibri ishte 7.62 mm.*

VANGJELI: *Në përkufizimin e karabinës Simonov duhej të thoshe dhe fig1. Më kujtohet përkufizimi i karabinës sipas librit kur kam bërë zbor në Korçë. "Karabina vetëmbushëse Simonov e kalibrit 7.62 m/m (fig.1) është një armë e fuqishme në duart e ushtarit të ushtrisë sonë popullore, që shërben për asgjësimin e forcave të gjalla të armikut me zjarr, qytë e bajonetë".*

ILIRI: Më kujtohet zbori i vitit të tretë. Plot një muaj dhe, me thënë të drejtën, nuk kalonim edhe aq keq. Më kujtohet që një ditë, pasi kishim mbaruar stërvitjen, po ktheheshim për në repart. Komandantët e skuadrave ishin Sotiraq Prifti, Kosta Loli dhe Jani Dode. Ishim duke ecur në rresht kur andej nga fundi u dëgjua një "bum". Dikush nuk e kishte mbajtur dot se, helbete, njerëz jemi. Kur dëgjohet urdhri i komandantit të togës: "Ndal!" U diskutua se kush ishte autori, por meqë nuk doli gjë (u krijua ilaritet dhe po qeshnim se, kuptohet, gallatë e madhe) komandanti dha komandën: "Tre të parët me zvarritje drejt ledhit, përpara!" Ishte një rrugë tërë dhe' të kuq. Këta të tre u zvarritën disa metra, se kujt ia mbante mos të zbatonte urdhrin, kur Raqi befas u ngrit dhe tha: "Po mirë o komandant, të tjerë i bëjnë yneret, ne të zvarritemi?!" Komandanti u tërhoq me aq. Kështu vazhduam rrugën, madje duke kënduar.

SOTIRAQI: E kujtoj edhe unë zborin në shtator 1975, para maturës. I mbushur plot me bëma, cene dhe histori. Po luaja shah majë krevatit me Sandri Robon. Ilir Pashko zgjaste kokën si hajdut nga dera 4-5 metra më tutje dhe na gjuante me guriçka mbi fushën e shahut duke na rrëzuar gurët. Iu lutëm disa herë të ndalonte, por Lili si Lili na i rrëzoi gurët 3-4 herë. I bërtitëm dhe e shamë, por ai vazhdonte. Dhe më në fund të nxehur në kulm, unë rrëmbeva helmetën nga koka e krevatit dhe me sa fuqi kisha e gjuajta. Për fat i rashë në kërbishte dhe e zuri nga pjesa e lëmuar jo nga buzët. I bëri një shenjë të zezë që i ngeli gjatë dhe e bëri të çalonte nja 3-4 ditë.

Më kujtohet që po hanim bukë në mensën e repartit, ishte një sallë e ngushtë, por goxha e gjatë. Ishim ulur në fund të sallës, ndërsa sporteli ishte në fillim. Gjatë ngrënies vëzhgoheshim nga komisari, që ishte njëri prej mësuesve tanë; një burrë i drejtë, shumë serioz, por edhe që s'para të falte. Pasi bëri ca peripato brenda në mensë, komisari vjen dhe na pyeti: "Në rregull me ushqimin djema?"

Gjergji Mitre (ky personazh fantastik, i paarritshëm për humorin e tij spontan) tamam si te "Lulëkuqet mbi mure" befas thirri: "Duam bukë se s'na del". Komisari, flakë për flakë, i gjatë siç ishte dhe serioz, drejtoi dorën nga sporteli dhe tha me plot autoritet: "T'i jepet një racion buke!". Askush nuk e dëgjoi veç nesh të tavolinës. Më pas kur ai u largua, ne shkuam me vrap te sporteli, kërkuam dhe morëm bukë suplementare në zbatim të urdhrit.

DIANA: Më kujtohet zbori në mars 1980. Ishte akoma ftohtë, por mëngjeset ishin të kthjellët. Flinim në kapanonet e famshme në krah të Virkës: vajzat te njëri, djemtë te tjetri. Të dy kapanonet ishin në formë L-je me dyert pothuajse ngjitur. Ndërtesa ishte me dritare të ngushta dhe në lartësi të konsiderueshme nga trualli. Në vazhdim ishte mensa dhe fjetorja e mësuesve. Krevatet tanë ishin prej druri me dy kate. Dyshekët ishin të mbushur me kashtë. Batanijet ishin të leshta, ushtarake. Çarçafët ishin prej pëlhure të bardhë, por disi të irnosur e të strëngur. Çantat e zborit me gjëra modeste personale i mbanim te koka. Shumë nga ne mbanin edhe ndonjë kavanoz me reçel qershie e me pak gjalpë të zhytur në të; ndonjë copë djathë apo biskota. Ushqimet nga shtëpia ndaloheshin rreptësisht, por kjo ishte në letër, pasi ushqimi që na servirej ishte vërtet i varfër dhe nuk na ngopte.

Më kujtohet se çajin e kishim me shumicë, por ai mbante një erë të tmerrshme klori (qarkullonin fjalë se i hidhnin klor "me grushte" që të qetësonin hormonet tona), kështu që shumica hezitonin ta pinin. Rrinim të veshur me rroba ushtarake: pantallona, xhaketë me qafore të bardhë, rrip, këpucë të rënda prej lëkure nga ato që u thoshim këpucë zbori dhe kapota të gjata të leshta me ngjyrë të përhimtë. Kapelat kishin nga një yll; i imi qëndronte gjithmonë shtrembër. Nëse nuk gabohem, armët i mbanim në kapanon. Më ka mbetur në kujtesë që përdorimi i banjës për nevoja personale ishte një torturë e vërtetë që mundoheshim ta evitonim me çdo kusht.

Ne quheshim batalion dhe kishim një komandant (s'ka rëndësi emri, por burrë dinjitoz). Komisar kishim drejtor Xhevdetin. Ishte 5 mars, një përvjetor i vdekjes së Stalinit. Na mblodhën në mensë për një përkujtimore që zgjati aq sa na erdhi në majë të hundës. Komandantit i kishin shkruar një fjalim të gjatë që na nxori thinja. Por nga fundi ndodhi diçka që na zgjoi nga gjumi të gjithëve. Duke lexuar paragrafin e fundit, befas, komandanti ndaloi dhe u kthye te fleta e parë. U duk sikur kërkonte diçka që ne nuk e kuptuam. Pastaj ai tha: "J...V...Stalin..." Heshtje. "J..." Siç duket nuk po i kujtohej emri i plotë i Stalinit. Epo... Por ai i dha befas drejtim punës: "Jozef Visjaranoviç Stalin..." Të gjithë mund të ishin ngatërruar, por natyrisht, kur je 18 vjeç një ngatërresë e tillë thjesht justifikon hapjen e valvulave të humorit dhe rrëmujës së pakontrolluar. Pas një qetësie që zgjati më pak se një sekondë u dëgjua një e qeshur e mbytur, që u pasua nga ca si hungërima dhe pastaj një shpërthim masiv të qeshurash. Qeshnin edhe ata që nuk kishin dëgjuar asgjë. Qeshnin të gjithë. Ca nga ne kafshonin jakat për mos t'u ndier. Serioze rrinte vetëm komanda. Drejtori, i zgjuar, e la shpërthimin tonë pa trazuar ndonjë minutë, gjatë së cilës komandanti vazhdonte i dëshpëruar leximin dhe pastaj ngriti dorën: "Qetësi!"- tha. Zhurma u tulat në çast. Shpejt mbaroi edhe fjalimi. Duartrokitje. Meqë përkujtimorja u mbajt pas darkës, në grupe iu afruam kapanoneve përkatëse.

Më kujtohet se sapo do të bëheshim gati për të fjetur, kur nga kapanoni i djemve u dëgjua një zë "Jozef V. Stalin" që u pasua nga një e thirrur në tre-katër zëra: "Ra dëshmor në luftë për çlirimin e atdheut". Një qese me sheqer fluturoi në kapanonin e vajzave. Dy-tri vajza bërtitën nga befasia dhe brenda disa sekondash të dy kapanonet u shkundën nga të qeshurat dhe të thirrurat që te ne u ndërprenë vetëm kur në derë u dha Banush Kasolli, i cili dha urdhër të dilnim përjashta. Kuptohet, urdhër i komandës. U shkulëm të gjithë e dolëm në shesh. Më kujtohet një hënë e bardhë, e bukur, në qiellin e kaltër e të ftohtë. Dikush, ndoshta Banushi, na tha se do të qëndronim përjashta derisa të... qetësoheshim, gjë që për momentin dukej e pamundur. Pas disa minutash zhurmat u fashitën. Dëgjoheshin vetëm pështpërima e të qeshura me zë të ulët. Batalioni dukej si i korrur: Të gjithë ishim shtrirë ngjitur me njëri-tjetrin pa dallim toge apo gjinie. Disa filluan të dremisnin. Kapotat e trasha na mbanin akoma ngrohtë. Shpejt pasoi urdhri për t'u futur brenda, gjë që mori vërtet një kohë të gjatë: shumë nga ne kishin zënë muhabet aq shtruar saqë urdhri i dytë na u duk krejt i padrejtë. "Po këtyre çfarë t'u bësh?"- tha me të drejtë Banushi. "Me sa duket këtyre u pëlqeu vërtet dënimi". Meqë ra fjala, për ata që nuk u kujtohet, Stalinit në shqip ia thoshim emrin Josif.

LEONARDI: Më kujtohet dita kur qyteti përcillte djemtë ushtarë. Shkoja shpesh te dega ushtarake prapa gjimnazit, aty ku bëhej përcjellja. Ishte një ditë e pikëlluar. Zakonisht kjo ditë rastiste e ftohtë, me lagështi, dëborë ose shi pasi ishte gjithmonë në dhjetor. Djemtë të veshur me rrobat më të vjetra të mundshme pasi digjeshin atje ku shkonin. Pa flokë, të tjetërsuar, të trembur nga enigma që u shtrohej përpara, djemtë nuk njiheshin fare. Të ngjallte një lloj keqardhjeje pamja e jashtme e tyre. Kishte vazhdimisht prindër që qanin, motra të dhembshura dhe shokë që përpiqeshin të inkurajonin djemtë ushtarë. Dëgjoheshin vazhdimisht tingujt e fizarmonikës së Vangjel Janushit. Më kujtohet se si ata hipnin pastaj në makina të zbuluara. Në gjoks rregullonin gazeta për të shmangur të ftohtin e rrugës. Mbi të gjitha, pavarësisht buzëve të nxira apo zemrës së plasur për dikë që i duhej kështu të ndahej nga e dashura, duhej të tregoheshin entuziastë që i shërbenin atdheut. Akoma nuk e kuptoj se përse duhej të iknin ashtu të rreckosur djemtë për t'i shërbyer atdheut! Dhe sot më dhemb ai moment. Kur makinat niseshin, të afërmit shpërndaheshin me lot në sy e dhimbje në shpirt. I vetmi urim i kuptimtë që i jepnin njëri-tjetrit ishte: "Të na kthehen shëndoshë!"

JOSTVANA: Më kujtohet një skenë si nga ato te "Shkretëtira e tartareve": Nëna dhe mami u veshën me tuta. - Çudi! - thashë me vete,- ato gjithmonë rrinë me funde…

Ndërsa bluaja me mend dilemën, kureshtjen ma shoi babi: "Do të ketë alarm ajror. Do të bjerë sirena dhe duhet të jemi në gatishmëri!" Mami kishte bërë gati bukë për ta marrë me vete, sepse nuk dihej kur do të ndodhte "sulmi". Një gjendje e nderë sa dëgjonim vetëm frymëmarrjen e njëri-tjetrit, kur heshtjen e theu thirrja: "Alarm ajror!" Si me sustë dhe ashtu siç ishim (në gatishmëri) dolëm me nxitim dhe u futëm te tuneli pas ndërtesës ku sot ndodhet bashkia. Ishim gjithmonë në pritje të një sulmi që kurrë nuk ndodhi.

DIANA: Mbaj mend që kur binte sirena duhej të mbyllnim dritaret me batanije të trasha që të mos dukej drita nga jashtë. Unë shkoja te dhoma e mamasë ku s'kishte dritë dhe vështroja përjashta erën që frynte dhe pak njerëz, ndoshta organizatorët, që venin e vinin. Një herë, nga era e fortë, sirena e qytetit u lëshua vetiu me ulërima. Kjo e mbajti pezull qytetin për një kohë të gjatë. Mbaj mend se si erdhi te ne komshija me tre djemtë, krejt e bardhë në fytyrë dhe tha: "Berta, kjo është prej vërteti! Pupu, çfarë na gjeti!" Myrvetja e dinte që nuk ishte lojë, pasi burri i saj, Hajredini, merrej me atë punë. Meqë ai s'dinte gjë, domethënë diçka kishte ndodhur, diçka jo e mirë, sigurisht. Mamaja heshti. "Po tani?"- pyeti. Ajo ngriti supet. "Si të jetë e shkruar",- tha.

Pothuajse të gjithë jetonim vazhdimisht nën terrorin se "gjithçka mund të ndodhte", sepse "ishim në gojën e ujkut", sepse "mund të na sulmonin në çdo moment" dhe "duhej të ishim gati", sepse… Ishin momente të tilla, si ky i sirenës, kur frika apo pasiguria jonë bëheshin evidente.

Frika

ROLANDI: Unë jam fëmija i vetëm i familjes sime që kam lindur në Ersekë. Fillimisht banonim te shtëpitë e vjetra që vazhdonin në të majtë të hotelit. Aty ne banonim pa pasaportizim dhe disa herë kur ndodhesha jashtë për të luajtur, mamaja më rrëmbente me vrull brenda. Ja tekstualisht fjalët e saj që më kanë mbetur të fiksuara: "U korba unë, që erdhi prapë ky polici!" Unë isha i vogël 2-3 vjeç, por një lloj terrori në fytyrën e nënës sime (ndoshta sepse unë isha shumë i vogël për të dalë përjashta vetëm) u fiksua në atë pjesë të trurit tim që quhet "Frikë". Nuk e dija shkakun. Më vonë kur u rrita e pyeta nënën, ajo tha se edhe ajo vetë kishte frikë në atë kohë se mos na merrnin e na kthenin në Vodicë, fshat nga i cili vinte familja ime.

Deri në vitin 1970 unë kam jetuar në lagjen e Mimoza Zografit dhe Valbona Radomit. Jetonim në katin e dytë të një pallati dhe hyrja e parë në rrugën që të çon për në Rehovë. Përballë kam pasur familjen e Bektashit, që jeton aty besoj edhe sot e kësaj dite. Në dhomën ku flija unë dhe vëllai im Petrika, kemi pasur një "gardhirop"(dollap rrobash) me dy kanate i vendosur në një kënd të dhomës, në atë mënyrë që ishte një boshllëk nga mbrapa tij. Mua, si i vogël që isha, më zinte gjumi shpejt në kuzhinë, ku rrinim të gjithë. Për të liruar një vend më shumë atje, më ngrinin dhe më çonin për të fjetur te "vendi im" apo ndryshe në dhomë. Nuk e di, por një herë nuk doja të shkoja për të fjetur në dhomë sepse në kuzhinë ishte më ngrohtë dhe njëri nga të familjes sime (nuk më kujtohet fare se kush) më tha: "Po nuk fjete do të të dalë gogoli që është mbrapa gardhiropit". Kaq u desh që gjumi të më dilte fare. Si mund të flejë pas kësaj një fëmijë i moshës 5-6 vjeç, duke pritur i terrorizuar që t'i dilte dikush nga mbrapa dollapit?! Vetëm lodhja nga pagjumësia mund ta mposhtte frikën. Edhe sot e kësaj dite, herë pas here shikoj ëndrra që dikush më është fshehur pas dollapëve.

Më kujtohet që kisha frikë nga Ceno Maluka, një nga personazhet më të njohura të krahinës dhe fëmijërisë sonë. Plak i kërrusur me ato mustaqe të verdha, me atë kapelën model Mihal Grameno, me atë gunën personale që e mbante pothuajse gjithë kohën. Nuk e di historinë e tij, por më kujtohet që e ndiqnim mbrapa vazhdimisht dhe ndonjëherë edhe i thërrisnim kulak. Nuk jam i sigurt nëse ishte vërtet i persekutuar. Më kujtohet që ai ndonjëherë na kthehej e madje edhe na ndiqte me vrap, duke na kërcënuar me atë bastunin e tij prej druri të gdhendur. Në një nga këto ndjekje, unë rashë në një nga gropat që hapte komunalja në mes të trotuareve (linja e elektrikut më duket) dhe, për fat të keq, edhe turinjtë i bëra copë. Më kujtohet që vetë Cenoja më ngriti dhe më tregoi me gisht poliklinikën. Atje përfundova te Polja, një tjetër personazh që e kisha shumë frikë, sepse na bënte gjilpërat dhe vaksinat.

ELSA: Frika nga gjilpërat dhe vaksinat dhe Polja… Jam e mallëngjyer, por njëkohësisht ndihem krenare për mamanë time që punoi gati 35 vjet si infermiere në Ersekë.

ROLANDI: Infermiere Poles i jemi mirënjohës të gjithë në të vërtetë. Çdonjëri prej nesh, me frikë apo pa frikë, e ka "firmën" e saj në trup (vaksinat). Mbaj mend kur jam kthyer nga ushtria, kam ndaluar në rrugë për ta përshëndetur (unë kam qenë tip i ndrojtur dhe s'para përshëndesja shumë) dhe u afrova duke i dhënë dorën. Ajo e dinte që isha nga Erseka, por meqë kisha ndryshuar pak më pyeti se i kujt isha. I thashë emrin tim dhe të nënës sime, sepse kështu njiheshim më mirë në qytet. Nuk e prisja, por m'u hodh në qafë duke më thënë që t'i bëja të fala nënës.

ROLANDI: Më kujtohet që kisha frikë nga fantazmat. Zakonisht shfaqej në tregimet e ëndrrat e mia kur vdiste dikush në Ersekë. Historia e fantazmës arriti deri në atë pikë, sa dikush thoshte që ekzistonin edhe brenda qendrave të strehimit.

Kisha frikë nga ujqit dhe nuselalat. Frika nga ujqit m'u shfaq sidomos në një dimër të viteve '70, kur Ndërmarrja e Pyjores helmoi 4 a 5 ujq. I kam parë me sytë e mi. Nuk duhej t'u afroheshim shumë sepse ishin të helmuar. Në atë kohë, ngaqë s'kisha parë ndonjëherë në jetën time, më dukeshin shumë të mëdhenj. Mbaj mend që në shtëpi na thanë që nuk duhej të rrinim vonë jashtë sepse kishte rrezik "që të na gllabëronte ujku". Kjo, patjetër, ishte një tjetër shpikje, për të na futur frikën që të ktheheshim më shpejt në shtëpi. Ndërsa nuselala ishte një kafshë që ngjante pak a shumë me ketrin (unë nuk e kam parë kurrë dhe sot e kësaj dite nuk e di si është). Shumë fshatarë ankoheshin nga kjo kafshë sepse dëmtonte bagëtinë, sidomos lopët. Frika që m'u fiksua ishte se demek kjo kafshë të afrohej papandehur, pa e parë ti dhe të frynte deri sa të pëlcisje.

Frika nga "diversantët" m'u krijua në fillimet e shkollës, nga tregimet me diversantë. Në fakt, filmi "Lugina e pushkatarëve" sikur e ndryshoi drejtimin e gjërave. Në vend të frikës, tani mendoja se si mund ta gënjenim ose konfrontonim një diversant të mundshëm.

LILI: Më kujtohet që edhe unë kisha frikë nga disa gjëra:

Kisha frikë nga shosharet, sepse më patën thënë që ato të kapin dhe të presin gërshetat, për t'ua shtuar gërshetave të tyre.

Kisha frikë nga çifutët. Një shoqe, tre vjet më e madhe, erdhi një pasdite, ndaj të ngrysur dhe na tha që kishin ardhur çifutë nga kufiri. Edhe pastaj çfarë? - thamë me një gojë unë dhe Violeta, ime motër. "Moj korbani, po kapin fëmijët dhe u thithin gjakun...". Na u shkurtua gjuha atë mbrëmje, aq sa e vunë re në shtëpi dhe deri sa e morën vesh të vërtetën nuk shpëtuam pa e thënë, por frika tamam nuk na doli. Kur ramë të flinim me Violetën i thashë: "Po këta rojet e kufirit nuk i dalluan dot çifutët, po i lanë të kalojnë kufirin?"

Kurse frika nga lufta më ka ndjekur për vite të tëra.

ROLANDI: Kur shkoja në Korçë me të afërmit, vazhdimisht më thoshin: "Pusho se të marrin evgjit". As nuk e mora vesh kurrë se kush ishin evgjit, por frikën ua kisha. Do të kem qenë i lëvizur si fëmijë dhe, me sa duket, më trembnin që të rrija urtë.

DIANA: Nga të gjithë policët e qytetit, më ka mbetur në kujtesë polic Avdyli, me të cilin kujtoj se kemi qenë disa herë komshinj. Mendoj se kam qenë fëmijë jo shumë i bindur, pasi kur isha shumë e vogël, nëpër shtëpi më thuhej herë pas here "... apo të thërras polic Avdylin!" Polic Avdyli ishte një njeri i urtë dhe i respektuar, babai i Fatkës, Zhanit, Mondit dhe Turit. Puna është se ai nuk ishte si baballarët e tjerë, sepse ai vishte gjithmonë rroba blu. Nëna ime thoshte se "polic Avdyli u merr shpirtin të gjithë atyre që bëjnë të liga" dhe për mua, që fjalët kanë pasur gjithmonë shumë efekt, kjo donte të thoshte shumë. Thjesht nuk e kuptoja dot se si ndodhte kjo marrja e shpirtit (ku ishte shpirti?), por e dija që matanë kësaj s'kishte jetë kështu që polic Avdyli, për mua, ishte një krijesë "e tmerrshme". Një ditë ra dera dhe unë, si më e shpejta, dola ta hap. Dyert tona ishin pa çelës, sigurisht, kështu që unë thjesht ula dorezën. Me llahtari pashë që në derë u shfaq polic Avdyli, i cili buzëqeshi dhe tha: "Është doktor Sotiri këtu?" Mua, në një çast m'u err bota dhe m'u drodhën këmbët. Por veç një çast, se pastaj fluturova si shigjetë dhe u futa poshtë krevatit në dhomën e prindërve. Më kujtohet që u deshën përpjekje kolosale të më nxirrnin që aty dhe të më prezantonin me polic Avdylin, që, siç u kuptua, kishte ardhur të pyeste babin pasi kishte një lloj marrje fryme. Më kujtohet që e vëzhgova me kujdes dhe u habita që ai ishte si gjithë njerëzit e tjerë: me hundë, sy, duar, gojë. Ky paskësh qenë njeri prej vërteti! Si ua merrte shpirtin të tjerëve?! Dhe pse po i merrej "fryma"? Po im atë, çfarë lidhjeje kishte me këtë histori të ngatërruar? Kur polic Avdyli u largua, mora një leksion të gjatë se çfarë ishte marrja e frymës dhe pse kjo e fundit nuk kishte asnjë lidhje me marrjen e... shpirtit. E pashë nënën në sy atëherë dhe i thashë: "S'kam më fare frikë nga polic Avdyli, që ta dish!"

SOTIRAQI: Kur ishim të vegjël, njeriu nga i cili kishim më shumë frikë në Ersekë ka qenë pikërisht polic Avdyli. Më vonë kur u rritëm nuk ishte më kështu.

DIANA: Veç polic Avdylit, kisha frikë nga diversantët (!) dhe nga Gerba, personazhi i shtrigës në një prej librave. Më tmerronte ideja e luftës.

MIMOZA: Edhe unë kisha frikë nga shumë gjëra. Shumë herë frikësoheshim edhe kur shikonim ndonjë film. Mbaj mend që të dyja me motrën, Adrianën, shikonim mbrapa perdes para se të flinim për të qenë të sigurta se atje nuk ishte fshehur ndokush.

ALBANA: Më kujtohet kur isha e vogël dhe mamaja më thoshte: "Kthehu shpejt se do të të rrëmbejnë shosharet e do të të hanë!" Ishte një grup njerëzish nomadë (që ne u thoshim shoshare), që vinin çdo vit në Ersekë dhe e ngrinin kampin e tyre tek ai pyllëzimi i vogël që ishte përballë rrugës për në Starje, përballë parkut të kamionëve. Kishte thashetheme koti midis fëmijëve, nga ato që i shpërndanin më të rriturit për të trembur më të vegjlit që të silleshin mirë, se ata "kishin vjedhur e ngrënë foshnja...". Unë në fakt isha ai lloj fëmije që kur më thoshin mos të bëja ndonjë gjë ishte njëlloj sikur të më detyronin të shkoja ta bëja. Bashkë me Kozetën, shoqen time të fëmijërisë, menduam të provonim të takonim këtë grup "mishngrënësish". U nisëm si delegacion për të shkëmbyer shenja paqeje. U gjendëm kaq mirë realisht, saqë ia futëm edhe një të kërcyeri e të kënduari bashkë me ta. Midis tyre kishte edhe fëmijë të moshës sonë që na mësuan edhe një këngë në gjuhën e tyre.

Po nuk mbaroi me kaq. Na pëlqeu aq shumë miqësia e re, saqë zumë shoqëri me një vajzë. Pa pyetur hiç njeri, e ftova shoqen e re në shtëpi. Nuk mund të imagjinohet reagimi i mamasë kur na pa në derë ... "Ma, kam ftuar këtë shoqen për drekë e për të bërë një dush këtu se atje lahen me kazan",- fola unë si për t'u mburrur me dushin (këtu është fjala për dushin me vajgur që ishte i përbërë nga dy tuba hekuri, ku te njëri kalonte uji dhe te tjetri dilte një flakë që e ngrohte ujin. Flaka krijohej nga vajguri që vinte me pika nga një serbator i vogël me rubinet. Ky lloj bolieri artizanal bënte edhe një zhurmë të tmerrshme).

Mamaja mbeti një moment pa fjalë ngaqë s'dinte ç'të më thoshte. Nuk ishte e lehtë të fusje shoshare në shtëpi. Mentaliteti i kohës. Por, duke ia njohur zemrën, e kuptoja gjithashtu që nuk e kishte të lehtë mos të pranonte një fëmijë. "Po dushi na është prishur moj… Dreka s'është ende gati… Ndoshta vajzën e kërkojnë prindërit, kështu që çoje ku e ke marrë më mirë". Pastaj na dha nga një fetë bukë me domate kripë e djathë, që e hëngrëm rrugës. Përpara se të iknim, ngaqë mamaja u duk befas shumë e dashur, i thashë: "Edhe thuaju njerëzve që këta nuk hanë fëmijë, por bukë…". Unë qesha me konstatimin tim dashamirës dhe mamaja u duk gjithashtu që më kuptoi. Shoqja ndoshta nuk e kuptoi këtë bisedë edhe aq mirë (nga ta dinte ajo se çfarë thoshim në qytet për ta!), por nuk pyeti. Pasi u ktheva në shtëpi, mamaja, jo aq e dashur sa më parë, më rrasi në banjë dhe shpejt e shpejt më kontrolloi kokën, që më pas ma leu me vajguri pasi "e kisha plot" dhe m'i dha edhe nja dy të mira nga ato që nuk harrohen. As që më shkoi më në mendje të çoja njeri pa leje në shtëpi.

VALBONA R-A.: Unë kisha frikë edhe nga Stathi, roja i spitalit dhe nga të vdekurit që sillnin në morg. Ne banonim në krah të spitalit dhe i shihnim kur sillnin në morg të vdekurit nga ndonjë aksident. Më kujtohet si fëmijë ishim kuriozë ta shikonim e shumë herë dallonim këmbët e tyre, herë-herë të mbuluar me çarçaf. Hajde të flije pastaj në darkë! Kisha frikë nga hijet. Frikën më të madhe e kam ndier kur pamë filmin "Emblema e dikurshme" dhe kur shikonim kapuconët e zinj.

Ditë shiu

Sotiraqi: Më kujtohet që qershori i 75-s na gjeti në aksion në hekurudhën e Pogradecit. Ishim pikërisht në sektorin Buqezë, pa vajtur në fshatin Lin. Bashkë me ne ishin edhe aksionistë nga katër a pesë rrethe të tjera. Bëheshim rreth 500 frymë gjithsej. Me vete si kujdestarë kishim mësuesit tanë të fizikës dhe kimisë, Estrefin dhe Janin. Punonim si kuaj duke bërë mesatarisht nga një normë e gjysmë në ditë. Por edhe kushtet nuk ishin të këqija. Ushqeheshim relativisht mirë, katër herë në ditë, përfshi tre vaktet dhe bukë me vete ose zemër apo merenda, siç do t'i thoshte kolonjaro-italiani Landi Milo.

Më kujtohet që liqenin e kishim dy hapa larg nën xhade ku laheshim çdo ditë në mes të kallamave dhe gjarpërinjve të ujit, që na vërtiteshin rreth e rrotull, por ne s'donim t'ia dinim. Gjithçka shkonte birinxhi. Kishim mbrëmje vallëzimi thuajse çdo natë.

Më kujtohet që Agim Agolli, ky i pagjumë kronik, që mendja nuk i punonte vetëm për të mira, u ngrit një herë në mes të natës, hodhi një çarçaf të bardhë mbi kokë, zgjati edhe duart përpara, zbathur dhe filloi të ecte si somnambul në mes të fjetores. Një shoku ynë, që u ndodh zgjuar e ra në grackë, u ngrit e filloi t'i fliste gjithmonë e më fort: "O Gimi, çfarë bën? Kthehu! Ku vete kështu? Kthehu! Je në vete apo jo?"- dëgjohej zëri i tij i shqetësuar. Ndërkaq, "Fernandeli" ynë dhe aktori i ardhshëm profesionist, vazhdonte ashtu i ngrirë, vajtje-ardhje, përgjatë gjithë korridorit, duke imituar aktorin e madh francez në një nga filmat e kohës. Më në fund u kthye dhe u ngjit në krevat. Të nesërmen në mëngjes, viktima e lojës na tregoi për ngjarjen pa kuptuar gjë. Madje nuk u bind as kur dëgjoi nga ne se gjithçka kishte qenë një lojë.

Një natë tjetër, pas mesnate, filluan e u dëgjuan lëvizje të shumta
dhe ecejake njerëzish që hynin dhe dilnin nga fjetoret dhe përfundonin
te banjat, që ishin 50 metra mbi godinat. Të shihje vargun e çupave!
I gjithë sektori ishte pothuajse në lëvizje të plotë. Vetëm në mëngjes
morëm vesh që, të helmuar nga ushqimi i darkës, aksionistët i kishte
zënë barku. Kishte plot që nuk arrinin as të shkonin dot në banjë dhe e
bënë ku i zuri, duke vështirësuar edhe kalimin. U bë problem i madh.
Erdhën edhe "nga lart". Pastaj na trajtuan me medikamente dhe pushuan
disa kuzhinierë nga puna. Më pas çdo gjë vazhdoi normalisht.

VJOLLCA: *Më kujtohet kur bënim aksionin njëmujor jashtë rrethit.
Zakonisht bëhej nga fundi i vitit të tretë gjimnaz. Neve na ra shorti të
shkonim në Milot për ndërtimin e hekurudhës. Si të gjithë gjimnazistët,
djem e vajza, mezi prisnim ditën e nisjes. Më në fund hipëm në autobus.
Gjatë gjithë rrugës vetëm këndonim dhe bënim shaka me njëri-tjetrin.
Rruga ishte e gjatë. Pasi arritëm, u ndamë në grupe. Me ne ishin edhe tre
mësues. Në mos gaboj, mësuese Lili, mësuese Lumta, nuk e mbaj mend
mirë por më duket se ishte edhe mësues Estrefi. Punonim të gjithë njësoj,
por më shumë mbaj mend se punonin djemtë e klasës tonë, si Sandri,
Pandi, Iliri, Arti, Gjergji e shumë të tjerë që tani nuk më kujtohen. Por
edhe ne vajzat nuk mbeteshim pas, ndonëse pak delikate nga natyra.*

*Më kujtohet që pas punës, e cila ishte me të vërtetë shumë e lodhshme,
kishim edhe pak argëtim, që fillonte me stimulimin e atyre që kishin
punuar më shumë atë ditë duke u dhënë edhe stemën e aksionistit më të
dalluar apo diçka e tillë. Më pas vinte mbrëmja, që për të gjithë ne ishte
shumë argëtuese, edhe pse ishim të lodhur e të mbaruar. Nuk më kujtohen
incidente.*

*Dy gjëra nuk i harroj: shallin e aksionit që mbanim në qafë të gjithë
dhe një kapele prej kashte që bënte xhiro nga një kokë te tjetra. Besoj që
nuk ka fotografi nga ai aksion, ku kashtorja të mos shfaqet në kokën e
dikujt. Më duket se ishte kashtorja e Vali Dukës.*

ARBEN P.: Estrefi dhe Lumta nuk ishin në aksion. Përveç zyshë Lilit,
ishin zyshë Dola e, në mos gaboj, mësues Josifi. Mbaj mend kur u
kthyem nga aksioni, rrugës, para se të hynim në Kamëz, na ndodhi
një aksident që, për fat, përfundoi pa viktima. Floriri, shoferi ynë, u
mundua të parakalonte një makinë, por ndërkohë përballë ishte një zis
vinç, shoferi i të cilit bëri një manovrim të mrekullueshëm, duke kthyer
timonin djathtas dhe duke devijuar makinën e tij, e cila përfundoi në
kanal. Kështu shpëtuam mirë. Mendoni, nëse vinçi do të kishte hyrë te
ne në autobus... Autobusi pësoi vetëm disa dëme të lehta, që na u desh

t'i riparonim në Tiranë, ku pritëm nja 5 orë të mira. Kështu që mbërritëm në Ersekë rreth orës 1:00 të natës. Prindërit tanë, të shqetësuar pasi kishin marrë vesh për aksidentin, u çliruan më në fund. Vërtet ishte një aventurë, që për fat përfundoi mirë.

VJOLLCA BILALI OSMANI: Në aksion me ne ishte Asllani, jo Josifi.

GJERGJI QIRJAZI: Në atë aksion ka qenë 15 ditët e para Asllani dhe mësuese Doloreza. Unë e mbaj mirë se fatkeqësisht jam diskutuar në mbledhjen e organizatës së rinisë për shfaqje të huaja, pasi u kapa me një grup që pinte cigare në kafe-kioskën e aksionit gjatë kohës që të tjerët bënin pastrim territori. Isha me Sandri Pinen. Ka qenë mbase edhe Arti Sheko ose edhe dikush tjetër me ne, por mua dhe Sandrin na kapën në "flagrancë".

Mbaj mend që tek ajo kioskë shërbente një burrë i vjetër, tifoz i Holandës (atë muaj zhvillohej Kampionati Europian i Futbollit, qershor 1980), i cili përshkruante bukur treshen Krojf, Hulshov dhe Kajzer. Mbaj mend që thoshte: "Edhe një vajze të bukur në rrugë sot i thërrasin Krojf". Kaq tifoz ishte me Krojfin. Unë po tifoz i Holandës dhe e kam fiksuar.

Pesëmbëdhjetëditëshin e dytë erdhën mësuese Lili dhe mësues Gramozi. Ai aksion ka histori të papara për ne si brigadë. Jemi diskutuar shumë për dembelizëm dhe në fakt ia vlen të kujtohet.

Emrin e brigadës sonë nuk e mbaj mend, por më kujtohet që një brigadë me rini kooperativiste nga Dukagjini kishte emrin "Shaban Huti". Ata gjithmonë e thoshin me mburrje në korr: "Shaban Hut, Robin Hud!"

Në atë kohë shfaqej filmi "Robin Hud".

LILI: Dy javët e dyta kam qenë unë me Gramozin. Më kujtohet që për shkak të aksidentit u kthyem pas mesnatës. Ka qenë qershor i 1980-s.

VJOLLCA B.: Nga ai aksion më kanë mbetur në mendje, veç të tjerave, edhe gjymat e mëdhenj prej llamarine me të cilët pinim ujë. Më shumë lageshim sesa pinim.

VJOLLCA: Më kujtohet që ujin me gjyma e sillnin Hajdar Xhelali dhe Gjergji nga Cercka. Kishim vetëm dy gjyma të rëndë me grykë të gjerë. Më kujtohet që mezi i prisnim ata të dy të vinin nga çezma.

ARBEN P: Ai quhej Gjergji Tallo. Nuk jeton më, ndjesë pastë! Ishte më i shkurtri në klasë, por pas gjimnazit u zgjat shumë. Në atë aksion i dhanë masë disiplinore duke i hequr edhe shallin e aksionit, diçka e rëndë për kohën.

LILI: Gjergji ishte konviktor. Një ditë, për çapkënllëqet e tij, Tomja, kujdestarja e konviktit, kishte lajmëruar t'i vinte e ëma. Pas ca ditësh, mamaja e Gjergjit erdhi në takim. Nxitonte e shkreta se mos e linte urbani i linjës. Gjergji e mori dhe e çoi për të takuar Tomën, kuzhinieren e mensës së konviktit, të cilën ai e kishte parapërgatitur se ç'duhej të thoshte. Kur e mori vesh kujdestarja u dorëzua se nuk mund ta sillte përsëri në Ersekë mamanë e Gjergjit.

GJERGJI Q.: Po, Gjergji ishte vërtet i veçantë, ka shumë histori të tjera të bukura, veçanërisht në konvikt, me mësues Maqon dhe kujdestaren. Në këto "probleme" të vogla na përfshinte edhe ne të tjerëve. Luante futboll çdo ditë. Luante edhe natën nën ndriçimin e dritave të konviktit. Kishte shumë humor. Ishte i shkurtër dhe i imët. Në maturë qëndroi edhe një vit tjetër falë problemeve me sjelljen, se në fakt ishte inteligjent. Çuditërisht u zgjat si me magji pas gjimnazit. Nga rreth 160 cm kishte shkuar 180 cm, gjë që për mua ka qenë befasi kur e kam takuar në rastin e parë pas mbarimit të maturës. Për fat të keq, e pati jetën të shkurtër!

VALENTINA C-K: Më kujtohet që aksioni njëmujor fillonte në vit të tretë dhe të katërt. Klasa jonë i kreu të dy në Mollas në kohën e vjeljes së mollëve. Normal, duhej bërë se s'bën se ndryshe nuk na dilte 10 në lëndën e punës prodhuese. U shqyem nëpër plantacionet pa fund të Mollasit. Vetëm sot mund të kuptoj se sa kilometra në këmbë kemi bërë duke u ardhur vërdallë, sepse sot ato janë të zhveshura komplet. Se ç'patën dhe i prenë të gjitha!

Kujtoj me nostalgji udhëtimin Ersekë-Mollas dhe kthim. Këndonim të gjithë me dy zëra, pa lënë mënjanë këngë kolonjare, korçare apo shkodrane.

Kemi punuar edhe në Ersekë me zhvoshkjen e misrit. Kjo ishte më e lodhshme. Më kujtohet që ishte goxha ftohtë. Nuk e di, por ky aksioni i misrit asnjëherë nuk më ka pëlqyer. Te mollët edhe hanim ndonjë kokërr sa lagnim gojën. Mësuesit ndonjëherë na e shkulnin edhe veshin ne dembelëve, por përsëri aksionet mbeten aktivitete të bukura.

ROLANDI: Më kujtohet aksioni njëmujor që bëhej gjithmonë në vit të tretë. Matura një vit para nesh e kishte bërë aksionin në hekurudhën Laç-Shkodër, më duket dhe mbaj mend që kishin kaluar bukur. Ata na tregonin histori të ndryshme, përfshirë edhe aksidentin në kthim që, për fat, nuk pati të dëmtuar. Imagjinonim edhe ne (dhe ishim të bindur që do të shkonte edhe matura jonë atje) se si do t'ia kalonim. Bëhej fjalë ose në hekurudhë ose në Lukovë. Vetëm kur një ditë na komunikojnë se që nga ai vit, të gjitha aksionet njëmujore do të bëheshin brenda rrethit. Na thanë se aksionin do ta bënim në Mollas. Nuk e pritëm mirë këtë lajm. Por s'kishim ç'bënim. Në ditën e parë ishim mbledhur përpara shkollës si gjithnjë dhe në një komunikim mora vesh që më kishin caktuar komandant aksioni. Kështu ishte rregulli. E mbaj mend si tani që emrin tim e përmendi mësuese Dyzi. Me gjithë zhgënjimin që patëm, aksioni kaloi jo keq. Ishte shumë i larmishëm: niseshim në mëngjes; mëngjesin dhe drekën i hanim në mensën e Mollasit dhe e mbyllnim me mbrëmje muzikore.

DIANA: Më kujtohet që ne ishim të parët fare që u ndjemë të pafat, pasi nuk do ta bënim aksionin "gjëkundi" por… në Mollas. Hipur mbi kamionë, rruga kalonte me këngë, pluhur dhe të qeshura. Nuk para pyesnim shumë. Ne nuk mblidhnim mollë. I prashisnim dhe i hanim të pabëra. Mbaj mend që ishte qershor dhe ra shi veç një herë apo dy. Megjithatë, nuk kishte mëngjes që të mos shpresoja për "ditë me shi".

"Si është koha?"- thërrisja qysh pa gdhirë nga krevati. Ngaqë dielli ende s'kishte lindur, moti dukej i vrenjtur dhe unë shpresoja një ditë pushim për shkak të shiut. Po jo ore. Dëgjohej veç zëri i mamasë, që si për inat thoshte: "Koha është e mirë". Pastaj mërmëriste: "Dembelë Stambolli. Me shpresën e shiut do jetoni ju!"

Kështu, unë prisja edhe nja dy minuta në krevat sa të më ikte dëshpërimi që s'do të kishte shi dhe pastaj, vrap në këmbë dhe gati për ditën e re. Koha ishte vazhdimisht e mirë, por pikërisht kjo s'para na pëlqeu.

SOTIRAQI: Më kujtohet që mbarimi i maturës në fund të qershorit '76 dhe mbrëmja e fundit tradicionale na gjeti në humor të mirë edhe për faktin se do të qëndronim bashkë sërish siç nuk e kishim menduar. Atë korrik na çuan në Qafë të Kazanit në aksion për tri javë të dyja maturat që sapo kishin mbaruar. Qafa e Kazanit ishte kufi dhe aq. Pra, mbi Shtikë edhe nja dy orë të mira më këmbë për të arritur.

Shkuam dhe u sistemuam pranë disa ndërtesave e stallave të NBU-së, shkurtimi për fjalët Ndërmarrje Bujqësore Ushtarake. Kishte edhe pak personel ushtarak dhe civil. Na vunë për të fjetur në një dhomë të ngushtë me dysheme, poshtë së cilës ishte stalla e kuajve. Dyshekët me kashtë, radhitur e ngjitur me njëri-tjetrin, mbi dysheme, ishin vendosur gjatë gjithë perimetrit të dhomës. Mbi ne, jo shumë larg, ishte posta e kufirit dhe mbi postë ishte kloni me tela me gjemba, 3-4 metra i lartë dhe i pajisur me sistem alarmi. Vendi ishte një pllajë si grykë mbi 2000 metra lart dhe e rrethuar me pyll ahu. Vend shumë i bukur. Ushtarët, të sfilitur por edhe të izoluar, na pritën me qejf të madh. Neve po se po, por edhe ata të varfrit sikur u përtërinë kur panë çupat tona te dera. Ja ç'do të thotë të jesh femër! Nejse.

Të nesërmen në mëngjes shkuam të fillonim punën matanë klonit. Më kujtohet që te dera e klonit kalonim në kolonë dhe na numëronin tamam si delet, edhe kur dilnim, edhe kur ktheheshim. Matanë klonit ishte një pllajë e zhveshur ku ne prashisnim patate. Ndofta një kilometër më tutje ishte piramida e kufirit dhe pastaj fillonte toka greke. Binte në sy vendi përqark, tepër i fortifikuar me bunkerë, madje edhe bunkerë të mëdhenj artilerie. Relievi ishte i butë dhe mund të kalonte jo vetëm tanku, por ndoshta edhe makina. Ushtarët e kufirit hiqnin shumë në atë vend nga alarmet e rreme të shkaktuara nga kafshët e egra që preknin telat gati çdo natë. Thuhej se kishte mjaft arinj, sorkadhe e ujqër. Duke qenë kufi, neve nuk na lejohej të largoheshim sadopak për të soditur ambientin përreth. Ishim të izoluar brenda vendqëndrimit. Përveç punës, argëtimi ynë atje përfshinte lojërat e futbollit, volejbollit, shah, damë dhe ato mbrëmjet e vallëzimit që sajuam. Këto të fundit ishin ilaç i vërtetë. Edhe pse të njëjtat fytyra çdo ditë, madje të veshur mizerabël, mbrëmjet e vallëzimit ishin lumturi e madhe. Çdo natë vinte aty një ushtar i vetëm me fizarmonikë nga një postë fqinje, duke na lumturuar ne dhe ata pak ushtarë që vinin e kërcenin me vajzat tona.

Ambienti ku flinim ishte një mynxyrë, jo vetëm se ishte i vogël por edhe se ishte plot me minj, që livadhisnin para syve pa pikën e frikës. Një shokut tonë nga Psarri, tek luante shah me mua mbi dyshek, i hyri miu nëpër brekë. Vinte edhe një erë bajge nga stalla poshtë nesh. Natën pastaj, shtoju këtyre edhe nja 25 prapanica që nxirrnin gazra pa teklif dhe imagjinoni çfarë squfuri bëhej. Megjithatë qëndruam stoikë.

Nata kishte edhe bukuri të tjera. I pagjumi duhanxhi Agim Agolli ngrihej gati çdo natë dhe pasi flinin të gjithë, me marifet i vidhte cigare Gjergjit të Behares, duke i hapur dhe mbyllur prapë paketat e tij, që më duket se ishin të markës "Ardian". Ky nuk e vinte re kurrë që çdo paketë i dilte me cigare mangët. Por një ditë, me dyshim dhe krejt pa kënaqësi, konstatoi: "I bëfsha t'ëmën, tërë paketat e mia kanë rastisur me cigare mangët...!"

Gjergjin e kish sajdisur shtëpia. Ai kishte sjellë me vete një çantë me paketa, kështu që një apo dy cigare për shoqërinë nuk ishte ndonjë problem.

MANI: Nga ky aksion mbaj mend retë e bardha që mbulonin pllajën që shtrihej para nesh, që tani i krahasoj me retë e bardha që shikojmë nga aeroplani, aq lart ishim.

Kisha harruar çdo gjë tjetër, por ti e përshkruan aq bukur sa m'u duk sikur kam qenë atje këtë vit, jo 38 vite më parë.

DIANA: Mbaj mend se edhe ne shkonim për të punuar brezin e butë. Kjo më sjell edhe një kujtim të largët që lidhet me Isufin, një shokun tim të klasës që thuhej se e kishte babanë të arratisur. Shkonim të punonim brezin e butë në Sarandapor të Leskovikut. Udhëtonim me disa kamionë të mëdhenj (ushtarakë?) të mbuluar, nga Erseka, në Borovë, Barmash, pastaj nëpër Gërmenj, Shelegur dhe Leskovik e matanë. Ishte prill. Dëbora ishte shkrirë dhe moti kishte filluar të ngrohej, por ishte ende freskët, sidomos pasditeve. Ishim veshur trashë, ishim ngarkuar me ushqime dhe sigurisht gëzonim që do të kalonim kohë së bashku.

Brezi i butë ishte ajo toka e punuar imët në të dyja anët e një muri të lartë të përbërë nga disa paralele vertikale telash me gjemba që quhej klon. Nuk mendoj se kisha pasur rast të shihja njerëz andej rrotull veç ca kufitarëve shumë të rinj në moshë, që rrinin të heshtur në largësi nga ne. Në përgjithësi ndaheshim sipas klasave dhe punonim me normë pjesën që na takonte. Përpara se të fillonim, ndonjëri nga oficerët e kufirit na shpjegonte se çfarë ishte brezi i butë, pse ishte, se si përcillej nga korrenti elektrik. Kishte një lloj kontradikte të pakëndshme midis asaj natyre shumë të bukur me mollët, kumbullat, dhe dardhët e porsaçelura e plot aromë dhe asaj heshtjeje të thellë rreth e rrotull.

Më kujtohet që në atë kohë Isufi ishte një djalë disi i shkurtër, ezmer dhe me sy të mëdhenj të zinj. Atë ditë më thirren mua, si kujdestare e klasës, dhe më shpjeguan nën zë historinë e Isufit dhe më porositën ta mbaja "në sy". Epo, normale, duhej të ruanim atdheun nga armiqtë, por nga Isufi? E kishte babanë të arratisur (I ati i atij s'ka bërë asgjë, thjesht u tremb dhe iku, më pati thënë mamaja një herë. "Grua, shiko punën tënde, ku e di ti?"- vazhdonte biseda. "E di i gjithë fshati"... "Po ti nuk jeton në Gjonç". Epo, mamaja kishte sinjalistikën e vet.) U ndamë në grupe. Isufin e mora në grupin tim. E ndjeva që më vështroi me ngulm kur bëra ndarjen. Isufi dhe Elmazija (ndjesë pastë, e mira Xiko!) punonin më shumë nga të tërë. Kur u ulëm të hanim bukë, në një moment se si mbeta mënjanë me Isufin. "Ti më ruan mua se mos… arratisem?" - më tha ai ngadalë. Çfarë t'i thosha? "E ku do të shkoje?" - e pyeta sikur t'i thosha: A nuk e sheh që s'ke ku shkon?! Ai ngriti supet. "Unë nuk dua të shkoj gjëkundi", - tha. "Po të doja, Gjonçi ka njëmijë rrugë për t'u hedhur *matanë* (duke nënkuptuar Greqinë), pse duhej të lodhesha deri këtu?" "Ti u mërzite që të caktova në grupin tim?" - ndryshova bisedën unë. "Po. Nuk kam çfarë të bëj me ju. Dua të shkoj me shokët",- tha ai. Ngrita supet. "Si të duash",- ia ktheva. Krejt papandehur, Isufi u ngrit dhe u largua. Mjaftuan disa sekonda që të mos e shihja më dhe nuk doja ta shihja. Isufi thjesht nuk mund të ishte...armik.

SOTIRAQI: Në shtator 1976, ne djemtë e asaj mature u gjendëm stazhierë dhe filluam punën në NSHN- Ndërmarrja Shtetërore e Ndërtimeve. Shoqet tona ndërkohë kishin ikur në universitet (ato që patën fatin). Si fillim, një grup prej 5-6 vetash, midis të cilëve Jani, Gjergji, unë dhe disa të tjerë, punonim afër centralit të Rehovës, ku hapnim një kanal të madh ku do të shtriheshin tubat e një linje vaditëse. Kalonim shumë mirë, bënim normën, shkonim te centrali ku luanim edhe ndonjë dorë letra e domino me karizmatikun Rako Prifti dhe kënaqësia më e madhe ishte se shkonim e laheshim te depoja e grykës gati çdo pasdite. Koha ishte e ngrohtë, por uji i depos si gjithmonë ishte brisk i ftohtë, gjë që nuk na trembte, sidoqoftë. Më pas zbrisnim tatëpjetë, kalonim fshatin mes përmes e ktheheshim në shtëpi. Kjo punë zgjati rreth një muaj.

Në një ditë të tillë, te muzeu i Rehovës, që ishte në Kishën e Shëngjergjit, mu në mes të fshatit, takova Skënder Luarasin me të shoqen ruse si dhe me djalin e tyre, Petron, me pantallona të shkurtra. Dija plot nga bëmat dhe historitë që më kishin treguar për të, por atje e pashë për herë të parë. Iu afrova pak me ndrojtje dhe iu prezantova. Ai më tregoi se njihte shumë nga të mitë, përfshi edhe gjyshin tim, Sotir Priftin, i njohur që në kohën e Zogut dhe më pas në Amerikë, si anëtar i "Vatrës".

Fati e solli që këtë njeri ta takoja edhe disa herë të tjera, kur shkova pas një viti student në Tiranë. Dhe ja se si. Një kushëriri i parë i tim eti, ku unë shkoja herë pas here, banonte dera-derës me Dhimitër Luarasin, djalin tjetër të Petro Ninit. Ishin përballë Ambasadës Jugosllave në të njëjtin pallat. Dhimitri kishte grua Thomaidhën, motrën e Vangjel Simeonit – burrit të Files, hallës sime. Pra, binim, si të thuash, edhe krushq. Pikërisht atje rastisa 3-4 herë Skënder Luarasin. Kam dëgjuar plot histori të tij duke e parë i fiksuar dhe i dashuruar në kulm pas çdo historie që dëgjoja. Shumë pasionant, tregonte sikur recitonte duke futur në ligjëratat e tij mjaft batuta në disa gjuhë, si në frëngjisht, anglisht, gjermanisht apo spanjisht, që më pas na i përkthente po vetë. Më ka treguar se kur ishte i burgosur nga gjermanët në një qytet në jug të Francës, pas luftës civile të Spanjës ku ai mori pjesë, ata i kishin bërë një favor dhe e trajtonin veçan nga të tjerët meqë fliste gjermanisht pasi kishte studiuar në Vjenë. Po çfarë pune bënte atje? Me një kovë me ujë dhe një fshesë, ai pastronte gjakun nga muret e burgut dhe sheshi, ku kryheshin ekzekutimet gjatë natës. Dhe këtë e bënte çdo mëngjes, i mësuar tashmë me atë punë mynxyrë.

Bashkë me Skënderin, një herë të vetme, në atë shtëpi, kam takuar edhe prof. Alfred Uçin, nipin e tij (djali i së motrës). Jeta e Skënder Luarasit ka qenë e jashtëzakonshme, siç qe edhe ai vetë, me plot ulje-ngritje. Martuar me motrën e Migjenit, me të cilën pati tri vajza, më pas me pedagogen ruse të anglishtes, me të cilën pati djalin e vetëm, Petron. Skënderi ishte një rebel i vërtetë, që nuk e uli kokën asnjëherë. Ai mbeti kundërshtar i hapur i regjimit. Enver Hoxha nuk mundi dot ta burgoste, por e denigroi, e shpërfilli aq sa mundi. Skënderi ka qenë deputeti i parë i Kolonjës së pasçlirimit. Kur isha në Tiranë, në janar 1982, për konsultime për temën e diplomës, pashë me sytë e mi njoftimin ordiner për vdekjen e tij, vendosur te dera e hekurt e Lidhjes së Shkrimtarëve.

VANGJELI: Skënder Luarasi ka qenë luftëtar në Spanjë. Ai ishte mësues dhe përkthyes i zoti, erudit i madh e mbi të gjitha rebel i çartur. Dikur i thanë: "Skënder, qengji i urtë pi dy nëna". Dhe ai, krenar siç ishte, u përgjigj: "Pi, pi dy nëna, por i pi në gjunjë, që i bëhen copë dhe ai e di se çfarë heq".

SOTIRAQI: Çfarë të tregosh më parë nga bëmat ë tij. Në një mbledhje të Lidhjes së Shkrimtarëve, ku po e kritikonin, njëri nga drejtuesit i tha Skënderit: "Jazëk të qoftë, Skënder Luarasi!". Ai iu përgjigj: "Ti, zotëri, edhe një fjalë që ma the, ma the turqisht, se e ke baba sulltanin në bark".

Gjyshi i Lilit

LILI: Më kujtohet, pa e ekzagjeruar, pothuajse çdo ditë gjyshi im, xha Mitrja. Me unazat, vëthët, orët, grepat për të bërë dantellat apo shtizat, kyçet, çelësat, mullinjtë e kafes apo orët e tavolinave e të murit, gjyshi i ka shërbyer, në një lloj mënyre, jo vetëm qytetit por gjithë Kolonjës.

Mitre Arrëza lindi në fshatin Arrëz të rrethit të Kolonjës në vitin 1895. Fëmijërinë e kaloi pranë të atit, Janaqit, i cili kish trashëguar profesionin e orëndreqësit nga i ati i tij, Stefani. U vendos në Ersekë pas kthimit nga kurbeti në Amerikë. Nga tregimet e tezeve të mia (unë jam vajza e vogël e vajzës së madhe të gjysh Mitres, Angjelinës) katragjysh Stefani ka qenë aq i shquar si sahatçi saqë e thërriste edhe vetë Ali Pashë Tepelena. Edhe vdekja e tij ka qenë aksidentale pikërisht në sarajet e Ali Pashë Tepelenës.

Më kujtohet që gjyshi Mitre thoshte se në shkollën fillore, të cilën e kishte bërë në Leskovik, kishte mësuar në gjuhën greke. Njëherë, tregonte ai, kishte marrë në shkollë një abetare të gjuhës shqipe, të cilën ia kishte gjetur i ati. Ja që e mori vesh dhaskali dhe menjëherë vete në klasë bashkë me drejtorin e shkollës. "Nxirri librat mbi bankë!" - ishte urdhri. Pasi nxora çantën, tregonte gjyshi, më thanë të nxirrja librat një nga një. Doli edhe abetarja, - tha gjyshi duke vazhduar historinë:

"Ç'e do këtë libër ti?"- më tha mësuesi dhe bëri gati purtekën e thanës. "Të mësoj gjuhën e nënës",- i thashë me një zë që s'e di si më doli. "Pse këtu ç'gjuhë po mëson ti?"

"Po, zoti mësues, këtu po mësoj gjuhën e babait". Drejtori me dhaskalin panë njëri-tjetrin në sy, unë nuk e mora vesh se pse nuk e hëngra purtekën e thanës, por porosinë për të mos e marrë librin me vete e pata parasysh, sepse herën e dytë nuk i dihej.

Më kujtohet që para gjyshit duhet të mendoheshe mirë jo vetëm si të rrije e të silleshe, por edhe si të artikuloje fjalinë dhe përdorje fjalën që duhej. Vetëm ne e dinim se ç'na priste sikur të na dilte pa dashur fjala "ç'ne", pa le të thoshe "budallaqe" për dikë. Qysh atëherë unë instinktivisht i kaloj fjalët njëherë nëpër filtrin tim personal.

Më kujtohet që njëherë po qëndisja dhe gjyshi po më vërente, sepse më ishte pleksur fija e perit. Ai m'u afrua dhe më tha: "Lili, hajde këtu! Më jep peun (perin)". Dhe pasi e mori, më mati me fijen gjatësinë nga maja e dorës deri te supi dhe më tha: "Asnjëherë fija e peut nuk bëhet më e gjatë se kjo gjatësi për ty. Shko qëndis rehat tani se s'të plekset më".

Gjyshi dinte shtatë gjuhë të huaja të mësuara më shumë si autodidakt; lexonte e përkthente nga anglishtja, italishtja, gjermanishtja, greqishtja e re dhe e vjetër, si dhe komunikonte shumë mirë në rumanisht, turqisht, arabisht. Në vitin 1965, kur unë shkova në klasën e pestë, bashkë me vëllanë - Paskalin dhe motrën - Violetën, pas punës së tij gjyshi "çlodhej" duke na mësuar ne të treve gjuhën angleze, me një libër të shkëlqyer me 46 leksione dhe 10 suplementare: "Essential For Foreigner", libër që e kishte sjellë nga Amerika. Në këmbim, gjyshi, 70- vjeçar në atë kohë, filloi të mësonte nga unë gjuhën ruse që unë e mësoja në shkollë.

Më kujtohet që në shtëpinë e gjyshit, ku ai kishte edhe dyqanin, ka pasur gjëra dhe orendi nga më të çuditshmet për ne të vegjlit. Si për shembull, një laborator fotografik, një servis enësh fajancë italiane, që përdorej në raste speciale, të vendosura në një çantë të madhe prej lëkure të posaçme, gjë që na çudiste ne fëmijëve, një makineri që bënte forma makaronash, një centrifugë për nxjerrjen e gjalpit, disa enë kristali me gdhendje shumë të bukura, gramafona dhe një seri pllakash gramafoni (disqe) me këngë të Tefta Tashkos, valse të Shtrausit, muzikë filmash... madje më kujtohet një ditë kishim vënë gramafonin dhe gjyshi që punonte na dëgjoi dhe erdhi e na tha: "Dëgjojini këto këngë se janë të bukura, por si zërin e Hafize Leskovikut s'besoj se do dëgjoni. Edhe Teftës i tringëllin zëri, por ju do mburreni me Vaçe Zelën". Ne pamë njëri-tjetrin në sy të çuditur, sepse na dukej se gjyshi nuk e kishte vënë re që kishte filluar të ndriçonte ylli i Vaçes, por vetëm atij s'i shpëtonte gjë. Ndonjëherë ulej e më pyeste:

-Lili, sa bëjnë një edhe një?

-Dy, o gjyshi.

-Po si bëjnë dy moj bijë, afrohu dhe shiko ç'do shkruaj. Gjyshi mori një letër dhe shkroi dy 1, njëri pas tjetrit, pra 11 dhe më tha:

-Sa janë këtu?

-11 (njëmbëdhjetë), – mërmërita më shumë.

- E sheh që duhet të mendohesh mirë për të thënë të vërtetën? Jo gjithnjë ajo që duket më e lehtë është e vërteta. Ki parasysh edhe një gjë tjetër, - vazhdoi gjyshi duke më dhënë, ndoshta, një nga këshillat më të veçanta,- kur di një sekret, e di vetëm ti dhe ti je një, kur ia thua tjetrit, sa bëhen? A është më sekret? Kur s'ta mbajti zemra ty, a mund të ta ruajnë të tjerët? Ç'përgjigje donin këto tri pyetje?

Dashuria e tij për librin ka qenë e jashtëzakonshme. Librat i mbante në të majtë të tavolinës së punës. Nuk hiqte që aty dy vademekum dhe "diksionerët" e tij të dashur, "që s'të lënë kurrë në baltë", thoshte ai për fjalorët. Gjyshi lexonte veçanërisht libra mjekësorë dhe gjithçka nxirrte prej tyre i zbatonte duke vënë në provë veten e tij. Ai zbatonte ndaj vetes një regjim spartan. Çdo mëngjes bënte banjë me ujë të ftohtë e pastaj, pavarësisht nga moti, dilte shëtitje. Meqë gjithë puna e tij lidhej veçanërisht me përdorimin e monoklit, kujdesi ndaj syve ishte parësor. Kujtoj që në një lugë supe me qumësht ai hidhte me pikatore pika jodi dhe i pinte. Arsyeja ishte se krahina jonë malore kishte mungesë jodi dhe jodi kishte edhe efekt dezinfektues. Ai gjithashtu përdorte halat e pishave të thara në hije për t'i tymosur si efekt kurativ për të pastruar vështrimin. Ndërkaq, mënyra e të ushqyerit të tij mbeti e çuditshme. Gjyshi hante mëngjes në orën 8:00, gjysmë fete bukë gruri e thekur, një filxhan qumësht. Në orën 10:00 hante një mollë. Në orën 12:00 dreka ishte gati në tavolinë: supë (barishtesh ose orizi) ose sallatë e stinës, gjella e drekës (copa e mishit e zier, por jo e madhe), një gjysmë gote verë të bardhë dhe fruta. Në orën 16:00, një kafe, që zakonisht e pinte me babanë tonë (Sotirin), që ishte edhe dhëndri i madh. Për darkë, në orën 18:00 hante gjysmë fete bukë të thekur, një lugë gjelle gjizë të freskët, një tufëz të vogël majdanoz (4-5 fije) dhe një kokërr mollë. Për të tjerët ushqimi në atë shtëpi ishte special, kurse këtë lloj diete gjyshi e përdorte duke thënë: "Ka vdekje, por ka edhe ngordhje". Dhe vërtet gjyshi vdiq më 15 prill 1978, nga pleqëria, në moshën 83-vjeçare.

Më kujtohet që gjyshi tregonte gjithmonë që pas çlirimit të vendit, ndër mbeturinat e luftës ishte edhe një tank gjerman. Ishin vitet e pasçlirimit, kur gjyshi Mitre arriti që pas shumë peripecish ta riparojë dhe ta vërë në punë këtë tank, me kërkesën e pushtetit të asaj kohe. Më vonë, pas riparimit, e çuan në qytetin e Kuçovës për ta përdorur motorin e tij si gjenerator. Dhe nami që xha Mitrja kishte rregulluar tankun e gjermanit pësoi një metamorfozë, sikur ky rregullim ishte bërë në kohën e luftës dhe jo pas saj. Natyrisht, komentet bëheshin sipas oreksit. Nga ajo kohë, pikërisht për këtë punë të nxjerrë nga duart e tij të arta, ai u dekorua me Urdhrin e Punës. Më kujtohet që dëshmia e atij dekorimi ishte e vendosur në murin përballë hyrjes së dyqanit, në një kornizë të thjeshtë, por që natyrisht kishte një domethënie kuptimplotë. Gjithsesi, gjyshi njihej nga të gjithë si usta Mitrja, një titull edhe më i lartë, i falur me dashuri nga njerëzit që ai u shërbeu.

Në një kënd të muzeut, në mur varet një orë e cila është punuar prej druri, përfshirë gjithë mekanizmat e saj.

-Po zemberekun, o gjyshi, si ia ke bërë kësaj ore, metalik?

-Jo, zembereku i saj është bërë nga lëkura e plepit.

PANDI DURO: *Unë kam pasur fatin e madh ta njoh nga afër dhe të kem kaluar disa momente që nuk ikin nga kujtesa. Nuk kam arritur akoma të takoj një njeri aq universal në dije dhe i thjeshtë në bisedë sa gjyshi Mitre! Në asnjë rast nuk të linte të dilje nga shtëpia pa të dhënë një frutë të stinës.*

Një kujtim i vogël që më ka mbetur në mendje është që sa herë shkoja te tezja, që ishte bashkëshortja e xhaxhi Kolit, djalit të vetëm të usta Mitres, mamaja më kujtonte që kur t'i takoja t'u puthja dorën, si gjyshit dhe nënë Zoicës, por ai asnjëherë nuk pranonte, por më ulte dhe më bënte pyetje të ndryshme nga të gjitha lëndët dhe unë habitesha dhe pyesja veten se si ka mundësi që i di të gjitha këto gjëra.

SOTIRAQI: *E kush nuk e ka njohur xha Mitren duarartë e gojëmbël! Nami i tij ishte i madh jo vetëm në Kolonjë. Ai ka ndrequr shpesh edhe aparaturat e stacionit meteorologjik të tim eti, veç të tjerash.*

VANGJELI: *Gjyshi Mitre duararti, por edhe mendjendrituri.*

PAQO: *Xha Mitre Arrëza ishte mik edhe i tim gjyshi.*

KIÇO: *Më kujtohet mirë xha Mitrja. Ai ishte vërtet një enciklopedi e gjallë, i mrekullueshëm dhe duarartë! Mbaj mend një ditë kur isha në shkollë aty në Ersekë dhe kisha diçka për të riparuar, në bisedë e sipër me të zura në gojë fjalën "konvikt". Sa e dëgjoi, ai la punën që kishte në dorë dhe hapi një libër që mbante aty pranë. Pasi e gjeti atë që kërkonte më tha: Në vend të fjalës "konvikt" duhet përdorur fjala "internat". Dhe ma shpjegoi me hollësi kuptimin e kësaj fjale edhe në gjuhë të tjera, që dukej se i njihte mirë. Mbeta në mëdyshje me fjalën "internat" se më ngatërrohej me fjalën internim (???), por më pas e kuptova se ajo fjalë që më rekomandoi xha Mitria ishte më e përshtatshmja.*

VASIL P: *Kur ishim pushim nga shkolla, vinim te xhamat e dyqanit të shuanim kuriozitetet për ato orë e vegla të shumta që ishin brenda. Thoshin që xha Mitren e thërrisnin edhe kur prishej ndonjë tank apo traktor. Edhe Kola ishte i veçantë. Unë nja dy orë në ditë, si beqar, si i martuar, i kaloja te dyqani i Kolit, duke bërë muhabete e duke admiruar zanatin e tij.*

Kujtime dhe...kujtime

VASIL P.: Më ka ngelur në mendje një ngjarje e vjetër, por shumë domethënëse. Isha shok shkolle me Jorgji Qiriakon. E vazhduam shoqërinë edhe në Universitetin e Tiranës, ku ai ishte në Akademinë e Arteve dhe unë në Fakultetin Ekonomik. Godinat i kishim afër dhe hanim në të njëjtën mensë e gati në të njëjtin orar. Në jetë, puna e solli që ai të ishte në muzeun e rrethit, me drejtor Vangjelin, që ne e thërrisnim Gelua i muzeut. Me Gelon kishim respekt të dyanshëm për njëri-tjetrin. Unë shkoja shpesh në muze, por me vajtjen e Jorgjit me punë atje, shkoja me më shumë dëshirë. Ndër të tjera planifikonim bashkë edhe udhëtime shërbimi për në Korçë apo në Tiranë.

Në një rast, po ktheheshim me shofer Lazen nga Tirana. Me mua ishte Gelua dhe Jorgji. Rruga ishte e gjatë dhe e lodhshme kështu që ndalonim në kafene të ndryshme për kafe apo edhe ndonjë teke raki apo konjak, që ndonjëherë bëheshin edhe dopio. Kështu erdhëm deri në Veliternë të Pogradecit. Kuptuam se një shofer me "Saurel" nga Erseka, kishte goditur një fëmijë, i cili kishte rënë pa ndjenja në asfalt. Pranë tij ishin mbledhur fshatarë dhe familjarë e po qanin e ulërinin për fatkeqësinë. Polikroni, inspektori rrugor po jepte e merrte me familjarët e shoferin, kurse fëmija rrinte i zalisur mënjanë. Jorgji, pa i thënë askush, hapi derën e pasme të makinës, mori djalin 8-10 vjeçar në krahë dhe me shpejtësi e futi brenda. Hipi edhe mamaja e djalit, e cila mbaj mend se as këpucë e sandale nuk kishte veshur nga shpejtësia. Ndërsa ajo qante e thërriste me të drejtë për djalin që kishte humbur ndjenjat, Lazja u nis. Imagjinoni se me çfarë shpejtësie mund të ecej me atë makinë të vjetër dhe sa kohë na duhej për të arritur në spitalin e Korçës, që ishte mbi 25 km larg e terren jo i mirë.

Jorgji e uli me zor mamanë e djalit në fund të sediljes, i dha edhe një dackë që të mblidhte veten dhe, i ndihmuar nga Gelua, futi me shumë zor gishtat në gojën djalit e i nxori me shumë vështirësi gjuhën që i kishte shkuar poshtë. Meqë djali nuk përmendej, ai vazhdoi me ushtrime për nxitjen e frymëmarrjes e së fundi filloi t'i bëjë frymëmarrje me gojën e tij. Kështu me ankth e me siklet të padiskutueshëm, Jorgji më në fund e detyroi trupin e fëmijës të merrte një herë frymë thellë, pastaj të lëshonte zërin e parë. Kaq duhej se pastaj Jorgji vazhdoi po me intensitet frymëmarrjen. Në Pirg, fëmija filloi të qajë. U gëzuam të gjithë. Pasi arritëm në spital, pritëm edhe disa orë derisa morëm vesh që çdo gjë ishte në rregull. U bëmë miq me familjen e djalit. Takoheshim me ta sa herë shkonim asaj rruge.

JORIDA: *Përveçse është shumë i qetë në situata alarmante babi ka edhe memorie absolute (të dyja cilësi këto që unë fatkeqësisht nuk i kam trashëguar) prandaj do t'i tregoj për shkrimin tënd xhaxhi Vasil dhe do t'i kërkoj të më shkruajë ca kujtime të hershme nga jeta në Ersekë.*

LILI: Më kujtohet kur të kishe radio ishte një lloj luksi. Ne nuk kishim radio në atë kohë. Banonim aty ku më vonë u ndërtua Komiteti i Partisë. Nga reparti ushtarak më duket ishte lidhur një megafon në mes të qytetit, në një shtyllë diku afër klubit të madh, që transmetonte Radio Tiranën. Pasi hanim darkë, dilnim të gjithë përpara derës së shtëpisë dhe dëgjonim tingujt që shpërndaheshin nga megafoni i qytetit. Kështu bënin të gjithë; dilnin dëgjonin nëpër sokakë, nga dritaret apo thjesht në shesh të qytetit. Radion, të cilën tani e mban si relikte im vëlla Paskali, me sa më kujtohet duhet ta kemi blerë në fund të viteve '50. Nga ajo radio kam dëgjuar emisionin "Muzikë e zgjedhur" që jepej ato vite nga Radio Tirana. Çuditërisht, muzikën italiane e dëgjonim nga Radio Praga, që transmetonte për emigrantët çdo ditë nga ora 13:00-14:00 dhe të shtunën e të dielën nga ora 13:00-16:00.

Më kujtohen dimrat e ftohtë dhe dëbora që binte pa pushim dhe më kujtohet gjyshi, që ndërsa shihte nga xhamat e dyqanit shpesh thoshte: "Edhe vjet, kështu si këtë vit, dëbora "bëri sefte" në fund të nëntorit…" Më pas qyteti bëhej gati për të pritur Vitin e Ri.

Më kujtohet që qyteti ynë i ndiqte aktivitetet artistike apo sportive në mënyrë masive dhe krejt të natyrshme. Kur kam qenë në fillore dhe kinemaja e re akoma s'ishte përfunduar, dëgjuam që duhej një sallë e madhe për një grup folklorik që vinte nga Armenia. Salla u gjet në kazermat e repartit ushtarak. Shkuam pothuajse të gjithë. Më kujtohet kënga "Vjelja e rrushit" nën interpretimin e tyre, së cilës unë i mbaj mend edhe melodinë, por nuk kam mundur ta gjej në Youtube, megjithëse e kam kërkuar së tepërmi.

Më kujtohet fusha e sportit përpara shkollës, ku zhvilloheshin ndeshjet e kategorisë së dytë, ku ishte edhe ekipi i Gramozit. Në vitet '64-'65 mbaj mend që ne ishim familjarisht në stadium, sepse, për fat, luante me ekipin edhe një kushëri nga Tirana. Luajtëm me Korabin e Peshkopisë dhe fituam 3 me 2. Tifoz i pashoq ka qenë Koço Simo. Meqë punonte në postë, ai kujdesej të niste telegramet e fitores në Tiranë. Kurse gratë më tifoze kanë qenë teta Vangjelia, që shiste bukë dhe teta Katina, një ndër kamjerieret më të zonja në Ersekë.

Më kujtohet që në klasën e katërt kemi dhënë provime. Ishte viti i fundit i vlerësimit me nota nga 1 deri në 5, kurse vitin tjetër shkollor (1965-1966) u vendos vlerësimi nga 1 deri në 10. Sidoqoftë, përdoreshin vetëm notat nga 4 në 10 ku katra ishte notë pakaluese.

TAQO: Atë grupin nga B.S. e kujtoj te reparti ushtarak. Te dera e vogël e portës nuk na linin por ishte fat që aty hyri Nasho Dine, kryetari i komitetit e që tha: "Lërini këta nxënësit!" Grupi ishte i suksesshëm, me veshje shumë të bukura. Kënduan edhe nga tanët.

SOKOL D.: Më kujtohet që devollinjtë ishin njerëz shumë punëtorë. U punësuan shumica në NSHN, ku me punën e tyre të palodhur bënë gjithë ato pallate në Ersekë. Një ndihmë të madhe dhanë kur u hap kanali i ujit të Vodicës; që të mos ishin ata zor se mund të realizohej sepse u hap vetëm me forcën e krahut. Kur vinim në Ersekë për të marrë bukë, se neve në fshat kishim bukë misri dhe, siç dihet, buka jepej me listë edhe për qytetarët, ne të fshatit Psarr u bëmë problem i madh se nga e keqja prezantoheshim si të ardhur nga Devolli. Një hile nuk zgjati shumë, kuptohet.

VANGJELI: Më kujtohet që filmin e parë shqiptar "Tana" e kam parë në fshat, duke paguar biletën me një kokërr vezë.

Më kujtohet festa e 8 marsit në ish-kinemanë ë qytetit. Ishim të vegjël dhe me shajet e pionierit në qafë. Komandanti i çetës, Jorgji Qiriako, ligjëronte: "Ne pionierët e shkollës "Petro Nini Luarasi" ju sjellim juve, të dashura nëna, me rastin e 8 marsit, përshëndetje të zjarrta pionieri!" Salla jehonte nga zërat tanë entuziastë dhe zemrat tona të vogla fërgëllonin nga emocionet. Shumë herë kam parë sy të përlotur në atë sallë.

KIÇO: Më kujtohet kur punoja në zyrën e urbanistikës dhe projektimit. Një ditë na njoftuan për një mbledhje me sekretarin e parë. Në mbledhje na u komunikua një vendim i plenumit të Komitetit të Partisë që kish miratuar tërheqjen e fuqisë punëtore nga rrethi i Korçës (zona e Devollit) për të plotësuar me fuqi punëtore minierën e qymyrgurit në Bezhan dhe ndërmarrjen bujqësore në Mollas. Sipas atij vendimi planifikohej që këto familje do të strehoheshin në qendrën e fermës në Mollas, me qëllim që burrat të punonin në minierë ndërsa gratë në fermë. Zyrës sonë i ishte caktuar detyra për studimin urbanistik dhe përcaktimin e shesh-eve të ndërtimit të banesave dhe objekteve të tjera të shërbimit. Detyra ishte voluminoze dhe afati i realizimit shumë i shkurtër. Shkuam në Mollas dhe konstatuam se problemet do të ishin të gjithanshme, pasi aty mungonte gjithçka. Vërtet nuk kishte objekte për t'u prishur, gjë që e lehtësonte problemin, por aty nuk kishte ujësjellës, rrjet elektrik, kanalizime, rrjet shërbimesh komunale, dyqane, rrugë të brendshme etj. Dolëm në konkluzionin që do të ishte më mirë që ato ndërtime të bëheshin në Ersekë, ku edhe kishte infrastrukturë. Pavarësisht bindjeve tona, filluam të punonim për studimin e kërkuar, sepse nuk bëhej shaka të mos realizoje detyrën e ngarkuar. Një mëngjes, kur sapo kishim shkuar në zyrë, ra telefoni dhe më thanë që më kërkonte urgjent në takim sekretari i parë. Shkova jo pa shqetësim. "Deri ku ka vajtur puna për studimin urbanistik të Mollasit?" -pyeti ai duke u futur drejt e në temë. Unë guxova t'i kujtoja se ndërtimet në Mollas nuk ishin ekonomike. Nuk kisha mbaruar akoma fjalën kur ai, me ton jo të zakonshëm, më tha: "Akoma ti me këto mendime je? A e di se ku je këtu dhe me kë po flet? E di se me këto mendime po del kundër vendimeve të plenumit të partisë së rrethit?" Në atë moment e kuptova se të këmbëngulje nuk do të ishte pa pasoja. Atëherë mora një vendim. "Kur e doni studimin, shoku sekretar?" - pyeta. "Nesër në këtë orë",- tha ai prerë. Dhe ashtu ndodhi.

DIANA: Më kujtohet që gjyshi im, Pandeliu, një plak i urtë i kthyer rishtazi nga kurbeti, që plot fjalë i shqiptonte me theks. Sa herë që pinte ujë, me një zë që i dilte nga shpirti, më thoshte: "Nuk ka ujë si ky i yni, në tërë botën nuk e gjen dot". Gjyshi dilte rrallë pasi ishte shumë plak. Më së shumti kur shkonte për t'u qethur te berberi ose bënte ndonjë shëtitje të vogël me mua deri te lulishtja, ku unë mblidhja guralecë dhe ai lexonte gazetën. Ndonjëherë ma lexonte edhe mua. Mbaj mend se herë pas here thoshte gjëra si: "More, po kjo qeveria jonë nuk shikon se çfarë bëhet në botë?" E kisha kuptuar edhe unë që fjalë të tilla ishin "me rrezik" dhe sa herë biseda fillonte kështu, bëhesha krejt e vëmendshme. "Çfarë ka ndodhur gjyshi?" Oh, sa i pëlqente gjyshit interesimi im! Kështu gjente, siç duket, një bashkëbisedues të mirë. Kur ishim të dy vetëm, biseda shkonte për lezet, por kur ishim në shtëpi, shpesh dëgjohej zëri me nota ankuese i babit: "Baba, këto biseda nuk bëhen me Dianën. Ajo është fëmijë". "Çfarë të keqe ka more bir? Nuk po them asgjë të ligë. Pastaj çupa kupton". "Ajo llafos me shoqet, xhuxhuxhu tërë ditën. Dëgjoje djalin",- i thoshte nëna. "Mirë, mirë",- pranonte gjyshi se nëna ishte plakë me autoritet. Pastaj ai kthehej nga unë: "Llafosemi nesër se ka shumë zhurmë". Në Amerikë, si shumë kurbetllinj të tjerë, gjyshi kishte qenë anëtar i "Vatrës". Prej tij mësova të recitoja vjershat për Skënderbeun apo disa këngë patriotike si, "Që me një të kollozhekut..." apo "O trima luftëtarë, o bijtë e Skënderbeut...". Mesa duket këto "lejoheshin" pasi gjyshit nuk ia "tërhiqte njeri veshin". Mbaj mend sa u habita kur lexova për herë të parë ca dokumente të "Vatrës" që gjyshi i kishte sjellë me vete nga Filadelfia kur vura re se "Vatra" theksonte që "nuk ishte organizatë politike". "Po me çfarë merreshit ju të "Vatrës" atëherë?"- thashë unë e zhgënjyer. Ai hoqi syzat, i fshiu ngadalë me shaminë e bardhë që mbante në xhep, i vuri sërish dhe më vështroi me vëmendje: "Çupë e gjyshit, mbaje mend nga gjyshi çfarë të mire bëri "Vatra": ajo na mbajti ne shqiptarëve bashkë, të mos harronim gjuhën, familjen, dhenë. "Vatra" na mbajti shqiptarë. Këtë mos e harro!"

AGIMI: Më kujtohet një vizitë që bëmë në Tiranë. Me atë sebep kisha ruajtur nja 500 lekë dhe u shqepa duke ngrënë bërxolla.

Më kujtohet edhe aksioni në Qafën e Kazanit. Një pllajë gati dymijë metra mbi nivelin e detit, poshtë së cilës shtriheshin pyje pa fund. Mbresa e parë ishin sytë e zgurdulluar të ushtarëve që i shikonin vajzat tona sikur do i hanin me gjithë lecka. Të shkretët ushtarë të izoluar nga e gjithë bota, me një dimër që zgjaste 6 muaj, larg jo vetëm qyteteve por edhe fshatrave, të rrethuar me ujqër dhe arinj. Mbërritja jonë, sidomos e vajzave, ishte për ta dhurata më e bukur që u bëhej. Qafa e Kazanit ishte në kufi me grekun, e rrethuar me tela me gjemba, katër metra të lartë e me sistem alarmi.

Më kujtohet që sa herë ndonjë kafshë prekte klonin, ushtarët e varfër suleshin në pikë të vrapit në vendin e ngjarjes dhe kjo ndodhte gati për ditë.

JORIDA: Më kujtohet që shumë shpesh dilja me gjyshin nga kaçkat. Si fëmijë i vështirë që isha për të ngrënë (Po si më ka hipur gjithë ky oreks tani?! - mendoj teksa përgatis "zemër" mbas darkës.) gjyshi shpresonte se do të më vinte oreksi mbas një ecjeje të gjatë në ajër të pastër dhe prapë përfundonte të më ushqente me vështirësi duke më treguar se si hante zogu, duke më treguar lule e pemë. Veçanërisht qejf kisha të dilnim nga kaçkat mbas shiut e të mblidhnim kërmij. I futnim në ujë të valuar dhe mbasi dilnin nga guaskat i skuqnim me gjalpë dhe hudhra. Sa fëmijë i çuditshëm! S'e fusja në gojë spinaqin, patëllxhanët, fasulet, po s'lija kërmill në këmbë. Tani që kopshti më mbushet plot me kërmij që më hanë sallatën, majdanozin, luleshtrydhet e çdo gjë tjetër që mbjell, e tmerroj gocën kur i them: T'i mbledhim t'i hamë?

ANILA: Mbaj mend një ditë vere, mami më thirri të vishesha se do të shkonim nga Pyllëzimi për festë. E gëzuar kërkova fustanin e thurur.

- Është pak i njomë, - më tha mami, - të solla të veshësh këtë tjetrin. Por, jo, - bërtisja unë, - o atë o nuk vij fare. Në fakt ai ishte një fustan kaq i bukur saqë pa e hiperbolizuar do të thosha se edhe sot nuk kam parë fustan aq të bukur në llojin e tij. Ngjyrë molle e kalbur cilësohet sot si ngjyrë, as rozë, as e kuqe, as lejla, por një ngatërrim i bukur i të gjithave. Ishte punuar me dorë me shumë mjeshtri. Kishte të qëndisura ca lule të vogla rokoko me shumë ngjyra që kombinoheshin mjeshtërisht edhe me njëra-tjetrën edhe me fustanin në mënyrë fantastike. Nuk e di çfarë bëri ime më që ta thante, por unë më në fund dhe me kokëfortësi ia arrita qëllimit.

Mbaj mend që atë ditë nga Pyllëzimi kishte shumë njerëz që rrinin ulur nëpër kuvertat e shtruara poshtë pishave. Pishat, ndoshta për shkak të trupit tim të vogël, më dukeshin atëherë shumë të larta dhe shumë të bukura. Nuk mbaj mend se si, por midis gjithë atij mileti të mbledhur e të gëzuar u gjend dhe një gomar. Edhe pse mamaja nuk donte, unë me kokëfortësi desha të hipja mbi një gomar dhe ia arrita qëllimit. Më kujtohet me atë rast një shishe uji që nuk e lëshoja për qamet nga dora, edhe pse nuk kisha mundësi për t'u mbajtur mirë. Kam përshtypjen që e mbaja si armë nëse më sulmonte gomari. Çfarë festonin njerëzit në atë kohë nga Pyllëzimi nuk më kujtohet.

KIÇO: Më kujtohet puna plot merak e Vangjelit për transformimin në muzeum të një godine në mes të qytetit, që kishte shërbyer më parë si hotel dhe restorant. Vangjeli u bë pothuajse punonjës i zyrës sonë të urbanistikës. U kujdes për të gjitha detajet: që nga maketi deri te stendat, vitrinat si dhe materialet që do vendoseshin atje. Me pasion ai i kushtonte kujdes çdo vije që hiqej në projekt.

Më kujtohet që më 31 maj të vitit 1980, nga ana e ish-zyrës së urbanistikës dhe projektimit u organizua sesioni shkencor me temë "Arti shqiptar i të ndërtuarit në rrethin e Kolonjës", që ishte njëkohësisht edhe i pari sesion shkencor i këtij lloji në rang vendi. Të gjitha materialet e këtij sesioni së bashku me një numër të madh fotografish dhe diapozitivash u arkivuan në muzeun e rrethit dhe besoj aty do të jenë me siguri akoma. U bë zakon që sa herë merrej vesh se do të prishej një godinë ekzistuese për të liruar sheshe ndërtimi, ajo fotografohej nga punonjësit e muzeumit. Besoj se në muze është e gjithë historia e qytetit të Ersekës e fiksuar në fotografi.

VANGJELI: Më kujtove të paharrueshmin Vangjel Qiriaqi me atë zërin e tij shumë të veçantë nga ne të tjerët, që kumbonte aq bukur atje në muzeumin ku ai dha kontributin e tij.

PASKAL VOGLI: Në vitin 1980 kam qenë përgjegjës sektori në Luaras në kooperativën bujqësore "Çlirim", së bashku me Pandi Priftin (i ndjeri!), përgjegjës sektori në Kaltanj, jetonim në një dhomë modeste të cilën e kishim ndërtuar vetë. Pavarësisht vështirësive të punës, gjenim kohën edhe për të bërë ndonjë gjuajtje lepujsh me leqe apo të zinim peshk në Osum.

Një natë rreth orës 21:00, kur ishte errur komplet, unë me Pandin morëm projektorin dhe vajtëm në anë të liqenit në qendër të "Çlirimit" për të zënë bretkosa. Kur lëshoje dritën e projektorit në ujë, bretkosat ziheshin kollaj. Kështu bënim: ndize projektorin, zër bretkosa, shuaje, lëviz më tej, ndize sërish… Kur pas rreth 20 minutash dëgjojmë: "Ndal! Mos lëviz!" Na zuri pak papandehur, por përsëri thamë mos ishte Pavllo Dimashi, i cili po na priste me tigan në dhomë. E shamë pak nën zë dhe i thamë të ikte të na priste në dhomë, siç e patëm lënë. Por zëri u përsërit më fort akoma. Kur drejtuam projektorin në atë drejtim, dalluam që na ishte drejtuar një automatik… Bela! Një instruktor i komitetit të partisë me koburen në dorë dhe polici i zonës që na drejtonte automatikun. "Pse juve qenkeni o? Thamë se ishin diversantë që herë shuanin e herë ndiznin dritën për të bërë sinjal. Kemi lajmëruar policinë". E lamë gjuetinë përgjysmë, çfarë të bënim. Me bretkosat që kishim zënë bëmë një darkë të vogël për të gjithë, të cilën e shoqëruam edhe me pak raki, domosdo.

SOTIRAQI: Pandi më mësoi edhe mua të ha për herë të parë kërriç gomari dhe breshka.

VASIL P.: Më kujtohet fillimi i punës time si ekonomist. Fillimisht më caktuan në ish- kooperativën bujqësore Barmash, por pas insistimit tim se diploma ime ishte në fushën e industrisë, më caktuan në ish-SMT-në e Ersekës. Drejtor ishte Nesti dhe kryeagronom ishte Romi. Me ndrojtje shkova në zyrën e tyre, por për çudinë time, Nesti u ngrit nga vendi e më uroi sikur të ishim njohur prej kohësh. Edhe Romi më uroi mirëseardhjen. Nesti thirri Xekon, shefin e llogarisë dhe i tha që unë do të punoja aty si shef plani. Xeko ishte një burrë i veçantë, shumë i urtë e i sjellshëm, por që dinte shumë, sidomos nga mbajtja e saktë dhe e plotë e llogarive e bilancit të ndërmarrjes. Fjala i zinte vend e aq më shumë pasqyrat që përgatiste flisnin vetë për çdo gjë me pastërtinë e saktësinë e tyre.

Mbaj mend mirë numrin 2 si e shkruante Xeko: Fillimisht vendoste majën e lapsit në vendin ku do shkruante, pastaj majën e rrotullonte rreth vetes së saj disa herë e pastaj formonte pjesët e tjera të numrit. Dilte një 2-sh që kishe qejf ta shihje.

Unë i ngulita mirë këto gjëra që pashë aty e që më shoqëruan gjatë gjithë jetës. Muajt e parë Romi dhe Xeko bënin edhe gjysmën e punës time, pa më thënë asnjë fjalë apo pa neglizhuar duke më lënë kohë që unë të ambientohesha me punën e pastaj me shifrat e SMT-së, që më vonë edhe unë i dija gati përmendësh, në çdo kohë që të pyetesha dhe i interpretoja sipas momentit që nevojitej. Pra ishte Xeko ai që më ndihmoi të zbatoja ato që kisha mësuar në shkollë, se në fillim më dukej sikur shkolla ishte shumë më ndryshe nga praktika e punës së përditshme. M'u desh shumë kohë e shumë punë që t'i harmonizoja sa më mirë këto gjëra.

Më kujtohen bisedat që bënim shpesh me Vangjush Liçon, ekonomist shumë i përgatitur, sidomos nga ana teorike. Ai e kishte zakon që shpesh të vinte në zyrën ku punoja dhe e dinte se ç'do të thoshte që të njihje e disponoje të gjitha shifrat e mundshme të ekonomisë së rrethit, si ato ekonomike edhe ato financiare. Diskutonim për disa prej tyre e ai më pyeste për ecurinë e disa shifrave që në vetvete për atë kohë ishin pjesë e zbatimit të ligjeve e kategorive ekonomike. Me rezerva i flisja për to pa treguar hollësi (se ato ishin " sekret") dhe ai nuk më vinte në pozitë në këtë drejtim me hollësira të tjera. Por ai e kuptonte se ku kishin arritur ato e ku të çonin në fund të fundit.

Vetëm me Vangjushin kemi diskutuar se kategoritë e ligjet e ekonomike të sistemit socialist nuk ishin në rregull e mbaj mend se thoshim në vitet '80 që çmimet e palëvizshme etj. nuk kishin kuptim për ecurinë e ekonomisë, pasi në vetvete këto kategori ekonomike, kishin mbaruar funksionin. Një ditë sa e preknim këtë temë, por Vangjushi nuk e linte me kaq, e thellonte mendimin në vetvete, bluante mendime të ndryshme e pas disa ditësh vinte përsëri e më takonte e vazhdonte bisedën atje ku e kishim lënë, por me ide të reja. Diskutonim për rendimentin shoqëror e për nivelin e ulët të mekanizimit, sidomos në bujqësi, në ndërtim, në minierë etj. Shpesh prodhimet me humbje që kishe rrethi nuk mund të gjenin shpjegim tjetër veçse me çmimet e palëvizshme. Nuk mund të pranosh djathë e bulmet me humbje, mish derri po me humbje, vezë me humbje, transport pasagjerësh me humbje e shumë të tjera. Artikuj të tillë le të krahasohen sot e duket se kanë "fitim shumë të madh". Ai arrinte të diskutonte edhe për ekonominë kombëtare, ku mendonte që ishte pa kuptim ajo që ndodhte, si ndërtimi i metalurgjikut, i uzinës të traktorëve apo autobusët e Shkodrës etj., ku dukej hapur se prodhimet e tyre nuk e lehtësonin ekonominë, por i shtonin më tej hallet e saj.

GJERGJI T.: Më kujtohet i ndjeri Ladi Gjergo. Në verën e 2007-s, për 30-vjetorin e maturës, u takuam si dikur, bëmë edhe mësimin e improvizuar, pimë atë ditë, por edhe të nesërmen. Pas një viti do të festonim 50- vjetorët. Ladi këmbëngulte që të festonim së bashku edhe 35-vjetorin e maturës pikërisht këtu në Ersekë. Ai erdhi nga Greqia shumë i gëzuar. Përgatiti dekorin e festës (parullat për "Matura `77"), i shkroi dhe i dekoroi vetë, në drekë e kërceu edhe vallen greke të rakisë… dhe asnjërit nga ne nuk do t'i shkonte ndër mend se Ladi Gjergo nuk do të vinte dot më në përvjetorët e tjerë, as te miqtë e tij. E përjetova shumë keq ikjen e parakohshme të njeriut, që vetëm të mira bëri në këtë botë. Nuk e di se si e shkrova atë sms ngushëllimi për djemtë në Greqi.

Ladi ishte shok e mik i mirë, njeri i iniciativës, i ndryshimeve të mëdha, ideator në profesionin e artistit si arkitekt, bashkëpunues me të gjithë, plan-ndreqës, punëtor, me prindër (këtë e theksoj) të shkëlqyer e motrat shembullore.

VANGJELI: Ladi ishte gurgdhendës i shkëlqyer si gjyshi i tij Mina Kita, valltari i bukur me veshjet folk, buzagaz, altruist, bashkëbisedues i këndshëm në tavolinë, njohës i mirë i rusishtes. Ishte po ashtu një shfletues i revistave të arkitekturës bashkëkohore.

GJERGJI T.: Gjysmëshekulli në Ersekë në pak fjalë; vite që më kalojnë në mendje: që nga kopshti pa drekë (prapa gjimnazit), ku gjetëm bashkëmoshatarët, me të cilët do të udhëtonim në fëmijëri, rini etj.; në shkollën fillore me mësuesen e parë (ndoshta Vangjeli Kanaj), më tej me mësuesen Vanka Kosho, pastaj tetëvjeçarja me pionierët (kishim kompani, pra nxënësit e një klase dhe çetë pionierësh me borizan, me udhëheqëse Filin e Sotir Tases. Funksiononte qendra e zërit në shkollë me altoparlantë. Bëheshin përshëndetje pionierësh në çdo konferencë, tablo të Vitit të Ri. Ishte grupi i akrobatëve me Çaçin, si edhe rrethet e muzikës me Koço Papajanin. Pastaj provimet e lirimit. Gjimnazin e nisëm te shkolla e vjetër, nga klasa X te shkolla e re me dy paralele dhe një bujqësore. Kishte klasa sportive, atletikë, rrethe matematike, letërsie etj. Gjimnazi, mjaft cilësor, radhitej në pesëshen më të mirë të gjimnazeve të kohës në vend, për rezultate që ruheshin edhe në fakultete. Zbatohej trekëndëshi revolucionar: mësim, punë, stërvitje ushtarake, pra aksione, zbore. Pastaj provimet e pjekurisë (maturës) dhe kurorëzimi: mbrëmja e maturës te salla e ish-Klubit të Oficerëve në vitin 1977 dhe më vonë stazhi në ish-N. Ndërtimit, studimet, emërimi, puna... deri 2010-n.

VASILI: Më kujtohet se Engjëll Dhrami ishte i zoti të na gjente mënyra për të kaluar kohën e lirë. Mbaj mend se të gjithë ata që ishin shitës në librari na i hiqnin mënjanë librat e rinj e unë edhe sot i ruaj të gjitha ato që kam nga ajo kohë. Kinemaja apo shfaqjet e ndryshme ishin pjesë e jona gjithmonë.

Pasdite, në kohë të mirë, sidomos në vjeshtë e në pranverë, qejfi ynë ishte që të rrinim te shkallët e komitetit ekzekutiv, ku bënim muhabet dhe rrinim e shikonim njerëzit që kalonin përgjatë rrugës. Erseka ishte e vogël dhe njiheshim me të gjithë.

Shpesh shkonim tek agjencia e autobusëve, ku shikonim se "kush vinte në qytet e kush shkonte". Këtë zakon e ndërpremë ditën e 27 dhjetorit kur tek agjencia morëm vesh për atë aksidentin e tmerrshëm të autobusit në Bulgarec, ku humbën jetën 3 persona.

Frekuentonim klubet e qytetit ku pinim ndonjë kafe. Unë pija një teke raki dhe Engjëlli kishte qejf një gotë ponç vere. Edhe te rosticeria rrinim për muhabet gjatë darkës, shikonim disa të pirë të përditshëm e kënaqeshim me historitë që ata tregonin e mënyrën si i tregonim. Drekën e darkën i hanim bashkë, 5-6 shokë që ishim në "dhomat e beqarëve". Duhet thënë se niveli i gatimit e shërbimit si në restorant, si në Shtëpinë e Oficerëve, si në Klubin e Madh, ishin shumë të mira.

Me Gavrilin rrija çdo ditë. Pastaj, sipas rastit, shkonim te dyqani i mobilieve ose te Koli orëndreqësi, kur pritnim të kalonte koha deri sa të fillonte puna, në orën 16:00. Kur ishte e mundur, dukeshim ndonjëherë edhe te dentistët, me të cilët kisha miqësi dhe bënim muhabet.

Më kujtohet që bënim shumë foto së bashku, në dimër e verë. Kam shumë foto të asaj kohe, që i bënim me një aparat 2-mijë lekësh që na e jepte Rapi Rrushi.

Kishte edhe argëtime të tjera, siç e bëmë zakon disa kohë që të dielave shkonim në Korçë, ku rrinim gjithë ditën e ktheheshim me autobusin e linjës të Pogradecit. Ose kishte rast që shkonim për peshk në Osum ose te vaskat e Selenicës etj. Patjetër që kënaqësi të veçantë kishim kur shkonim në festa të ndryshme të rrethit, si në Leskovik, Barmash, Vodicë etj., ku nuk mungonim asnjëherë. Po kështu, kënaqësi tjetër e jona ishte ndjekja e ekipit të futbollit, ku me të vërtetë ndjenim kënaqësi të madhe për çdo fitore të ekipit të Gramozit. Më vonë, kur erdhi Vasiljevi (skulptori) dhe Agim Nebiu (piktori) me ta kalonim shumë kohë. Admiroja punët e tyre e vlerësimet që merrnin nga të gjithë më jepnin edhe mua kënaqësi.

Engjëlli kishte qejf edhe të shkonim në fshatra të ndryshme të rrethit, shkonim gati në tërë rrethin, takonim njerëz, rrinim me ta aq sa kishim mundësi, kryenim edhe punët e sektorit që mbulonim e ktheheshim më të çlodhur për ditën tjetër të punës.

Më kujtohet vullneti i Kiço Priftit, që punonte pa shkëputje që nga mëngjesi deri në darkë pothuajse çdo ditë. Ishte shumë i ngarkuar për periudhën që flas. Të gjitha objektet e ndërtuara në ato vite (flas për gati 25 vjet), shumica e tyre, kanë "dorën e mendjen" e Kiços.

SOTIRAQ GJ.: Më kujtohet që ika me mbresat e fundit jo të mira dhe me vendimin që të mos e ktheja kokën mbrapa, si për të plotësuar një gojëdhënë që të mos kthehesha përsëri, por kthesat e shumta të Qarrit të detyrojnë që ta shikosh pllajën e Kolonjës dhe të mos e mbash këtë vendim. Ka njerëz që vërtet mendojnë se të qenët nga Kolonja është një aset ose markë. Për mua që punoj në Tiranë është shumë e vërtetë. Unë e ndiej dhe kam përfituar shumë nga ky opinion i mirë për krahinën tonë. Është një favor që ne e përfitojmë nga puna e shumë kolonjarëve të mëdhenj e të "vegjël" që kanë bërë për vendin, por që me keqardhje mendoj se është bërë shumë pak për vetë qytetin si qendra e Kolonjës. Kur me një grup shokësh fakulteti së bashku me familjet kalova nga qyteti (për të cilin unë, si çdo kolonjar, u kisha folur me mburrje) në një udhëtim në juglindje dikush më tha i zhgënjyer dhe me ironi: "Pse vetëm këtë gurin e madh në mes të qytetit keni ju? (Për fat të keq, edhe muzeu ishte mbyllur atë ditë që të mund t'u mburresha me historinë.) Dhe mendova sikur çdo kolonjar që është larguar nga qyteti dhe të paktën i ka marrë emrin e mirë të kishte mbjellë një pishë sot do të ishte bërë një pyll i bukur.

Më kujtohet diku në vitet '92 -'93 së bashku me Landin dhe Sandrin shëtisnim për orë të tëra për të mbledhur kërpudha. Profesor Dhori na tregoi se, veç kërpudhës që njihet nga të gjithë, ishin edhe disa lloje të tjera të ngrënshme që u dinte edhe emrat në latinisht që unë, edhe pas pesë minutash, pasi na i tregoi i harrova. Mbaj në mendje shijet dhe aromat që më pas nuk i kam provuar më (ishte një kërpudhë shumë e madhe e bardhë, që e quanim "sorkadhe", një e verdhë dhe një lloj me ngjyrë të kuqërremtë që duhej të zihej para se të konsumohej). Ndoshta një vit më vonë gjetëm gjahun e radhës dhe së bashku me të dy shokët e mi filluam të hanim edhe atë kafshën e gjorë që tani më vjen vërtet keq: breshkën. Kujtoj që breshkën më mësoi ta gatuaja Arben Ligori (djali i mësueses sime të klasës së parë, Ditës). Ishim së bashku në një stërvitje ushtarake diku para '90-s dhe mbaj mend që fjetëm në disa çadra të mëdha ushtrie si oficerë rezerviste që ishim. Breshkën e hëngri edhe këngëtari Luan Zhegu që kishte qenë për një koncert në Ersekë dhe ata miqtë dhe kolektivi fantastik i Shtëpisë së Kulturës ia shtruan për darkë te restoranti, por që i treguan në fund së çfarë po hante.

VANGJELI: Kërpudha "sorkadhe" rriten ende me shumicë në sezonin e tyre andej nga Pyllëzimi, nga vendi me pisha që i rezistoi prerjes.

EDMONDI: Gjuetia e breshkave nuk ishte e vështirë, mjaftonte një shëtitje në pyje dhe ktheheshe me 10-12 copë. Problemi më i madh ishte therja, të cilën më mirë se Raqi Gjoshe nuk mund ta bënte asnjë. Ishte një stërmundim. Raqi theri breshka me shumicë kur erdhi Luan Zhegu, sepse na duhej ta prisnim me bollëk.

SOTIRAQ GJ.: Fjala "therje" më bën të ndihem ende fajtor. E vërteta është se nga ajo kohë e kam rralluar shumë mishngrënien.

ROLANDI: Më kujtohet që kam ngrënë dy nga llojet e kërpudhave. Njëra quhej tamam "sorkadhja", ishte më i shijshmja dhe më e madhe se të tjerat, por që gjendej me vështirësi. Me shumicë gjendej një lloj kërpudhe në ngjyrë kafe dhe ishin të dimensioneve të vogla. Emrin nuk ia mbaj mend, di që mund ta ngatërroje me ato helmuese nëse nuk kishe eksperiencë. Një herë i gatova dhe ftova për të ngrënë një nipin tim me të fejuarën e vet, që e kishte sjellë për herë të parë në Ersekë. Ata nuk kishin parë dhe nuk kishin ngrënë ndonjëherë si kjo lloj kërpudhe. Pasi mbaruam së ngrëni, pak minuta më vonë, mua filluan të më "këndonin" zorrët e barkut. U mbusha me djersë të ftohta nga frika se mos kisha ngatërruar kërpudhat. Nipi ndiqte universitetin për mjekësi, kështu që i thashë: "Ore, po ç'ne të më këndojnë kështu zorrët? S'më ka bërë vaki herët e tjera. Ti si thua?" Ai m'u përgjigj: "Po di unë pse të këndojnë! Ne për veten tonë jemi mirë deri tani. Isha aq në ankth, tamam si me "bukë lepurushin" te filmi "Përballimi", por nuk kisha gabuar, kisha mbledhur

kërpudhën e saktë. Për breshkat më ka ardhur keq edhe mua që i kemi
therur, por s'kishim ç'të hanim tjetër në atë kohë. Fati i keq i tyre…

VASIL P: Duke "gërmuar" në "Panairin e kotësive" të kohës, të cilat disa i
krijonim vetë, disa na impononin, disa ishin pjesë e jetës së përditshme,
m'u kujtua edhe kontrolli punëtor e fshatar, forma më e pavend për
të vendosur disiplinë, në ndërmarrjet, institucionet e ish- kooperativat
bujqësore. Me sa mbaj mend, në fillim quhej vetëm "kontroll punëtor",
pastaj u bashkua edhe ai fshatar.

Ata që merrnin pjesë në kontroll dihej të njiheshin nga të gjithë, në
shumicë ishin punëtorë apo fshatarë të njëjtë në të gjitha kontrollet,
pensionistë "qejflinj" për raporte e informacione, që për ditët e kontrollit
paguheshin me pagën bazë maksimale. I drejtonin instruktorët e partisë
bashkë me Kryesinë Bashkimeve Profesionale e të Frontit e të Gruas.
Këta të fundit në përgjithësi nuk kishin arsim të lartë e linin shumë
vend për të përgatitur materiale. Ishin instruktorët ata që, pas kontrollit,
grumbullonin faktet e konstatuara e më pas ata punonin "të sforcuar" që
të hartonin një analizë përmbledhëse, organizonin takime e mbledhje
me të gjithë drejtuesit e ndërmarrjeve dhe ish-kooperativave bujqësore,
ku thirreshin edhe ata persona që nuk ishin gjetur në rregull, "rrihej ujë
në havan" ndonjëherë edhe për ditë të tëra.

Një shok i imi në Bashkimet Profesionale më thoshte që një ditë
para se të bëhej kontroll. Kur shkoja në mëngjes në punë, në hyrje
të institucionit, gjeja 4-5 veta që prezantoheshin si grupi i kontrollit
punëtor e fshatar. Pasi përshëndeteshim, hyja në zyrë e pa hyrë mirë, pas
meje kisha dy anëtarë të grupit të kontrollit. Kërkonin planin e punës.
U jepja planin e ditëve të kaluara. Kërkonin planin e asaj dite. Pse nuk e
ke bërë që dje? Mirë do ishte që herë tjetër ta bësh që një ditë më parë",-
thoshte njëri. Mua më dukej si çudi e me takt i thosha që plani i punës
bëhet në mëngjes pasi ishte koha më e mirë për të planifikuar veprimet
e ditës. "Nejse, këtë problem nuk e trajtojmë në material. Po bëje planin
tani e ta shikojmë",- më thoshin. Kështu, në një fletore që e kishim për
këtë qëllim, shkruaja: "Sot do të bëj përmbledhjen e treguesve të punës
për organet qendrore dhe analizën përkatëse të tyre në shkallë rrethi". E
shikonin ata dhe pasi shkëmbenin shikime me njëri-tjetrin më thoshin:
"Po pse, me një çështje do rrish gjithë ditën në zyrë? Hajde të shpjegoje
se të përgatitje një analizë të tillë duheshin 2-3 ditë pune dhe ata që janë
ekonomistë, që janë marrë me gjëra të tilla, e dinë se çfarë do të thotë
analizë apo studim.

Kjo punë e kontrollit zgjaste deri nga mesdita. Më pas vinte Gavrili e më ftonte për kafe. Dilnim nga dera e pasme e ish-Komitetit Ekzekutiv, nuk shkonim te Klubi i Madh se atje e dinim se dikush na shikonte nga dritaret përballë. Merrnim rrugën sikur shkonim në Gostivisht e ktheheshim pak si me marifet te Klubi i Pleqve, në qoshe të bankës. Atje për habinë tonë gjenim grupin e kontrollit, që jepnin e merrnin me njëri-tjetrin se çfarë do të shkruanin e çfarë jo. Diskutimi bëhej me zë të lartë e me gotën e rakisë përpara e me pak salcë kosi. Uleshim në qoshe më Gavrilin e merrnim edhe ne nga një gotë raki se ishte ora që e kërkonte një të tillë.

Nuk harronim t'i thoshim Tules që t'u jepte nga një gotë tjetër ekipit të kontrollit punëtor nga ana jonë e ata të kënaqur na falënderonin.

SOTIRAQI: Më kujtohet xhiroja e mbrëmjes në bulevardin kryesor të Ersekës (që për ne ishte, si të thuash, "Dëshmorët e Kombit"), që nga baranga te shkolla e deri te reparti ushtarak, nga stadiumi. Ishte një ritual që vazhdonte përgjatë gjithë vitit, në verë e dimër. Dilnin plot njerëz, të mëdhenj e të vegjël. Jo vetëm që kështu çlodheshin, shiheshin e njatjetoheshin me njëri- tjetrin, por i jepnin edhe një gjallëri të veçantë qytetit. Ne, djemtë ë maturës '76, nuk e ndalëm xhiron as edhe një ditë të vetme. Bisedonim, tregonim filma, barcaleta, flisnim për sport, por mania jonë kryesore ishte të shpotiteshim e ngacmonim njëri-tjetrin me batuta e shaka duke rrëfyer çdo gjë humoristike që kishte ndodhur gjatë ditës, përfshi qyfyret dhe gafat e mësuesve tanë që, shyqyr Zotit, nuk mungonin. Ky ishte një lloj ushqimi shpirtëror që vërtet na mbante gjallë e gjithmonë në humor. Grupi ynë i djemve që nuk ndaheshin përbëhej nga Paqësor Kajmaku, Gjergji Mitre, Ilir Pashko, Agim Agolli, Niko Duro, Pëllumb Sulejmani, Kristaq Milo dhe unë. Ishim shumë, binim në sy dhe shpesh bllokonim edhe bulevardin duke ecur të gjithë përbri njëri-tjetrit. Zakonisht nga ora 9:00, por edhe më vonë, shpërndaheshim secili nëpër shtëpi, gjithmonë nga i njëjti vend, aty ku edhe kishim "pikën e grumbullimit", te sheshi përballë hotelit.

Unë dhe Paqo kishim edhe një ritual të fundit, që s'kishte shumë lidhje me të tjerët. Sapo merrnim rrugën përpjetë, deri te shtëpia e Skënder Koçiut, fillonim e këndonim me dy zëra. Këndonim Bitëllsat, Abbat, Boniemsat dhe muzikë të lehtë shqiptare. Asnjëri nga ne nuk dinte anglisht, por fjalët i shqiptonim ashtu shatrapatra siç i kishim fiksuar. Kënga që këndonim më shumë - "obladioblada". Kështu, pas një seancë të kënduari që zgjaste 15-20 minuta, ndahesha edhe me Paqon, gjithmonë te porta e Arti Koçiut, një tjetër shok i imi i mirë i fëmijërisë. Ai merrte rrugën për në shtëpi duke ecur në trotuarin para shtëpisë së

Mondi Likës, shtëpisë së dikurshme të pritjes, e përpjetë, ndërsa unë, atë 100-200 metërsh të fundit deri te porta ime, e bëja gjithmonë me vrap, domethënë sprint, që të rikuperoja sa të mundja minuta të çmuara të vonesës. Në shtëpi, sigurisht, më prisnin me të njëjtën batutë: "Pse kaq vonë more djalë?" Normale, ata vazhdonin në të tyren, unë në timen.

EDA NOTE: Ajo xhiroja e mbrëmjes edhe mua më ka pëlqyer shumë.

SOTIRAQI: Adoleshenca jonë, përveç ëndrrave, sinqeritetit e shkuarjes, vërtet ka qenë shumë e bukur dhe këtë e them me bindje. Edhe pse sistemi na imponote ndrydhje, mungesë lirie e plot pengesa të tjera ekonomike, shpirtërisht nuk u vramë dot...

DIANA: Ashtu mendoj edhe unë: sistemi ku ne u rritëm mbeti kontradiktor. Nga njëra anë na ndrydhte, na kontrollonte deri në qelizë (apo të paktën ashtu dëshironte) dhe nga ana tjetër na afronte të lexonim kryevepra letrare (nën kontroll edhe këto, sigurisht). Ishte ndoshta një botë iluzore, ku ne mendonim se ishim të lumtur; ku ne ndiheshim të lirë të ëndërronim, të këndonim, të kritikonim, por në fakt nuk e dinim se deri ku shkonte kjo liri. Brenda asaj që njihnim, ne, sidoqoftë, e ndërtuam jetën tonë në atë mënyrë që ajo të vazhdonte; prindërit tanë bënin kujdes që ne të jetonim, të rriteshim të kënaqur, të kishim ëndrra...Nuk mendoj se ne bëjmë ndonjë gjë më shumë për fëmijët tanë, edhe pse bota ku jetojmë është krejt ndryshe.

KIÇO: Më kujtohet maji i vitit 1967. Sapo kishim mbaruar programin vjetor dhe po përgatiteshim të fillonim provimet e maturës. Kishim dalë xhiro me një grup shokësh. Kur kaluam para ish-Shtëpisë së Kulturës, në katin e poshtëm të së cilës, në atë kohë, ishte klubi i gjuetarëve, vumë re se ishin duke pirë kafe Sekretari i Parë të Komitetit të Partisë të rrethit dhe ish-Shefi i Shtabit të Përgjithshëm të Ushtrisë së Republikës. Vazhduam xhiron e zakonshme deri afër Varrezave të Dëshmorëve. Në kthim, ata na e bënë me shenjë t'u afroheshim. Sekretari i Parë na dinte që ishim maturantë sepse kishte të bijën në klasë me ne. Na pyetën se çfarë planesh kishim pasi të përfundonim maturën. Vetëm njëri prej nesh tha se dëshironte të vazhdonte një degë ushtarake. Më kujtohet se Shefi i Shtabit menjëherë ngriti zërin: "Domethënë asnjë tjetër nuk ka dëshirë për në ushtri? Po sikur unë t'ju marr të gjithëve ju për në shkollë ushtarake, çfarë do të bëni?" Ne pohuam me gjysmë zëri. Me sa u mor vesh më vonë ai kishte ardhur posaçërisht për këtë gjë. Ikëm krejt të befasuar dhe po prisnim me ankth se çfarë do të ndodhte më tej. Mua m'u duk sikur më ra qielli mbi kokë. Isha gati të shkoja në çdo degë, vetëm jo në ushtri, pasi nuk e duroja dot uniformën ushtarake. Gjatë ditëve në vazhdim mundoheshim të merrnim ndonjë informacion, por ishte shumë e vështirë, deri sa një ditë na tha dikush që nga matura e atij viti do të merrnin në ushtri mbi 15 vetë. Nuk e di si i dhashë provimet e maturës. Një ankth me shtrëngonte çdo ditë e më shumë. Morëm vesh që po hartoheshin lista, shiheshin biografitë e secilit nga ne dhe më në fund, pas provimit të fundit, na njoftuan për një mbledhje në shkollë, ku do të njoftohej lista e të përzgjedhurve për në shkollën e lartë me profil ushtarak. Nuk e di si kam shkuar në atë mbledhje. Me gjak të ngrirë prisnim të lexoheshin emrat. Pas një hyrjeje të gjatë, ku shpjegohej situata e jashtme dhe e brendshme (po dilnim nga traktati i Varshavës), erdhi radha e leximit të listës. Na u komunikua që rreth 12 veta (nuk e di a jam i saktë në këtë numër), do të fillonin testimet nga ana fizike dhe shëndetësorë për të vërtetuar aftësinë për të kaluar në shkollën e lartë ushtarake. Kur nuk e dëgjova emrin sikur më hoqën një peshë nga kraharori. U shpërndamë të gëzuar ne që nuk e dëgjuam emrin dhe që nuk dëshironim të vazhdonim atë shkollë, por disa nga ata që ishin në listë u gëzuan që ishin përzgjedhur, pasi e kishin qejf. Ishte hera e parë në gjithë historinë e shkollës që nga matura merrnin kandidatë për në shkollën ushtarake. Në atë listë, me sa mbaj mend, u zgjodh edhe i ndjeri Dhimitraq Robo, që më vonë u vra në krye të detyrës ndërsa pilotonte avionin. Kandidatët nuk erdhën as në aksionin e rinisë në hekurudhë, pasi do të vazhdonin testimet në Tiranë. Në atë kohë duhej të shkoje në atë degë që të caktonin sepse po të refuzoje mbeteshe edhe fare pa shkollë.

Një ngjarje, dy kujtime

AGIMI: Më kujtohet që ishte fundvjeshte ose fillimdimri sepse ishte ftohtë, por borë akoma s'kishte rënë. Kisha ca kohë që kisha filluar duhanin dhe sebep ishte bërë gjatësia. Unë dhe Raqi gjatë dy viteve të fundit kishim shtuar nga 10 centimetra në vit dhe kishim dalë më shumë se një kokë mbi të tjerët. Në ato kohëra kam qenë tip vërtet i ndrojtur. Sot kur shoh fotografitë e kohës gjithmonë e gjej veten të fshehur në ndonjë cep. Kjo zgjatje pa hesap më ishte kthyer në një makth të vërtetë që nuk po i gjeja dot zgjidhje, deri sa nuk e di se kush më tha a se ku e mësova që duhani frenon zgjatjen. Kaq u desh që unë të nisja duhanin. Dhe fillimet nuk ishin aq të lehta. Ai i shkretë duhan dukej i hidhur farmak, koka të rëndonte si vare dhe mendja të vinte vërdallë. Problemi më i madh nuk ishte ky, megjithatë. Ku do ta pije? Në shtëpi, kuptohet, as që bëhej fjalë të pije duhan. Te shkallët të shikonin komshinjtë, në rrugë të shikonte mëhalla e në bulevard të shikonte qyteti. Kaq duhej që lajmi të merrte dhenë dhe të mbërrinte në shtëpi ose në shkollë dhe pastaj të bëhej hataja. Kështu që duhej ilegaliteti i plotë.

Në ato kohë rrija me shtëpi në një pallat dykatësh ngjitur me degën. Më tutje, ku kishte qenë dikur kisha, ishte ngritur një bllok i ri pallatesh dhe në fund të tyre ishin magazinat e ushtrisë, që mbaronin me një bina pa mure, me një çati të madhe që mbahej mbi disa shtylla. Brenda saj ishte një mullar i stërmadh kashte që shërbente për të ushqyer kafshët e ushtrisë. Aty e kisha gjetur folenë time të ngrohtë, ku pija duhan për shtatë palë qejfe e pa më trazuar njeri. Ç'është e vërteta kishte nja dy rreziqe: e para, duhej të bëje shumë kujdes se mos binte ndonjë zjarr dhe të ruheshe se mos të shikonte roja i repartit. Në xhiron e darkës, i entuziazmuar nga kjo gjetje, ia tregova Raqit dhe nja dy shokëve të mi. Ata, të intriguar, shprehën dëshirën për ta parë. U nisëm të katërt dhe në heshtje, pasi shmangem rojën, na ndihmonte edhe errësira, përfunduam në fole. Kisha bërë një tunel goxha të madh nga ana ku s'trazohej kashta, kështu që na nxuri të katërt rehat-rehat. Qerasa shokët me ndonjë cigare dhe, duke qenë edhe ngrohtë, krisi një muhabet sa harruam të dilnim. Nuk e di sa kohë kish kaluar, kur u kujtuam se ishim bërë vonë për në shtëpi. U ngritëm si në alarm dhe gjithë zhurmë dolëm nga kashta. Kur, papritur, u dëgjua një kërcitje shuli e shoqëruar nga një thirrje të fortë që mundohej të fshinte një frikë të madhe: "Ndal! Duart lart". Ngrimë të gjithë. Në fillim s'po kuptonim nga doli ai zë që na pataksi. Shqyem sytë në errësirë dhe nuk mundëm të shihnim gjë. Vetëm pas pak arritëm të shquanim një siluetë të zbehtë, shtrirë mbi një tog qymyri, që na kishte drejtuar armën. Pas disa çastesh, ndërsa frika po na ikte dalëngadalë, i propozuam siluetës të çohej se po plevitosej dhe ta ndizte një cigare me ne. Përgjigjja nuk vonoi. U dëgjua një krismë e thatë pushke dhe vërshëllima e një plumbi. Fjalët humbën si me magji. Në atë të ftohtë, ndjeva trupin të më mbushej me djersë. Besoj e imagjinoni ç'do të thoshte një krismë pushke në një qytet të vogël dhe kufitar si Erseka, në një orë të vonë kur çdo gjë kishte rënë në qetësi. S'mbeti polic e oficer pa vrapuar në… "vendin e ngjarjes". Na rrethuan sikur të ishim kriminelë dhe aty këtu dëgjohej të thuhej "diversantë… diversantë". Ne rrinim si hunj në mes të turmës me kokat ulur sa na dhembte qafa. Ku s'na vinte mendja, që nga burgu, prindërit, deri në ndonjë përjashtim nga shkolla. E që mos të zgjatem më përfunduam në polici nja dy-tri orë të mira. Gjatë rrugës sajuam një përrallë sikur kishim dalë të kërkonim zagarin e tim eti që kishte humbur. U duk sikur e hëngrën apo bënë sikur e hëngrën se edhe atëherë bënte punë miku. Ne shpëtuam paq, pa burg dhe pa përjashtim nga shkolla, vetëm me ca gurgule në shtëpi.

E vetmja pasojë ishte se Raqi filloi duhanin dhe ndërsa unë e kam lënë ai e pi akoma.

SOTIRAQI: Sezoni i provimeve të maturës në qershor '76. Në atë kohë e kishim prishur rregullin e xhiros dhe pasi studionim nëpër shtëpi, në të errur dilnim shëtitje nga kaçkat, mbi parcelat me mollë të fermës, një vend mjaft i preferuar për ne. E pëlqenim shumë këtë vend edhe për një arsye tjetër. Agimi, shoku ynë, kishte një zagar, sepse i ati Ydaiu (një burrë i rrallë e babaxhan si ai) ishte gjahtar. Pra në merrnim zagarin dhe shkonim mbi kaçkat përpjetë deri në zall. E mbaj mend deri në detaje atë rrugë mes gjelbërimit, pemëve e cicërimave të zogjve që nuk reshtnin kurrë. Ishte një relaks absolut. Kishim shkuar lart mbi kaçkat dhe po uleshim tatëpjetë. Ishim unë, Agimi, Pëllumbi dhe Gjergji. Afër kazermave të ushtrisë, nga ana e lagjes së kishës, ishte një kavaletë shumë e madhe me kashtë buzë rrugës, që ushtria e përdorte për kuajt. Në atë kavaletë ishte krijuar një si zgavër e madhe nga marrja e kashtës, ku thamë të uleshim e të pinim nga një cigare. U ulëm si në bulok dhe e ndezëm nga një. Agimi e pinte me paketë, ne të tjerët e ndiznim nganjëherë fshehurazi. Zagarin nuk e patëm atë natë. Bisedonim, për çudi, me zë të lartë. Në momentin kur po ngriheshim të iknim, dëgjuam një thirrje: "Ndal! Mos lëvizni! Duart lart!" U trembem shumë kur pamë siluetën e ushtarit dhe shkëlqimin e bajonetës së pushkës të drejtuar nga ne. U bindëm pa fjalë. Ai na vuri përpara në rresht kolonë dhe na çoi para kazermave nga ana e veriut. Ushtari që nuk ia dalluam as fytyrën na urdhëroi që të mos lëviznim dhe vetë vajti u shtri e zuri pozicion mbi një pirg qymyri 10 m larg nesh, gjithmonë me pushkën drejtuar nga ne. Të mbledhur bashkë, sikur e morëm veten dhe filluam të flasim me zë të ulët. Ishim fare pranë cepit të kazermës dhe dikush hodhi idenë sikur t'ia mbathnim e të iknim, por nuk ish shaka dhe qëndruam. Papritur ushtari qëlloi në ajër. Na hynë dridhmat, nuk po merrnim vesh se çfarë kërkonte nga ne tashmë që na kish të ndaluar. Shumë shpejt u shfaqën një oficer, një polic dhe 2-3 ushtarë të tjerë. Vunë një ushtar tjetër dhe e urdhëruan që të na çonin në komandë në ushtri, pra te stadiumi. Kalonim përmes lagjes së kishës, shikonim koka njerëzish që na vështronin nga dritaret, madje dikush thirri: "Ah, i keni kapur ata që na vjedhin pulat!" Dhe kështu në kolonë për një, të turpëruar e me ushtarin që na rrinte prapa, por me pushkën në sup, kaluam tërë qytetin deri te zyrat e komandës. Atje, si për ironi por edhe për fatin tonë, oficer roje qëlloi të ishte Tahir Ocelli, i cili ishte komandanti i shkollës kur ne bënim zboret. Ai na njihte mirë secilin dhe na pyeti se çfarë kërkonim tek kavaleta dhe mos kishim dashur t'i vinim zjarrin. Ne i shpjeguam se kishim dalë shëtitje dhe po ktheheshim në shtëpi dhe se kishim ndezur edhe nga një cigare. Megjithatë, edhe pse e kuptuam se deshi të na mbronte, ai prapëseprapë mori në telefon komandantin e brigadës Lefko Petrovskin. Biseduan me Tahirin dhe ai pyeti nëse ne kishim ndonjë femër me vete (makari!) dhe Tahiri i tha që nuk kishim femër. Siç duket, ai urdhëroi që të na çonin në polici dhe kështu u bë. Në polici na mbajtën gjysmë ore, pasi na pyetën gjerë e gjatë e pastaj na liruan. U kthyem të brengosur në shtëpi, me merakun se ç'do të bëhej më pas me ne. Por asgjë nuk ndodhi. Mësuesja jonë kujdestare, njëherësh edhe drejtoreshë gjimnazi atë vit, Violeta Lamçe, nuk na tha asnjë gjë. Siç duket ajo ndërhyri edhe te burri i saj, që ishte shef policie në atë kohë. Pra gjithçka u mbyll për bukuri dhe ne dhamë provimet dhe u graduam. Desha të shtoj edhe dy fjalë për Violetën (ndjesë pastë!): Ka qenë një grua liberale, shumë e sinqertë, shumë dashamirëse dhe shumë e bukur që me ne pati shkuar aq mirë!

P.S. Vite më pas, kur unë punoja shef plani në Selenicë, mora vesh dhe njoha ushtarin qe desh na vrau. Ishte nga Qinami dhe ai i varfri, kur ia tregova, u zu shumë ngushtë, madje ndërronte rrugë kur më shihte. Emrin s'po ia them.

"E drejta borgjeze pa borgjezinë"

OLI: Më kujtohet kur bëheshin votimet. Si fillim, dhoma ku do të zhvilloheshin votimet rregullohej që disa ditë më parë. Mami im çonte nga shtëpia mbulesa tavoline, perde, lulet më të bukura që kishim, tapita, që viheshin në mur dhe në krye, sigurisht, fotografia e "xhaxhit". Në orën 8:00 në mëngjes fillonte votimi. Fillonte gjithashtu muzika e klarineta. Kujtoj Vangjel Podën me klarinetë. Kërcehej tamam si në ditë feste. Mbaj mend atë dhomën e fshehtë ku duhej të futeshe e të dilje në kohë rekord, mundësisht pa u menduar fare. Votimi mbaronte gjithmonë shpejt, por më kujtohet që si orar ishte deri në orën 20:00. Ne ishim blloku numër 5. Meqë rezultatet duhej të dorëzoheshin në komitet sa më parë, im atë, që kishte një motoçikletë, arrinte atje gjithmonë i pari. Rezultati ishte gjithmonë 100%, sigurisht!

DIANA: Korrigjim: Votimi fillonte në orën 6:00. Dhe ta provoje të mos ishe i/e para... Madje erdhi një kohë që njerëzit nuk futeshin as ne dhomën e votimit. Kur unë desha të "zbatoja rregullin" për t'u futur në dhomën e votimit, im atë më pa me inat:

- Ku shkon?

- Aty..., - thashë unë duke treguar me kokë nga ajo që quhej "dhoma e fshehtë", që sipas ligjit, votuesi hynte dhe në fshehtësi shënonte votën e tij për kandidatin e preferuar. Por kishte vetëm një kandidat, që votohej zakonisht në masën 100%. Shumë qesharake po ta mendosh sot!

- Ndryshe nga bota do të bësh ti? - tha im atë.

- Kështu thotë ligji...

- Mirë, mirë se e sqarojmë ligjin kur të shkojmë në shtëpi. Tani bëj siç bëjnë të gjithë...

Mamaja nisi: - Çfarë do ti, një mëngë në mes të kurrizit tani?

Dhe në mes të të dyve parakalova, buzëqesha dhe bëra rutinën...

Kur shkova në shtëpi, u mundova t'ua sqaroja se përse duhej kaluar nga dhoma e votimit: Kështu njeriu mund të votojë i lirë!

- Sigurisht që jemi të lirë. Asnjeri nuk të thotë gjë pse futesh në dhomën e votimit; do të futesh, futu!

-Po jo, kjo ta bën mu që është me qëllim. Ti nuk futesh, kjo nuk futet... pra duket që ju nuk abstenoni... Ai që do të abstenoje, nuk e bën dot, pasi ai është i vetmi që do futet në dhomën e votimit. Do dallohet ashiqare se pse...

- Moj, kush ta ka ngarkuar ty këtë punë?

- Asnjeri. Është e padrejtë.

-Mirë, mirë. Do ta zgjidhim herës tjetër...

- Sotir, lëre, mos u merr me të se ia ka ngenë,-ndërhyn mami.

- Jo, por duhet sqaruar...

- Mirë, mirë. Shiko se mos e sqarosh...

Dhe kështu votonim 100% dhe tmerroheshim kur dëgjonim se filani ia kishte marrë nga Virka apo nga Gramozi dhe mezi e kishin sjellë të votonte.

AGIMI: Më kujtohet se pas mbarimit të gjimnazit, në netët e beharit mblidheshim të gjithë dhe me zhurmë e shaka mundoheshim të fshihnim ankthin në pritje të së drejtës së studimit. Sa më shumë që zgjateshim ne, aq më e vogël bëhej Erseka dhe secili mundohej të gjente rrugën për t'u "arratisur" larg prej saj. Me kalimin e ditëve ankthi fillonte të ikte për një pjesë nga në, kur merrnim vesh për bursën që kishim marrë. E kundërta po ndodhte me Sotiraq Priftin, një nga nxënësit më të mirë të klasës, që nuk e njihte nëntën. I shkëlqyer jo vetëm në mësime, por edhe një shok i mrekullueshëm, Raqi, duke qenë pjesë e një familjeje qytetarë me plot kuptimin e fjalës, shquhej për një mendje racionale, por edhe një shpirt emocional. Raqi priste e priste me të drejtën si një nga nxënësit më të mirë të gjimnazit, por duket s'mendonte kështu partia. Urithë smirëzinj, xhelozë për këtë djalë, rrëmonin nëpër llagëme për t'i nxirë jetën! Ishim shokë dhe mbase për shkak të moshës, por edhe prindërve tanë të mirë, asnjëherë nuk na kishte kaluar kjo ftohtësi midis nesh. Për herë të parë atë që e ndjenim turbull në ajër - luftën e klasave- po e provonte njëri prej nesh, që ishte edhe më i miri. Nuk e pashë kurrë Raqin të shprehtë mërzitje apo xhelozi për ndonjërin nga ne, megjithëse dhimbja duhej të ishte ulëritëse.

SOTIRAQI: Nuk kam dashur që të përmendej kjo historia ime e të drejtës së studimit dhe dhimbja që kam ndjerë në atë kohë. Si pasojë e luftës së klasave, në qytetin tonë kanë ndodhur gjëma shumë më të mëdha mbi njerëz të tjerë të ndershëm. Dua të nënvizoj vetëm një gjë: e keqja kolonjarëve u ka ardhur më së shumti nga vetë kolonjarët dhe jo nga drejtues jabanxhinj që vinin e iknin. Në rastin tim, në verën e vitit 1977, zemërzinjtë, trushkulur pushtetarë kolonjarë (disa) kishin dërguar mbrapsht në Tiranë tri bursa mjekësie, pa ma dhënë të drejtën e studimit, që e kisha kërkuar.

PAQO: E vërtetë. Xhelozia në Kolonjë shumë herë vishte petkun e luftës për parime. Dikush rrëmonte vazhdimisht deri në skutat më të largëta, kur donte t'i bënte keq dikujt, shpesh duke kapërcyer edhe kufijtë e politikës zyrtare.

Më kujtohet që ishim rrethi që mbanim kampion për letrat anonime.

ROLANDI: Dikush ndoshta kishte edhe ndonjë histori të shkuar sa për të marrë "një shënim në biografi", çka atëherë e quanim "njollë në biografi" dhe aq duhej si justifikim për të filluar gjuetinë e shtrigave. Po më mua ç'patën? Kishim tre komunistë në shtëpi dhe prapë se prapë, më është kthyer mbrapsht bursa e Ekonomikut, vetëm pse e kisha 7 në matematikë. Unë e them me ndershmëri që nuk kam qenë shumë studioz, por i vëmendshëm në mësim po. Mjaftonte vetëm mesatarja atë vit dhe duhej të ishte mbi 8 dhe unë këtë e kisha. Më vonë mora vesh se personi që merrej me bursat atë vit në Komitetin Ekzekutiv e kishte një kunj me vëllanë tim. Unë gjithmonë kam qeshur me këtë, por tani më vjen të bërtas në fakt.

ILIRI: Mua më dogjën fizkulturën, edhe pse e kisha fituar konkurrimin.

Më kujtohet që fshati i Vodicës u bë një fshat i dëgjuar për batutat e barcaletat që ironizonin sistemin. Një ditë, një fshatari im më qau hallin se kishte sëmurë të birin, Olsin, e donte ta çonte te doktor Jorgji. Deshi të shkonim bashkë meqë unë, sipas tij, e kisha shok. Duke ecur, rrugës i thashë Petraqit, më shumë për ta ngacmuar: "Ore Peço, shumë të dobët e ke këtë djalin". Ai ndaloi, më pa në sy dhe me seriozitet m'u përgjigj: "E, ashtu! E përvëloi margarina të shkretin. Nuk ka parë gjalpë me sy". Mua nuk më mbahej e qeshura. Kjo ishte me zarar të madh në atë kohë se shkoje brenda për propagandë dhe agjitacion. Tani na ka mbetur si shprehje. Kur shohim ndonjë të dobët, themi mes nesh "E ka djegur margarina…"

DIANA: Më kujtohet diçka e dhimbshme. Një pasdite vonë, im atë erdhi në shtëpi me një çehre të prishur. Unë u ngrita si zakonisht ta përqafoja, por ai thjesht më kapi përqafe dhe u ul përballë mamasë që po mundohej të nxirrte një model për të qëndisur. "Kanë arrestuar Sotir Koten..." Mbaj mend që ngriva. Më erdhën përpara syve të gjitha: Lida, Dita, Ardi, teta Eratulla...M'u mblodh një lëmsh në grykë dhe më dogji hunda. "Mos!" Mamaja nuk e mbajti dot veten. "E shkreta Eratullë! Medet. Ndonjë rast?" - tha mamaja duke menduar që diçka mund të kishte ndodhur në spital me ndonjë të sëmurë. "Propagandë dhe agjitacion" - e mbaj mend që këto fjalë ma shpifnin po kaq shumë sa edhe fjala "kancer" që dëgjoj sot. "Çfarë thua!"- tha mamaja. "Çfarë është kjo? Thuaj më mirë deshën e i bënë gropën. E morën më qafë atë familje aq të mirë. U rraftë pika thuaj". Ajo e la modelin dhe u ngrit të bënte një kafe. Babi iku në dhomë. Kujtoj se kisha një ndjenjë të çuditshme sikur dikush kishte vdekur. Më kujtohej dritarja e tyre që shihte në anën e sheshit të lodrave, e vetmja që mbushej në mbrëmje me një dritë të bardhë neoni. M'u kujtuan kekët që bënte teta Eratulla, pastërtia shembullore e asaj shtëpie, Lida që thoshte: "Ju dukem e shëndoshë unë tani, por kur të plakemi, ju do ecni si të ngordhura, mua do të më tundet dheu nën këmbë...". M'u kujtuan shumë gjëra nga jeta jonë e përbashkët dhe ndjeva dhimbje kur kuptova se tani asgjë nuk do të ishte më si më parë midis nesh. Dhe ashtu ndodhi...Ajo familje e mirë filloi të mblidhej në shtëpi më herët dhe pothuajse vetëm. Ne fëmijët vazhdonim si më parë, por për më të rriturit ishte më ndryshe. Teta Eratulla nuk vazhdoi më me mësimdhënien dhe filloi punë te bedunicat. Dita mbaroi gjimnazin dhe filloi punë në Pyllëzim. Berta ime ishte ndoshta nga të paktët njerëz që shkonte për kafe edhe si më parë. Babi bënte sikur nuk e dinte megjithëse herë pas here e kujtonte "të mos habitej kur t'i shihte një ditë në derë e ta merrnin edhe atë ATJE... "Koka bën, koka pëson grua! Nuk e ke mirë",- i thoshte. "Posi, posi! Pse? Asgjë s'ka bërë. Ai është njeri i ndershëm",- ia kthente mamaja. "Po moj po, por hajde gjeje...". "Le ta gjejnë ata. Nuk u vjen turp! Prishën një familje të mrekullueshme". I dëgjoja kur i bënin këto biseda nën zë dhe nuk dija kujt t'i jepja të drejtë. Nuk doja ta besoja se dikush mund të ta nxinte jetën në këtë lloj feje pa pasur asnjë të drejtë. Ndërkaq, ata njerëz i njihja dhe e kisha të qartë si dritën e diellit që vetëm ashtu nuk ishte. Sa e trishtueshme! Shumë gjëra të tilla i pranuam nga metozori, siç thoshte nëna time. Dhe shumë herë e kam vrarë mendjen thellë, qysh atëherë, se çfarë mund të kishim bërë ndryshe dhe pse nuk e bëmë. Vërtet, çfarë?

JORGJI: Për sa i përket gjenerimit të armiqve, kjo natyrisht që kishte lidhje me sistemin, por edhe me karakterin e disa njerëzve të pushtetshëm, që e kishin shpirtin katran dhe i bënin varrin tjetrit më dëshirë. Ndoshta ndjenin kënaqësi nga kjo, por e kishin edhe si kredit për karrierën e tyre. Këtë dua ta ilustroj me shembullin e doktor Sotirit. Asokohe ne punonim bashkë në Shënmërtir apo Çlirim, siç ishte pagëzuar me emrin e ri. Unë kisha shkuar në janar 1975, kurse Sotiri ka ardhur pak më vonë. Operativi i zonës, që sot kapardiset në Tiranë, ishte njeriu që e futi në burg dhe këtë gjë po e përgatiste prej disa muajsh. Këtë po e them nga ngjarjet që kanë ndodhur atje në vitin 1977, kur Sotiri u arrestua. Operativi shoqërohej me të gjithë, por më shumë rrinte me dy punonjës, që dilnin hera-herës shëtitje në rrugën e fshatit me Sotirin. Baxhuli (po e quaj operativin) bashkohej hera-herës me këta të tre për ndonjë shëtitje të shkurtër e dukej sikur ishte mik i të treve. Ai luante edhe shah dhe vinte nga shkolla ku ishin mësuesit e luante ndonjëherë, madje luanim edhe bashkë para shkollës ose para postës së policisë kur prisnim urbanin të shtunave. Sotiri vinte hera-herës edhe nga dhoma ime, te shkolla, por sidomos kur i vinte djali i vogël, Ardi, që asokohe ishte mjaft nazeli në të ngrënë dhe Sotiri, kur e shihte që nuk hante, bëhej vrer. E kishte dobësi të madhe djalin. E sillte nga unë me shpresën se mos e bëja të hante ndonjë gjë dhe unë, pasi e pyesja çfarë donte, i bëja ndonjë fetë me gjalpë e me reçel. Ardi merrte nja dy kafshata dhe e linte. Sotiri më kthehej mua: "Po shiko, mo Jorgji. Vetëm dy kafshata futi në gojë dhe e la. Pu-pu-pu. E ç't'i bëj unë këtij?" "Mos u mërzit o doktor, i thosha unë, se do hajë më vonë, pasi të luajë ca"- dhe i jepja një top futbolli të luante te fusha e vogël e shkollës.

Një ditë prilli të vitit 1977, kur përgatiteshin zgjedhjet lokale, disa nga kuadrot e kooperativës, që ishin në komisionin e organizimit të zgjedhjeve, në zyrën e kryetarit të këshillit do të bënin një darkë. E mora vesh këtë gjë nga shoku im, të cilin e kishin ftuar në darkë dhe më njoftoi të shkoja edhe unë atje, kur u ktheva nga puna. Kur shkova gjeta disa njerëz të njohur. Gjatë darkës, Baxhuli e hodhi muhabetin të doktor Sotiri dhe po e ngrinte në qiell. Doktori ishte njeri që nuk vinte alkool në gojë, por edhe kafen sikur nuk e pëlqente dhe kur dikush nga fshatarët i ofronte ndonjë gjë të tillë, ai nuk e pranonte duke thënë se "nuk i pëlqenin të zezat", por po t'i ofronin ndonjë gjë për të ngrënë, ai e hante me qejf. Unë isha 23 vjeç dhe kjo gjë nuk më tingëllonte mirë, ndaj kur mbaroi ai fjalën i thashë: "E mo Baxhul se edhe ai bën ca gabime që nuk kanë lezet në fshat". Ky muhabet u mbyll me kaq.

Kaluan muaj dhe një të shtunë po prisnim të vinte urbani, që po vonohej. Ndërkohë, edhe Baxhuli që po priste urbanin erdhi e më tha: "A bëjmë një lojë shah sa të vijë urbani?" Pranova dhe shkuam në oborrin e postës së policisë, nja dhjetë metra më tej, ku ishte një dhogë. U ulëm shaluar nga të dyja anët dhe vumë gurët. Ai kishte të bardhët. Unë prisja që të lëvizte gurët, kur ai më tha: "Nuk të kam thirrur për lojë, por për diçka tjetër". "Për çfarë?" - e pyeta paksa i habitur. "Po ja, kemi qenë një herë në një muhabet bashkë dhe ti ke shfaqur mendim kontradiktor me mua". Një rrëqethje më përshkoi trupin (atë kohë im atë sapo kishte bërë vetëm dy vjet burg nga pesëmbëdhjetë që ishte dënuar, pa asnjë lloj faji, përveçse e kishte bërë kooperativën e Selenicës nga më të mirat në republikë). "Kur ishim tek ajo darka për zgjedhjet, kur unë lavdërova doktorin, ti më kundërshtove",- vazhdoi ai. "Po, të thashë që ca gjëra të tij s'më pëlqejnë",- iu përgjigja. "Po ndonjë gjë tjetër, ke?" - pyeti ai tinëzisht. "E ç'gjë tjetër do të kem?!" - thashë pa asnjë lloj kënaqësie. Biseda u bë e bezdisshme, por shyqyr erdhi urbani dhe ne u larguam.

S'kaluan disa ditë dhe doktori u arrestua. Shkova në gjyqin e tij dhe pashë si dëshmitarë të dy punonjësit me të cilët shëtiste hera-herës në Çlirim, që me siguri ishin manipuluar nga Baxhuli. Këta lloj dëshmitarësh, që hiqeshin si shokë apo i trajtoje si miq dhe i respektoje, ishin karakteristikë edhe në gjyqin e Syrjait. Për të vënë duart në kokë! Këto gjyqe ishin një çmenduri dhe një budallallëk me okë e nuk kishin asnjë lidhje me agjitacionin apo propagandën. Më kujtohet një moment kur prokurori i çështjes, një djalë i ri, në moshën time, që sa kishte dalë nga bankat e universitetit, i tha doktorit: "I pandehur, ti ke thënë se këpucët gjermanë janë më të mira se ato shqiptare". Pastaj, pa e lënë të fliste, ia priti: "Po a e di ti se në Gjermani ka 2 milionë të papunë e populli shfrytëzohet deri në palcë...". Thjesht dokrra, që vetëm me gjyqin s'kishin lidhje.

Duke i lidhur këto fakte në rrjedhën e tyre jam i bindur se dikush i bëri gropën doktorit, për të shkatërruar atë dhe familjen e tij dhe për t'u kënaqur me këtë gjë. Një lloj sadizmi.

JOTI: Në raste të tilla, babai im na thoshte: "Kolonja është e keqe, o djem. Mbajini këmbët brenda një dylekëshi se ju dërrmon".

VALBONA R-A: Më kujtohet një herë kur na thanë të mos e kishim shoqe Dona Lulen se ia futën babin në burg. Më kujtohet pastaj se si në oborrin tonë u mblodhën shumë njerëz dhe u mbush me policë. Familjes së Donës ia nxorën jashtë të gjitha rrobat dhe mobiliet. Më kujtohen dyshekët e çarë në oborr dhe një qen kufiri që vinte rrotull duke nuhatur. Qysh atë ditë ikën nga lagjja jonë dhe nuk i pashë më.

Isha fëmijë, në një moshë me Donën. "Fajin" e saj nuk e kuptova kurrë, por as nuk guxoja të pyesja.

ROLANDI: Me Ardin kemi qenë shokë që në kopsht. Pas asaj që i ndodhi të atit, nuk i afroheshim më. Ai edhe ndërhynte në bisedat tona herë-herë, por kur ne heshtnim, largohej vetë. Më sa mbaj mend, i vetmi njeri që i qëndroi pranë gjithë atë kohë, ishte Nardi i Peliut.

E njëjta gjë ndodhi në gjimnaz edhe me Alma Koçiun. Mbaj mend kamionin përpara portës së shtëpisë, që në momentin që u nis për t'i çuar në internim, duhej të priste edhe Almën. Ajo nuk ndodhej në atë moment në shtëpi. Ka arritur aty orë më vonë dhe dikush nga familja e Fejzos ia shpjegoi se kamioni ndërkaq ishte nisur. Alma më pas ndoqi shkollën në Ersekë në klasën tonë.

VALBONA C-P.: Fatkeqësisht askush nga ne nuk beri asgjë. Jo se nuk ishim të bindur që kjo nuk ishte rruga e duhur. Thjesht, nga frika e ndëshkimit, e pranuam si fatalitet apo si diçka që u ndodh vetëm "të tjerëve". Sot ndihem në siklet kur e kujtoj. Ajo çfarë ndodhi me këto familje të nderuara, me familjen e doktor Sotirit, familjen së shoqes sime Viola Dhrosos apo familjen e shoqes tjetër Mira Cenko, të cilat u persekutuan, humbën punët e tyre të nderuara, fëmijët mbetën pa shkollë, ishte më shumë se tragjedi. Kurse ata vetë na treguan në heshtje se ç'është toleranca dhe kultura.

Sikur të mundesha, sot do t'u kërkoja atyre ndjesë të sinqertë për heshtjen e asaj kohe!

SOTIRAQI: Ajo periudhë e zezë (nga pikëpamja e luftës së klasave) sidomos pas '74-s, mori më qafë shumë njerëz të ndershëm e të pafajshëm. Në fillim doktori, pastaj Polikron Paçani, Syrja Cenko, Vasili i gjatë, Jemin Musaj etj. Kam përshtypjen se lufta e klasave në Kolonjë zhvillohej shumë më e ashpër sesa gjetkë. Kush më pak e kush më shumë, prej saj në Kolonjë u goditën shumë njerëz. Kjo temë më prek shumë. Ndiej një shije të hidhur, kur i kujtoj ato vite. Më të rinjtë nuk i dinë e ndoshta as nuk arrijnë t'i kuptojnë dot ato momente. Ishte vërtet kohë e vështirë.

ERMIRA: Ata njerëz gjetën forcë e mbijetuan. Mbetet e dhimbshme që nuk gjetëm ne forcë t'u gjendeshim pranë. Sot vazhdojmë miqësinë e ngushtë me ta, por ajo që më bën përshtypje është se ata kanë mbetur fisnikë e mikpritës. Askurrë nuk mbajtën qëndrim ndaj nesh që heshtëm në atë kohë dhe askurrë nuk shprehën urrejtje për ata që i goditën aq fort jetët e tyre.

ARBEN B.: Në Ersekë lufta e klasave bëhej, si i thonë, me tepri për disa arsye, një prej të cilave, siç e mendoj unë, ishte zelli i tepruar për të treguar besnikëri ndaj Partisë së Punës. Ndonjëherë ky zell i vinte në pozitë edhe vetë ata që merreshin me atë punë. Për shembull, im atë ishte sekretar në Komitetin e Partisë në Ersekë në atë kohë. Mbaj mend kur mësues Bardhyli kërkonte shtëpi dhe nuk i jepnin, ai shkoi të ankohej tek im atë, i cili e gjeti të drejtë kërkesën e tij dhe ndikoi që të merrte shtëpi. Për këtë, babanë e kritikuan në mbledhjen e byrosë se demek kishte zbutur luftën e klasave. Përgjigjja e tij ishte e sinqertë: "Kush mendon se unë kam zbutur luftën e klasave le të hapë X vepër të Enver Hoxhës në X faqe dhe të lexojë se të gjithë janë të barabartë përpara ligjit dhe profesor Bardhylit i takon shtëpia. Nëse ka ndonjë më ngushtë se ai dhe ka bërë kërkesë më parë, le të na e thotë komisioni i shtëpive". Asnjeri nuk foli. Mësues Bardhyli mori shtëpinë që i takonte dhe babai nuk pësoi asgjë.

ARBEN P.: Më kujtohet që kur luaja futboll, kishim në ekip Arti Koçiun, një nga futbollistët më të mirë që ka pasur ekipi i Gramozit. Para një ndeshjeje, na vjen në dhomat e zhveshjes kryetari i komitetit dhe bisedon me ne lojtarët për rëndësinë e ndeshjes. Pastaj iu drejtua Artit, i cili, një ndeshje më parë, si rrallë herë për të, por jo e padëgjuar në futboll, kishte luajtur pak dobët: "Ti djalë i mbarë, kij kujdes dhe luaj mirë se përndryshe e di ti ku e ke vendin. Të nisim prapë në Boshanj". U befasova shumë dhe mbeta pa fjalë. Jo vetëm që lojtari ynë më i mirë, me të cilin krenohej e gjithë Erseka, kërcënohej pa pikë turpi para gjithë ekipit, por ai po trajtohej si diçka e pavlerë. U trondita përpara atij fakti absurd. Arti ishte aq i talentuar, sa po të mos ishin këto problemet e biografive, me siguri do të kishte luajtur deri me kombëtaren.

FLORINDA: Historia jonë është e thjeshtë dhe jo e padëgjuar, besoj. Mami im është kolonjare, kurse im atë është nga një fshat i Korçës. Prindërit e mi që herët u përpoqën që ne të mos jetonim në fshat dhe sapo lindi motra (fëmija i parë) provuan të shpërnguleshin në Ersekë. Tri herë kishin bërë kërkesë për pasaportizim në Ersekë, tri herë kërkesa e tyre ishte refuzuar. Kjo zgjati 6 vjet. Tri herë prindërit e mi, me dy foshnja, kishin mbetur në mes të katër rrugëve, si të thuash. Nga meraku, mami humbi dhe qumështin. Më në fund lëvizëm në Ersekë dhe u rritëm aty. Por si? Ishim pesë vetë në një dhomë. Kishim frikë të përdornim banjën, sepse ishte përjashta. Në ato vite, vëllai, që ishte më i vogli i fëmijëve, flinte mbi tavolinë. Prindërit e mi të shtrenjtë punonin gjithë ditën dhe sakrifikonin jo vetëm për të na ushqyer, por edhe për të lënë mënjanë ndonjë të hollë që të mobilonin shtëpinë me një tavolinë dymijë lekëshe e me një sobë pesëmijëshe, siç e kërkonte standardi i kohës.

Kujtimet e mia të asaj kohe zhdërvillen rreth vuajtjeve dhe lodhjes së babait që punonte dy turne në minierë, nën tokë. Kur kthehej në shtëpi, ai burrë i ri dhe i paraqitshëm ishte i dërrmuar nga puna dhe i mbuluar nga bloza. Kujtimet e mia fotografike do të thosha (pasi mbaj mend çdo gjë që në moshën 4-vjeçare) rrotullohen rreth atyre kohëve të vështira, kur dëgjoja copëza bisede aty-këtu midis prindërve të mi:

- S'na e dhanë pasaportizim edhe kësaj radhe, o Tasha...

- Po çfarë do të bëjmë?

- S'e di,- thoshte i menduar babai. - Fola me Raimenë (gjyshja ime nga ana e mamit). Ajo është edhe me teserë partie, mbase bëhet ndonjë gjë e na ndihmon.

- Si do të bëjmë se kështu s'jetohet. Fëmijët po rriten... Djali fle akoma mbi tavolinë. S'lëvizim dot nëpër shtëpi...

Im atë, një burrë shumë i pashëm dhe i fisëm, ishte babai më i dashur. Ai pothuajse nuk na shikonte asnjëherë, pasi ikte pa gdhirë dhe vinte në orën 3:00-4:00 të mëngjesit, kur mbaronte turni i dytë nga miniera e Bezhanit. Të nesërmen në mëngjes ai ikte përsëri në punë kur ne ishim në gjumë, kështu që na zgjonte nga gjumi vetëm sa për të na parë kurdo që vinte. Mbaj mend që kur zgjoheshim, ashtu përgjumësh siç ishim, hanim disa mafishe (nuk e di mirë se si quheshin, por kishin formën e bananes dhe ishin në ngjyrë të hapur rozë) që ai i hiqte nga racioni i tij ditor për të na bërë qejfin. Mendoj se përbërja duhej të ishte sheqer dhe niseshte, por neve na pëlqenin shumë, shumë dhe na dukej sikur kishte ardhur Viti i Ri sa herë që na i sillte. Ne i hanim, ai na puthte, pastaj na vinte në gjumë, na mbulonte mirë me jorganët e bëra prej lecke dhe ne flinim të lumtur.

DIANA: Më kujtohet autoambulanca e spitalit të Ersekës, një si furgon i bardhë që mbante vazhdimisht erë benzinë. Më kujtohet që përpara kishte vend për dy veta, shoferin dhe një pasagjer, që në përgjithësi ishte mjeku. Mbrapa kishte 4-5 vende të tjera. Një herë, kur isha studente në Tiranë dhe makina kthehej për në Ersekë pa të sëmurë, u gjend një vend edhe për mua. Shoferi mori edhe 3-4 pasagjerë, por ca zbritën në Elbasan e ca ne Librazhd, kështu që diku në Pogradec, në pjesën e pasme të makinës, mbeta vetëm unë. Kur po numëroja çdo minutë e bërë derr nga mërzitja, shoferi befas ndaloi dhe një nga djemtë që punonin në Degën e Brendshme u fut në makinë. Ishim diku afër Qafës së Qarrit. Mua më erdhi mirë që më në fund do të kisha më kë të këmbeja ndonjë fjalë. Kuptohet, ata që punonin aty duhej të dinin shumë histori. Të paktën kështu dukej nga librat. Nuk më kujtohet fare se si erdhi biseda, por mbaj mend pyetjen që i bëra tjetrit: "A ka pasur ndonjë rast kur fëmija të ketë denoncuar prindin e vet?" Jashtë ishte errësirë dhe mendoj po aq terr ishte edhe brenda në makinë. Natyrisht, nuk vura re ndonjë gjë të veçantë te bashkëbiseduesi, por më bëri përshtypje se ai heshti paksa. "Ke parasysh ndonjë gjë konkrete?" - tha ai. Por unë po pyesja çiltër dhe pa nënkuptim. Pyeta sepse në ato çaste mendova se sa e madhe mund të ishte dilema njerëzore për të zgjedhur midis dashurisë njerëzore dhe detyrës qytetare. Ose më thjesht, pyeta se kjo m'u duk një pyetje me vend për të shtyrë pak kohën në mënyrë interesante.

Biseda vazhdoi me shkëputje të gjata dhe me biseda të tipit "pa bukë". Madje kur arrita në shtëpi e lodhur, e këputur nga rruga, e kisha harruar fare fytyrën e atij që hipi rrugës në autoambulancë.

Të pasnesërmen e asaj dite, kur mbaruam së ngrëni, babi tha: "Çfarëje pyetje kishe ti për atë të degës që morëm në makinë pardje?" U ndjeva tejet ngushtë dhe me siguri u skuqa. "Pse?" "Çfarë kuptimi kishte ajo pyetje?" - tha im atë dhe tundi kokën. "Gjete vendin, kohën dhe njeriun e duhur për të marrë përgjigje!" Se ç'pata një si panik se mos edhe im atë kishte menduar se unë kisha dashur të thosha diçka. Por çfarë mund të thosha unë për prindërit e mi? "Kush të tha, aman?" - e pyeta. "Nuk ka rëndësi kush më tha. Ti je e rritur tani dhe duhet t'i kuptosh gjërat siç janë, jo siç fantazon ti". Unë e përqafova. "Mos të fusin në burg", - qesha nga e keqja. "Në burg nuk e fusin dot djalin tim se është i ndershëm",- tha nëna flakë për flakë. "Por në telashe po, e fut ti!" Babi më përqafoi. "Eh, po ç'faj ka kjo! Kij mendjen!"- më tha pastaj në vesh, gjë që e bënte shumë shpesh. Asnjëherë nuk më tha se si kishin ardhur punët që e kishte marrë vesh bisedën time me atë tipin. Ndoshta ai tipi e kishte raportuar bisedën tonë dhe ndonjë zemërmirë ia kishte hedhur në vesh fjalën, si për shembull: "Thuaji vajzës të ketë kujdes sepse...". Sa histori e pakëndshme!

JORGJI: Kam një foto, kujtim nga klasa e parë që shënon vitin 1958. Nuk di kujt ia kam marrë, pasi shënimi prapa fotos nuk është shkrimi im. Në krye të fotos, fatkeqësisht i fshirë, është mësuesi ynë i klasës së parë, Spiro Rupi, një normalist, me përgatitje të veçantë pedagogjike, që na dha mësim vetëm semestrin e parë. E vlerësonte shumë punën me nxënësit. Kur ta vinte pesën, e bënte aq bukur me laps të kuq dhe pastaj me një hije nga pas me laps blu, sa dukej sikur e qëndiste. Përveç punës, gjatë mësimit në detyrat e shtëpisë ai na jepte të vizatonim edhe forma që i kishte prerë me karton. Midis tyre ishte edhe një shqiponjë, të cilën e mora për ta vizatuar në shtëpi, por pa dashur i këputa këmbën dhe nga frika nuk po ia ktheja. Ishte fundi i atij semestrit. Kur filloi semestri i dytë, ai nuk erdhi më në shkollë. Dëgjuam se e kishin arrestuar për agjitacion e propagandë. Pasi doli nga burgu, Spiro qëndroi në fshatin e tij, në Lëngëz. Fatkeqësisht nuk e pashë më që nga klasa e parë.

SOTIRAQI: Pilo Rupi (daja i tim eti), siç thonë të gjithë, ishte një mësues i përgatitur dhe njeri shumë i mirë. U dënua politikisht për agjitacion e propagandë me dëshmitar një person që e njihte i gjithë qyteti. E ngrysi jetën në fshatin e gruas, Lëngëz, i braktisur pothuaj nga të gjithë. E takoja sa herë shkoja atje. Ai më mësoi shahun kur isha 11 vjeç.

Më kujtohet historia e Hasan Bilalit, të cilin e zura mik kur unë punoja në Selenicë dhe ai i varfri vinte shpesh te ne (pas burgut) sepse kishte një detyrim të madh financiar për të shlyer. Në kryesi ishim në një mendje, por edhe populli atje e donte Hasanin dhe për rrjedhojë bëmë një mbledhje të zgjeruar dhe me një vendim e shkarkuam nga të gjitha detyrimet financiare false që i kishin vënë mbi supe. Rol të madh pozitiv në këtë çështje ka luajtur miku im Tasi Thomai, funksionar partie në atë kohë.

Sabotimi

VALBONA N.: Jo pa dhimbje kujtoj faktin se isha ndër ata qytetarë që me urdhër të partisë duhej të linim Ersekën e të shkonim në fshat. Ishte e dhimbshme mënyra e dëbimit nga shtëpia. Edhe pse kanë kaluar vite të tëra, e kujtoj me shumë nostalgji atë apartament të vogël te rruga e Rehovës. Ishim komshi me Polikron Paçanin. Kur isha në gjimnaz, sa herë ndaheshim në drekë nga shoqëria thosha: "Pse të mos isha edhe unë në Ersekë si shoqet e mia, por duhet të pres në të ftohtë e në shi te stacioni i autobusit?"

Kujtoj sakrificën e mamit për të mos na lënë kurrë pa lekë në xhep për të rendur në orën e pushimit që të merrnim një byreçkë apo petull apo dy kulaçka. Mbaj mend që byreçka kushtonte 10 lekë, petulla 7 lekë, kulaçi apo hallva 5 lekë. Gjithmonë mundoheshim t'i largoheshim byrekut për të bërë ekonomi, që me kursimet tona të kontribuonim në pagesën e abonesë mujore, një copë kartoni, ne ngjyrë saks të zbehtë dhe në vlerë 120 lekë.

Autobusët ishin të numëruar dhe në bazë të shoferit që drejtonte automjetin, thoshim se e kishte linjën Golja, Syrjai, Sotiri, Mediu, Kujtimi apo Lipja, kurse Lilo mbante vetëm linjën e Leskovikut.

Kujtoj që kur bënte ftohtë, unë ndihesha disi e privilegjuar pasi te agjencia e autobusëve punonte teta Liska, mami i Coles, shokut tim të klasës, që më merrte brenda afër zjarrit. Nuk jam në gjendje të vendos në gjithë këto kujtime që më kalojnë ndër mend.

Më kujtohet kur mami i gjorë mezi na ushqente. Me një makine të thjeshtë qepëse mundohej gjithmonë të na mbante të rregullta duke na qepur ndonjë fund, fustan, këmishë apo pantallona. Por edhe atë makinë qepëse erdhën e dyllosen sepse demek quhej punë e zezë.

Më kujtohet kur ndaheshin bursat për shkollë të mesme në sallën e Shtëpisë së Kulturës në Mollas (pas dëbimit të familjes sonë nga Erseka, mbas një farë kohe qëndrimi në Helmes, ishim vendosur në Mollas). Kur u lexuan emrat dhe degët përkatëse për secilin, motra ime u ngrit dhe pyeti: "Më falni, po… unë? Nuk e dëgjova emrin gjëkundi". Përgjigjja që mori nga përfaqësuesi i komitetit të asaj kohe ishte therëse: "E di ti vajzë pse nuk meriton bursë. Paske dhe gojë e flet!" Këto fjalë e bënë time motër t'i binte të fikët në mes të sallës të mbushur nga bashkëmoshatarë të saj dhe prindërit e tyre.

Më kujtohet 1 marsi i 1980-s. Ishim në klasën e shtatë. Ciflat e një veze që kisha ngrënë në klasë dhe që patën mbetur poshtë bankës i gjeti pastruesja e shkollës, e cila vuri alarmin. E thirrën mamin dhe e mbajtën me orë të tëra në zyrën e sekretarit të byrosë duke e hetuar se pse veza ishte e kuqe. Në fakt, atë vezë ma kishte dhënë komshia, e mbaj mend si sot. Ajo pati ngjyer vezë me të gjitha ngjyrat, ndërkohë që ngjyente lesh për qilim. Unë kisha zgjedhur të kuqen. Theksoj se edhe komshia nuk bëhej fjalë që të festonte festën fetare (e ndaluar për kohën) për faktin se ishte myslimane, plus që mbaheshin si "familje me përbërje të mirë", siç quhej në atë kohë. Ne as që e kishim idenë e festave fetare në atë kohë. Nuk harroj pyetësorin që më bënë në zyrën e drejtoreshës: "Kush e ngjeu vezën? Pse e bëtë të kuqe? Pse e solle në shkollë?" Tani që e kujtoj këtë historinë e vezës është për të qarë e për të qeshur.

Kujtoj aksionin në vit të tretë të gjimnazit. Punonim për të hapur një kanal vaditjeje. Për të na çuar në frontin e punës, na vendosën në dispozicion një "Saurel". S'kam ç'të them më shumë. Automjeti ishte i ri dhe shofer Agimi ishte drejtues dhe njeri i përsosur! Për të hipur në makinë ishte problem ama, sidomos për ne vajzat. Makina ishte shumë e lartë, edhe pse i hapnin spondet.

Më kujtohet një herë kur shkuam në Bezhan. Diku aty mbi minierën e qymyrgurit hapeshin kanalet e sistemit të vaditjes së tokave bujqësore dhe ne shkuam për ndihmë. Mua atë ditë më kishin caktuar për të mbushur vazhdimisht ujë në burim për shokët e shoqet. Kishim vetëm dy qeska plastmase që do të përdoreshin në vend të bidonit apo shtampës dhe këto qeska të siguruara nga ndonjë nxënës që kishte marrë bukën me vete. Të gjithë merrnim bukë me vete, të gjithë kishim qeska, por shumë rrallë rastiste të gjendej qese e pashpuar. Puna për hapjen e kanalit ishte shumë e rëndë. Çunat, sidomos, lodheshin sepse punonin vetëm me kazmë. Qeskat e mbushura me ujë që unë i sillja nga burimi kalonin dorë më dorë. Njëra u hap krejt nga poshtë dhe e flakëm. Mbetëm me një qese, me të cilën ishte e pamundur të përballohej shuarja e etjes nga vapa e lodhja. E uruara qeskë, duke kaluar dorë më dorë, diku humbi rrugën e kthimit për tek unë që ta mbushja sërish. Pas pak, disa shokë lanë punën dhe u derdhën për në burim. Mësuesi u nevrikos që u larguan nga fronti i punës e zuri të më bërtiste mua që s'po e bëja punën në rregull. I thashë: "Mësues, humbi qeska, dikush e mori dhe...nuk u kthye më...". Në ato moment, ai ngriti dorën lart dhe duke tundur gishtin tregues tha: "Sabotim! Dikush ka fshehur qesen e ujit". Kush mund të mbante të qeshurën.

Më kujtohet sezoni i verës. Duhej me patjetër të punonim për dy arsye: e para sepse të vinin fletërrufe te këndi i rinisë dhe, e dyta, duhej të nxirrnim ndonjë lekë për të kontribuar në familje. Duhej të prashisnim misër. Unë me një shoqe vendosem ta kalonim me manovra të ndryshme. Një mundësi e mirë për të mos punuar ishte të bëheshim si të sëmura. Po si? Aty m'u kujtua se diku kisha lexuar se po të haje patate të pazier të hipte temperatura. Vete unë në mëngjes te shtëpia e shoqes, ashtu e nxituar për të mos humbur kohë, i them: "Shpejt, patatet". U ulëm në dysheme e qëronim patatet. Ngul dhëmbët në patate unë, ngul dhëmbët ajo. Shihnim njëra-tjetrën në sy e duke u përtypur qeshnim me zor e gëlltisnim atë shije të shpifur që të ngjallte neveri. Ndërkohë na shoqëronte edhe ndjenja e frikës. Po sikur të sëmureshim keq e të na çonin në spital, si do të thoshim? Po sikur të vdisnim? Kishim ngrënë nga dy patate, me shumë zor. U ulëm në krevat dhe llafoseshim e herë pas here vinim termometrin për të parë temperaturën. Nuk duhej të kalonte mesdita se nuk do mundeshim të justifikonim ditën e punës. Më e bukura ishte se ashtu, duke pritur shenjat e para të temperaturës, na paskësh marrë gjumi dhe kur hapëm sytë ishte mesditë. Me sa duket, të ngrënët e patates ashtu të gjallë jo që s'na e rriti temperaturën, por na vuri në një gjumë "bombë". Temperaturë as që bëhej fjalë të kishim. Mandej shkuam te doktoresha me shumë turp dhe i thamë të vërtetën. Ajo na e zgjidhi "hallin" për atë ditë.

Meri

DIANA: Më kujtohet Meri, një vajzë simpatike ezmere me ca flokë të zinj plot shkëlqim; shumë e qetë dhe gati e turpshme. Fliste pak, me një zë edhe më të pakët, por shumë melodioz. Meri këndonte shumë bukur. Një ditë mora vesh se Meri i kishte dhënë fund jetës. U trondita thellë. Dëgjova se e bëri nga dashuria për një djalë. S'ishte as e para dhe as e fundit në botë, dëgjova. Megjithatë, nga ato që thuheshin, m'u krijua përshtypja se Merin e vrau qyteti ynë i vogël me thashethemet, intrigat apo keqdashjet e vockla, bindja kolektive se ishte e drejta e shoqërisë për të kontrolluar dhe drejtuar jetën e të gjithëve dhe gjithsecilit. Pak vetë e dinë që vdekja e Merit - iu prehtë shpirti në paqe! - ndikoi pozitivisht në lidhjen e dy të rinjve të qytetit (nuk po ua them emrat për të mos i marrë nëpër gojë) që e kishin të vështirë t'i pajtonin prindërit përkatës me dashurinë e tyre, e cila, në atë kohë, po sillte në jetë edhe një krijesë tjetër. Duket se ai moment tragjik i bëri ata të reflektonin me kujdes mbi dashurinë dhe jetën.

SOTIRAQI: Po pse duhej të shuhej një jetë e pafajshme për të kënaqur egot, intrigat dhe vulgaritetin e disave?

PAKUA: Meri ishte siç thotë ajo serenata korçare, "Perëndeshë e bukurisë tinë më je" dhe me një familje shumë korrekte.

ALBANA: Meri e mrekullueshme! Isha fëmijë e më kujtohet se në ato ditë ishim në prag të një shfaqjeje të estradës e Meri këndonte këngën fituese të festivalit të atij viti në RTSH. Titulli s'më kujtohet, por fjalët ishin "Mos ua prekni dashurinë...".

ARBEN KALEMI: Ka qenë një ngjarje që na ka tronditur shumë, sidomos ne që e kishim komshi.

Lojë-luftash

VASILI: Më kujtohet 2 korriku i vitit 1990. Isha me mikun tim të paharruar, Ylli Kolasi. Shkonim në Tiranë, përsëri për një mbledhje të përbashkët të bankës dhe Ministrisë së Tregtisë. U nisëm në orën 2:00 të natës. Me ne ishte edhe Liza, bashkëshortja e Yllit, sepse pas mbledhjes do të rrinin disa ditë në kampin e punëtorëve në Durrës. Kur filluam të ngjiteshim në Qafë Kërrabë, pamë shumë policë e ushtarë rrugës e ne shikonim të habitur se çfarë kishte ndodhur. Në fakt kishte filluar lëvizja për të hyrë në ambasada, por në Ersekë, si çdo e re tjetër, lajmi i donte nja dy muaj të vinte. Asgjë nuk dinim.

Në Qafë Kërrabë na ndaloi një polic, që na pyeti gjerë e gjatë se kush ishim e ku shkonim, dhe na tha që të merrnim një civil deri në Tiranë. Hipën civili dhe rrugës filloi të na tregonte se kush ishte e çfarë kishte ndodhur. Ai, në fakt, ishte një oficer diku i lartë në pozitat e kohës e filloi të na tregonte se ç'po ndodhte në Tiranë. Njerëzit kishin filluar që natën të dyndeshin pranë ambasadave për të hyrë brenda e policia bënte ç'ishte e mundur për t'i ndaluar. Ai na tha edhe neve që as që bëhej fjalë për të bërë diku mbledhje atë ditë, por do të ishte mirë që ne të ktheheshim, madje të mos shkonim as nga Durrësi, ku do të qëndronin Ylli me Lizën. Shkurt, arritëm në Tiranë e pamë me sytë tanë se si po hynin njerëzit në ambasada, por neve për vete, duhet ta pranoj edhe sot, as na shkonte mendja ta bënim ndonjë gjë të tillë. Kështu ishim gatuar ne, kaq dinim për botën e nuk mund të dilnim jashtë kornizës ku jetonim. Personi që kishim në makinë na ndihmoi të kalonim ndalimet e policisë e na shoqëroi deri te Ministria e Tregtisë, ku morëm vesh me të vërtetë që ishte anuluar mbledhja.

Ikëm nga Tirana. Ylli me Lizën shkuan në kampin e punëtorëve në

Durrës. Unë u nisa për në Ersekë. Arritëm në Kavajë, ku pamë xhama të thyer, parulla të shkruara nëpër dyqane etj. Në qendër na dolën para nja 5-6 veta, që nga pamja të jepnin përshtypjen se do të na grabisnin, do të na thyenin xhamat, do të na rrihnin apo kushedi se çfarë tjetër. Por në fakt me udhëtarët e thjeshtë ata nuk kishin gjë, madje mbaj mend se njëri prej tyre, ai që ishte si kapo, kur pa targë ER të makinës, na pyeti nëse e njihnim Xhemal Dalipin. I thashë që e kisha mik e me të kisha punuar edhe në SMT. Iu bë qejfi e na tha se ishte nipi i tij. Pastaj hipi në makinë e na çoi pranë një kioske ku shiteshin shalqinj, zbriti nga makina, shkoi te banaku dhe i tha shitësit: "Mbushe mirë me shalqinj makinën e këtyre miqve". Ashtu bëri shitësi, pastaj po ky person që nuk i kujtoj dot emrin, na shoqëroi deri në dalje të Kavajës. Ne vazhduam rrugën normalisht deri në Ersekë.

Së fundi, duke shkruar, ju dhe unë së bashku me ju, shoh se ka shumë gjëra për të treguar. Kështu heq edhe një merak tjetër që kam pasur prej kohësh, kur i ndjeri Ali Kajmkau thoshte me shaka: "Ore, mirë prindërit tanë kishin se çfarë të na tregonin se kishin qenë në kurbet apo në luftë, po ne, çfarë do t'u tregojmë fëmijëve tanë?". Ja që edhe ne paskemi shumë për të treguar pasi kemi jetuar jo pak.

SOTIRAQ GJ.: Më kujtohet si luanim lojë-luftash dhe nuk besoj se ka ndonjë nga brezi im që nuk e di këtë lojë. Unë nuk kam qenë në përgjithësi lojtar i mirë, por më ka mbetur në mendje loja e fundit që kam parë në Ersekë dhe që, për fat të keq, ishte prej vërteti.

Siç mund t'ju kujtohet të gjithëve, "loja" zhvillohej në të gjithë qytetin. Pjesëmarrës ishin edhe njerëzit nga fshatrat përreth. Unë isha i paarmatosur në fillim. Një natë, një shoku im që banonte në mëhallën e bujqve dhe kishte pasur mundësi të merrte disa armë në depon e Goricës ma fali një kallashnikov dhe disa karikatorë me fishekë. E mbaj mend që ishte ora rreth 20-21:00 kur e mora bashkë me kushëririn dhe shokun tim të atyre viteve. E bëmë një provë në një nga llambat e mbetura ndezur në qendrën e boshatisur të qytetit, por na doli huq.

Por "loja e madhe" u zhvillua në mes të ditës dhe përsëri në qendër të qytetit. Duhet të ketë qenë ditë e diel. Shoqëria jonë e djemve, por edhe disa goca të shkollës, u takuam në bordurat e restorantit në qendër të qytetit. Tre-katër nga ne u shkëputem nga grupi për të shkuar në zyrën e ish-Komitetit të Partisë, ku ishte vendosur komisioni i zgjedhjeve, sepse ishim edhe vëzhgues nga një shoqatë e pavarur. Paskëshim qenë me fat sepse 10-15 minuta më vonë në atë vend filloj një betejë e vërtetë. Krismat e kallashnikovit, disa shpërthime granate apo edhe ndonjë mitraloz i lehtë i vendosur diku mbi ndonjë tarracë pallati nuk pushonin. Të zbehur nga frika guxuam t'i hidhnim një sy nga larg qendrës së qytetit. Në pamundësi për të dalë andej nga hymë dhe pa asnjë mundësi për të qetësuar familjet (celularët dihet që nuk ekzistonin dhe telefoni nuk punonte) në fillim ata më të shkathëtit e pastaj një nga një, të gjithë, dolëm nga dritaret e pasme të godinës mbi disa garazhe a pirgje qymyri.

Hollësitë e ngjarjes, personat e lënduar dhe pjesëmarrësit në betejë i morëm vesh ditët e mëvonshme. Kjo ndoshta nuk është histori që duhet kujtuar, por ama është një histori që nuk mund të harrohet. Këto janë përjetimet e fundit të forta që kalova në Ersekë. Pas disa muajsh u largova. Kallashnikovin e hodha dhe nuk pata me dëshirë as të shikoja lojë-luftash.

Në vend të intermexos

ALEKS XHELILI: *Po ndjek me vëmendje çdo shkrim dhe foto që hidhet në këtë faqe. I falënderoj shumë iniciatorët. Por a e keni parë apo vizituar kohët e fundit qytetin tonë se edhe ky qytet ka nevojë për të gjithë ata që e duan nga afër dhe larg, jo me llafe por me vepra.*

Ku është gjimnazi? Ku është ekipi Gramozi? Ku është Shtëpia e Pionierit, Pallati i Kulturës? Kanë mbetur vetëm llafet.

TOMI SELIMI: *Ke shumë të drejtë Leksi, aty mungon çdo gjë.*

DIANA: *Po ne aty i lamë o Leksi, nuk i morëm me vete. Ndoshta ti edhe mund të na thuash më shumë...*

EDA: *Të drejtë ke ti Aleks, sa më s'ka. Por qytetin njerëzit mund ta gjallërojnë me pjesëmarrjen e tyre. Dorë duhet të vënë të tjerë, që e kanë lënë shkretë.*

ARBEN B: *Isha vjet në gusht për rreth 2-3 orë. Nuk njoha njeri në fakt. Si një qytet i huaj m'u duk, megjithëse kisha mall të takoja njerëz të njohur.*

ALEKSI: *Po Eda, edhe Naimi i këndonte Frashërit nga Stambolli. Edhe ne kështu po bëjmë.*

ERION LITO: *Erseka është bërë qytet sherifësh.*

EDA: *E pra, Aleks, për "pasardhësit e Naimit" e kisha fjalën unë që s'janë në Stamboll, por në Ersekë.*

DIANA: *Leksi, po të pyes seriozisht tani, çfarë ka ndodhur me shkollën apo Pallatin e Kulturës? Janë prishur? S'ka më nxënës? Nuk e di dhe po pyes sinqerisht.*

EDA: *Janë Diana, por jo ashtu siç i do Leksi.*

EDA EDLIRA: *Emri i këtij grupimi më pëlqen. Është si një tip festivali folklorik. Shumë këngëve u kanë ndryshuar muzikën duke i devijuar nga origjina, por të gjithë vazhdojnë i kujtojnë dhe i këndojnë.*

EDA: *Dhe për mendimin tim të drejtë ka. Por këtë drejtësi mund ta kërkojmë diku tjetër dhe jo te ne, që përveçse kaq sa po bëjmë (dhe që është diçka e mrekullueshme) s'mund të bëjmë më shumë.*

DIANA: *Pak me vonesë, por po e kuptoj më duket...*

EDA: *Po Leksi ku na iku?*

ALEKSI: *Diana, unë jam larguar nga Pallati i Kulturës që në vitin 2000. Tani punoj te Shkolla e Muzikës në Korçë, megjithëse kontribuoj me sa mundem për qytetin, por ka shumë probleme. Duket se politikës nuk i intereson shumë ky qytet.*

EDA: *Hë mo Leksi se na bëre merak thashë ku ike. Po hë pra, dole aty ku doja unë?*

DIANA: *E di. Por le ta themi kështu, çfarë do të mund të ishte ndryshe? Po flas seriozisht. Unë, natyrisht, nuk jam politikane dhe as nuk merrem me biznes, por kam dëshirë dhe qëllim të bëj diçka të mirë për qytetin tim të vogël. Do të më ndihmoje.*

ARBEN B.: *Më vjen shumë keq që qeveritë e sotme, pa dallim, e kanë lënë pas dore një qytet me kaq vlera siç është Erseka. Vjet vajta në Kabash dhe makinën e lashë në Ersekë se është e pamundur të shkojë një makinë e vogël në një fshat 3-4-5 km nga Erseka.*

ANILA: *Është mirë të pretendosh dhe të konstatosh, por e vërteta është që Erseka është boshatisur dhe kolonjarëve që kanë ngelur dhe mbajnë atë qytet të vogël gjallë, duhet t'u njihen meritat, të paktën nga të gjithë ne që kemi ikur. Që të ketë mallra duhet të ketë blerës. Aty nuk ka blerës. Ata pak që mbijetojnë e mbajnë atë qytet, që të gjithë ne e kemi lënë, për të mos u bërë qytet varrezë, duhen vlerësuar.*

DIANA: *Po pse s'paska blerës Erseka, nga pesë mijë veta që kishte qyteti në kohën tonë, tani janë bërë 7-8 mijë, siç kam dëgjuar...*

ARBEN B.: *Diana, kur thashë nuk njoha asnjë, desha të them që një pjesë e mirë kanë ikur nëpër botë, një pjesë tjetër nëpër qytete më të mëdha dhe shumica e atyre që janë sot atje kanë ardhur nga fshatrat përreth. Seriozisht më erdhi keq që nuk takova asnjeri të njohur.*

DIANA: *Ashtu më ka ndodhur edhe mua Beni.*

ANILA: *Nuk e di sa ka vajtur numri i banorëve në Ersekë me të ardhurit nga fshatrat, por po të ketë ngelur te pesë mijë banorë si dikur, do të gëzohesha.*

SOTIRAQI: *Kur isha në 2009-n, unë mezi takova gjithsej rreth 10-15 të njohur.*

KIÇO: *Edhe ky është një farë kontributi, z.Aleks. Nuk është shumë, por është më mirë sesa të mos e kujtosh fare.*

ALEKSI: *Ky kontribut është, por vetëm teorik. Sot Erseka është jo më shumë se tre mijë veta dhe këtë e them me rezerva. Kjo është një dramë që po përjeton ky qytet, nga çdo ditë largohen banorë sepse nuk ka punë. Qyteti prej më shumë se njëzet vitesh nuk ka asnjë ndërtim apo investim të ri.*

ANILA: *Mendo sa hyrje dhe pallate janë bosh aty! Ku të investosh dhe çfarë?*

JASIM DURO: *Njerëzit janë larguar nga Erseka për një jetesë më të mirë, sepse si të gjitha provincat, edhe Erseka pothuajse nuk ofron asgjë.*

AGESIL QIRIAZI: *Në një vend ku disa ndërtojnë dhe disa shkatërrojnë ky është një rezultat që pritet. Kur të ndërtojnë të gjithë, secili sipas mundësisë së tij, por pa hile, atëherë mund të këtë progres. Por sigurisht, për Ersekën na merr malli, jo për njerëzit më shumë, por për kujtimet tona dhe do të na marrë malli gjithmonë.*

ELDA: *Para 100 vjetësh në Ersekë kishte një han dhe pesë shtëpi. Ndryshimi i sistemit solli popullimin e qytetit nga fshatrat përreth. Shumica e prindërve tanë ishin ose të ardhur nga vendet e tjera, ose nga fshatrat përreth. Për fat të keq, ndryshimi i sistemit po e kthen Ersekën në një qytet me pak banorë.*

Me shumë apo pak banorë, e vërteta është se për ne, që kemi jetuar aty, Erseka do të ngelet qyteti ynë.

VANGJEL GJERGO: *Duke sjellë ndër mend atë që ka thënë shkrimtari guatemalas Luiz Cordoza y Aragon për vendin e tij "We love it, simply because is ours", unë do të thosha: "E duam Ersekën, thjesht sepse është e jona".*

71 gjëra që të bëjnë nga Erseka

1. Në lindjen tënde ka qenë e pranishme Urania, Athinaja, Berta apo Bedihaja.

2. Gjilpërat t'i ka bërë Shupja apo Vanthia dhe vaksinat Polka.

3. Nëse s'ka pasur qumësht jot ëmë, gji të ka dhënë patjetër Sosja.

4. Kur merrje sy, të yshtte Bikoja.

5. Di Virken, çezmën e Bezatit, Kroin e Bardhë dhe kaçkat.

6. Je shkarazitur, rrëzuar, vrarë dhe shkarazitur përsëri në dëborë çdo vit, nga nëntori në prill dukë përdorur galloshe, shapka, nallane, ski të improvizuara dhe moderne të paktën në një nga shkarazimat e qytetit ose rrëzë Gramozit.

7. Filloren e ke bërë patjetër me Vankën, Ditën, Pavlinën, Eratullën ose Stojanën.

8. Ke pasur drejtor shkolle Koçon ose të shoqen, Vasilikën.

9. Në shkollën 8-vjeçare, matematikën ta ka dhënë patjetër Myzejen Ristani dhe gjuhën shqipe Leni Note.

10. E njeh si person ose e di ku e ka shtëpinë Mistoja i gjatë.

11. Ke udhëtuar të paktën një herë pa pasur biletë me shofer Syrjain.

12. Ke fshirë klasën me tallash të lagur dhe dërrasën e zezë me këmbë lepuri.

13. Ke ditur rreshtin e një këngë të harruar "Bjeri ziles Shaniko".

14. Ke ndeshur në rrugë Dhori Qiriazin dhe e ke admiruar.

15. Të ka bërë mësim Caci Simeoni ose Andon Stajo, në mos të dy bashkë.

16. Ke luajtur me ashikë, pulla apo kopsa, je mundur dhe ke qarë nga inati.

17. Ke ose ke trashëguar patjetër një unazë floriri apo argjendi të bërë nga usta Mitrja.

18. Ke ngrënë akulloret e Vasilikës dhe ke kënduar "Vasilika bën kafe".

19. Ke pasur frikë, qoftë edhe një herë të vetme, nga polic Avdyli.

20. Të kanë trembur se mund të të rrëmbenin dhe "hanin" shosharet.

21. Ke shtypur flluskat e ziftit në sheshin e Ersekës dhe ke ndjekur tërë aktivitetet e organizuara në podiumin e qytetit, përfshirë edhe mitingjet.

22. Ke ngrënë bukë me sheqer dhe ujë sa je shqepur dhe të ka shijuar.

23. Kumbullat dhe mollët në përgjithësi i ke konsumuar të pabëra dhe... të vjedhura në grup.

24. Të kujtohet gërsheti famoz i Lili Ruços apo gërshetat e artë atë Eda Notes.

25. Ke marrë pjesë të paktën në dy rrethe jashtëshkollore.

26. Kë provuar t'i biesh një vegle muzikore nën drejtimin e Koço Papajanit, Bajram Lapit, Anesti Ruços apo Koço Telos.

27. Ke provuar të paktën një herë çokun e mësuesit apo mësueses.

28. Ke veshur rrobat e gjyshit, babit apo vëllait që t'i modifikonte Sotiraqi; rrobat e mamit apo motrës që t'i sajonte Nurihani.

29. Dyqanin demode e konsideroje si pikë të gjërave trendi.

30. Repartin ushtarak, SMT, stadiumin i kishe vende për lojë-luftash ose lojë me talashka.

31. Mban mend mëhallën e kishës, por kujton me vështirësi kishën.

32. Fjalën "kolonjar" e cilëson si status social të një forme të epërme.

33. Kujton një pallat që quhej pallati i Xhemailes, e cila kishte edhe një vajzë që quhej Albana e Xhemailes.

34. Dhëmbët i ke rregulluar te babi i Silvanës ose babi i Raqit.

35. Nëse ke bërë rusisht, ta ka dhënë ose Sotiri ose Bardhyli.

36. Nëse ke punuar gjatë verës, ka qenë me siguri te tumat apo në hapjen e ujësjellësit në Gramoz.

37. Nuk futeshe në shtëpi pa u thirrur disa herë nëpër natë. Zgjoheshe vetëm kur të dilte gjumi.

38. Fjala "matanë" donte të thoshte Greqi.

39. Ke vajtur nga Pyllëzimi të paktën një herë në vit, për festë ose për zbor.

40. "Karrierën" e rebelimit e ke nisur te pallati i verdhë ose aty rrotull.

41. Ke të paktën një foto te busti i Petro Nini Luarasit.

42. Gjithmonë do të të gjendej "një kleçkë" në biografi. Këta ishin pastaj gjithmonë fis i largët.

43. Ke ngrënë gjatë jetës disa kuintalë kulaçka, gurabije dhe petulla nga ato që shiste Vito në rosticeri apo Tomja te pastiçeria.

44. Sobën, TV, lavatriçen, frigoriferin, tenxheren me presion i ke blerë me autorizim dhe duke mbajtur radhë me shpirt ndër dhëmbë.

45. Ke qeshur në autobus dhe të ka bërtitur shofer Mediu.

46. Përpara tallonave, gjalpin e ke blerë me kile dhe vetëm të bardhë.

47. Ke ngrënë marmelatë me bukë dhe jo bukë më marmelatë, të cilën sipas zakonit të vendit e ke quajtur "marmalladë".

48. Di gjëegjëzën "Ç'është një peshk jeshil i varur në një pemë që këndon si zog" dhe nuk e di që e ka bërë Vangjeli.

49. Bukën e misrit e ke ngrënë të papjekur (pasi gabimisht piqej në të njëjtat tava të thella si të bukës së grurit), por plot me shije e deri në koriçkën e fundit.

50. Ekskursionet e dimrit i ke bërë gjithmonë në rrëzë të Gramozit, kurse ato të pranverës e vjeshtës nga kaçkat apo Pyllëzimi.

51. Shëtitjet me prindërit bëheshin te "Familjari".

52. Emisionin "Sipas kërkesave të dëgjuesve" të së dielës në mëngjes e ke dëgjuar nga radioja e ushtrisë derisa shtëpia u bë me radio.

53. Nuk e ke diskutuar kurrë që fizarmonika ishte instrumenti kryesor i muzikës.

54. Ke ndjekur këmba-këmbës Selman breshkën apo Mërsinin e Gjonçit.

55. Ke bërë apo të kanë bërë më shumë se një herë letër anonime.

56. Ke shkuar në pastiçeri për pasta dhe i ke thënë Paçes: "Pastë, më jep një Paçe"".

57. Je qethur gjithmonë te Torja dhe deri në moshën 20-vjeçare ke

menduar se për meshkujt kishte vetëm një model flokësh.

58. Të dielën e kishe ditën e lakrorit dhe lakrorin e haje të pjekur në saç.

59. Kur dilje nga shtëpia duhej t'i përgjigjeshe Pandorës së Thomait se ku do të shkoje…

60. …dhe Çomes së Pandorës se kur do të lyeje shtëpinë.

61. Krehrin e flokëve e ke dezinfektuar duke e zier në kazan bashkë me rrobat e bardha.

62. Ke besuar sinqerisht se nga pluhuri dhe rakia nuk të gjen gjë e keqe.

63. Ke hyrë të paktën një herë në një bunker apo strehim gjatë evakuimeve në kushtet e një situate lufte imagjinare.

64. Ke blerë fara luledielli te Guria.

65. Të kanë kontrolluar çdo javë për pastërtinë nga thonjtë deri te flokët. Më shumë ta ka parë barkun për zgjebe Simo Jani me Lefkën nga qendra sanitare sesa mamaja që të bëri kokën.

66. Ke shkuar për t'u qethur te Sotir berberi, që të pyeste në vesh: " Si i do…?" Gjithmonë ke përfunduar me kokën si tas.

67. Ke shkuar te Raqi rrobaqepësi për të qepur pantallonat, ke kërkuar të ishin 30 centimetra të gjera në fund, ke marrë përgjigjen se "nuk del copa për më shumë se 27" dhe ke përfunduar në shtëpi me pantallona 26 cm sepse "futej copa gjatë qepjes".

67. Ke ngrënë topa dëbore me gur brenda, që s'i harron kurrë.

68. Ke pirë ujë te çezma e Pandorës.

69. Ke mësuar përmendësh fjalët e Petro Ninit "Edhe 99 herë të rrëzohemi, përsëri duhet të gjejmë forcën të ngrihemi".

70. Ke jetuar në konvikt dhe ke pasur aty Alo Cenkon, Nasho Koshon ose Llambi Ristanin; ke ngrënë nga duart e kuzhinier Përdhikut apo teta Tomës...

71. E ke kaluar ditën duke luajtur te lumi i Taçit, je kthyer nja dy orë te rezervuari, ke përfunduar në shtëpi si qen i ngordhur me këmbët që nuk të mbanin më dhe për të gjitha këto, ke ngrënë një dru të mirë që e mban mend akoma.

Fjalor i veçantë i Ersekës

AUTORIZIM: E drejta për të blerë mallra të caktuara me paratë e tua.

RADHË: Mënyrë jetese.

NUSE: Objekt soditjeje për kalamajtë e qytetit.

LULE: Objekt këputjeje, ruajtjeje dhe sipas rastit edhe ndjekjeje.

E SHTUNË: Torturë javore për të lartësuar statusin social nëpërmjet pastrimit me themel të shtëpisë.

MISTO: Ekskluzive kolonjare për shërbimin meteorologjik.

DASMË: Sheqerka "Zana" dhe oriz nëpër flokë.

NOT: Larje velenxash dhe qilimash në lumin e Taçit.

LIMONADHE: Ujë me limontoz dhe petale trëndafilash të këputura në lulishten e qytetit.

QAFË E QARRIT: Stacion i paregjistruar për ndërrimin e zinxhirëve të makinave në dimër.

MUZEUM: Vizitë e përvitshme te Gelo i Rehovës.

KINEMA GRAMOZI: Pjesë e mbyllur e xhiros, ku banorët e qytetit përfundonin në sallë ose në skenë.

KLEÇKË: Objekt i kudogjendshëm. Vlerësuar si rrezikshmëri e lartë shoqërore kur gjendej në biografi.

BIBLIOTEKË: Gjyq për përmbajtjen e librit.

TELEGRAM: Lajm personal i shkruar në një copë letër të palosur, që kishte marrë dhenë para se të përfundonte te marrësi.

FAMILJARI: Lokal për të mëdhenjtë.

FURTUNË: Goreni i Gjonçit.

LAKROR: Ushqimi ekskluziv i së dielës.

DOKTOR: Anëtar i familjes, i paregjistruar në gjendjen civile.

HIDRAULIK: Çdo gjë që lidhej me mirëmbajtjen. Ndryshe quhej Aziz.

POLIC: Objekt për të bindur kalamajtë të silleshin "siç duhej".

SEMAFOR: Fjalë e huaj; pa përkthim.

STREHIM: Objekt i ngritur nga toka në ndihmë të shkundjes së qilimave.

GRURË: Lëndë e parë në bërjen e çamçakëzit me përtypje.

XHANDAR-HAJDUT: Lojë me dy grupe që thirrej hanxhar-hajdut, ku një nga grupet ishte në rolin e policit dhe tjetri në atë të hajdutit.

BAKLLAVA: Puna e bashkuar e mamave për një vit të ri sa më të ëmbël.

KALUÇ: Orë fizkulture me tendinë të këputura.

QUMËSHT: Radhë e gjatë me përfundim të panjohur.

MBRËMJE DËFRIMI: Argëtim me muzikë që duhej të përfundonte para perëndimit të diellit.

TE BESIA: Vend për shitjen e fruta-perimeve.

BLLOK I KUJTIMEVE TË MATURËS: Kujtime të shkruara nga shoqet dhe shokët e klasës për motrat dhe vëllezërit më të vegjël.

BIMË MJEKËSORE: Mjet për një jetesë më të mirë.

SEKRETARI I PARË: Burrë i veshur me kostum dhe kollare, që nuk i thoshte askush asgjë edhe pse shkonte në punë gjithmonë me vonesë.

DRU: Pjesa jo artistike e procesit të edukimit të brezit të ri.

CIP Katalogimi në botim BK Tiranë

Erseka më kujtohet... / organizoi e red. Diana
Gëllçi. – Tiranë : Mediaprint, 2016
304 f. ; 15.2x22.8 cm.
ISBN 978-9928-08-267-1
I. Gëllçi, Diana
1.Studime sociale   2.Kujtime 3.Ersekë

908(496.5-3) (093.3)

www.ingramcontent.com/pod-product-compliance
Lightning Source LLC
Chambersburg PA
CBHW031445160726
47994CB00005B/1877